权威·前沿·原创

皮书系列为
"十二五""十三五""十四五"时期国家重点出版物出版专项规划项目

BLUE BOOK

智库成果出版与传播平台

中国社会科学院创新工程学术出版资助项目

法治蓝皮书
BLUE BOOK OF RULE OF LAW

中国法治发展报告 *No.22*
（2024）

ANNUAL REPORT ON RULE OF LAW
IN CHINA No.22（2024）

主　　编／莫纪宏　田　禾
执行主编／吕艳滨
副 主 编／王小梅

社会科学文献出版社
SOCIAL SCIENCES ACADEMIC PRESS（CHINA）

图书在版编目（CIP）数据

中国法治发展报告. No. 22，2024 / 莫纪宏，田禾主
编；吕艳滨执行主编；王小梅副主编. --北京：社会
科学文献出版社，2024.5
　（法治蓝皮书）
　ISBN 978-7-5228-3517-4

　Ⅰ. ①中…　Ⅱ. ①莫…　②田…　③吕…　④王…　Ⅲ.
①社会主义法制-研究报告-中国-2024　Ⅳ. ①D920.0

中国国家版本馆 CIP 数据核字（2024）第 080097 号

法治蓝皮书

中国法治发展报告 No. 22（2024）

主　　编／莫纪宏　田　禾
执行主编／吕艳滨
副 主 编／王小梅

出 版 人／冀祥德
责任编辑／曹长香
责任印制／王京美

出　　版／社会科学文献出版社（010）59367162
　　　　　　地址：北京市北三环中路甲 29 号院华龙大厦　邮编：100029
　　　　　　网址：www.ssap.com.cn
发　　行／社会科学文献出版社（010）59367028
印　　装／天津千鹤文化传播有限公司

规　　格／开本：787mm×1092mm　1/16
　　　　　　印张：27.5　字数：412 千字
版　　次／2024 年 5 月第 1 版　2024 年 5 月第 1 次印刷
书　　号／ISBN 978-7-5228-3517-4
定　　价／139.00 元

读者服务电话：4008918866

法治蓝皮书编委会

主　　　编　莫纪宏　田　禾

执 行 主 编　吕艳滨

副　主　编　王小梅

策　　　划　法治蓝皮书工作室

工作室主任　吕艳滨

工作室成员　（按姓氏笔画排序）

　　　　　　王小梅　王帅一　王祎茗　支振锋　冉　昊
　　　　　　刘小妹　刘雁鹏　李　霞　张文广　陈　洁
　　　　　　陈欣新　胡昌明　柳华文　姚　佳　栗燕杰
　　　　　　徐　卉　席月民　黄　晋　谢增毅　管育鹰
　　　　　　廖　凡　翟国强

学 术 助 理　（按姓氏笔画排序）

　　　　　　车宇婷　尹　雪　伍南希　孙东宁　李　玥
　　　　　　张　燕　陆麒元　饶　静　廖佩仪

撰 稿 人　（按姓氏笔画排序）

　　　　　　丁晨好　丁新潮　马贵龙　马雯珂　王小梅
　　　　　　王天玉　王金岩　王祎茗　王淑敏　王　琦

王霭雯　支振锋　车宇婷　田　禾　田玲燕
白佳卉　吕艳滨　伍南希　刘　定　刘海啸
刘雁鹏　刘　瑶　牟璐宁　孙佳佳　苏卓君
杜文杰　杜　珂　杨　胤　李凡非　李双斐
李自旺　李亦辰　李　玥　李怡桦　李　娜
李莫愁　李梦诺　李　璐　肖　京　吴　峻
宋君杰　宋　亮　张志钢　张梦瑶　张　鹏
张　燕　张赟洁　陆麒元　陈以勇　陈乐琪
苑　媛　范学智　范夏欣　林潇潇　岳小花
金　竹　周远平　郑文俊　郑鹏飞　赵　馨
郝俊淇　昝蓉蓉　姚桂鑫　莫纪宏　栗燕杰
夏小雄　顾嘉瑞　钱申玉　郭文利　黄一文
黄　晋　龚文杰　常九如　崔力健　隋晓文
葛世杰　葛鑫鑫　韩佳恒　曾小玲　曾铄钧
赖宇琛　雷继华　詹雨青　戴　枞　戴泰航
戴瑞君

官方微博　@法治蓝皮书（新浪）

官方微信　法治蓝皮书（lawbluebook）　　　法治指数（lawindex）

官方小程序　法治指数（Lawindex）

主要编撰者简介

主　编　莫纪宏

中国社会科学院法学研究所、国际法研究所联合党委书记，法学研究所所长、研究员，中国社会科学院大学法学院院长、教授，研究方向为宪法学、立法学、行政法学和国际人权法学。

主　编　田　禾

中国社会科学院国家法治指数研究中心主任、法学研究所研究员，中国社会科学院大学法学院特聘教授，研究方向为刑法学、实证法学、司法制度。

执行主编　吕艳滨

中国社会科学院法学研究所法治国情调研室主任、研究员，中国社会科学院大学法学院行政法教研室主任、教授，研究方向为行政法学、实证法学、司法制度。

副主编　王小梅

中国社会科学院法学研究所法治国情调研室副主任、副研究员，研究方向为行政法学、实证法学、司法制度。

摘　要

2023 年是改革开放 45 周年，也是贯彻落实党的二十大精神开局之年，全面依法治国持续推进，在人民法治、市场法治、平安法治、生态法治、监督法治、数字法治、涉外法治等方面取得显著成绩：立法为民，保障民生，维护人民权益；优化营商环境，推动经济高质量发展；贯彻总体国家安全观，构建新安全格局；健全生态文明制度体系，全面推进美丽中国建设；提升监督效能，建立健全现代化的党和国家法治监督体系；实施网络强国战略，建设数字中国；统筹国内法治和涉外法治，以制度型开放推动更高水平对外开放。

蓝皮书专题梳理了中国在立法、人权保障、犯罪治理、金融法治、在线争议解决、境外民商事裁决的承认与执行等方面的成就。2023 年，中国立法始终贯彻全过程人民民主，立法体现总体国家安全观；人权立法体系进一步充实，人权执法保障全面推进，人权司法保障力度显著增强；严重暴力犯罪数量明显下降，犯罪结构呈现明显的轻罪化趋势，公民体感治安持续处于较高水平；金融稳定法立法工作稳步推进，依法化解房地产金融风险、中小金融机构风险、地方债务风险、外汇风险，金融稳定司法机构进一步健全；在线纠纷调解成效显著，类型化市场化推进加快，在线仲裁平台建设加速，常态化智能化显现；境外民商事法院判决、仲裁裁决在中国境内均获得了承认、认可和执行，彰显了中国法院包容、审慎的态度。蓝皮书还对完善政府投资基金监管、规范性文件附带审查、生育支持法治保障、快递业个人信息保护、中国能源法律政策调整提出了具体建议，即加强政府投资基金管理的顶层设计，严格规范基金设立，完善基金内部治理结构；进一步强调规范性文件附带审查制度在司法监督纠错中的重要地位，围绕规范性文件的合法性要求进行制度设计；尽快健全生育相关法律规范体系，促进生育支持事业的法治化，切实保障公民生育权利，促进人口长期高质量均衡发展；承认快递柜行业资本运作行为的合法性，给予快递柜业务一定程度的基础设施地位并推动竞争，在促进互联网产业、快递业发展的基础上对个人信息提供充分的保护；及时出台统领性的能源综合性法律，不断完善能源行业监管体制机制，加强能源制度与碳减排制度的衔接与协调。

本年度"法治蓝皮书"继续推出系列法治指数评估报告。中国社会科学院国家法治指数研究中心项目组以门户网站为依托，继续对全国 305 家政府的政府透明度、215 家法院的司法透明度、210 家检察院的检务透明度和 72 家公安机关的法治建设进行了指数评估，评估结果显示，中国不断深化政务公开、阳光司法，并以公开促规范，法治公安建设取得重大进展。

本年度"法治蓝皮书"还围绕杭州人大数字化司法监督、"枫桥经验"视野下绍兴法治政府建设、衢州礼法融治推出三篇调研报告。杭州市人大充分利用数字化改革成果，首创数字司法监督系统，落实全过程人民民主要求，强化人大监督职能，推进司法改革，助力实现社会"智治"。绍兴坚持和发展新时代"枫桥经验"，以共同富裕制度体系建设行动、营商环境和政务服务便民利企行动、"大综合一体化"行政执法改革行动、行政争议预防化解靶向治理行动、法治意识和法治素养提升行动"五大行动"为牵引推进法治政府建设。衢州"礼法融治"的实践探索层次分明、循序渐进，充分利用传统文化资源优势助推法治建设，构建起社会治理新格局，也为传统文化在发展中创新开辟了新的路径。

关键词： 全面依法治国　法治政府　人权保障　涉外法治　数字中国

目　录 ⑤

I　总报告

II　专题报告

Ⅲ 指数报告

Ⅳ　法治国情调研

皮书数据库阅读**使用指南**

总 报 告

B.1
2023年中国法治发展与2024年展望

中国社会科学院国家法治指数研究中心项目组*

摘 要: 2023 年是改革开放 45 周年,也是贯彻落实党的二十大精神开局之年,全面依法治国持续推进,在人民法治、市场法治、平安法治、生态法治、监督法治、数字法治、涉外法治等方面取得显著成效:立法为民,保障民生,维护人民权益;优化营商环境,推动经济高质量发展;贯彻总体国家安全观,构建新安全格局;健全生态文明制度体系,全面推进美丽中国建设;提升监督效能,建立健全现代化党和国家法治监督体系;实施网络强国战略,建设数字中国;统筹国内法治和涉外法治,以制度型开放推动更高水平对外开放。展望 2024 年,中国将在习近平法治思想指引下,奋力推进法治现代化:继续加强制度供给,推动重点领域、新兴领域高质量立法;注重

---

* 项目组负责人:田禾,中国社会科学院国家法治指数研究中心主任,法学研究所研究员,中国社会科学院大学法学院特聘教授;吕艳滨,中国社会科学院法学研究所研究员、法治国情调研室主任,中国社会科学院大学法学院行政法教研室主任、教授。项目组成员:王琦、王小梅、王祎茗、刘雁鹏、张鹏、林潇潇、郝俊淇、栗燕杰、夏小雄、马雯珂、李双斐、李怡桦、杜珂、曾铄钧、龚文杰、陈乐琪等。统稿人:王小梅,中国社会科学院法学研究所副研究员;田禾。

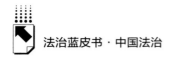

法律实施，提升政务服务和行政执法水平；着力提高监督效能，切实完善全方位法治监督；切实推动网络空间治理，实现数字法治。

关键词： 人民法治　营商环境　法治自信　数字法治　涉外法治

　　2023 年是贯彻落实党的二十大精神开局之年，也是实施"十四五"规划承上启下的关键一年，是后疫情时代经济社会深度修复、全面复兴和持续发展的一年，更是国家治理发生深刻革新、全面依法治国取得显著成效的一年。这一年，中国在人民法治、市场法治、平安法治、生态法治、监督法治、数字法治、涉外法治等方面取得显著成绩，不断彰显法治自信。

一　人民法治：汇聚民意，保障民生，维护人民权益

　　2023 年，以宪法为核心的中国特色社会主义法律体系更加完备：制定《无障碍环境建设法》《爱国主义教育法》《外国国家豁免法》《对外关系法》《青藏高原生态保护法》《粮食安全保障法》等法律 6 件，与 2022 年持平；修改（订）《刑法》《公司法》《慈善法》《海洋环境保护法》《行政复议法》《民事诉讼法》《反间谍法》《立法法》等法律 8 件，比 2022 年少 2 件；作出有关法律问题和重大问题的决定 12 件，比 2022 年多 5 件；制定《非银行支付机构监督管理条例》《人体器官捐献和移植条例》《未成年人网络保护条例》《社会保险经办条例》《领事保护与协助条例》《私募投资基金监督管理条例》《无人驾驶航空器飞行管理暂行条例》等行政法规 7 件，比 2022 年多 5 件；修改（订）《消耗臭氧层物质管理条例》等行政法规 18 件，比 2022 年多 2 件；废止行政法规 3 件，比 2022 年少 4 件；制定司法解释 12 件，比 2022 年少 5 件；修改司法解释 3 件，比 2022 年少 2 件；废止司法解释 5 件，与 2022 年持平（见图 1）。截至 2023 年 12 月 31 日，法律数目为 300 件。

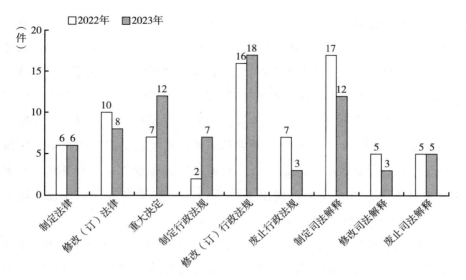

图1 2022年、2023年中央立法数量比较

（一）立法为民，坚持和发展全过程人民民主

编制立法规划问计于民。2023年9月，十四届全国人大常委会立法规划公布，明确了未来五年立法工作蓝图。立法规划在编制过程中，贯彻全过程人民民主原则，梳理研究代表议案、建议，邀请座谈、论证，充分发挥全国人大代表的作用；向177个中央和国家机关、全国人大各专门委员会、地方人大常委会、基层立法联系点发函征集立法项目建议，听取社会各界和基层群众意见建议，推动立法解决人民群众最关心最直接最现实的利益问题①。立法规划着力健全国家治理急需、满足人民美好生活需要必备、维护国家安全所急的法律制度。

推动基层立法联系点工作高质量发展。党的十八届四中全会作出建立基层立法联系点的决策部署。党的二十大报告指出，"健全吸纳民意、汇集民智工作机制，建设好基层立法联系点"。新修改的《立法法》明确了基层立

---

① 《大兴调查研究 夯实人大履职基础》，《中国人大》2023年第15期。

法联系点的法律地位和作用。截至 2023 年 12 月，全国人大常委会法工委设立 45 个基层立法联系点，覆盖全国 31 个省份，其中新设的北京金融街服务局基层立法联系点系全国首个以经济金融领域为特色的国家级基层立法联系点。基层立法联系点将立法工作延伸至最基层，极大丰富了全过程人民民主实践。2023 年，基层立法联系点发展出协同工作模式，如四川雅安市推动与周边 5 个市州和四川农业大学开展基层立法联系点工作，形成 6+1 区域协同工作机制，有效扩大国家立法"直通车"的辐射效应。在青藏高原保护立法过程中，雅安联系点提出了加强碳汇研究等多条意见建议，均为《青藏高原生态保护法》采纳。

立法征求意见出现新高潮。公开征求意见是民主立法的重要程序，也是立法正当性的来源。2023 年，全国人大常委会完成法律草案公开征求意见 30 次，比 2022 年增加 9 次，其中《治安管理处罚法（修订草案）》引起全民关注，共征集到 99375 人次 125962 条意见，参与人数规模空前，继 2022 年修改《妇女权益保障法》迎来一个新的高潮①。全国人大常委会法工委就《治安管理处罚法（修订草案）》公开征求意见有关情况作出回应。无障碍环境建设立法广泛听取残疾人、老年人等利益攸关主体的意见建议。受全国人大委托，中国残联征求了 5 万余名基层残疾人、老年人代表的意见建议，配合全国人大社会建设委员会等赴 12 个省份开展了立法调研②。

（二）保障民生，促使全民共享社会发展成果

健全公共卫生体系，推进健康中国建设。党的二十大报告提出，促进优质医疗资源扩容和区域均衡布局，坚持预防为主，加强重大慢性病健康管理，提高基层防病治病和健康管理能力。2023 年初，中共中央办公厅、国务院办公厅先后印发《关于进一步深化改革　促进乡村医疗卫生体系健康

---

① 2022 年《妇女权益保障法》修改两次征集意见分别有 85221 人和 80960 人参与。数据来自国家法律法规数据库，http：//www.npc.gov.cn/flcaw/，最后访问日期：2024 年 1 月 22 日。
② 中国残疾人联合会：《贯彻实施无障碍环境建设法　促进残疾人事业全面发展》，《求是》2023 年第 18 期。

发展的意见》《关于进一步完善医疗卫生服务体系的意见》，提出加快构建紧密型县域医疗卫生共同体。2023 年 12 月，国家卫生健康委等 10 个部门联合印发了《关于全面推进紧密型县域医疗卫生共同体建设的指导意见》，对全面推进建设紧密型县域医疗卫生共同体提出了具体任务和工作要求。2023 年，《国家卫生健康委　国家中医药管理局　国家疾病预防控制局关于做好县域巡回医疗和派驻服务工作的指导意见》《国家卫生健康委办公厅关于印发基层卫生健康便民惠民服务举措的通知》印发，进一步推动基层卫生健康服务均衡覆盖城乡社区居民。为畅通精神卫生医疗康复资源和康复对象间的信息共享和转介服务机制，打通"医""康"循环，弥补社区康复薄弱环节，民政部会同国家卫生健康委、中国残联制定了《精神障碍社区康复服务资源共享与转介管理办法》。疾病预防控制体系是保护人民健康、保障公共卫生安全、维护经济社会稳定的重要保障。2023 年，《国务院办公厅关于推动疾病预防控制事业高质量发展的指导意见》印发，系统重塑疾控体系，全面提升疾控专业能力。

医保经办服务逐步标准化、规范化和便民化。医保经办服务和管理直接关系人民群众获得感、幸福感、安全感，党中央、国务院高度重视医保领域的便民服务工作。2023 年，《社会保险经办条例》公布实施，明确规定社会保险经办机构应当进驻政务服务中心，为用人单位和个人提供一站式服务；推进实现参保查询、参保信息变更等高频事项"网上办"。国家医保局针对群众反映强烈的转移接续办理慢问题，出台《国家医疗保障局办公室关于实施医保服务十六项便民措施的通知》，简化办理环节，压缩期限，开通医保关系转移接续"跨省通办"服务。为加强长期护理保险失能等级评估管理，更好地保障参保人合法权益，国家医保局、财政部联合制定了《长期护理保险失能等级评估管理办法（试行）》。

进一步健全分层分类社会救助制度体系。作为社会保障兜底性、基础性制度安排，社会救助事关困难群众基本生存和生活，维持和促进最基本的社会公平。党的二十大报告提出，要健全分层分类的社会救助体系。2023 年，国务院办公厅转发了民政部等单位《关于加强低收入人口动态监测做好分层分类社会救助工作的意见》，明确界定低收入人口的范围，提出要做好低收入人口动态监测，分门别类做好分层分类社会救助工作，将专项救助对象范围扩大至全体低收入人口，强调急难救助取消户籍地、居住地申请限制，规定先行救助原则，促进社会力量参与社会救助，建立政府救助与慈善帮扶衔接机制。

修改《慈善法》，重塑慈善公信力。扶危济困、乐善好施是中华民族的传统美德。2016 年《慈善法》自施行以来，在保护慈善参与者权益、规范慈善活动等方面发挥了重要作用，但慈善领域也出现了一些问题而引发信任危机，致使慈善事业公信力受创。2023 年《慈善法》修改，既完善了促进措施相关规定，也明确了对慈善活动的监管要求，确保慈善事业规范发展，以实现募捐成本最低化和社会效益最大化。

推进基本养老服务体系建设。中国人口老龄化形势严峻，截至 2022 年底，全国 60 周岁及以上老年人超过 2.8 亿，占全国总人口的 19.8%，其中 65 周岁及以上老年人达 2.1 亿，占全国总人口的 14.9%①。党的二十大报告指出，实施积极应对人口老龄化国家战略，推动实现全体老年人享有基本养老服务。2023 年，中共中央办公厅、国务院办公厅印发《关于推进基本养老服务体系建设的意见》，归纳梳理了"国家基本养老服务清单"，涵盖物质帮助、照护服务、关爱服务等三大类 16 个服务项目，以保障老年人的基本生活安全。2023 年，中国加快基本养老服务体系建设，所有省份均已出台实施方案和基本养老服务清单。老龄工作体制也在不断完善，根据国务院机构改革方案，全国老龄工作委员会办公室改设在民政部，强化其综合协调、督促指导、组织推进老龄事业发展职责。为切实解决老年人的实际生活困难，支持居家社区养老、增进老年人福祉，民政部等 11 部门联合制定了《积极发展老年助餐服务行动方案》，在全国推广发展老年助餐服务，目前已有 18 个省份在全区域实施老年助餐服务政策。

立法保障残疾人、老年人充分融入社会生活。在数字时代，"数字鸿

---

① 《〈2022 年度国家老龄事业发展公报〉发布》，《中国社会报》2023 年 12 月 15 日，第 1 版。

沟"和"服务赤字"的存在，严重影响了残疾人和老年人的生活品质，亟须通过立法予以解决。为保障残疾人、老年人平等、充分、便捷地参与和融入社会生活，促进社会全体人员共享经济社会发展成果，2023年《无障碍环境建设法》明确无障碍环境建设重点保障残疾人、老年人。《无障碍环境建设法》的出台与实施将有助于弥合"数字鸿沟"，便捷残疾人、老年人利用网络资源，有效治理无障碍设施"重建设、轻维护"问题。

（三）维护权益，推进公共法律服务均衡发展

法律援助惠及更多群众。为贯彻落实《法律援助法》，司法部于2023年修订了《办理法律援助案件程序规定》，进一步规范办理法律援助案件程序，提升法律援助服务质量，细化指派程序，对可能被判处无期徒刑、死刑的人，以及死刑复核案件的被告人，要求法律援助机构指派具有三年以上刑事辩护经历的律师担任辩护人。2023年，全国司法行政机关办理法律援助案件158.5万件[①]。广东省广州市将农民工请求支付劳动报酬和工伤赔偿等纳入免予核查经济困难状况范围，为灵活就业与新业态劳动者提供法律援助服务，推进刑事诉讼全流程法律援助全覆盖、认罪认罚法律帮助实质化，增强困难群众获得感。2023年，广州全市法律援助机构承办涉农民工案件12056件[②]。浙江全面落实"法律援助市域内100%通办"，2023年共组织办理法律援助案件8.8万件，接待法律援助咨询74.4万人次，为受援人挽回经济损失14.6亿元[③]。

贯彻新时代"枫桥经验"，大量纠纷化解在基层。在中国，调解有广泛的群众基础，具备程序简单、成本低廉、可接受度高的特点。党中央高度重

[①] 《2023年全国共办理法律援助158.5万件》，央广网，https://news.cnr.cn/native/gd/20240115/t20240115_526558222.shtml，最后访问日期：2024年1月22日。

[②] 《广州市多举措擦亮农民工法律援助服务品牌 2023年承办涉农民工案件超12000件》，广州市司法局，https://sfj.gz.gov.cn/xxgk/xxgkml/gzdt/sfyw/content/mpost_9417137.html，最后访问日期：2024年1月22日。

[③] 《2023年全国法院诉前调解成功案件1204万件》，最高人民法院，https://mp.weixin.qq.com/s/3k8mPigTsnLmR1ewhqbv3w，最后访问日期：2024年1月15日。

视调解工作，全国共设人民调解委员会近 70 万个，各类企业人民调解委员会 1.1 万多个、商会人民调解组织 3100 多个；人民调解员近 320 万人，其中专职人民调解员 41 万余人。2023 年，全国人民调解组织调解矛盾纠纷达1720 万件①。截至 2023 年 6 月，60 多万个村（社区）配备法律顾问，383万余名乡村"法律明白人"活跃在田间地头，帮助村民依法化解矛盾②。最高人民法院与全国总工会、住房城乡建设部等 13 家中央单位建立"总对总"多元解纷机制③。2023 年，最高人民法院下发《进一步做深做实人民法院调解平台"进乡村、进社区、进网格"工作的通知》，升级人民法院调解平台诉源治理功能，增加基层治理单位自行预防化解纠纷入口。截至2023 年 11 月，9773 个人民法庭入驻人民法院调解平台，与 11.9 万个基层治理单位在线对接，172.08 万件矛盾纠纷在村、社区、街道、乡镇得到就地化解。截至 2023 年 12 月底，人民法院调解平台平均每个工作日有 6.9 万件纠纷在线调解，每分钟就有 94 件成功化解在诉前④。2023 年，全国法院诉前调解纠纷 1747.1 万件，调解成功 1203.5 万件，同比增长 34.5%，占诉至法院民事行政案件总量的 40.3%⑤。为规范诉前调解中的鉴定问题，最高人民法院还印发了《关于诉前调解中委托鉴定工作规程（试行）》。2023年，《黑龙江省调解条例》出台，成为全国首部全面规范人民调解、行政调解、司法调解、行业性专业性调解的地方性法规。

行政复议凸显便民为民原则。行政复议是化解行政纠纷的重要渠道。2023 年，全国新收行政复议案件 31.5 万件，同比增长 17.1%；依法办结行

---

① 《2023 年全国共办理法律援助 158.5 万件》，央广网，https：//news. cnr. cn/native/gd/20240115/t20240115_526558222. shtml，最后访问日期：2024 年 1 月 22 日。
② 《加强法治建设　服务保障高质量发展》，《人民日报》2023 年 11 月 24 日，第 4 版。
③ 《为中国式现代化建设贡献政法力量——政法机关推进新时代平安中国建设》，转引自中国政府网，https：//www. gov. cn/yaowen/liebiao/202401/content_6925809. htm，最后访问日期：2024 年 1 月 14 日。
④ 《以能动司法做实诉源治理》，《法治日报》2024 年 1 月 1 日，第 1 版。
⑤ 《以能动司法做实诉源治理"大文章"》，《人民法院报》2024 年 1 月 14 日，第 1 版。

政复议案件 29.3 万件，同比增长 14.45%①。为方便人民群众在家门口申请行政复议，上海实现了行政复议基层服务点区域全覆盖。浙江拓宽行政复议申请线下线上渠道，设立行政复议基层联系点和服务窗口 943 个，在浙江政务服务平台开通网上申请功能，实现全省申请行政复议"零次跑"。2023年，浙江省新收行政复议申请 29705 件，同比增长 45.26%②。为实质性化解纠纷，重庆将调解引入行政复议。2023 年，重庆市 37 个行政复议机构全部实现专职调解员入驻，实质性化解率达 83.28%，行政复议调解结案2505 件③。

新时代司法赔偿贯彻"人民性"理念。准确适用司法赔偿案件案由，有助于提升司法赔偿立案、审判精细化，提高案件统计的准确性，维护赔偿请求人申请赔偿权利。2023 年最高人民法院出台新的《关于司法赔偿案件案由的规定》，新案由体系更加完整、分类更加准确、适用更加方便。为正确适用国家赔偿请求时效制度的规定、保障赔偿请求人的合法权益，最高人民法院还出台了《最高人民法院关于审理司法赔偿案件适用请求时效制度若干问题的解释》。

二 市场法治：优化营商环境，推动经济高质量发展

解放和发展生产力，实现共同富裕，是社会主义的本质要求。要解放生产力，必须尊重市场规律，充分发挥市场在资源配置中的基础作用。市场经济是法治经济，唯有严密的法治，才能有健全的、统一的、生机勃勃的社会主义市场经济。

---

① 《司法部 2023 法治政府建设年度报告》，司法部，https：//www.moj.gov.cn/pub/sfbgw/gwxw/xwyw/202403/t20240329_ 496736.html，最后访问日期：2024 年 4 月 1 日。

② 《浙江省司法厅 2023 年法治政府建设年度报告》，浙江省司法厅，https：//sft.zj.gov.cn/art/2024/3/12/art_ 1684365_ 58938652.html，最后访问日期：2024 年 4 月 10 日。

③ 《重庆创新"复调对接"工作机制 今年行政复议调解结案 2505 件》，新华网，http：//www.cq.xinhuanet.com/20231222/35509d9c19fd47b2944c289084d5a49e/c.html，最后访问日期：2024 年 1 月 22 日。

（一）转变职能，营造公平竞争环境

在市场经济条件下，政府应充分转变职能，从竞争性领域退出，恪守边界，为经济健康运行提供宽松、良好的制度环境。党的二十大报告指出，转变政府职能，优化政府职责体系和组织结构，推进机构、职能、权限、程序、责任法定化，提高行政效率和公信力。2023 年，司法部向社会公布了规范 33 类 81 项证明材料清单，删减了不必要的证明材料 116 项，删减证明达 29.3%，有效解决循环证明、无谓证明问题①。为规范执法裁量权，各地各行业普遍建立了行政裁量权基准，如《应急管理行政裁量权基准暂行规定》、山东省《关于规范行政裁量权基准制定和管理工作的若干措施》、海关总署发布的系列海关行政处罚裁量基准。国务院印发《国务院关于取消和调整一批罚款事项的决定》，取消住房城乡建设等领域 16 个罚款事项，调整工业和信息化等领域 17 个罚款事项。市场监管总局部署开展涉企违规收费专项整治，检查收费单位 7.9 万家，督促退还 21.6 亿元②。长三角地区建立统一互认的轻罚免罚制度，依法为 1.5 万家经营主体减免罚款 11 亿元③。

（二）专设机构，促进民营经济发展

民营经济是国民经济的重要组成部分，是支撑中国经济持续走强的生力军。早在 2018 年民营企业座谈会上，习近平总书记指出，"民营经济只能壮大、不能弱化，不仅不能'离场'，而且要走向更加广阔的舞台"④。党的二十大报告强调，"优化民营企业发展环境，依法保护民营企业产权和企业家

---

① 《解决"我是我"等循环证明问题 2023 年司法部删减不必要证明材料 116 项》，央广网，https://news.cnr.cn/native/gd/20240114/t20240114_526557772.shtml? liebao，最后访问日期：2024 年 1 月 22 日。
② 《充分激发各类经营主体的内生动力和创新活力》，《人民日报》2023 年 12 月 24 日，第 1 版。
③ 《打造长三角市场监管"一把尺"》，《安徽日报》2023 年 11 月 23 日，第 8 版。
④ 《民营经济只能壮大、不能弱化》，《人民日报》2022 年 6 月 14 日，第 1 版。

权益，促进民营经济发展壮大"，对民营经济工作提出了新要求。在经济下行的态势下，尤其是经历三年疫情的重创，要重振市场信心，必须发展壮大民营经济，营造一个能够给企业家带来确定预期的制度环境。2023年7月，《中共中央　国务院关于促进民营经济发展壮大的意见》出台，推出八方面31条举措。为落实该意见，国务院"互联网+督查"平台从7月28日始面向社会征集阻碍民营经济发展壮大问题线索和意见建议。国家发展改革委还专门设立了民营经济发展局，作为促进民营经济发展壮大的专门工作机构。部分地区2023年出台了促进民营经济发展的地方性法规，如《山西省民营经济发展促进条例》《黑龙江省民营经济发展促进条例》《营口市促进民营经济发展条例》等。

加大对民营经济的政策支持力度。为落实《中共中央　国务院关于促进民营经济发展壮大的意见》，国家层面密集出台支持民营经济发展壮大的政策和措施，如国家发展改革委发布《关于进一步抓好抓实促进民间投资工作、努力调动民间投资积极性的通知》，明确推动民间投资的17条具体措施；国家发展改革委联合市场监管总局、税务总局等八部门推出促进民营经济发展的28条具体措施，包括延长普惠小微贷款支持工具期限等；财政部、税务总局发布《关于增值税小规模纳税人减免增值税政策的公告》《支持小微企业和个体工商户发展税费优惠政策指引（2.0）》，税务总局还接续推出和优化"便民办税春风行动"措施；中国人民银行、金融监管总局等八部门出台25条强化金融支持民营经济的具体措施。从数据来看，2023年1月至11月，全国新增减税降费及退税缓费18125.09亿元，其中，民营经济纳税人新增减税降费及退税缓费13371亿元，占比73.8%，且中小微企业受益最明显，新增减税降费及退税缓费11203.37亿元，占比61.8%①。

依法保障民营企业合法权益。2023年，《最高人民法院关于优化法治环境　促进民营经济发展壮大的指导意见》出台，从六个方面对审判执行工

---

① 《央视聚焦：1~11月全国新增减税降费及退税缓费超1.8万亿元》，税务总局，https：//mp.weixin.qq.com/s/i3UZFZRbQb-QqFU0KIU8dA，最后访问日期：2024年1月22日。

作提出了明确要求，严厉打击对民营企业和企业家进行诋毁、贬损和丑化等侵权行为，并发布了 11 个保护民营企业产权和企业家合法权益的典型案例。公安部发布了服务保障高质量发展 26 条措施，特别提出依法保护企业产权和经营者合法权益，维护公平竞争的市场秩序。2023 年，最高人民检察院制定推动民营经济发展壮大 23 条检察意见，严格区分经济纠纷与经济犯罪、行政违法与刑事犯罪、单位犯罪与个人犯罪等，持续清理涉企"挂案"，纠正以刑事手段插手民事、经济纠纷，纠正超范围超时限查封扣押冻结财产；重点关注民营企业内部人员犯罪问题，制定了《关于依法惩治和预防民营企业内部人员侵害民营企业合法权益犯罪、为民营经济发展营造良好法治环境的意见》；部署开展行政检察护航法治化营商环境专项活动，并围绕"加强行政生效裁判监督，护航企业健康发展"主题发布典型案例。截至 2023 年 10 月，全国检察机关共办理涉市场主体行政检察监督案件 1.5 万余件①。

（三）修改法律，健全现代企业制度

作为最重要的市场主体，公司是市场经济的基本因子，为经济增长、科技创新提供原动力。《公司法》作为社会主义市场经济制度的基础性法律，在颁布三十周年之际迎来最为系统和全面的修订。《公司法》的修改体现在深化国有企业改革、优化营商环境、加强产权保护、促进资本市场健康发展等方面，致力于完善中国特色现代企业制度、推动经济高质量发展。新《公司法》第 1 条明确"完善中国特色现代企业制度，弘扬企业家精神"的立法目的，强调宪法是《公司法》的上位法，将完善中国特色现代企业制度从政策层面、实践层面上升至法律层面，正式开启新时代中国特色现代企业制度的法治现代化之路。为完善中国特色现代企业制度，新《公司法》在公司治理方面有以下几点变化：一是调整了股东出资限制、股东会职权和强化股东权利保护；二是调整董事会职权和结构，优化董事会决策程序；三

---

① 《最高检发布今年前三季度全国检察机关主要办案数据》，最高人民检察院，https：//mp. weixin. qq. com/s/JNlBdbidSSjNzJa32zGlBQ，最后访问日期：2024 年 1 月 22 日。

是调整经理层职权，经理作为执行层，其职权更多来自董事会的授权或公司章程的规定，赋予公司更大的自治空间，允许公司只设董事会、不设监事会，可以自主选择公司治理的组织机构设置。

（四）防范风险，完善金融监管法治

金融是现代经济的核心，关系发展和安全这一对重要命题。党的二十大报告强调，依法将各类金融活动全部纳入监管，守住不发生系统性风险底线。2023年，金融稳定法治建设加速推进，建立健全金融风险的事前防范、事中化解和事后处置全链条监管制度，实现金融活动监管全覆盖，支持平台企业健康规范发展，保障人民群众的切身利益。

深化金融监管体制改革。2023年，金融监管体制发生重大变革，形成"一行一局一会"的金融监管新格局，依法将各类金融活动纳入监管，实现金融监管全覆盖。根据2023年《党和国家机构改革方案》，组建中央金融委员会、中央金融工作委员会和金融监管总局，并深化地方金融监管体制改革，将中国证监会调整为国务院直属机构，统筹推进中国人民银行分支机构改革，地方金融监管体制以中央金融管理部门地方派出机构为主，地方政府金融监管机构专司监管职责。

建章立制，完善金融监管制度体系。私募投资基金业务活动对金融稳定具有重要影响。为规范私募投资基金业务活动，国务院发布《私募投资基金监督管理条例》，将私募投资基金业务活动纳入法治化、规范化轨道进行监管。非银行支付行业发展对于活跃交易、繁荣市场有重要作用，国务院针对非银行支付机构监管制定了《非银行支付机构监督管理条例》，标志着支付行业发展进入崭新阶段。为完善商业银行资本监管规则，加强对汽车金融公司、养老保险公司的监督管理，规范保险销售行为，金融监管总局制定了《商业银行资本管理办法》《汽车金融公司管理办法》《养老保险公司监督管理暂行办法》《保险销售行为管理办法》；针对金融控股公司关联交易这一影响金融稳定的突出现实问题，中国人民银行发布了《金融控股公司关联交易管理办法》；为规范上市公司独立董事管理，中国证监会公布了《上市

公司独立董事管理办法》；为进一步深化基础设施投融资体制改革，切实激发民间投资活力，国务院办公厅转发国家发展改革委、财政部《关于规范实施政府和社会资本合作新机制的指导意见》，对政府和社会资本合作新机制提出具体要求。

严格金融业监管，加大执法力度。2023 年，金融监管部门加大了金融市场乱象的治理力度。1~9 月，中国人民银行共对 10 件案件作出 73 份行政处罚决定，处罚金额共计 64.12 亿元；国家外汇局查处外汇违法违规案件 502 件，配合公安机关破获地下钱庄案件 95 件，查处地下钱庄交易对手案件 259 件，罚没共计 7.16 亿元人民币①。2023 年，金融监管总局严格执行双罚制度，加大对高管人员的处罚力度，处罚银行保险机构 4750 家次，处罚责任人 8552 人次，罚没合计 78.38 亿元②。中国证监会加大对财务造假、欺诈发行、操纵市场等违法行为的打击、惩处力度，共办理案件 717 件，作出处罚决定 539 项，罚没款金额 63.89 亿元，向公安机关移送涉刑事案件及通报线索 118 件③。

为规范资本市场提供司法保障。2023 年 1 月召开的全国法院金融审判工作会议明确提出，"加快推进金融审判体系和审判能力现代化，全面建设公正高效权威的中国特色现代金融审判体系"④。2023 年底，《最高人民检察院关于充分发挥检察职能作用 依法服务保障金融高质量发展的意见》发布，强调全面加强监管、防范化解风险，提出"四大检察"的履职重点。2023 年，检察机关依法从严惩处严重危害金融安全犯罪，起

---

① 《国务院关于金融工作情况的报告——2023 年 10 月 21 日在第十四届全国人民代表大会常务委员会第六次会议上》，中国人大网，http://www.npc.gov.cn/npc/c2/c30834/202310/t20231021_ 432324.html，最后访问日期：2023 年 12 月 23 日。

② 《国家金融监督管理总局 2023 年法治政府建设年度报告》，金融监管总局，https://www.cbirc.gov.cn/cn/view/pages/ItemDetail.html? docId=1156671&itemId=925，最后访问日期：2024 年 4 月 16 日。

③ 《中国证监会 2023 年法治政府建设情况》，中国证监会，http://www.csrc.gov.cn/csrc/c100028/c7473071/content.shtml，最后访问日期：2024 年 4 月 16 日。

④ 《周强：建设公正高效权威的中国特色现代金融审判体系 为推进中国式现代化提供有力司法服务》，最高人民法院网站，https://www.chinacourt.org/article/detail/2023/01/id/7096240.shtml，最后访问日期：2023 年 12 月 23 日。

诉金融诈骗、破坏金融管理秩序犯罪 2.7 万人，其中，对非法吸收公众存款、集资诈骗、组织领导传销活动等涉众型金融犯罪保持高压态势，依法从严追诉 2.4 万人；全面推进打击治理洗钱犯罪，起诉洗钱犯罪 2971 人，同比上升 14.9%①。2023 年 10 月，最高人民检察院专门发布防范金融投资诈骗典型案例和风险提示，通过以案释法向社会揭露金融投资骗局。2023 年，全国检察机关行政检察部门以"行政检察护航法治化营商环境"专项活动为依托，聚焦证券期货、银行保险、金融借款、委托理财等领域依法履职。为促进私募基金行业规范健康发展，最高人民检察院、最高人民法院联合发布了依法从严打击私募基金犯罪典型案例。

（五）排除妨碍，维护公平竞争秩序

落实和完善公平竞争审查制度。2023 年，司法部加大对行政法规中有违公平条款的清理力度，完成了 604 部行政法规的集中清理，这是新中国成立以来规模最大的一次行政法规清理。市场监管总局会同有关部门在全国组织开展了妨碍统一市场和公平竞争政策措施的集中清理工作。2023 年，全国审查增量政策措施 14.8 万件、存量政策措施 61.6 万件，修订废止妨碍统一市场和公平竞争的政策措施 2.16 万件②。为加强制度供给，市场监管总局出台了《禁止垄断协议规定》《制止滥用行政权力排除、限制竞争行为规定》，细化违法行为表现形式，新增执法约谈、行纪衔接等规定，并发布了《经营者集中反垄断合规指引》《滥用行政权力排除、限制竞争执法约谈工作指引》，国务院反垄断反不正当竞争委员会发布《关于行业协会的反垄断指南》，建立反垄断"三书一函"制度，增强监管的及时性、有效性和规范性。市场监管总局还组织开展了 2023 年反不正当竞

---

① 《刑事检察工作白皮书（2023）》，最高人民检察院，https：//www.spp.gov.cn/xwfbh/wsfbh/202403/t20240309_648173.shtml，最后访问日期：2024 年 4 月 10 日。

② 《国新办举行加快建设全国统一大市场工作进展情况国务院政策例行吹风会》，国新网，http：//www.scio.gov.cn/live/2023/33108/，最后访问日期：2024 年 4 月 10 日。

争"守护"专项执法行动,重点查处互联网不正当竞争行为,为数字经济发展保驾护航。

(六)支持创新,强化知识产权保护

加强新时代知识产权执法。知识产权保护水平关乎国家整体创新能力。习近平总书记在中央政治局第二十五次集体学习时强调指出,创新是引领发展的第一动力,保护知识产权就是保护创新。2023年《党和国家机构改革方案》将国家知识产权局由市场监管总局管理的国家局调整为国务院直属机构,有利于推进知识产权强国建设。市场监管总局发布《关于新时代加强知识产权执法的意见》,就知识产权执法工作作出新的部署。为加强和改进知识产权领域反垄断执法,市场监管总局颁布新的《禁止滥用知识产权排除、限制竞争行为规定》,进一步明确滥用知识产权排除、限制竞争行为的类型。在2023年"昆仑"专项行动中,公安机关加大对侵害科技创新成果等各类知识产权犯罪打击力度,1~9月,共侦破侵犯知识产权和制售伪劣商品犯罪案件2.8万件,有力维护了消费者和企业的合法权益,保护和改善了科技创新生态①。

持续强化知识产权司法保障。2023年,《最高人民法院 国家知识产权局关于强化知识产权协同保护的意见》发布,进一步健全知识产权行政保护与司法保护衔接机制,推动构建知识产权"严保护、大保护、快保护、同保护"格局;最高人民法院修订了《最高人民法院关于知识产权法庭若干问题的规定》,进一步优化知识产权专业化审判机制。最高人民检察院也发布了《人民检察院办理知识产权案件工作指引》,就人民检察院依法履行知识产权检察职责可能涉及的知识产权刑事案件的办理,知识产权民事、行政诉讼监督案件的办理以及知识产权公益诉讼案件的办理作出了具体指引。2023年,最高人民检察院出台检察机关办理知识产权案件45条举措,强化

---

① 《国新办举行"权威部门话开局"系列主题新闻发布会 介绍以高水平安全保障高质量发展有关情况》,http://www.scio.gov.cn/live/2023/32840/index.html,最后访问日期:2024年1月14日。

综合保护。全国检察机关起诉侵犯商标权、专利权、著作权和商业秘密等犯罪 1.8 万人，同比上升 40.8%；办理知识产权民事行政诉讼监督案件 2508 件，是 2022 年的 2.7 倍；办理知识产权领域公益诉讼 873 件[①]。2023 年，全国法院审结知识产权案件 49 万件，同比增长 1.8%，适用惩罚性赔偿 319 件，同比增长 117%，判赔金额 11.6 亿元，同比增长 3.5 倍[②]。

三　平安法治：贯彻总体国家安全观，构建新安全格局

安全是人民的基本需求，是国家提供的基本公共服务，也是法治的重要维度和面向。党的二十大报告提出，建设更高水平的平安中国，以新安全格局保障新发展格局。当前国际风云激荡，世界安全面临不确定性，全球性和区域性的传统安全与非传统安全威胁相互交织，因此，更应该坚持总体国家安全观，以广义安全、综合安全、全球安全理念应对国内外复杂局势。

（一）国家安全：严惩危害国家安全犯罪，健全国家安全法治体系

国家安全系民族复兴之根基。党的二十大报告高度重视国家安全问题，提出"要健全国家安全体系，完善高效权威的国家安全领导体制，完善国家安全法治体系、战略体系、政策体系、风险监测预警体系、国家应急管理体系，构建全域联动、立体高效的国家安全防护体系"。在传统国家安全问题和新型安全问题相互交织的时代背景下，中国出现多起对国家安全的恶意攻击事件。2023 年，国家安全机关公布一批危害国家安全典型案例。为防范应对传统安全领域的新问题、新挑战，国家安全相关法律成为 2023 年的

---

① 《最高人民检察院工作报告》，https://www.spp.gov.cn/spp/jcjgxxgc2024lh/202403/t20240315_650040.shtml，最后访问日期：2024 年 3 月 30 日。
② 《最高人民法院工作报告》，http://gongbao.court.gov.cn/Details/91879661d9288abc72798a23b1ecec.html，最后访问日期：2024 年 3 月 30 日。

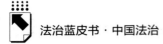
立法重点。针对外国对中国干涉、制裁、打压、遏制、渗透、破坏等行径，《对外关系法》明确反制、限制性法律规定，坚持全球安全观和发展观，维护国家主权、安全和发展利益。为适应新形势下间谍情报活动主体更复杂、领域更广泛、手法更隐蔽、目标更多元的新特点和趋势，《反间谍法》得以修订实施，为开展反间谍斗争提供了强有力的法治保障。

（二）社会治安：加强社会治安综合治理，维护社会稳定大局

完善社会治安防控体系，常态化扫黑除恶成效显著。公安机关常态化开展创建"枫桥式公安派出所"活动，持续推动警力向基层一线下沉，全国1.4万个派出所派驻了人民调解组织①。2023年6~9月，公安部统筹开展"夏季行动"，共破获刑事案件56.6万起，查处治安案件204.2万起，抓获违法犯罪嫌疑人员97.5万名；化解矛盾纠纷284.6万起，消除治安隐患86.5万处；全国110接报刑事、治安警情同比分别下降13.8%、5.2%，全国道路交通事故起数、死亡人数同比分别下降11.5%、16.7%②。在"夏季行动"中，重点整治枪爆违法犯罪，共抓获犯罪嫌疑人1724名，捣毁窝点52处，缴获各类枪支3975支，子弹11.1万发③。公安机关统筹推进禁毒"清源断流—2023"行动，截至8月，破获毒品犯罪案件2.6万起，抓获毒品犯罪嫌疑人3.9万名，缴获各类毒品16.5吨，同比分别上升10%、16.4%、24.7%；查处吸毒人员11万人次，同比下降18.1%；全国新发现

---

① 《为中国式现代化建设贡献政法力量——政法机关推进新时代平安中国建设》，转引自中国政府网，https://www.gov.cn/yaowen/liebiao/202401/content_6925809.htm，最后访问日期：2024年1月14日。
② 《为中国式现代化建设贡献政法力量——政法机关推进新时代平安中国建设》，转引自中国政府网，https://www.gov.cn/yaowen/liebiao/202401/content_6925809.htm，最后访问日期：2024年1月14日。
③ 《为中国式现代化建设贡献政法力量——政法机关推进新时代平安中国建设》，转引自中国政府网，https://www.gov.cn/yaowen/liebiao/202401/content_6925809.htm，最后访问日期：2024年1月14日。

吸毒人员 4.5 万人，同比下降 10.6%①。2023 年，全国公安机关打掉涉黑组织 133 个、恶势力组织 1858 个②，破获各类刑事案件 2.9 万起。2023 年查处治安案件数与 2022 年基本持平，刑事案件立案数比 2022 年下降 4.8%③；全国群众安全感为 98.2%，连续 4 年保持在 98% 以上④。

（三）食药安全：实行全链条监管，护卫人民身体健康

"全环节、全要素、全链条"打击药品犯罪。为贯彻落实党的二十大报告"关于食品药品安全监管"的决策部署，公安部部署开展依法严厉打击制售假药劣药重点攻坚专项工作，会同市场监管总局等 11 部门开展医疗美容行业突出问题专项治理行动。2023 年 1~9 月，全国公安机关共侦破药品犯罪案件 4600 余起。公安部挂牌督办药品领域大要案件 55 起，会同最高人民检察院、国家药监局联合挂牌督办 10 起。为依法严厉打击药品犯罪，最高人民法院、最高人民检察院、公安部修订出台《关于办理危害药品安全刑事案件适用法律若干问题的解释》；公安部、国家药监局等部门出台《药品行政执法与刑事司法衔接工作办法》，进一步增强了打击整治合力。2023 年 1~9 月，全国法院审结生产、销售、提供假药罪，生产、销售、提供劣药罪和妨害药品管理罪一审刑事案件 1300 余件，同比增长 337.25%⑤。

---

① 《为中国式现代化建设贡献政法力量——政法机关推进新时代平安中国建设》，转引自中国政府网，https://www.gov.cn/yaowen/liebiao/202401/content_ 6925809.htm，最后访问日期：2024 年 1 月 14 日。
② 《2023 年 8 月以来全国电诈案件同比下降 28.6%》，中央广播电视总台央视新闻，https://news.cctv.com/2024/01/14/ARTIvcBA94otR0DrQ0MLbzDt240114.shtml? spm = C94212.P4Yn Mod9m2uD.ENPMkWvfnaiV.102，最后访问日期：2024 年 1 月 14 日。
③ 《2023 年 8 月以来全国电诈案件同比下降 28.6%》，中央广播电视总台央视新闻，https://news.cctv.com/2024/01/14/ARTIvcBA94otR0DrQ0MLbzDt240114.shtml? spm = C94212.P4Yn Mod9m2uD.ENPMkWvfnaiV.102，最后访问日期：2024 年 1 月 14 日。
④ 《2023 年 8 月以来全国电诈案件同比下降 28.6%》，中央广播电视总台央视新闻，https://news.cctv.com/2024/01/14/ARTIvcBA94otR0DrQ0MLbzDt240114.shtml? spm = C94212.P4Yn Mod9m2uD.ENPMkWvfnaiV.102，最后访问日期：2024 年 1 月 14 日。
⑤ 《最高法公布 2023 年 1~9 月司法审判工作主要数据》，最高人民法院官方网站，https://www.court.gov.cn/zixun/xiangqing/415692.html，最后访问日期：2024 年 1 月 14 日。

治理"餐桌污染",守护群众"舌尖上的安全"。食品安全关系每个人的身体健康和生命安全。为贯彻落实习近平总书记关于食品安全"四个最严"要求,公安部部署开展"昆仑2023"专项行动,对社会高度关注的食品"两超一非"(食品生产环节超范围、超限量使用食品添加剂和非法添加)犯罪进行集中打击,侦破网红食品非法添加、滥用"瘦肉精",制售假牛羊肉等刑事案件5300余起,抓获犯罪嫌疑人6300余名。2023年1~6月,全国检察机关共起诉危害食品安全犯罪3700余人,起诉生产、销售伪劣农药、兽药、化肥、种子罪,生产、销售伪劣产品罪,非法经营罪,假冒注册商标罪等涉农资案件嫌疑人300余人①。

(四)网络安全:打击网络暴力,营造风清气正的网络空间

进入网络时代,人们享受到新型科学技术带来的空前便利,也深受网络空间滋生的电信网络诈骗、网络谣言、网络暴力、黑客的侵害。为此,全国开展"净网"专项行动,摧生态、斩链条,重拳打击网络犯罪活动,维护网络空间正常秩序。

纵深打击电信网络诈骗违法犯罪。截至2023年12月1日,《反电信网络诈骗法》实施满一周年,公安机关依据该法对21.05万人次进行了行政处罚。公安部部署开展"长城""断卡""断流""拔钉"等专项行动,依法严厉打击涉诈黑灰产犯罪团伙,抓获犯罪嫌疑人7.9万名,其中包括诈骗集团幕后"金主"、头目和骨干263名。2023年6月,公安部公布了十大高发电信网络诈骗类型。2023年,全国公安机关破获电信网络诈骗案件43.7万起②。针对缅北涉中电信网络诈骗犯罪严峻形势,公安部部署云南等地公安机关深入推进边境警务执法合作,集中打击涉缅北电诈违法犯罪活动。2023

---

① 《国新办举行"权威部门话开局"系列主题新闻发布会,介绍以高水平安全保障高质量发展有关情况》,http://www.scio.gov.cn/live/2023/32840/tw/?flag=1,最后访问日期:2024年1月14日。
② 《公安部:2023年共破获电信网络诈骗案件43.7万起》,中国新闻网,https://m.gmw.cn/2024-01/09/content_1303625437.htm,最后访问日期:2024年1月24日。

年，抓获涉缅北诈骗集团核心成员 78 名、犯罪嫌疑人 4.1 万名，累计冻结涉案资金 35 亿元①。2023 年，全国检察机关起诉电信网络诈骗犯罪 5.1 万人，同比上升 66.9%②。截至 2023 年 12 月底，国家反诈中心累计下发资金预警指令 940.6 万条，公安机关累计见面劝阻 1389 万人次，紧急拦截涉案资金 3288 亿元③。

严厉打击网络谣言，惩治网络暴力犯罪。2023 年，全国公安机关在"净网 2023"专项行动中，重点打击网络谣言，侦办网络谣言类案件 4800 余起，依法查处造谣传谣人员 6300 余名，依法关停违法违规账号 3.4 万个④。网络暴力成为 2023 年广受社会关注的热点话题。针对网暴行为违法与犯罪的界限难以划定、刑事责任难以划分等法律问题，最高人民法院、最高人民检察院、公安部联合制定《关于依法惩治网络暴力违法犯罪的指导意见》。全国公安机关查处网络暴力违法犯罪案件 110 起，刑事打击 112 人，行政处罚 96 人，批评教育 472 人，指导重点网站平台阻断删除涉网络暴力信息 2.7 万条，禁言违规账号 500 余个，公布依法惩治网络暴力违法犯罪 10 个典型案例⑤。

（五）家庭平安：全方位加强和保障妇女儿童合法权益

无论是在家庭，还是在社会，妇女、儿童都处于相对弱势地位，保护妇女、儿童权利关乎千万家庭幸福和社会文明进步。

---

① 《2023 年 8 月以来全国电诈案件同比下降 28.6%》，中央广播电视总台央视新闻，https：//news. cctv. com/2024/01/14/ARTIvcBA94otR0DrQ0MLbzDt240114. shtml？spm = C94212. P4Yn Mod9m2uD. ENPMkWvfnaiV. 102，最后访问日期：2024 年 1 月 14 日。

② 《最高人民检察院工作报告》，https：//www. spp. gov. cn/spp/jcjgxxgc2024lh/202403/t20240315_ 650040. shtml，最后访问日期：2024 年 3 月 30 日。

③ 《为中国式现代化建设贡献政法力量——政法机关推进新时代平安中国建设》，转引自中国政府网，https：//www. gov. cn/yaowen/liebiao/202401/content_ 6925809. htm，最后访问日期：2024 年 1 月 14 日。

④ 《公安机关重拳出击 整治网暴、网络谣言等各类"网络乱象"》，央视网，https：//m. gmw. cn/2023-12/23/content_ 1303610126. htm，最后访问日期：2024 年 1 月 14 日。

⑤ 《公安党委决定将 2024 年作为打击整治网络谣言专项行动年》，《人民公安报》2023 年 12 月 23 日，第 1 版。

全方位加强妇女权益司法保护。党的二十大报告强调，"坚持男女平等基本国策，保障妇女儿童合法权益"。2023年是新《妇女权益保障法》实施元年，最高人民法院下发通知，要求贯彻实施新修订的《妇女权益保障法》，全面加强妇女权益司法保护。公安部印发《加强新时代公安派出所工作三年行动计划（2023~2025年）》，特别指出要健全落实家暴告诫处置制度。为落实《妇女权益保障法》关于授权检察机关开展妇女权益保障领域公益诉讼的规定，最高人民检察院第八检察厅下发《关于进一步深化拓展妇女权益保障公益诉讼检察工作的提示》，进一步引导各地深化拓展妇女权益保障公益诉讼检察工作。2023年，全国检察机关起诉家庭暴力犯罪563人；对遭受犯罪侵害或民事侵权，无法通过诉讼获得有效赔偿、生活面临急迫困难的2.3万名妇女予以司法救助；办理妇女权益保障公益诉讼案件1490件①。

新时代儿童保护法律体系日臻完善。2023年，随着《未成年人网络保护条例》的出台，中国首部专门性的未成年人网络保护综合立法诞生，儿童网络保护法治建设进入新阶段。针对电竞酒店、剧本杀等新兴业态涉未成年人保护治理困境和难题，最高人民检察院发布了新兴业态治理未成年人保护检察公益诉讼典型案例；文化和旅游部、公安部发布《文化和旅游部 公安部关于加强电竞酒店管理中未成年人保护工作的通知》，推动新兴业态监督治理，严禁电竞酒店违规接待未成年人。

统一法律适用和办案原则，严惩侵害未成年人犯罪。2023年5月，《最高人民法院 最高人民检察院关于办理强奸、猥亵未成年人刑事案件适用法律若干问题的解释》《最高人民法院 最高人民检察院 公安部 司法部关于办理性侵害未成年人刑事案件的意见》同时发布，剑指性侵害未成年人犯罪，明确严惩侵害未成年人犯罪的具体刑事政策和规范适用标准，鲜明地提出了"特殊优先保护""最有利于未成年人""双向保护"等办案原则。

---

① 《最高人民检察院工作报告》，https://www.spp.gov.cn/spp/jcjgxxgc2024lh/202403/t20240315_650040.shtml，最后访问日期：2024年3月30日。

2023 年，检察机关对性侵、伤害、虐待等侵害未成年人犯罪"零容忍"，起诉 6.7 万人，同比上升 14.9%；对涉罪未成年人坚持教育、感化、挽救方针，情节较轻的，依法附条件不起诉 3.1 万人①。

四 生态法治：健全生态文明制度体系，全面推进美丽中国建设

良好的生态环境是最普惠的民生福祉。党的二十大报告深刻指出，中国式现代化是人与自然和谐共生的现代化。为增强全民生态文明意识，唤起全社会建设美丽中国的责任感、使命感，全国人大常委会将 8 月 15 日设为全国生态日。2023 年底，《中共中央 国务院关于全面推进美丽中国建设的意见》发布，提出"新时代新征程开启全面推进美丽中国建设新篇章"。2023 年，中国特色社会主义生态环境保护法律体系进一步完善，生态环境执法进一步彰显法治威力，生态司法质效稳步提升，为实现人与自然和谐共生的现代化提供全方位的法治保障。

（一）专项立法，健全生态文明制度体系

2023 年 7 月，全国生态环境保护大会召开，习近平总书记强调，各级人大及其常委会要加强生态文明保护法治建设和法律实施监督。

中国特色资源保护利用法律体系形成。2023 年，全国人大常委会加快特殊地理、特定区域或流域生态环保立法步伐，出台了《青藏高原生态保护法》，修订《海洋环境保护法》，进一步完善生态环境保护法治体系，为生态环境法典化奠定了基础。《青藏高原生态保护法》通过后，全国人大常委会组织开展涉青藏高原生态保护法规、规章、规范性文件集中清理工作，需要修改、废止的法规、规章、规范性文件共 49 件。西藏自治区人大常委

---

① 《最高人民检察院工作报告》，https://www.spp.gov.cn/spp/jcjgxxgc2024lh/202403/t20240315_650040.shtml，最后访问日期：2024 年 3 月 30 日。

会通过了《西藏自治区人民代表大会常务委员会关于全面贯彻实施青藏高原生态保护法的决定》，守护青藏高原建设国家生态文明高地。修改后的《海洋环境保护法》进一步充实立法目的，压实部门责任，加强海洋环境监管、海洋生态保护、海洋污染防治等方面制度建设。《海洋环境保护法》的修改完善，有助于中国海洋生态环境保护，维护中国海洋大国地位。

中国"江河战略"法治化全面推进。2023年，随着《黄河保护法》的施行，中国"江河战略"法治化全面推进。为贯彻落实《黄河保护法》，全国人大常委会部署开展涉黄河流域保护法规、规章、规范性文件集中清理，督促推动各方面修改、废止各类规范性文件154件，其中行政法规5件，地方性法规74件，其他各类规范性文件75件①。

空前重视生态环保制度实施监督。2023年6~9月，全国人大常委会组织开展了《湿地保护法》执法检查，在《湿地保护法》实施不到一年就开展执法检查，充分体现对湿地保护和生态文明建设的高度重视，以人大监督守护"地球之肾"。10月22日，全国人大常委会就《国务院关于打击生态环境和资源保护领域犯罪工作情况的报告》《最高人民法院关于人民法院环境资源审判工作情况的报告》《最高人民检察院关于人民检察院生态环境和资源保护检察工作情况的报告》开展专题询问，围绕同一主题对"一府两院"三个报告开展专题询问，在全国人大常委会历史上也是首次。

（二）多措并举，改善生态环境执法效果

修订《生态环境行政处罚办法》，落实生态环境保护法律法规。2023年，生态环境部修订了《生态环境行政处罚办法》，以更好地适应新的生态环境执法形势。新办法将许可限制、责令停产整治、禁止从业、责令限期拆除等增补为生态环境行政处罚种类，提升行政处罚效果；优化处罚办案程序，强化当事人权益保障；要求处罚决定书应讲明违法事实认定的事理法

---

① 《涉黄河流域保护规范性文件集中清理完成》，https://mp.weixin.qq.com/s/IKqjz36jLYZT0VxwwAKeLQ，最后访问日期：2024年1月28日。

理，推行说理式执法，提升执法正当性，降低履职风险。

开展全国生态环境执法稽查，规范生态环境执法行为。2023年5月，生态环境部印发《2023年全国生态环境执法稽查工作方案》，明确相关工作目标、原则方向、稽查内容、开展方式。生态环境执法稽查要求，及时发现和纠正不规范的环境执法行为，促进各级生态环境执法机构和人员依法履职，实现生态环境执法的严格、规范、公正、文明、廉洁。通过对现场执法开展情况、执法案件、移动执法系统建设使用情况、执法公示和全过程记录推行情况、着装规范情况的考察，中央和省级生态环境部门对下辖机构和人员的履职情况开展稽查，力图实现地方生态环境执法工作的全面规范化。

强化信息规制，发布柔性规范，提升环境执法社会效果。2023年2月，生态环境部发布《生态环境领域行政许可事项实施规范》，对本领域行政许可事项予以明确和公示，规范行政许可权限，方便相对人信息获取。2023年5月，为进一步引领公民践行生态环境保护义务和责任，推动社会形成简约适度、绿色低碳、文明健康的生活方式，生态环境部与中央精神文明建设办公室、教育部、共青团中央、全国妇联共同修订并发布《公民生态环境行为规范十条》，鼓励公民自觉践行。生态环境执法信息的发布及柔性规范的出台，有助于降低行政成本、提升治理成效。

颁布环境标准，进一步推动生态环境执法科学化。2023年度，生态环境部发布多项生态环境领域国家标准，包括《生态环境档案管理规范》《地方水产养殖业水污染物排放控制标准制订技术导则》《危险废物贮存污染控制标准》《环境空气65种挥发性有机物的测定　罐采样/气相色谱—质谱法》《铸造工业大气污染防治可行技术指南》《农药制造工业污染防治可行技术指南》《排污许可证质量核查技术规范》《海水、海洋沉积物和海洋生物质量评价技术规范》《环境影响评价技术导则》等。标准涉及生态环境信息管理、排放标准制定、污染防治技术、生态环境评估方法、环境监管方法等方面，使得生态环境执法更加科学、明确。

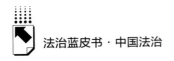

（三）完善司法，提升生态环境审判质效

2023 年度，司法机关从出台司法解释、颁布司法规范性文件、发布典型案例三方面着手，着力提升生态环境审判质效。

持续完善环境资源案件裁判规则体系，统一法律适用。为进一步提升环境资源案件审判质量，统一裁判标准，最高人民法院针对生态环境侵权案件和环境污染犯罪颁布司法解释文件，如《最高人民法院关于具有专门知识的人民陪审员参加环境资源案件审理的若干规定》《最高人民法院关于生态环境侵权民事诉讼证据的若干规定》《最高人民法院关于审理生态环境侵权责任纠纷案件适用法律若干问题的解释》《最高人民法院关于审理破坏森林资源刑事案件适用法律若干问题的解释》等。作为环境犯罪中最为主要的类型，环境污染犯罪是环境司法中的一大重点和难点，为适应刑法规范修改，进一步明确此类犯罪的裁判标准，最高人民法院、最高人民检察院于 2023 年 8 月 15 日颁布修改后的《最高人民法院　最高人民检察院关于办理环境污染刑事案件适用法律若干问题的解释》，作为首个全国生态日的重要规范成果。2023 年出台的司法解释共计 12 件，而环境资源类司法解释就有 5 件，几乎占半壁江山。为稳步推进生态文明建设事业，司法机关围绕"双碳"目标、《黄河保护法》实施、林草执法与检察公益诉讼衔接等颁布了一系列司法规范性文件，如《最高人民法院关于完整准确全面贯彻新发展理念　为积极稳妥推进碳达峰碳中和提供司法服务的意见》《最高人民法院关于贯彻实施〈中华人民共和国黄河保护法〉的意见》以及最高人民检察院、国家林业和草原局联合制定的《关于建立健全林草行政执法与检察公益诉讼协作机制的意见》，对生态环境司法领域的热点问题作出具体安排。

加强典型案例示范作用。最高人民法院、最高人民检察院在生态环境司法领域选取并发布了一系列典型案例，涉及"双碳"目标、黄河水安全保护、青藏高原生态保护、中央生态环境保护督察整改、严惩危险废物污染环境犯罪、湿地生态保护、非法捕捞水产品犯罪、非法采矿公益诉讼、破坏森林资源犯罪、检察公益诉讼助力流域生态环境保护治理、荒漠化防治、耕地保护等诸多事项。这些案件虽不具备指导性地位，但也可发挥相应的示范效应，对全国范围内类似案件裁判标准的统一产生积极作用。这些案件表明，司法机关以积极的态度参与生态治理。2023 年，最高人民检察院以"发挥行政检察职能作用　助力生态环境和资源保护"为主题发布 6 个典型案例；联合自然资源部发布土地执法查处领域行政非诉执行监督 5 个典型案例，凝聚保护自然资源执法司法合力；指导各地办理土地执法查处领域行政非诉执行监督案件 8600 余件、涉及土地面积 6.3 万余亩，确保农地农用、耕地安全。

依法公正高效审理各类环境资源案件。与普通案件相比，环境资源案件具有专业性强、跨区域等特点，为此，各地法院扎实推进环境资源审判专业化建设，健全环境资源专门化审判组织体系，推动各地建立适应生态环境保护需要、符合环境资源审判特点的"三审合一"、集中管辖、跨域司法协作等机制。2023 年，全国法院审结环境资源案件 23.2 万件，同比下降 5.8%，其中涉环境污染案件 5386 件，同比下降 11.5%[①]。公安机关加大对污染环境犯罪的打击力度，2023 年 1~11 月，共立案侦办刑事案件 2900 余起，抓获犯罪嫌疑人 5900 余名，打击质效明显提升[②]。2023 年，检察机关加大对破坏资源环境领域犯罪惩治力度，起诉 3.5 万人，同比上升 6.4%；办理环境资源领域公益诉讼 8.4 万件[③]。

五　监督法治：建立健全现代化的党和国家法治监督体系

法治监督体系是指以规范和约束公权力为重点建立的法治化权力监督网络，是中国特色社会主义法治体系的有机组成部分。党的二十大报告明确提

---

① 《最高人民法院工作报告》，http://gongbao.court.gov.cn/Details/91879661d9288abc72798a23b1ecec.html，最后访问日期：2024 年 3 月 30 日。
② 《公安机关依法严厉打击污染环境犯罪》，公安部，https://app.mps.gov.cn/gdnps/pc/content.jsp?id=9403368&mtype=3，最后访问日期：2024 年 2 月 20 日。
③ 《最高人民检察院工作报告》，https://www.spp.gov.cn/spp/jcjgxxgc2024lh/202403/t20240315_650040.shtml，最后访问日期：2024 年 3 月 30 日。

出，"健全党统一领导、全面覆盖、权威高效的监督体系"。2023 年，中国全面加强党内监督、人大监督、行政监督、司法监督、检察监督，致力于建立并完善现代化的党和国家法治监督体系。

（一）党内监督，坚持全方位管理和经常性监督

在党和国家各种监督形式中，党内监督是最基本的、第一位的监督，是权力正确运行的根本保证。党的二十大报告直面大党独有难题，作出"完善党的自我革命制度规范体系"重大部署。习近平总书记在二十届中央纪委二次全会上强调，"把严的基调、严的措施、严的氛围长期坚持下去，把党的伟大自我革命进行到底"①。

健全新时代全面从严治党体系。2023 年，随着党内法规体系的不断完善，新时代全面从严治党体系日益健全。作为管党治党的重要基础性法规，《中国共产党纪律处分条例》在 2023 年迎来重大修订，以严明的纪律推进党的自我革命。为进一步推进干部教育培训工作科学化、制度化、规范化，建设高素质干部队伍，中共中央还修订了《干部教育培训工作条例》，制定了《全国干部教育培训规划（2023~2027 年）》。为推动领导干部带头遵规守法，中共中央办公厅、国务院办公厅印发了《关于建立领导干部应知应会党内法规和国家法律清单制度的意见》，促使领导干部尊崇法治、敬畏法律，不断提高运用法治思维和法治方式的能力。为贯彻落实党中央全面从严治党、从严管理干部、加强对干部全方位管理和经常性监督的决策部署，中共中央修订了《行政执法类公务员管理规定》《专业技术类公务员管理规定》，吸收有关法律和党内法规最新规定，进一步完善中国特色公务员制度、提高公务员管理科学化水平。2023 年，事业单位工作人员管理与考核迎来新规定，中共中央组织部、人力资源社会保障部印发了《事业单位工作人员考核规定》，修订了《事业单位工作人员处分规定》，贯彻落实党中

---

① 光明网，https://m.gmw.cn/baijia/2023-01/09/36289408.html，最后访问日期：2024 年 2月 22 日。

央全面从严治党、从严管理干部、加强对干部全方位管理和经常性监督的决策部署。

反腐败斗争进入深水区，零容忍惩治新型腐败和隐性腐败。进入深水区的反腐败斗争更加复杂，"期权腐败"、政商"旋转门""逃逸式辞职"等各类新型腐败、隐性腐败层出不穷，权钱交易更加隐蔽，利益兑现延时。2023年，反腐高压态势继续，坚持受贿行贿一起查，零容忍惩治新型腐败和隐性腐败。2023年，全国共查处违反中央八项规定精神问题案件107547起，批评教育和处理153662人，其中党纪政务处分108695人[1]。国家监委牵头开展职务犯罪国际追逃追赃"天网2023"专项行动。2023年1~11月，追回外逃人员1278人，其中党员和国家工作人员140人，"红通人员"48人，追回赃款29.12亿元[2]。

专项整治行业性、系统性、地域性腐败。2023年，纪检监察机关专项整治行业性、系统性、地域性腐败，金融、国企、医疗、体育、粮食购销等领域成为反腐重点。2023年是金融反腐大年，中国工商银行、中国银行等几大国有银行是重灾区，政策性银行和监管部门亦有人涉案，保险、证券、金控集团等均受到调查。据不完全统计，2023年金融系统内接受执纪审查的干部百余名，远超2022年的70余名，其中中管金融干部9人被查，国有大行共有40人被查[3]。2023年，有关部门对医药行业开展全领域、全链条、全覆盖系统治理，发布《2023年纠正医药购销领域和医疗服务中不正之风工作要点》《关于进一步加强公立医院内部控制建设的指导意见》《大型医院巡查工作方案（2023~2026年度）》，开展为期一年的全国医药领域腐败问题集中整治。2023年1~11月，检察机关起诉医疗系统相关职务

---

① 《2023年12月全国共查处违反中央八项规定精神问题15966起》，转引自中国政府网，https：//www.gov.cn/yaowen/liebiao/202401/content_6928767.htm，最后访问日期：2024年1月24日。

② 《坚决打赢反腐败斗争攻坚战持久战》，《中国纪检监察报》2024年1月1日，第1版。

③ 《101人被查！2023年金融反腐持续深入》，https：//mp.weixin.qq.com/s/C9-te8s2e_tBd7SyGBWnLQ，最后访问日期：2024年1月20日。

犯罪近 500 人①。2023 年，体育领域反腐败斗争形势严峻，至少有 14 名官员被查，体育系统政治生态亟待全面修复净化。中央纪委国家监委开展耕地保护专项监督，对 66 条耕地违纪违法问题线索进行集中督办交办，督促强化执纪执法，严查问题背后的责任、腐败和作风问题，共追责问责 746 人，其中 204 人为地方党委、政府或部门"一把手"②。

严查"蝇贪蚁腐"，全面从严治党向基层延伸。2023 年，中央纪委印发《关于开展乡村振兴领域不正之风和腐败问题专项整治的意见》，要求加大对基层腐败问题查处力度，严查"蝇贪蚁腐"，着力解决民生领域"微腐败"、妨碍惠民政策落实"绊脚石"。2023 年，全国纪检监察机关共处分 61 万人，其中乡科级干部 8.2 万人，一般干部 8.5 万人，农村、企业等其他人员 41.7 万人③。

惩治形式主义，为基层减负。形式主义有百害而无一利，不仅造成人力、物力和财力的极大浪费，还严重损害政府公信和形象，其危害甚至比贪污腐败更甚。反对形式主义历来是党加强作风建设、加强党内监督的重要任务，然而，各级单位和部门形式主义越来越严重，在数字时代更是演变为"指尖上的形式主义"，基层不堪重负。2023 年 6 月，中央层面整治形式主义为基层减负专项工作机制会议在北京召开，中央纪委国家监委公开通报形式主义、官僚主义典型问题。为落实中央层面整治形式主义为基层减负专项工作机制有关要求，2023 年底，中央网络安全和信息化委员会印发了《关于防治"指尖上的形式主义"的若干意见》，要求"防止强制使用、防止过度留痕、防止滥用排名、防止多头填报"。

① 《以高质效履职办案服务反腐败大局 专访最高检察委员会副部级专职委员、第三检察厅厅长史卫忠》，https://www.spp.gov.cn/spp/2024zgjtzft/dsjct/index.shtml，最后访问日期：2024 年 2 月 24 日。
② 《中央纪委国家监委集中督办交办 66 件耕地违纪违法问题线索 追责问责 204 名地方党政机关"一把手"》，https://www.ccdi.gov.cn/toutiaon/202312/t20231224_316717.html，最后访问日期：2024 年 1 月 24 日。
③ 《始终保持严的基调严的措施严的氛围 解读 2023 年全国纪检监察机关监督检查审查调查情况》，https://mp.weixin.qq.com/s/2ytJgtfa4g3gOGYa2d1CJA，最后访问日期：2024 年 1 月 28 日。

（二）人大监督，建立全链条监督机制，提升监督实效

党的二十大报告明确提出，要健全人大对行政机关、监察机关、审判机关、检察机关监督制度。人大主要通过备案审查、执法检查、听取审议工作报告、计划和预算决算审查等方式，推动"一府一委两院"在宪法和法律范围内履行职责。

备案审查增强制度刚性。备案审查是宪法和法律赋予各级人民代表大会的一项重要监督职权。2023年，全国人大常委会办公厅收到报送备案的法规、司法解释等规范性文件共1319件[1]，比2022年的1172件有所增长。公众参与备案审查的民主热情不断高涨，2018年至2023年六年间，全国人大常委会共收到公民、组织提出的审查建议2万余件，整体呈上升趋势（见图2)[2]。全国人大常委会法工委对审查建议逐一研究，与有关方面充分沟通，加强调研论证，提出审查意见，并按规定向审查建议人反馈。2023年底，《全国人民代表大会常务委员会关于完善和加强备案审查制度的决定》颁布，这也是全国人大常委会首次以决定的形式对备案审查制度作专门规定。

《全国人民代表大会常务委员会法制工作委员会关于2023年备案审查工作情况的报告》披露了2023年备案审查工作中纠正处理的十余个典型案例，涉及合宪性审查、生态环保、民生、民族自治地方立法、地方司法文件、跟踪监督等六个不同主题、不同领域。报告特别指出，对涉罪人员近亲属多项权利进行限制，违背罪责自负原则，不符合宪法关于"公民的基本权利和义务"规定的原则和精神，也不符合国家有关教育、就业、社保等法律法规的原则和精神[3]。备案审查还在原有四种审查方式基础上探索创新联合审

---

[1] 全国人大常委会法制工作委员会：《全国人民代表大会常务委员会法制工作委员会关于2023年备案审查工作情况的报告》，中国人大网，http://www.npc.gov.cn/npc/c2/c30834/202312/t20231229_433996.html，最后访问日期：2024年1月22日。

[2] 参见《备案审查：增强纠错刚性 积极回应民生关切》，《中国人大》2023年第20期。

[3] 全国人大常委会法制工作委员会：《全国人民代表大会常务委员会法制工作委员会关于2023年备案审查工作情况的报告》，中国人大网，http://www.npc.gov.cn/npc/c2/c30834/202312/t20231229_433996.html，最后访问日期：2024年1月22日。

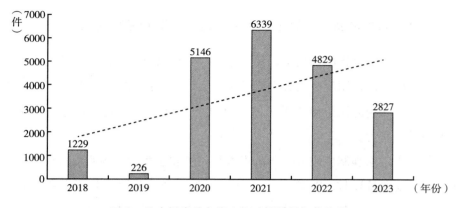

图 2　公众提出的备案审查建议数量年度比较

查，对审查中发现地方性法规和地方政府规章存在的带有普遍性的问题，全国人大常委会法工委与司法部共同研究提出审查意见，并分别推动有关地方人大常委会和地方政府对有关地方性法规和地方政府规章作出修改。2023年，全国人大常委会法工委组织开展涉及黄河保护的法规、规章、规范性文件集中清理工作以及涉及青藏高原生态保护的法规、规章、规范性文件集中清理工作。

开展执法检查，听取"一府两院"专项报告。执法检查是人大监督的法定形式，2023年，全国人大常委会对《安全生产法》《科学技术进步法》《种子法》《湿地保护法》《特种设备安全法》等5部法律的实施情况开展执法检查，比2022年多1部。2023年，全国人大常委会听取审议了全国人大常委会执法检查报告、"一府两院"等22个专项工作报告，对反家暴工作、国家粮食安全工作、国有资产管理情况、金融企业国有资产管理情况、考试招生制度改革情况、打击生态环境和资源保护领域犯罪工作、人民法院环境资源案件审判工作、生态环境和资源保护检察工作、财政文化资金分配和使用情况、精神卫生工作情况等进行监督。

（三）行政监督，推动行政机关依法规范履职

法规规章备案审查源头规范行政权力。为从源头规范行政权力、从根本

上促进行政机关全面依法履职，近年来，司法部加大了对法规规章的备案审查力度，并将备案登记审查情况逐月上网公布。2023 年，司法部依法逐件审查备案的法规规章 3021 件，其中地方性法规 1967 件，地方政府规章 873 件，部门规章 181 件；初步确认 75 件法规规章存在与上位法不一致问题并作出处理，对 23 件规章进行纠错；发督办函督促 5 个部门取消和调整 6 件规章中的不合理罚款事项①。

强化监督，全面提升行政执法质量和效能。行政执法是法律实施的关键环节，关乎人民群众切身利益，体现政府治理能力与水平。党的二十大报告将行政执法作为法治政府建设的重点。为提升行政执法质量，各地强化监督，构建全周期行政执法大监督格局。2023 年，国务院办公厅印发《提升行政执法质量三年行动计划（2023～2025 年）》，要求各地区有关部门梳理行政执法突出问题清单，并开展专项整治行动。为促进严格规范公正文明执法，司法部组织开展提升行政执法质量三年行动，深化"减证便民"改革。案卷文书制作水平是执法能力水平的重要体现，为进一步规范行政执法行为，提高执法质量，各部门各地方常规化开展案卷评查活动，如农业农村部对 2021 年度、2022 年度农业行政处罚案卷进行集中评查，评出优秀案卷和优秀文书，并向社会公布评查结果；宁夏回族自治区开展全区行政处罚案卷评查工作，重点评查安全生产、生态环境以及新领域新业态和知识产权等执法案卷。针对道路交通安全和运输执法领域问题突出，中央全面依法治国办部署开展道路交通安全和运输执法领域突出问题专项整治，重点整治逐利执法、执法不规范、执法方式简单僵化、执法粗暴、执法"寻租"等问题。

提升行政复议质量，充分发挥纠错功能。行政复议是通过行政系统的自我监督和纠错，实现解决行政争议、保护行政相对人合法权益之目的。2023 年，新修订的《行政复议法》贯彻落实党中央关于行政复议体制改革的决策部署，明确县级以上各级人民政府统一行使行政复议职责，进一步扩大受案范围，完善受理及审理程序，引入调解机制，以充分发挥行政复议公正高

---

① 《2023，法治政府建设迈出新步伐》，《法治日报》2024 年 1 月 19 日，第 3 版。

效、便民为民的制度优势，促进争议实质性化解，维护人民群众合法权益。2023 年，司法部在全系统部署开展"行政复议质量提升年"活动，全国行政复议案件数量增长明显，行政复议作为化解行政争议主渠道作用日益凸显。行政复议监督效能的提升主要通过三种途径：一是个案监督，二是用好行政复议意见书制度，三是加强行政复议对规范性文件的附带审查。2023 年，全国行政复议共纠正违法或不当行政行为约 2.73 万件，纠错率达 12.83%，制发行政复议意见书、建议书 3800 余份①。

（四）司法监督，推进行政争议实质性化解

司法监督是党和国家监督体系中强制性程度最高的一种机制，也是监督公权力正确行使、维护相对人合法权益的"最后一道防线"。

法院秉持"如我在诉"的意识推进行政争议实质性化解。全国法院坚持"监督就是支持、支持就是监督"的理念，依法受理、妥善审理行政案件，依法监督、纠正违法行政行为。2023 年，行政一审收案 31.04 万件，增长 6.39%；结案 30.8 万件，增长 3.56%；行政案件上诉率 51.22%，下降 1.68 个百分点②。最高人民法院向社会公布了一批服务保障全国统一大市场建设行政诉讼典型案例。

加强法律监督成为全面深化检察改革的总抓手。《2023~2027 年检察改革工作规划》指出，"检察工作现代化的重点在于法律监督体系现代化"，加强检察机关法律监督成为新一轮检察改革的总抓手。为加强与行政执法机关衔接配合，最高人民检察院印发了《关于推进行刑双向衔接和行政违法行为监督　构建检察监督与行政执法衔接制度的意见》《人民检察院行政检察监督案件听证工作指引》《关于在行政检察监督工作中加强技术协作配合的意见》，发布行刑反向衔接典型案例。2023 年，检察机关办理行刑反向衔

---

① 《司法部 2023 法治政府建设年度报告》，司法部，https：//www.moj.gov.cn/pub/sfbgw/gwxw/xwyw/202403/t20240329_ 496736.html，最后访问日期：2024 年 4 月 1 日。
② 《最高法发布 2023 年人民法院审判执行工作主要数据》，最高人民法院，https：//www.court.gov.cn/zixun/xiangqing/427532.html，最后访问日期：2024 年 4 月 1 日。

接案件对被不起诉人应受行政处罚的，提出检察意见 11.3 万人，约占不起诉案件数的 19.6%。2023 年，检察机关加大行政检察监督力度，对履行法律监督职责中发现行政机关违法行使职权或者不行使职权的，提出检察建议 3.2 万件，同比上升 50.2%；重点加强道路交通安全和运输执法领域的行政检察监督，共办理该领域行政检察监督案件 1.2 万余件，开展类案监督 1315 件；开展"全面深化行政检察监督依法护航民生民利"专项活动，共办理涉民生民利行政检察监督案件 6.9 万件。2023 年，检察机关还加大了对行政审判和行政执行的监督力度，共办理行政诉讼监督案件 7.9 万件；深化强制隔离戒毒检察监督试点工作，对执法不规范等提出检察建议 2036 件①。

六　数字法治：实施网络强国战略，建设数字中国

党的二十大报告对加快建设网络强国、数字中国作出重大部署。2023 年 2 月，中共中央、国务院印发《数字中国建设整体布局规划》，指出"建设数字中国是数字时代推进中国式现代化的重要引擎""对全面建设社会主义现代化国家、全面推进中华民族伟大复兴具有重要意义和深远影响"。

（一）数字立法：不断健全现代化数字治理法律政策体系

中共中央、国务院《数字中国建设整体布局规划》明确提出，"完善法律法规体系，加强立法统筹协调，研究制定数字领域立法规划，及时按程序调整不适应数字化发展的法律制度"。2023 年，中国在人工智能监管、未成年人个人信息保护、数据跨境流动等方面加大立法步伐，出台了一系列法规规章和规范性文件。

生成式人工智能治理体系初步构建。2023 年是生成式人工智能（Artificial

---

① 《行政检察工作白皮书（2023）》，https://mp.weixin.qq.com/s/z3JNi5ShhBWYxTLdWiDQwg，最后访问日期：2024 年 3 月 13 日。

Intelligence Generated Content，AIGC）监管元年。随着 OpenAI 的问世和 AIGC 公司迅猛增长，世界各国都在关注和研究人工智能的风险，中国也加强这一新兴安全领域的制度构建。为应对生成式人工智能带来的安全风险，国家网信办等 7 部门发布了《生成式人工智能服务管理暂行办法》，有关部门也出台了一系列聚焦生成合成类算法管理的细则与程序，促进生成式人工智能健康发展及规范应用。中国也因此成为世界上首个为 GPT 大模型立法的国家。为应对生成式人工智能带来的伦理风险，促进科技向善，科技部会同教育部、工业和信息化部等 10 部门印发了《科技伦理审查办法（试行）》，重申了《关于加强科技伦理治理的意见》确立的增进人类福祉、尊重生命权利、坚持公平公正、合理控制风险、保持公开透明等科技伦理原则，也标志着科技伦理治理全面落地。

未成年人个人信息保护立法取得重大进展。2023 年，《未成年人网络保护条例》的出台，进一步健全了未成年人个人信息保护规则：要求网络直播服务提供者建立网络直播发布者真实身份信息动态核验机制；未成年人的监护人有行使请求查阅、复制、更正、补充、删除未成年人个人信息的权利；网络服务提供者发现未成年人私密信息或者未成年人通过网络发布的个人信息中涉及私密信息的，应当及时提示并采取必要保护措施；个人信息处理者的工作人员访问未成年人个人信息的，须经过相关负责人或者其授权的管理人员审批，记录访问情况，并采取技术措施，避免违法处理未成年人个人信息。《未成年人网络保护条例》细化明确了网络空间参与者在网络信息内容规范、个人信息网络保护、网络沉迷防治三方面的义务，旨在构建多层次治理体系。

探索便利化的数据跨境流动安全管理机制。2023 年，《国务院关于进一步优化外商投资环境　加大吸引外商投资力度的意见》发布，提出支持北京、天津、上海、粤港澳大湾区等地在实施数据出境安全评估、个人信息保护认证、个人信息出境标准合同备案等制度过程中，试点探索形成可自由流动的一般数据清单，建设服务平台，提供数据跨境流动合规服务。2023 年，国家网信办发布《规范和促进数据跨境流动规定（征求意见稿）》，拟对数据出境监管制度作出重大调整，较大程度上减轻了企业数据出境的合规压力。个人信息跨境流动是数字经济全球化的重要组成部分，为满足日益增长的个人信息出境需要，国家网信办出台了《个人信息出境标准合同办法》，为向境外提供个人信息提供了具体指引。该规章的出台，标志着个人信息跨境流动法治化取得新进展，也意味着中国"数据出境监管三套机制"① 已初步形成。2023 年，杭州互联网法院根据新规，修订出台了《个人信息（数据）出境场景中的企业合规司法指引》。

省级法规规章规范性文件数据库普遍建成。《法治政府建设实施纲要（2021~2025 年）》要求，"2023 年年底前各省（自治区、直辖市）实现本地区现行有效地方性法规、规章、行政规范性文件统一公开查询"。据统计，有 24 个省、自治区、直辖市人大常委会建有省级法规规章规范性文件数据库，其中 23 个省级数据库已将本行政区域省市县乡四级国家机关制定的各类规范性文件纳入数据库，共计 222517 件②。

（二）数字政府：推动政务服务、监管执法全方位数字化转型

组建国家数据局，推动数字经济发展。在数字经济时代，数据即生产力，不仅深刻影响着人们的生产生活方式，也带来社会治理模式的变革。中国是数据大国，2022 年，数据产量达 8.1ZB，数字经济规模达 50.2 万亿元，均居世界第二③。2022 年底，中共中央、国务院发布文件，明确提出要构建数据基础制度，更好地发挥数据要素作用。2023 年，负责协调推进数据基础制度建设的国家数据局组建，致力于统筹数据资源整合共享和开发利用，推进数字中国、数字经济、数字社会规划和建设。广东、福建、浙江、贵州

---

① 2022 年 9 月 1 日实施的《数据出境安全评估办法》、2023 年 6 月 1 日实施的《个人信息出境标准合同办法》、2022 年 11 月 4 日发布的《个人信息保护认证实施规则》。

② 《省级法规规章规范性文件数据库建设阶段性工作情况》，中国人大网，http：//www.npc.gov.cn/c2/c30834/202401/t20240109_ 434180.html，最后访问日期：2024 年 1 月 16 日。

③ 国家互联网信息办公室：《数字中国发展报告（2022 年）》，http：//www.cac.gov.cn/rootimages/uploadimg/1686402331296991/1686402331296991.pdf，最后访问日期：2024 年 1 月 14 日。

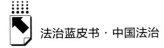

等多地均已成立省级数据管理机构。国家数据局的组建，是数字中国建设的里程碑事件，将加速推动数据的开放、共享、流动和利用。

全面深化"一网通办"服务，推动政务服务好办易办。中共中央、国务院高度重视数字政府和政务服务工作。全国一体化政务服务平台是政府数字化转型的基础性引领工程，2023 年《国务院办公厅关于依托全国一体化政务服务平台建立政务服务效能提升常态化工作机制的意见》发布，强调建立健全办事堵点发现解决机制、服务体验优化机制、平台支撑能力提升机制，依托全国一体化政务服务平台，推动政务服务好办易办。为推动政务服务向社区延伸，国务院办公厅转发国家发展改革委《城市社区嵌入式服务设施建设工程实施方案》，提出选择 50 个左右城市开展试点，每个试点城市选择 100 个左右社区作为社区嵌入式服务设施建设先行试点项目，让更多优质服务"嵌入"社区、更多社区服务设施来到居民家门口。公安政务服务深入推进"一窗通办""全程网办""跨省通办"，在驾驶证、护照证件"全国通办"的基础上，29 个省份已实现所有类型户口迁移"跨省通办"①。2023 年，广东在全面梳理总结数字技术对提升政务服务智能化水平的做法、案例基础上，出台了《广东省政务服务数字化条例》，该条例系全国首部突出数字化提升政务服务效能的省级地方性法规。

行政执法数字化加速推进。《法治政府建设实施纲要（2021～2025年）》提出，"加快建设全国行政执法综合管理监督信息系统，将执法基础数据、执法程序流转、执法信息公开等汇聚一体，建立全国行政执法数据库"。为贯彻落实纲要要求，国务院办公厅出台《提升行政执法质量三年行动计划（2023～2025 年）》，明确要求 2025 年底前建成"全国行政执法数据库"。2023 年，广东省政府加速推进广东省一体化行政执法平台（即广东省行政执法信息平台和行政执法监督网络平台，简称"粤执法"）建设，并出台《广东省一体化行政执法平台管理办法》。该平台集办案平台、监督

---

① 《为中国式现代化建设贡献政法力量——政法机关推进新时代平安中国建设》，转引自中国政府网，https://www.gov.cn/yaowen/liebiao/202401/content_6925809.htm，最后访问日期：2024 年 1 月 14 日。

平台和公示平台于一体，实现省、市、县（市、区）、乡镇（街道）四级行政执法主体的执法信息网上采集、执法程序网上流转、执法活动网上监督、执法情况网上查询和执法数据综合分析利用。截至 2023 年 12 月 24 日，广东省共 20 个地市、1523 个乡镇街道通过"粤执法"开展综合执法，已上线执法人员 47154 人、累计上线案件 703625 宗①。

网络空间治理路径更加清晰。2023 年，平台治理仍是重点。例如，交通运输部、工业和信息化部、市场监管总局等部门联合发布《关于切实做好网约车聚合平台规范管理有关工作的通知》，对网约车聚合平台②规范管理工作作出部署，引导网约车行业规范健康发展。2023 年，随着《互联网信息服务深度合成管理规定》的实施，境内 AIGC 服务提供者的算法备案、安全评估全面落地。工业和信息化部印发《关于开展移动互联网应用程序备案工作的通知》，全面开展 App 备案工作；发布《关于进一步提升移动互联网应用服务能力的通知》，强调包括应用程序、分发平台以及终端安全等全链条管理能力提升；对 App 相关信息内容安全、个人信息权益保护问题开展专项和常态化排查，持续通报了关于侵害用户权益行为的 App 共八批次。随着《工业和信息化部行政执法事项清单（2022 年版）》《网信部门行政执法程序规定》《工业和信息化行政处罚程序规定》等文件陆续发布，网络安全与数据保护领域的执法标准和程序从规范层面已逐渐清晰化。

（三）数字司法：完善互联网司法实现数字正义

"数字法院"建设进一步拓展。2023 年，数字法院建设坚持人民本位，深化完善人民法院在线服务，以"如我在诉"的意识提升司法服务水平；坚持"能动履职"，人民法院调解平台"总对总"在线诉调对接部委机构达

---

① 《"粤执法"获得国家政务服务平台展示推介》，https://mp.weixin.qq.com/s/BIN7ye8Jpkv9xOSHTMeCGw，最后访问日期：2024 年 1 月 14 日。
② 网约车聚合平台是依托互联网技术、与网约车平台公司合作、面向乘客并匹配供需信息，共同提供网络预约出租汽车服务的平台。网约车聚合平台的出现，为出行服务提供了新的选择，但也存在网约车聚合平台和网约车平台公司的企业责任落实不到位、从业人员和乘客合法权益保障不到位等问题。

到 13 家，智慧法院总协同部门和行业达到 66 个；服务现代化司法管理和社会治理，上线人民法院审判质量管理指标体系服务，支持司法审判数据常态化分析会商和司法大数据专题研究；上线智能化服务 61 项，为全国法院提供卷宗分类编目、立案智能辅助、类案智能推荐等一体化智能服务 79 亿次。截至 2023 年 8 月 31 日，全国 16 个民事、行政二审案件网上立案试点共收到立案申请 132382 件，立案周期平均时长缩短，可实现当日申请、当日立案①。最高人民法院顺应数字化时代发展，每季度发布司法审判数据，实现司法数据发布常态化。定期常态化发布人民法院司法审判工作主要数据，有助于提升全社会科学决策水平，从而推动和实现国家治理体系和治理能力现代化。

加大数字法治健康发展司法保障。数字经济的发展必然会带来一些新型的法律问题和风险，需要司法机关予以回应。2023 年，各地司法机关特别是北京、杭州、广州三家互联网法院审理了系列互联网审判典型案件，涉及数字经济及数据开发和利用、个人信息保护等领域的前沿性法律问题，为数字法治的健康发展提供了强力支撑。例如：北京互联网法院审理了人工智能生成图片第一案、全国首例"AI 声音侵权案"；杭州互联网法院审理了全国首例涉及虚拟数字人侵权的案件，对虚拟数字人作为新兴业态的权利保护路径和保护模式进行有益探索；广州互联网法院审理了涉"电子竞技陪练师"等新业态就业群体案件，及时回应数字经济新业态下"劳动收入"的多元化需求。

新时代法律监督驶入"数字快车道"。为加强新时代网络法治工作，依法能动履行法律监督职责，最高人民检察院出台了《关于加强新时代检察机关网络法治工作的意见》，以检察工作现代化融入和助力网络法治工作现代化。2023 年，全国检察机关研发运用的模型已达 6000 多个，利用模型挖掘线索 62.1 万余条，监督成案 13.8 万余件，助力刑事、民事、行政、公益

---

① 《为中国式现代化建设贡献政法力量——政法机关推进新时代平安中国建设》，转引自中国政府网，https://www.gov.cn/yaowen/liebiao/202401/content_ 6925809. htm，最后访问日期：2024 年 1 月 14 日。

诉讼检察监督办案 8 万余件，向相关行政机关移送案件线索 4.9 万余条，挽回各项经济损失 107.8 亿余元①。以北京为例，2023 年 1~9 月，北京市检察机关受理"四大检察"案件 104531 件，同比增长 69%，其中，数字检察对监督线索发现、监督案件办理的贡献率分别达到 69.2%、69.6%，数字检察监督案件占全部监督案件的 59%②。浙江省检察机关是数字检察工作的先行者，其建设的数字检察整体架构包括检察大数据法律监督平台、"检察+"协同共治平台、检察业务质效管理中心、浙江检察 App 和政法一体化③。

七 涉外法治：以制度型开放推动更高水平对外开放

2023 年是改革开放 45 周年，中国在新的国际环境下不断构建对外开放新高地。对外开放离不开涉外法治的建设与完善，加强涉外法治建设既是全面依法治国的重要内容，也是推进高水平对外开放、应对外部风险挑战的迫切需要，更是实现中国式现代化和民族复兴伟业的必然要求。2023 年中国涉外法治取得重大成效，涉外法律法规体系日趋完备，推动涉外法律服务高质量发展，提升涉外民商事审判质效，构建"一带一路"法治保障体系、建设粤港澳大湾区和自贸区法治建设高地。

（一）涉外立法：涉外法律法规体系日趋系统完备

涉外法律法规是国家制度体系的重要组成部分，也是涉外法治的基础和前提。党的二十大报告指出，要"加强重点领域、新兴领域、涉外领域立法，统筹推进国内法治和涉外法治，以良法促进发展、保障善治"。2023 年，国家加强涉外领域立法步伐，出台了《外国国家豁免法》《对外关系

---

① 《检察机关深入推进数字检察战略 激活"沉睡数据"赋能新时代法律监督》，《法治日报》2023 年 12 月 29 日，第 1 版。
② 《检察机关深入推进数字检察战略 激活"沉睡数据"赋能新时代法律监督》，《法治日报》2023 年 12 月 29 日，第 2 版。
③ 《检察机关深入推进数字检察战略 激活"沉睡数据"赋能新时代法律监督》，《法治日报》2023 年 12 月 29 日，第 2 版。

法》，修改了《反间谍法》和《民事诉讼法》的涉外民事诉讼程序，涉外法律法规体系日趋完备，其中，《外国国家豁免法》对涉及外国国家及其财产民事案件的管辖作出全面系统规定，填补了涉外领域相关立法空白。2023年，《上海市推进国际商事仲裁中心建设条例》出台实施，为打造面向全球的亚太仲裁中心提供法治保障。中国加入《取消外国公文书认证要求的公约》，依据该公约，中国和其他缔约国送往对方使用的公文书，仅需办理本国附加证明书即可，无须再办理领事认证手续。2023年，《北京船舶司法出售公约》在北京开放签署。这是联合国大会通过的首部以中国城市命名的国际海事公约，主要解决船舶司法出售跨境承认问题，确保买方通过司法出售取得的船舶所有权在其他缔约国得到承认。

（二）法律服务：推动涉外法律服务高质量发展

在经济全球化进程中，发展涉外法律服务业是维护中国公民、法人在海外和境外公民、法人在中国的正当权益的客观需要，也有助于增强中国在国际法律事务中的话语权和影响力。2023年，中国进一步建设涉外法律服务机构，发展壮大涉外法律服务队伍，加快提升涉外法律服务水平。据统计，中国律师事务所在35个国家和地区设立了180家分支机构，与2018年相比，律师事务所境外分支机构数量增长了47.5%；涉外律师有1.2万多人，与2018年相比，全国涉外律师增长了4800多人，增幅达67.8%[①]；来自20个国家的158家律所共设立了208家驻华代表机构；9家境内仲裁机构加入最高人民法院"一站式"国际商事纠纷多元化解决机制，最高人民法院发布《"一站式"国际商事纠纷多元化解决平台工作指引（试行）》；允许境外仲裁机构在特定区域开展涉外仲裁业务，世界知识产权组织仲裁调解中心已在上海自贸区设立了业务机构；中国与86个国家签署双边司法协助条约，与17个国家签署移管被判刑人条约；司法部2023年确定295家公证机构与

[①] 《国务院新闻办就加强法治建设、服务保障高质量发展有关情况举行发布会》，中央人民政府网，https://www.gov.cn/govweb/lianbo/fabu/202311/content_6916708.htm，最后访问日期：2024年1月22日。

驻外使领馆共同开展海外远程视频公证业务①。2023年，全国办理涉外公证业务250万余件，公证文书发往180多个国家和地区；办理涉外仲裁3000余件，标的额累计1000多亿元，涉及100多个国家和地区②。作为经济和开放大省，江苏在全国率先启动涉外法律服务高质量发展先导区建设，并出台实施方案。

（三）涉外审判：提升涉外民商事审判质效

提升涉外民商事审判质效，对于服务高水平对外开放，打造涉外商事纠纷解决优选地，扩大中国司法的国际公信力和影响力，营造市场化、法治化、国际化一流营商环境具有重要意义。2023年《民事诉讼法》重点修改了涉外民事诉讼程序，适当扩大中国法院对涉外民事案件的管辖范围，健全完善平行诉讼、涉外送达、域外调查取证等方面规定，有利于提升涉外民事案件审判质效。2023年底，最高人民法院发布多个统筹推进国内法治和涉外法治建设相关司法解释和工作指引，提升涉外司法效能。外国法律查明是人民法院正确审理涉外民商事案件的重要环节，也是长期制约其涉外民商事案件审判质效的难题。2023年12月，最高人民法院发布《最高人民法院关于适用〈中华人民共和国涉外民事关系法律适用法〉若干问题的解释（二）》，集中就外国法律查明问题作了规定，致力于建立统一规范、科学完善的查明规则，确保人民法院准确查明外国法律；发布修改最高人民法院国际商事法庭司法解释的决定，扩大最高人民法院国际商事法庭案件管辖范围，拓展外国法律的查明途径；发布《最高人民法院关于审理涉外民商事案件适用国际条约和国际惯例若干问题的解释》，明确在涉外民商事审判中适用国际条约和国际惯例，要遵循善意履行条约义务原则、尊重国际惯例原则以及维护国家主权、安全和社会公共利益原则。2023年，人民法院进一

---

① 《国务院新闻办就加强法治建设、服务保障高质量发展有关情况举行发布会》，中央人民政府网，https://www.gov.cn/govweb/lianbo/fabu/202311/content_ 6916708. htm，最后访问日期：2024年1月22日。

② 《加强法治建设　服务保障高质量发展》，《人民日报》2023年11月24日，第4版。

步提升涉外司法效能，审结涉外民商事案件 2.4 万件、海事案件 1.6 万件，同比分别增长 3.6%、5.3%，平均审理时间缩短近 10 天①。

（四）"一带一路"：构建"一带一路"法治保障体系

2023 年是"一带一路"倡议提出十周年。法治是"一带一路"取得成功的关键因素，推动共建"一带一路"高质量发展，离不开完善的法治保障体系。中国律师事务所在 24 个共建"一带一路"国家设立了 63 家分支机构，7 个共建"一带一路"国家的律师事务所在华设立 24 家代表机构②。最高人民法院重视"一带一路"司法服务与保障制度建设，深化与共建"一带一路"国家的司法合作。江苏高度重视涉外法律服务工作，在全国首创"海外法律服务中心"江苏模式，建成 16 个海外法律服务中心，覆盖共建"一带一路"主要国家，帮助 230 余家企业境外投资项目落地。

（五）湾区法治：法治引领粤港澳大湾区建设

建设粤港澳大湾区，打造创新引领、高度开放、集聚发展、宜居宜业的世界一流滨海城市群，是新时代国家重大发展战略之一。2023 年 4 月，习近平总书记视察广东，提出要使粤港澳大湾区成为新发展格局的战略支点、高质量发展的示范地、中国式现代化的引领地。

粤港澳大湾区建设坚持法治引领，通过规则衔接打造湾区法治创新高地。2023 年，粤港澳大湾区建设取得重大进展，出台了一系列发展规划、行动计划、意见指引等，如《河套深港科技创新合作区深圳园区发展规划》《横琴粤澳深度合作区总体发展规划》《前海深港现代服务业合作区总体发展规划》《粤港澳大湾区国际一流营商环境建设三年行动计划》《关于支持横琴粤澳深度合作区放宽市场准入特别措施的意见》等。为推动横琴粤澳深度合作区建设，促进澳门经济适度多元发展，2023 年，广东省人大常委

---

① 《最高人民法院工作报告》，http://gongbao.court.gov.cn/Details/91879661d9288abc72798a23b1ecec.html，最后访问日期：2024 年 3 月 30 日。
② 《加强法治建设 服务保障高质量发展》，《人民日报》2023 年 11 月 24 日，第 4 版。

会颁布《横琴粤澳深度合作区发展促进条例》，从地方性法规层面加快推动两地法律规则衔接，丰富"一国两制"实践。2023年，《最高人民法院关于为广州南沙深化面向世界的粤港澳全面合作提供司法服务和保障的意见》发布，服务保障粤港澳大湾区建设重大战略部署。广东省高级人民法院发布《广东省高级人民法院关于粤港澳大湾区内地人民法院审理涉港澳商事纠纷司法规则衔接的指引（二）》。为推动《关于内地与香港特别行政区法院相互认可和执行民商事案件判决的安排》在香港实施，香港特别行政区高等法院订立了《内地民商事判决（相互强制执行）规则》。为加强内地与香港的数据跨境流动，国家网信办与香港特别行政区创新科技与工业局签署《关于促进粤港澳大湾区数据跨境流动的合作备忘录》，并推出《粤港澳大湾区（内地、香港）个人信息跨境流动标准合同实施指引》《粤港澳大湾区（内地、香港）个人信息跨境流动标准合同》与承诺书（模板）。

粤港澳法律服务融合及人才培养加速。2023年，珠海市涉外公共法律服务中心、横琴珠港澳（涉外）公共法律服务中心正式入驻琴澳国际法务集聚区，在广东省率先将港澳居民纳入法律援助告知承诺范围，首次实现跨境法律援助服务融合衔接。为加强涉外法治人才培养，广东省司法厅组织实施广东涉外律师人才培养"粤律工程"；广州在南沙成立港澳律师执业孵化站；深圳印发《深圳市新时代法治人才培养实施方案》，出台《深圳市律师业高质量发展三年行动计划（2023~2025年）》。2023年，司法部举办了第三次粤港澳大湾区律师执业考试，加上前两次考试，报名参加考试的港澳律师有1500多名，其中372名领取了大湾区律师执业证书，港澳律师在粤港澳大湾区内地9市执业试点的期限也延长3年。

（六）自贸法治：实施自由贸易试验区提升战略

自由贸易试验区是高水平对外开放的有效举措，党的二十大部署实施自由贸易试验区提升战略，自由贸易试验区建设被提高到战略层面，被赋予更重大的历史使命。2023年是自由贸易试验区建设十周年，随着中国（新疆）自由贸易试验区挂牌成立，自由贸易试验区达到22个，实现了从沿海到内

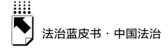

陆再到沿边的辐射。2023 年《立法法》修改，将浦东新区法规、海南自由贸易港法规列为独立法规类型。2023 年也是上海自由贸易试验区成立十周年，为全面实施自由贸易试验区提升战略，国务院印发《全面对接国际高标准经贸规则　推进中国（上海）自由贸易试验区高水平制度型开放总体方案》，进一步发挥上海自由贸易试验区先行先试作用，打造国家制度型开放示范区。2023 年，北京启动数据基础制度先行区建设，并不断深化国家服务业扩大开放综合示范区建设。为深化两岸各领域融合发展，推进祖国和平统一进程，《中共中央　国务院关于支持福建探索海峡两岸融合发展新路　建设两岸融合发展示范区的意见》发布，提出建设台胞台企登陆第一家园，促进闽台经贸深度融合和福建全域融合发展。

八　展望：坚定新时代法治自信，
奋力推进法治现代化

2024 年是中华人民共和国成立 75 周年，也是《中共中央关于全面推进依法治国若干重大问题的决定》颁布十周年。法治作为人类文明的重要成果，是国家核心竞争力的重要内容，国际竞争越来越体现为制度、规则、法律之争。2024 年，中国必须奋力推进法治现代化：继续加强制度供给，推动重点领域、新兴领域高质量立法；注重法律实施，提升政务服务和行政执法水平；着力提高监督效能，切实完善全方位法治监督体系；切实推动网络空间治理，实现数字法治。

（一）制度供给：加强重点领域、新兴领域高质量立法

2024 年是全国人大成立 70 周年，全国人大及其常委会将持续加强重点领域、新兴领域立法，切实提高立法质量，进一步完善中国特色社会主义法律体系。2024 年，中国将加快推进民营经济促进法立法进程，促进民营经济健康发展；加快推动社会信用建设立法，进一步完善统一的市场基础制度规则；加快推进金融稳定法立法，推动银行、保险、信托、票据等重点金融

法律修订；加快数字经济、互联网金融、人工智能、大数据、云计算等新兴领域前沿立法步伐；健全劳动法律体系，进一步完善劳动者权益保障制度，把灵活就业和新就业形态劳动者纳入劳动法律法规保护范围；加速监狱、律师、仲裁、公证、司法鉴定等公共法律服务制度更新。新兴领域立法将坚持规范与发展并行思维，探索建立新兴领域包容审慎监管制度，完善敏捷治理等新型监管模式，坚守安全底线，着力防范化解可能带来的政治安全、意识形态安全、社会秩序安全等方面的重大风险。在立法过程中各级人大将继续落实和贯彻全过程人民民主，采取多种方式和渠道征集公众意见，并认真分析研判，积极反馈回应，最大范围汇集民意，尤其是对与人民群众生产生活密切相关的法律进行修订，将充分审慎论证，防止被部门利益裹挟，真正提升立法的科学性、民主性，推动高质量立法。

（二）法律实施：深入推动政务服务和行政执法提质增效

制度供给与制度实施是法治的一体两面。2024 年，中国将在逐步完善法律体系的前提下，严格法律的执行与实施，不断健全重要领域法治实施体系。一是切实推动政务服务提质增效，在更多领域更大范围实现"高效办成一件事"；二是加强公平竞争执法，清除妨碍统一市场和公正竞争的规定和做法，针对滥用行政权力排除限制竞争的行为开展专项执法；三是继续贯彻落实《中共中央　国务院关于促进民营经济发展壮大的意见》，努力解决民营经济发展壮大面临的困难和问题；四是继续加强金融严格监管和审慎监管，强化金融风险源头管控，分类推进中小金融机构监管，推动监管数据共享，提高数字化监管能力；五是加大对弱势群体的保护力度，以贯彻实施《无障碍环境建设法》为契机，全面维护和保障残疾人、老年人的合法权益。

（三）监督权力：切实完善全方位法治监督体系

无论治理理论如何变迁，监督权力始终是法治的核心要义，权力不受监督则没有法治可言。2024 年，建立健全对公权力的科学监督体系仍是中国法治建设的着力点。为此，人大作为国家权力机关，要不断加强备案审查和

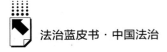

执法监督力度，维护法制统一、检验制度实施效果；政府要做实法治督察、执法协调监督、行政复议等职能，推进依法行政和法治政府建设；法院应不断提升行政审判质效，监督行政权力在法律范围内运行，推动行政争议实质性化解；检察机关要切实履行"四大检察"职能，强化法律监督效果。

（四）数据求真：切实推动网络空间治理，实现数字法治

数字正以前所未有的速度塑造世界、创造未来，要占据全球竞争的战略制高点，数字化发展是必然选择。2024 年，中国将致力于推动数据在多场景应用，实现对经济发展的倍增效应；推动数据跨境监管新规出台，促进数据跨境有序安全流动。真实性和准确性是数据的核心价值，也是数字治理的底层逻辑。在数据依赖的社会，一旦数据失真失据，将不可能有精准的预测和科学的决策，所谓"差之毫厘，谬以千里"。因此，在数字时代，秉持实事求是的态度和精神，唯有实事求是，才能真正解放思想，推动数字经济繁荣和健康发展。另外，在数字繁荣的背后，须警惕"痕迹管理"带来的繁文缛节，防范基层干部陷入"指尖上的形式主义"的沼泽地。2024 年应进一步提升政务系统平台的智能化水平，增强数据归集能力，从而切实减轻基层负担。

专题报告

B.2

2023年的中国立法

刘雁鹏*

摘　要：　2023年，全国人大及其常委会、国务院严格按照《立法法》，不断完善立法体制机制，通过立法服务经济社会发展，为改革创新提供制度保障，为中国式现代化夯实法治基础，为中华民族伟大复兴提供立法支撑。2023年中国立法将全过程人民民主贯彻始终，立法体现总体国家安全观，统筹国内法治和涉外法治，确保重大改革于法有据，健全人大工作的体制机制，推进规范性文件备案审查。未来，全国人大及其常委会、国务院应当通过立法应对复杂的国内外形势；通过加强法律、行政法规的细化工作，推动法律法规落地生效；清理有关法律问题的决定，保障法律体系和谐统一；总结经验，为法典化工作夯实基础。

关键词：　人大立法　全过程人民民主　涉外法治

---

* 刘雁鹏，中国社会科学院法学研究所助理研究员。

一　立法概况

2023 年是全面贯彻落实党的二十大精神的开局之年，是实施"十四五"规划承上启下的关键之年。这一年，全国人大及其常委会、国务院严格按照《立法法》之规定，认真贯彻落实全过程人民民主，通过科学立法、民主立法、依法立法，不断提高立法质量，服务经济发展，维护社会稳定，为改革创新提供制度保障，为中国式现代化夯实法治基础，为中华民族伟大复兴提供立法支撑。2023 年，全国人大及其常委会共制定法律 6 件，修改法律 8 件（见表 1），作出及修改有关法律问题和重大问题的决定 12 件（见表 2）。国务院 2023 年制定行政法规 7 件，修改行政法规 18 件，废止行政法规 3 件（见表 3）。

表 1　全国人大及其常委会 2023 年立法

序号	法律	时间	性质
1	《青藏高原生态保护法》	2023.04.26 公布/2023.09.01 施行	制定
2	《对外关系法》	2023.06.28 公布/2023.07.01 施行	制定
3	《无障碍环境建设法》	2023.06.28 公布/2023.09.01 施行	制定
4	《外国国家豁免法》	2023.09.01 公布/2024.01.01 施行	制定
5	《爱国主义教育法》	2023.10.24 公布/2024.01.01 施行	制定
6	《粮食安全保障法》	2023.12.29 公布/2024.06.01 施行	制定
7	《立法法》	2023.03.13 公布/2023.03.15 施行	修改
8	《反间谍法》	2023.04.26 公布/2023.07.01 施行	修改
9	《民事诉讼法》	2023.09.01 公布/2024.01.01 施行	修改
10	《行政复议法》	2023.09.01 公布/2024.01.01 施行	修改
11	《海洋环境保护法》	2023.10.24 公布/2024.01.01 施行	修改
12	《慈善法》	2023.12.29 公布/2024.09.05 施行	修改
13	《刑法修正案（十二）》	2023.12.29 公布/2024.03.01 施行	修改
14	《公司法》	2023.12.29 公布/2024.07.01 施行	修改

表 2　有关法律问题和重大问题的决定

序号	决定	时间	性质
1	《全国人民代表大会常务委员会关于授权澳门特别行政区对广东省珠海市拱北口岸东南侧相关陆地和海域实施管辖的决定》	2023.12.29 公布/2023.12.29 施行	制定
2	《全国人民代表大会常务委员会关于完善和加强备案审查制度的决定》	2023.12.29 公布/2023.12.29 施行	制定
3	《第十四届全国人民代表大会常务委员会关于授权国务院提前下达部分新增地方政府债务限额的决定》	2023.10.24 公布/2023.10.24 施行	制定
4	《全国人民代表大会常务委员会关于延长授权国务院在粤港澳大湾区内地九市开展香港法律执业者和澳门执业律师取得内地执业资质和从事律师职业试点工作期限的决定》	2023.09.01 公布/2023.09.01 施行	制定
5	《全国人民代表大会常务委员会关于设立全国人民代表大会常务委员会代表工作委员会的决定》	2023.06.28 公布/2023.06.28 施行	制定
6	《全国人民代表大会常务委员会关于设立全国生态日的决定》	2023.06.28 公布/2023.06.28 施行	制定
7	《第十四届全国人民代表大会第一次会议关于国务院机构改革方案的决定》	2023.03.10 公布/2023.03.10 施行	制定
8	《第十四届全国人民代表大会第一次会议选举和决定任命的办法》	2023.03.10 公布/2023.03.10 施行	制定
9	《第十四届全国人民代表大会第一次会议关于第十四届全国人民代表大会专门委员会主任委员、副主任委员、委员人选的表决办法》	2023.03.05 公布/2023.03.05 施行	制定
10	《第十四届全国人民代表大会第一次会议关于设立第十四届全国人民代表大会专门委员会的决定》	2023.03.05 公布/2023.03.05 施行	制定
11	《全国人民代表大会常务委员会关于军队战时调整适用〈中华人民共和国刑事诉讼法〉部分规定的决定》	2023.02.24 公布/2023.02.25 施行	制定
12	《全国人民代表大会常务委员会组成人员守则》	2023.04.26 公布/2023.04.26 施行	修改

表 3 国务院 2023 年立法情况

序号	行政法规	时间	性质
1	《非银行支付机构监督管理条例》	2023.12.09 公布/2024.05.01 施行	制定
2	《人体器官捐献和移植条例》	2023.12.04 公布/2024.05.01 施行	制定
3	《未成年人网络保护条例》	2023.10.16 公布/2024.01.01 施行	制定
4	《社会保险经办条例》	2023.08.16 公布/2023.12.01 施行	制定
5	《领事保护与协助条例》	2023.07.09 公布/2023.09.01 施行	制定
6	《私募投资基金监督管理条例》	2023.07.03 公布/2023.09.01 施行	制定
7	《无人驾驶航空器飞行管理暂行条例》	2023.05.31 公布/2024.01.01 施行	制定
8	《消耗臭氧层物质管理条例》	2023.12.29 公布/2024.03.01 施行	修改
9	《专利法实施细则》	2023.12.11 公布/2024.01.20 施行	修改
10	《国际海运条例》	2023.07.20 公布/2023.07.20 施行	修改
11	《废旧金属收购业治安管理办法》	2023.07.20 公布/2023.07.20 施行	修改
12	《工业产品生产许可证管理条例》	2023.07.20 公布/2023.07.20 施行	修改
13	《认证认可条例》	2023.07.20 公布/2023.07.20 施行	修改
14	《道路运输条例》	2023.07.20 公布/2023.07.20 施行	修改
15	《国内水路运输管理条例》	2023.07.20 公布/2023.07.20 施行	修改
16	《船员条例》	2023.07.20 公布/2023.07.20 施行	修改
17	《证券公司风险处置条例》	2023.07.20 公布/2023.07.20 施行	修改
18	《长江河道采砂管理条例》	2023.07.20 公布/2023.07.20 施行	修改
19	《海洋观测预报管理条例》	2023.07.20 公布/2023.07.20 施行	修改
20	《发票管理办法》	2023.07.20 公布/2023.07.20 施行	修改
21	《中国公民收养子女登记办法》	2023.07.20 公布/2023.07.20 施行	修改
22	《母婴保健法实施办法》	2023.07.20 公布/2023.07.20 施行	修改
23	《烟草专卖法实施条例》	2023.07.20 公布/2023.07.20 施行	修改
24	《商用密码管理条例》	2023.04.27 公布/2023.07.01 施行	修改
25	《征兵工作条例》	2023.04.01 公布/2023.05.01 施行	修改
26	《产品质量监督试行办法》①	2023.07.20 公布/2023.07.20 施行	废止
27	《国务院关于股份有限公司境外募集股份及上市的特别规定》②	2023.02.14 公布/2023.03.31 施行	废止
28	《人体器官移植条例》③	2023.12.04 公布/2024.05.01 施行	废止

注：①被《国务院关于修改和废止部分行政法规的决定（2023）》（2023.07.20 公布/2023.07.20 施行）废止。

②被《国务院关于废止部分行政法规和文件的决定》（2023.02.14 公布/2023.03.31 施行）废止。

③被《人体器官捐献和移植条例》（2023.12.04 公布/2024.05.01 施行）废止。

2023 年是十四届全国人大及其常委会依法履职的第一年，是国务院全面贯彻落实党的二十大精神的开局之年。从本届全国人大及其常委会、国务院的立法表现来看，可谓硕果累累。

首先，立法修法影响较大。从数量来看，全国人大及其常委会 2023 年立法数量与 2022 年相比未见有较大增长（见表 4），但从立法修法的质量来看，其分量着实不轻。2023 年全国人大及其常委会通过了《刑法修正案（十二）》，修改了《立法法》《民事诉讼法》《行政复议法》等影响较大的法律。上述法律无一不是使用频率较高、涉及犯罪与刑罚、诉讼制度、立法制度、复议制度等对国家经济社会影响较大的法律。故对于上述法律的制定和修改，更需反复论证、认真推敲，以求法律逻辑清晰明了、内容科学合理、贴合客观实际。

表 4　2020～2023 年立法对比

单位：件

分类	2023 年	2022 年	2021 年	2020 年
制定法律数量	6	6	17	10
修改(订)法律数量	8	10	26	11
废止法律数量	0	0	2	0
有关法律问题和重大问题的决定	12	7	11	13
制定行政法规数量	7	2	9	4
修改(订)行政法规数量	18	16	6	32
废止行政法规数量	3	7	10	11
制定监察法规数量	0	0	1	0

其次，立法回应现实需求。随着经济社会发展，人工智能、移动支付、信息技术广泛应用于生产生活的各个领域，在现实中难免存在一些问题亟须规制、一些制度障碍亟须克服、一些发展方向亟须引导。对此，全国人大及其常委会、国务院通过制定法律、行政法规回应现实需求，引导产业发展，推动行业进步，保护合法权益。例如，《无人驾驶航空器飞行管理暂行条例》为相关领域预设了制度空间，推动相关产业健康发展。再如，《非银行

支付机构监督管理条例》则针对非银行支付机构可能存在的挪用用户资金、泄露或不当采集用户信息，为电信诈骗提供资金转移通道等行为进行了规制。

再次，立法坚持党的领导。坚持党的领导不仅是宪法的要求，还是中国特色社会主义法治的重要体现，更是全面依法治国的重要内容①。2023年，全国人大及其常委会、国务院在立法过程中坚持党的领导，不仅将重大立法事项向党组织汇报，而且还将党的领导写入法律、行政法规文本（见表5）。

表5 立法文本中体现党的领导表述情况

序号	法律	规定
1	《粮食安全保障法》	第2条:国家粮食安全工作坚持中国共产党的领导
2	《爱国主义教育法》	第4条:爱国主义教育坚持中国共产党的领导,健全统一领导、齐抓共管、各方参与、共同推进的工作格局
3	《对外关系法》	第5条:中华人民共和国对外工作坚持中国共产党的集中统一领导
4	《无障碍环境建设法》	第3条:无障碍环境建设应当坚持中国共产党的领导,发挥政府主导作用,调动市场主体积极性,引导社会组织和公众广泛参与,推动全社会共建共治共享
5	《公司法》	第170条:国家出资公司中中国共产党的组织,按照中国共产党章程的规定发挥领导作用,研究讨论公司重大经营管理事项,支持公司的组织机构依法行使职权
6	《慈善法》	第4条:慈善工作坚持中国共产党的领导
7	《行政复议法》	第3条:行政复议工作坚持中国共产党的领导
8	《反间谍法》	第2条:反间谍工作坚持党中央集中统一领导,坚持总体国家安全观,坚持公开工作与秘密工作相结合、专门工作与群众路线相结合,坚持积极防御、依法惩治、标本兼治,筑牢国家安全人民防线
9	《立法法》	第3条:立法应当坚持中国共产党的领导,坚持以马克思列宁主义、毛泽东思想、邓小平理论、"三个代表"重要思想、科学发展观、习近平新时代中国特色社会主义思想为指导,推进中国特色社会主义法治体系建设,保障在法治轨道上全面建设社会主义现代化国家

① 刘雁鹏：《论党领导立法的证成逻辑》，《河北法学》2022年第10期。

续表

序号	法律	规定
10	《未成年人网络保护条例》	第2条:未成年人网络保护工作应当坚持中国共产党的领导,坚持以社会主义核心价值观为引领,坚持最有利于未成年人的原则,适应未成年人身心健康发展和网络空间的规律和特点,实行社会共治
11	《社会保险经办条例》	第3条:社会保险经办工作坚持中国共产党的领导,坚持以人民为中心,遵循合法、便民、及时、公开、安全的原则
12	《领事保护与协助条例》	第2条:领事保护与协助工作坚持中国共产党的领导,坚持以人民为中心,贯彻总体国家安全观,加强统筹协调,提高领事保护与协助能力
13	《私募投资基金监督管理条例》	第5条:私募基金业务活动的监督管理,应当贯彻党和国家路线方针政策、决策部署。国务院证券监督管理机构依照法律和本条例规定对私募基金业务活动实施监督管理,其派出机构依照授权履行职责
14	《无人驾驶航空器飞行管理暂行条例》	第3条:无人驾驶航空器飞行管理工作应当坚持和加强党的领导,坚持总体国家安全观,坚持安全第一、服务发展、分类管理、协同监管的原则
15	《专利法实施细则》	第16条:专利工作应当贯彻党和国家知识产权战略部署,提升我国专利创造、运用、保护、管理和服务水平,支持全面创新,促进创新型国家建设

最后,立法计划有序推进。立法计划有利于确保立法工作与国家总体发展目标相结合,有助于合理配置立法资源,有益于提高立法工作效率。2023年,全国人大及其常委会、国务院有序推进立法计划,保障计划中的法律、行政法规及时出台。从全国人大常委会2023年度立法工作计划来看,继续审议的17件项目,完成了11件,完成率为64.7%;从国务院2023年度立法计划来看,国务院2023年度立法计划中拟审议的行政法规草案共17件,国务院完成了9件,完成率为52.9%①。

二 立法特点

2023年,全国人大及其常委会、国务院有序推进法律、行政法规的立

---

① 此外,全国人大及其常委会、国务院还完成了大量预备项目。例如,《海洋环境保护法》和《消耗臭氧层物质管理条例》的修改均不再继续审议或拟审议范围内,但均在2023年完成了修改工作。若将预备项目、有关法律问题的决定纳入,则完成率将超过七成。

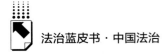
改废释工作，为完善以宪法为核心的中国特色社会主义法律体系添砖加瓦。回顾 2023 年立法工作，有以下特点值得重点关注。

（一）全过程人民民主贯彻始终

全国人大常委会在立法过程中始终贯彻全过程人民民主，不断扩大立法征求意见范围，以线上线下相结合的方式，不断提高立法质量。在线下，全国人大常委会法工委先后通过基层立法联系点，就 176 件（次）法律草案、立法规划稿征求群众意见建议 23500 多条，有 3100 多条被研究吸纳；在中国现行有效的 300 件法律中，有 146 件征求过基层立法联系点意见。在全国人大常委会法工委设立基层立法联系点的带动下，截至 2023 年 7 月，31 个省级人大常委会设立 556 个基层立法联系点，304 个设区的市（州）人大常委会设立 5984 个基层立法联系点，全国三级基层立法联系点总计 6573 个①。在线上，全国人大常委会门户网站开通了无障碍模式，即便视力障碍人群也能从全国人大常委会门户网站了解立法信息、获取立法资讯，从而提交立法意见，极大扩展了立法征求意见的受众面。

（二）立法体现总体国家安全观

"国家安全是民族复兴的根基，社会稳定是国家强盛的前提。"② 党的十八大以来，以习近平同志为核心的党中央从党和国家事业安全发展全局出发，高度重视国家安全维稳工作，在深刻把握国内外安全形势的重大变化、国家安全工作的一般规律上，开创性地提出了总体国家安全观③。2023 年，全国人大及其常委会、国务院认真贯彻党中央关于整体国家安全观的精神，制定、修改了一系列法律法规，应对全球性的风险与挑战。在这些法律法规

---

① 亓玉昆：《全过程人民民主的生动实践》，《人民日报》2024 年 1 月 4 日，第 18 版。
② 参见《高举中国特色社会主义伟大旗帜　为全面建设社会主义现代化国家而团结奋斗——在中国共产党第二十次全国代表大会上的报告》。
③ 童成帅、周向军：《习近平总体国家安全观的哲学意蕴》，《中南大学学报》（社会科学版）2023 年第 6 期。

中，有的是为了应对粮食安全问题，如《粮食安全保障法》通过耕地保护、粮食生产、储备、加工、应急、节约等一系列制度确保粮食有效供给，保障国家粮食安全，提高防范和抵御粮食安全风险的能力；有的是为了国家情报和信息安全，如《反间谍法》《商用密码管理条例》的出台，为国家反间谍、维护网络信息安全、国家安全和社会公共利益奠定了制度基础；有的则是为维护在国外的中国公民、法人、非法人组织的正当权益，如《领事保护与协助条例》规范和加强了领事保护与协助工作，引导驻外外交机构依法维护在国外的中国公民、法人、非法人组织的正当权益。

（三）统筹国内法治和涉外法治

面对世界百年未有之大变局，中国统筹推进国内法治和涉外法治，完善涉外领域立法，加强涉外法治体系建设。2023年，全国人大及其常委会制定了《外国国家豁免法》《对外关系法》，国务院修改了《国际海运条例》。其中，《外国国家豁免法》的出台，健全了外国国家豁免制度，明确了法院对涉及外国国家及其财产民事案件具有管辖权的前提条件，保护了当事人合法权益，维护了国家主权平等，能够极大地促进对外友好交往。该法重点强调对等原则，即中国对外国给予国家豁免待遇，外国也应当给予相应的国家豁免待遇，若外国给予中国豁免待遇低于本法的，则实行对等原则①。《对外关系法》为发展同各国的外交关系和经济、文化等各领域的交流与合作，发展同联合国等国际组织的关系奠定了法律基础。该法明确了中国开展对外关系的根本遵循，确定了发展对外关系的目标任务，梳理了各部门在对外工作中的权力和责任，为构建人类命运共同体迈出了坚实的一步。《国际海运条例》则将中国的技术标准推向国际，让外国企业接受中国技术标准，实现了从标准遵守者到标准制定者的转变②。

---

① 该法第21条规定，外国给予中华人民共和国国家及其财产的豁免待遇低于本法规定的，中华人民共和国实行对等原则。

② 该条例第5条、第16条均规定，国际客船、国际散装液体危险品船运输经营者增加运营船舶的，增加的运营船舶必须符合国家规定的安全技术标准。

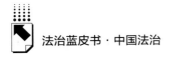

（四）确保重大改革皆于法有据

确保重大改革于法有据，是新的历史条件下改革发展进入深水区和攻坚阶段的必然选择，是提高国家治理能力和水平的现实需求。重大改革于法有据能够排除各种利益集团对市场主体和公民权利的侵蚀，在改革过程中保障权利平等、机会平等、规则平等①。2023 年，全国人大及其常委会以决定的方式确保重大改革方案的合法性。例如，为进一步转变政府职能，进一步加快法治政府建设，需要对国务院机构开展大刀阔斧的改革，为保障改革于法有据，全国人大作出关于国务院机构改革的决定②，为本次机构改革提供了有力的制度保障。再如，为推动粤港澳大湾区交流互通，推进两岸规则衔接，促进香港法律执业者和澳门执业律师在内地从事律师职业，全国人民代表大会常务委员会作出决定，延长相关试点的时限③。

（五）健全人大工作体制机制

人民代表大会制度是中国特色社会主义制度体系中的根本政治制度，健全人大工作的体制机制，能够更好地促进党的领导、人民当家作主、依法治国的有机统一，能够更好地发挥中国特色社会主义制度的优势。2023 年，全国人大及其常委会不断健全人大工作体制机制，在立法制度、组成人员、备案审查等方面持续发力，推动人大工作向更高层次发展。在人大立法方面，全国人大修改《立法法》，进一步完善了立法体制机制，为各级立法机关更好地应对立法中存在的新问题、新挑战奠定了制度基础，为各级立法机关完善中国特色社会主义法律体系夯实了根基，为跨区域协同立法提供了制度保障。在人大常委会组成人员方面，《全国人民代表大会常务委员会组成

---

① 沈国明：《"重大改革于法有据"：习近平法治思想的重要论断》，《学术月刊》2021 年第 7 期。

② 《第十四届全国人民代表大会第一次会议关于国务院机构改革方案的决定》。

③ 《全国人民代表大会常务委员会关于延长授权国务院在粤港澳大湾区内地九市开展香港法律执业者和澳门执业律师取得内地执业资质和从事律师职业试点工作期限的决定》。

人员守则》的修改，为全国人大常委会赋予了新的使命，促使常委会组成人员更好地履行职责、依据守则开展工作。在备案审查方面，《全国人民代表大会常务委员会关于完善和加强备案审查制度的决定》的出台，为提高备案审查能力和质量，纠正和撤销违反宪法、法律的规范性文件明确了思路，为备案审查工作的有序推进指明了方法。

（六）推进规范性文件备案审查

开展备案审查有利于维护法制的统一，有助于保护公民、法人和其他组织的合法权益，有益于保障规范性文件的合法性和合规性。2023 年，全国人大常委会办公厅收到报送备案的法规、司法解释等规范性文件共 1319 件，各报备机关能够严格依照法律规定，及时、规范履行报备义务，自觉接受全国人大常委会监督（见表6）。截至 2023 年 12 月，已有 23 个省、自治区、直辖市人大常委会将本行政区域省市县乡四级国家机关制定的各类规范性文件纳入全国备案审查数据库，共计 222517 件。其中各类地方性法规 12651 件，地方政府规章 6178 件，各级人大及其常委会决议、决定 8046 件，行政规范性文件 191995 件，监察规范性文件 227 件，司法规范性文件 3420 件。此外，全国人大常委会开辟备案审查建议渠道，公民、组织既可以通过书面邮寄，也可以通过备案审查在线平台提交申请。2023 年，全国人大常委会共收到公民、组织提出的审查建议 2827 件，其中，书面寄送的 2282 件，通过备案审查在线提交平台提出的 545 件。

表6 2023 年全国人大常委会办公厅收到报送备案的规范性文件数量

单位：件

规范性文件	数量	规范性文件	数量
规范性文件总数	1319	经济特区法规	41
行政法规	24	浦东新区法规	3
省、自治区、直辖市地方性法规	422	海南自由贸易港法规	8
设区的市、自治州地方法规	664	司法解释	10
自治条例和单行条例	100	特别行政区本地法律	47

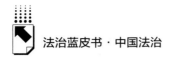

三 对立法工作的展望

2024 年是贯彻落实党的二十大精神承上启下之年，是实施"十四五"规划攻坚之年。面对百年未有之大变局，中国立法应当以乘风破浪之勇气，统筹好经济发展和社会稳定，先立后破，以高质量的立法工作迎接风高浪急甚至惊涛骇浪的重大考验，助力中华民族伟大复兴。

（一）立法应对复杂国内外形势

当前国际形势波谲云诡，贸易保护主义和单边主义抬头，地缘政治风险加大，波及全球的公共卫生事件频发，极端恶劣天气和自然灾害增多。对此，中国立法应当积极面对复杂的国内外形势，探索通过立法对外进行斗争的路径方法，参与国际规则制定，建立快速响应机制应对各类突发事件。首先，要积极推动国内立法与涉外法治协调发展。统筹推进国内法治、涉外法治，运用法治思维维护国家主权、安全、发展利益。对此，中国要进一步完善涉外法律法规体系，制定国家储备安全法、华侨权益保护法、跨境反腐败法，修改《对外贸易法》，为应对西方的遏制打压提供法治支撑。其次，中国要积极参与国际规则制定，从规则的遵守者向规则制定的参与者过渡。未来，中国应当加强对外交往、合作、交流，并以立法方式将相关经验规范化、制度化、法治化，让中国法治理念和思想"走出去"，让外国政府、国际组织、外国企业了解中国的法治框架、理念和思想，为下一步参与国际规则制定奠定基础。最后，通过立法建立快速响应机制。在风险社会中，反应速度的快慢直接决定了损失的大小。未来，中国要通过立法建立快速响应机制，制定突发公共卫生事件应对法、突发事件应对管理法、自然灾害防治法等相关法律，并辅之以配套措施，夯实应对突发事件的制度基础。

（二）推动法律法规落地生根

截至 2023 年底，中国现行有效的法律共计 300 件，涵盖行政、刑事、民商事、经济等诸多领域。当下以宪法为核心的中国特色法律体系不断完善，随着立法工作赓续前行，未来可见的现行有效的法律将会越来越多，但法律法规的生效并不意味着即刻落地生根。在实践中，即便法律已经生效，由于普法宣传不力，生效的法律法规往往被束之高阁。例如，在《民法典》已经生效数年的情况下，依然有合同文本表述本合同依据《合同法》之内容，依然有地方政府权责清单依据《物权法》《婚姻法》之规定。即便法律已经生效，由于实施细则缺失，导致法律法规不好用、不能用、不愿用、不会用，实践中出现了大量法律规定和业务实践"两张皮"的现象，两者平行存在而没有任何交集。即便法律法规已经生效，由于法治督察缺位，导致部分法律法规被曲解和误读，在实践中偶然出现表面上合法合规实质上违法违规的现象。未来，全国人大常委会及地方各级人大常委会应当加强执法检查，摸清实践中法律法规实施的真实情况，为后续法律法规的修改完善奠定基础；全国人大常委会及地方各级人大常委会应当联合政府、法院、检察院推动法律法规的普法宣传，定期发布普法优秀案例，内部通报错误适用法律的情况；全国人大常委会及地方各级人大常委会应当会同政府制定法治账图，推动法治和业务相融合；全国人大常委会及地方各级人大常委会应当就政府法治督察开展专题询问，坚决纠正对法律法规的错误理解和恶意适用。

（三）清理有关法律问题的决定

有关法律问题的决定，其效力等同于立法[①]。长期以来，对于法律及地方性法规的关注较多，而对有关法律问题的决定却无人问津。部分有关法律问题的决定历史较为久远，制定机关已经变更，个别表述已经过时，亟须对其进行清理。例如，《中央人民政府公布中华人民共和国国徽的命令》作为历史研究资料，该命令具有一定参考价值；若作为有关法律问题的决定，则

---

① 《立法法》第 68 条规定："全国人民代表大会及其常务委员会作出有关法律问题的决定，适用本法的有关规定。"

存在较大问题。在内容上，中央人民政府委员会、中央人民政府政务院等表述已经过时，相关主体已经更换了名称；在功能上，该命令的主要功能已经被《国徽法》所取代。类似这样的有关法律问题的决定还有很多，并不局限于中央人民政府委员会颁布的决定，还有政务院颁布的部分决定（性质为行政法规）也应当纳入清理的范围（见表7）。为保障法律体系和谐统一，进一步完善中国特色社会主义法律体系，未来的法律法规清理工作应将有关法律问题的决定纳入其中，尤其是中央人民政府委员会、政务院制定的决定更应当是清理的重点。

表 7　部分有关法律问题和重大问题的决定

名称	性质	制定机关	日期	时效性
《中央人民政府公布中华人民共和国国徽的命令》	有关法律问题和重大问题的决定	中央人民政府委员会	1950 年 9 月 20 日公布/1950 年 9 月 20 日施行	现行有效
《中央人民政府委员会关于调整地方人民政府机构的决议》	中央人民政府委员会通过的法令	中央人民政府委员会	1952 年 8 月 10 日公布/1952 年 8 月 10 日施行	现行有效
《中央人民政府委员会关于增设中央人民政府机构的决议》	中央人民政府委员会通过的法令	中央人民政府委员会	1952 年 11 月 16 日公布/1952 年 11 月 16 日施行	现行有效
《中央人民政府委员会关于批准海关与对外贸易管理机关实行合并的决议》	中央人民政府委员会通过的法令	中央人民政府委员会	1953 年 1 月 14 日公布/1953 年 1 月 14 日施行	现行有效
《全国人民代表大会常务委员会关于被剥夺政治权利的人可否充当辩护人的决定》	有关法律问题和重大问题的决定	全国人大常委会	1956 年 5 月 8 日公布/1956 年 5 月 8 日施行	现行有效
《全国人民代表大会常务委员会关于调整国务院所属组织机构的决议》	有关法律问题和重大问题的决定	全国人大常委会	1956 年 5 月 12 日公布/1956 年 5 月 12 日施行	现行有效

续表

名称	性质	制定机关	日期	时效性
《全国人民代表大会常务委员会关于批准〈国务院关于工人退休、退职的暂行办法〉的决议》	法律	全国人大常委会	1978年5月24日公布/1978年5月24日施行	现行有效
《第五届全国人民代表大会常务委员会关于批准〈广东省经济特区条例〉的决议》	法律	全国人大常委会	1980年8月26日公布/1980年8月26日施行	现行有效

（四）夯实法典化工作各项基础

《民法典》的制定和颁布为法典化工作积累了经验、奠定了基础、增强了信心。随着经济社会的发展、改革创新的深入、立法技术的提升，可以预见，未来包括环境法典、军事法典、教育法典、行政法典等在内的更多法典可能会呼之欲出。法典化并非将散落在不同法律法规中的规定简单组合，而是要在考虑其体系、逻辑、内容基础上，最大限度地将不同的权利、义务、权力、责任统筹协调，形成具有逻辑自洽、规则完整、价值融贯、内容完备等特征的法典①。一部法典的出现意味着多部法律的消亡，意味着对现有秩序的打破。法典化可能会导致法律内容更加晦涩、抽象、艰深，同时也加剧了普法的难度，让普通群众更难了解法典的内容。在没有梳理清楚法律与法律的关联、部门权力与公民权利边界之前，简单粗暴、大刀阔斧地推进法典化可能会是另一场灾难。对此，全国人大及其常委会应当为即将到来的法典化浪潮夯实基础，做好理论研究，搞好立法调研，完善立法评估，必要时适当授权地方就法典草案进行试点，获得足够经验后再上升到法律层面向全国推广。

---

① 王利明：《论编纂式法典化》，《政治与法律》2023年第12期。

B.3
2023年中国人权法治发展

戴瑞君*

摘　要： 2023年，中国继续全面推进各项人权法治保障。人权立法体系进一步充实，修订后的《行政复议法》大幅扩充公民、法人和其他组织可以提起行政复议申请的具体情形，拓宽了权利救济途径。《无障碍环境建设法》全面对接国际人权条约要求，保障残疾人、老年人融合发展。人权司法保障力度显著增强，最高人民法院、最高人民检察院发布多项司法解释，保障公民获得公正审判的权利。检察公益诉讼继续发挥人权司法保障功能，在保障工作权、个人信息权、妇女权利、儿童权利、残疾人权利、生态环境权等方面提供示范引导。人权执法保障全面推进，不断补齐、补强个人权利和集体权利的保障措施。中国建设性参与全球人权治理取得新进展，统筹推进人权国内和国际法治保障迈上新台阶。

关键词： 人权司法保障　行政复议法　无障碍环境建设法　工作权　环境权

　　2023年，中国按照党的二十大报告提出的"坚持走中国人权发展道路，积极参与全球人权治理，推动人权事业全面发展"的要求，根据《国家人权行动计划（2021~2025年）》设定的阶段性目标，均衡推进经济社会文化权利和公民权利及政治权利的法治保障，平等保护特定群体权利，着力保障人民群众环境权利，继续在全球人权治理中发挥建设性作用。

---

　　* 戴瑞君，中国社会科学院国际法研究所研究员。

一 经济、社会、文化权利法治保障成效显著

（一）综合施策，全面保障工作权

为促进就业，财政部、国家税务总局、人力资源社会保障部、农业农村部4部门联合发布公告，对脱贫人口、登记失业人员、高校毕业生等重点人群及招用重点人群的企业实施三年扣减应缴税额的优惠政策，着力支持重点群体创业就业。

切实保障农民工劳动报酬权益，整治拖欠农民工工资是中国政府持续关注的问题。2023年9月，国务院办公厅印发新的《保障农民工工资支付工作考核办法》，旨在通过加强对各级政府在组织领导保障农民工工资支付工作、完善落实保障制度、治理欠薪等方面的考核评估，以有效预防和解决拖欠农民工工资问题。实践中，检察机关充分发挥检察职能，开展保障农民工工资支付排查工作，从严打击恶意欠薪行为，与相关单位共同商议挽回被欠薪工人工资损失的解决方法，依法开展司法救助，同时深入排查案件背后的社会管理漏洞，推动诉源治理，铲除滋生欠薪问题的根源。

为预防工伤，保障劳动者人身安全，人力资源社会保障部、国家卫生健康委等5部门发布通知，决定在矿山、机械制造、铁路运输、铁路建设施工等行业的重点企业开展工伤预防能力提升培训工程，提升工伤预防意识和能力，推动落实企业工伤预防主体责任，保障劳动者生命安全与健康。工伤康复对促进工伤职工回归社会、重返工作岗位、实现有尊严的生活具有重要意义。2023年8月，《人力资源社会保障部 民政部 国家卫生健康委 退役军人事务部 国家医保局 国家中医药局 中国残联关于推进工伤康复事业高质量发展的指导意见》发布，要求各级政府有关部门健全工伤康复制度和标准、完善工作机制、创新扶持政策、加强精细化管理、提升服务水平，努力解决工伤康复事业发展不平衡不充分的问题。

除制定和推行各项法规政策外，政府有关部门借力社会力量，促进用人

单位完善保障工作权的制度体系。例如，人力资源社会保障部依托高校和研究机构，研制发布一系列保障工作权的参考文本，供用人单位完善本单位保障劳动者权益的相关制度。其中包括工作场所高温和高寒天气劳动者权益保障制度、工作场所女职工特殊劳动保护制度、预防和消除工作场所不当管理风险隐患制度、消除工作场所性骚扰制度、消除工作场所童工和加强工作场所未成年工特殊劳动保护制度等。这些参考文本依据现行法律编制，对用人单位依法招工用工、依法保障劳动者合法权利具有积极的引导示范作用。

（二）规范社会保险经办程序，落实社会保障权

为规范社会保险经办，优化社会保险服务，保障社会保险基金安全，维护用人单位和个人合法权益，促进社会公平，国务院根据《社会保险法》制定《社会保险经办条例》，自 2023 年 12 月 1 日起施行。该条例适用于基本养老保险、基本医疗保险、工伤保险、失业保险、生育保险等国家规定的社会保险的经办工作。条例贯彻社会保险经办以人民为中心、合法、便民、及时、公开、安全的原则，明确国务院有关部门和地方各级政府在经办各类社会保险中的具体职责、流程、时限及工作要求，专章规定社会保险经办监督，规定了违反社会保险法律法规行为的举报、投诉制度，对有关机构在社会保险经办中侵犯其社会保险权益的行为，用人单位或个人可以依法申请行政复议或者提起行政诉讼。

（三）扩优提质，提升受教育权保障水平

保障优质的基础教育是受教育权的主要内容。2023 年 7 月，教育部等 3 部门提出新时代基础教育扩优提质行动计划，对扩充学前教育、义务教育、普通高中教育、特殊教育等基础教育优质资源，促进高质量均衡发展提出 25 项重大行动计划，到 2027 年实现学前教育优质普惠、义务教育优质均衡、普通高中教育优质特色、特殊教育优质融合发展的基本格局。

教师是教育发展的第一资源，是贯彻落实受教育权的重要支撑。目前，农村教育质量、乡村教师队伍师资水平与城镇相比仍存在较大差距。为促进

城乡教育资源普惠均衡发展，实现教育公平，教育部等 10 个部门以人才队伍建设为抓手，制定《国家银龄教师行动计划》，挖掘广大退休教师的政治优势、专业优势、经验优势，倡导广大优秀银龄教师支持普通高等教育、职业教育、基础教育、终身教育、民办教育，建强师资队伍，促进各级各类教育提质扩优，助力全面保障受教育权。

（四）进一步加强食物权、健康权法治保障

粮食质量安全是保障人民群众食物权的重要方面。2023 年，国家发展改革委发布新的《粮食质量安全监管办法》，从风险检测、安全管理、安全检测、事故处理、监督管理、法律责任等方面进一步加强对粮食收购、储存、运输和政策性粮食购销活动中的粮食质量安全监督管理，让人民群众吃到放心粮。

完善的医疗服务体系是充分保障人民健康权的一项基础工程。2023 年 3 月，中共中央办公厅、国务院办公厅印发《关于进一步完善医疗卫生服务体系的意见》，以坚持医疗卫生事业公益性为原则，优化资源配置、加强人才队伍建设，促进分级诊疗，提高服务质量，实现到 2025 年医疗卫生服务体系进一步健全，到 2035 年医疗卫生服务公平性、可及性和优质服务供给能力明显增强，人民群众健康水平显著提升的目标。为促进城乡健康权保障平衡发展，中共中央办公厅、国务院办公厅专门针对乡村医疗卫生体系提出《关于进一步深化改革　促进乡村医疗卫生体系健康发展的意见》，要求强化县域医疗卫生资源统筹和布局优化、发展壮大乡村医疗卫生人才队伍、改革完善乡村医疗卫生体系运行机制、提高农村地区医疗保障水平，争取到2025 年乡村医疗卫生体系改革发展取得明显进展。

二　公民权利及政治权利法治保障取得新进展

（一）切实保障公民获得公正审判权

行政复议是防止和纠正违法或不当行政行为侵犯公民合法权益的重要制

度保障。2023 年 9 月 1 日，《行政复议法》全面修订，自 2024 年 1 月 1 日起施行。修订后的法律突出行政复议高效、为民原则，大幅扩充公民、法人和其他组织可以提起行政复议申请的具体情形，拓宽了公民寻求权利救济的途径。根据修订后的法律，公民、法人和其他组织对行政机关作出的行政强制执行决定、征收征用决定或补偿决定、赔偿或不予赔偿决定、不予受理工伤认定申请的决定或对工伤认定结论不服；或是认为行政机关侵犯其农村土地承包经营权、农村土地经营权，滥用权力排除或限制竞争，违法集资、摊派费用或违法要求其履行义务，在政府信息公开中侵犯其合法权益，存在应当履行职责却不予履行或拒绝答复等行为的，可以提起行政复议①。修订后的法律全面完善行政复议的程序规则，增加规定复议代表人制度、委托代理人制度，明确先予行政复议的具体情形，明晰县级以上地方各级人民政府和国务院部门管辖的行政复议案件，细化行政复议的受理条件，完善行政复议审理程序，明确行政复议决定的内容。为保障公民平等获得救济的权利，修订后的《行政复议法》还规定为符合法律援助条件的复议申请人提供法律援助。

法律援助是保障困难群体获得公正审判权的重要制度。为贯彻落实《法律援助法》，规范办理法律援助案件程序，保证法律援助质量，司法部于 2023 年修订《办理法律援助案件程序规定》。该规定以尊重和保障人权为原则，要求法律援助机构为公民获得法律援助提供便利；在为老年人、残疾人提供法律援助服务时，应当根据实际情况提供无障碍设施设备和服务；对可能被判处无期徒刑、死刑的人，以及死刑复核案件的被告人，应当指派具有三年以上刑事辩护经历的律师担任辩护人；对涉及未成年人的刑事案件，应当指派熟悉未成年人身心特点的律师担任辩护人。这些规定以受援对象的具体需求为导向，注重法律援助质量，切实实现不同群体获得公正审判的权利。

人民检察院行使检察监督权，助力行政诉讼当事人获得充分救济。赔礼

---

① 《行政复议法》第 11 条。

道歉是行政机关补救自身或其工作人员的侵权行为造成受害人精神损害后果的一种形式。当行政行为侵犯公民人格尊严、当事人要求行政机关赔礼道歉的，法院应当支持。最高人民检察院发布的典型案例显示，人民检察院通过行使检察监督权，监督人民法院纠正有关赔礼道歉的遗漏判项，促使行政机关向受害人赔礼道歉，使公民的精神损害获得补救。

国家赔偿是为权益受到公权力机关违法履职侵犯的主体提供补救的又一重要制度。向人民法院提起司法赔偿是获得国家赔偿的主要途径。2023年，最高人民法院出台了《关于司法赔偿案件案由的规定》，确立刑事赔偿、非刑事司法赔偿两类三级案由体系，确立7个二级案由、20个三级案由，针对性解决司法赔偿案由简单笼统、案由划分过粗以及司法赔偿审判实践中部分案件无案由可用、以申请赔偿理由代替案由等问题，进一步畅通司法救济途径，更加充分地保障赔偿请求人获得救济的权利。

（二）依法履行领事职责，保障海外中国公民人身权利

2023年9月1日起《领事保护与协助条例》施行，为维护在国外的中国公民、法人、非法人组织的正当权益提供了法律依据。根据条例，中国驻外外交机构在获知在国外的中国公民、法人、非法人组织卷入司法诉讼，中国公民被限制人身自由，需要监护但生活处于无人照料状态，基本生活保障出现困难，因自然灾害或意外伤害等导致受伤、死亡、下落不明，因重大突发事件导致人身财产安全受到威胁需要帮助等情况时，应该提供领事保护和协助。条例明确了驻外外交机构、国务院有关部门和地方政府参与领事保护和协助工作的具体职责，规定国家为领事保护和协助工作提供人员、资金保障，要求地方政府将参与领保工作经费纳入预算管理。条例鼓励保险公司、紧急救援机构、律师事务所等社会力量参与领保工作，为海外中国公民提供全方位保障。

（三）依法修复个人信息，落实个人信息权

信用主体依法享有信用信息修复的权利。为维护信用主体合法权益，在

纠正失信行为后及时修复信用信息，国家发展改革委发布《失信行为纠正后的信用信息修复管理办法（试行）》，规定信用主体积极改善自身信用状况，纠正失信行为、履行相关义务后，可以向认定失信行为的单位或者归集失信信息的信用平台网站运行机构提出申请，要求移除或终止公示失信信息。

在司法实践中，检察机关通过发布典型案例，为保护消费者个人信息、个人生物识别信息、医疗健康个人信息、规范政务公开个人信息等提供示范和指导。

三 平等推进特定群体权利法治保障

（一）检察公益诉讼助力妇女权利保障的制度变革

2023年12月，国家统计局发布2022年《中国妇女发展纲要（2021～2030年）》统计监测报告。报告根据纲要统计监测指标体系和相关部门数据资料，对2022年妇女健康、教育、经济、决策和管理、社会保障、家庭建设、环境、法律等方面的进展作了综合分析。监测结果显示：2022年纲要实施总体进展顺利，妇女健康水平、受教育水平持续提高，社会保障水平不断提升，劳动权益保护得到进一步加强，妇女权益法治保障体系不断健全，为2023年继续全面保障妇女各项权利奠定了良好基础。

检察公益诉讼在维护妇女权益方面成效彰显。最高人民检察院与全国妇联联合发布维护农村妇女涉土地合法权益行政检察典型案例、加强困难妇女群体司法救助典型案例，为相关部门更好地维护妇女权益提供参考。检察机关还以指导案例方式推动类案解决，消除保障妇女权益的制度障碍。例如，在陈某诉江苏省某市人社局撤销退休审批检察监督案中，陈某是工人身份，但实际从事管理岗位，而单位通知其按照工人身份50岁退休。陈某向法院提起撤销市人社局退休审批手续的行政诉讼败诉。检察机关通过发挥检察监督职能，督促行政机关切实有效落实依据岗位类型确定退休年龄的政策，不仅在个案中保障陈某享受依法按照 55 岁退休的权益，而且推动行政机关、司法机关在类案中保障女职工退休年龄依据实际从事的岗位性质确定，充分保障妇女的劳动权益。

（二）贯彻儿童最大利益原则，全面保障儿童权利

2023 年 12 月，国家统计局发布 2022 年《中国儿童发展纲要（2021～2030 年）统计监测报告》，从儿童健康、安全、教育、福利、家庭、环境、法律保护等 7 个领域对 2022 年的实施进展情况进行了综合分析。结果显示：2022 年纲要实施总体进展顺利，儿童健康水平进一步提高，安全环境持续向好，受教育权利得到全面保障，儿童福利水平持续提升，家庭支持体系持续完善，成长环境进一步优化，儿童法律保护机制加快健全。

家庭是最有利于儿童健康成长的环境。家庭教育指导对促进未成年人父母或其他监护人依法履行监护职责、维护未成年人合法权益、预防未成年人犯罪可以发挥重要作用。2023 年 5 月，《最高人民法院　全国妇联关于开展家庭教育指导工作的意见》发布，要求人民法院在办理未成年人利益相关案件应当依法提供家庭教育指导，对未成年人父母或其他监护人接受家庭教育指导的各种情形作出规范。该意见规定，人民法院在办案过程中发现未成年人的父母或其他监护人不依法履行监护职责、侵犯未成年人合法权益、未成年人存在严重不良行为或实施犯罪行为的，未成年人的父母或法定监护人拒不接受家庭教育指导的，人民法院可以制发家庭教育指导令，依法责令其接受家庭教育指导。该意见是落实《未成年人保护法》《预防未成年人犯罪法》《家庭教育促进法》的具体举措，特别强调人民法院开展家庭教育指导应当贯彻最有利于未成年人原则，尊重未成年人人格尊严，适应未成年人身心发展规律，给予未成年人特殊、优先保护。为进一步指导实践，最高人民检察院、全国妇联、中国关心下一代工作委员会联合发布典型案例，要求办理涉未成年人案件要全面开展家庭教育指导工作，通过制发家庭教育指导令，提供家庭教育指导，改变监护人的错误认知和教育方式，为未成年人健康成长提供有利的家庭环境。

身心健康是儿童全面发展的前提和基础。近年来，受成长环境和疫情等因素影响，儿童心理健康问题凸显。为全面加强儿童心理健康工作，保障儿童健康权，2023年4月，教育部等17部门制定《全面加强和改进新时代学生心理健康工作专项行动计划（2023~2025年）》，从加强教育、规范监测、完善预警干预、建强人才队伍、支持科研、优化社会服务等方面提出22项具体任务，促进学生心理健康工作体系更加健全、工作格局更加完善。

司法机关通过发布司法解释、司法文件及典型案例，规范对未成年人的司法救济。最高人民法院和最高人民检察院发布关于办理强奸、猥亵未成年人刑事案件适用法律的司法解释，列举了法律规定的"情节恶劣""手段恶劣或有其他恶劣情节""造成伤害或其他严重后果"等用语的具体含义、具体情形，为司法实践依法保障未成年人合法权益提供明确指引。2023年5月，最高人民法院、最高人民检察院、公安部和司法部联合制定《关于办理性侵害未成年人刑事案件的意见》，取代2013年《关于依法惩治性侵害未成年人犯罪的意见》。新意见突出体现了办理性侵害未成年人犯罪案件应坚持最有利于未成年人、防止对未成年人造成二次伤害、对未成年被害人和未成年犯罪嫌疑人、被告人双向保护原则，规定应确定专门机构或者指定熟悉未成年人身心特点的专门人员，负责办理性侵害未成年人刑事案件，法律援助机构也应当指派熟悉未成年人身心特点的律师为未成年人提供法律援助。在案件办理过程中，未成年被害人、证人一般不出庭作证，确有必要出庭的，应当采取不暴露其外貌和真实声音的保护措施；被告人及其辩护人当庭发问的方式或者内容不当，可能对未成年被害人、证人造成身心伤害的，审判长应当及时制止。询问未成年被害人应当采取和缓方式、坚持一次询问原则，防止造成次生伤害。人民检察院依法对涉及性侵害未成年人的诉讼活动等进行监督；发现未成年人合法权益受到侵犯，涉及公共利益的，应当依法提起公益诉讼。

最高人民检察院发布典型案例、指导性案例，指导人民检察院通过统筹发挥多种检察职能，加强对未成年人的综合司法保护。2023年，最高人民检察院发布了防止未成年人滥用药物、阻断感染艾滋病风险、惩治组织未成年人进行违反治安管理活动犯罪、维护未成年人网络民事权益等多个指导性案例，以及加强未成年人网络保护、利用大数据赋能未成年人检察监督、新兴业态治理未成年人保护等典型案例。在这些案例中，检察机关坚持未成年人特殊、优先保护要求，以最有利于教育挽救未成年人为原则，细化矫治教育措施，从严惩处侵害未成年人犯罪，充分保护未成年人合法权益。

（三）以养老服务为抓手，做好老年人权利保障基础工作

中国已经进入老龄化社会，老年人权益保障需求突出。养老服务是保障老年人权益的重要内容，而提供基本养老服务①又是实现基本公共服务均等化、实现老有所养的基本要求。2023 年，中共中央办公厅、国务院办公厅印发《关于推进基本养老服务体系建设的意见》，要求坚持基础、普惠、共担、系统的原则，重点做好制定落实基本养老服务清单、建立精准服务主动响应机制、完善基本养老服务保障机制、提供基本养老服务供给能力、提升基本养老服务便利化可及化水平等工作，加快建成覆盖全体老年人、保障适度、可持续的基本养老服务体系。为促进养老服务业质量提升，国家标准化管理委员会等 3 部门制定《养老和家政服务标准化专项行动方案》，提出升级养老和家政服务标准体系、优化政府颁布标准和市场自主制定标准二元结构，以标准引领养老和家政服务向数字化、网络化、智能化、融合化的转型升级等重点任务，实现到 2025 年出台 100 项养老和家政服务领域标准、部署 150 个养老和家政服务领域标准化试点和示范项目等目标，充分发挥标准化对提升养老质量的支撑引领作用。2023 年 7 月，民政部、国家消防救援局制定《养老机构消防安全管理规定》，出台 24 条具体措施，要求养老机构严格遵守消防法律法规，严格规范消防管理，防止火灾发生、减少火灾危害，切实保障老年人人身和财产安全。

---

① 基本养老服务是指由国家直接提供或者通过一定方式支持相关主体向老年人提供的，旨在实现老有所养、老有所依必需的基础性、普惠性、兜底性服务，包括物质帮助、照护服务、关爱服务等内容。

（四）《无障碍环境建设法》促进残疾人融合发展

无障碍是保障残疾人权利的一项基本原则；同时，与他人平等地、无障碍地进出物质环境、利用信息通信、享用公共设施和服务也是所有残疾人的基本权利。2023年6月28日全国人大常委会通过《无障碍环境建设法》，自2023年9月1日起施行。这部立法贯彻国际人权法关于无障碍的精神和要求，是一部保障残疾人、老年人平等、充分、便捷地参与和融入社会生活，促进各项权利全面发展、促进所有人共享经济社会发展成果的具有里程碑意义的重要立法。该法从无障碍设施建设、无障碍信息交流、无障碍社会服务三个方面明确了各类主体参与无障碍环境建设的权利、义务与法律责任。法律明确县级以上人民政府应当将无障碍环境建设经费纳入本级预算，建立稳定的经费保障机制。国家将构建无障碍环境建设标准体系，建立健全无障碍测评制度，在有关专业和岗位的教学、培训和实践中纳入无障碍环境建设相关内容，发挥媒体宣传监督作用，提升全社会无障碍环境意识。对违反《无障碍环境建设法》有关规定、损害社会公共利益的行为，人民检察院可以提出检察建议或提起公益诉讼，促进法律的贯彻落实。2023年11月，最高人民检察院同住房城乡建设部、中国残联发布首批无障碍环境建设检察公益诉讼典型案例，为正确适用法律提供示范。

2023年，民政部发布一系列行业规范，通过对满足残疾人需求的技术手段的规范化应用，切实保障残疾人权利。2023年1月10日民政部发布《残疾人突发事件应急协管系统技术要求》，对特殊教育机构等残疾人服务机构的突发事件应急协管系统的要求和实验方法提出行业标准，促进规范化管理，预防和最大限度降低突发事件对残疾人权利的损害。同日，民政部发布《假肢、矫形器营销规范》，适用于直接面向残疾人、伤病人等功能障碍患者的假肢、矫形器的营销活动，旨在健全行业事中、事后监管，促进行业管理的规范化和专业化，保障功能障碍患者的合法权益。同时发布的还有《公共汽（电）车视障人士助乘系统技术规范》，适用于公交助乘系统的设计、检验与应用，以信息转换、信息强化、操作便利为设计原则，为视障人士提供准确的站台、线路、公交车辆信息及配套服务，实现视障人士自主乘坐公交车，保障其融入社区生活的权利。

四　环境权利法治保障全面展开

（一）环境权立法体系不断完善

2023 年，保障环境权利的法律规范体系进一步充实完善。2022 年 12 月30 日修订的《野生动物保护法》自 2023 年 5 月 1 日起施行。修订后的法律突出促进人与自然和谐共生、加强重要生态系统保护修复、增强野生动物保护等立法理念，防止野生动物源性传染病，抵制违法食用野生动物。2023年《青藏高原生态保护法》出台，为进一步加强生态环境保护、保障生态安全提供了新的法律依据。该法明确青藏高原生态保护应当尊重自然、顺应自然、保护自然；坚持生态保护第一，自然恢复为主，守住自然生态安全边界的原则，强调保护青藏高原传统生态文化遗产，弘扬青藏高原优秀生态文化，传播生态文明理念，提高全民生态素养。该法进一步规定，国家应建立青藏高原生态保护协调机制，综合协调青藏高原生态保护工作，明确国务院各部门、青藏高原地方各级政府在生态安全布局、生态保护修复和生态风险防控方面的具体职责和法律责任。

（二）保护环境的政策措施进一步充实

公民既是环境权的主体，也承担保护环境的义务。生态环境部等 5 部门联合发布《公民生态环境行为规范十条》，引导公民践行关爱环境、节约能源、绿色消费、低碳出行、垃圾分类、减少污染、呵护生态等生态环境保护的义务和责任。为贯彻落实《噪声污染防治法》，生态环境部等 16 部门制定"十四五"时期噪声污染防治专项行动计划，着重解决群众关心的突出噪声污染问题，包括分类管控工业噪声、建筑施工噪声、交通运输噪声和社会生活噪声，有效落实治污责任，到 2025 年全国声环境功能区夜间达标率应达到85%。为规范实施生态环境行政处罚，保障相关主体合法权益，生态环境部制定《生态环境行政处罚办法》，对实施主体与管辖、程序、执行、结案归档、监督等事项作出规定，提高生态环境执法的法治化水平。

（三）环境权利司法保障显著增强

为妥善审理环境资源案件，加强对生态环境权利的司法救济，最高人民法院出台了一系列司法解释和司法文件，进一步明确和细化环境权利司法保障制度。例如，为助力碳达峰碳中和目标的实现，最高人民法院出台《最高人民法院关于完整准确全面贯彻新发展理念　为积极稳妥推进碳达峰碳中和提供司法服务的意见》，通过规范对17类案件的审理，以司法服务促进经济社会发展绿色转型、产业结构深度调整，构建清洁低碳安全高效能源体系，推进完善碳市场交易机制。针对黄河生态保护，最高人民法院出台贯彻实施《黄河保护法》的意见，充分发挥审判职能，保障生态环境，回应人民群众对黄河优美生态环境和高质量发展的追求。针对破坏森林资源问题，最高人民法院出台《最高人民法院关于审理破坏森林资源刑事案件适用法律若干问题的解释》，规范指引对涉及林地、野生植物、古树名木等森林资源犯罪行为的认定。针对污染环境、破坏生态造成他人人身、财产损害的生态环境侵权责任纠纷，最高人民法院通过《最高人民法院关于审理生态环境侵权责任纠纷案件适用法律若干问题的解释》，明确生态环境侵权适用无过错责任原则，对责任主体、责任承担方式、诉讼时效等问题作出规范，依法保障被侵权人合法权益；出台《最高人民法院关于生态环境侵权民事诉讼证据的若干规定》，明确生态环境侵权民事诉讼证据规则，指引各级法院公正、及时审理相关纠纷，保障和便利当事人依法行使诉讼权利。对于案件事实涉及复杂专门性问题、环境公益诉讼、生态环境损害赔偿诉讼及其他具有重大社会影响的环境污染防治、生态保护、气候变化应对、资源开发利用、生态环境治理与服务的案件，司法解释明确规定应当请具有专门知识的人民陪审员参加案件审理。此外，为加强公众对司法活动和案件执行效果的监督，最高人民法院还出台《最高人民法院关于具有专门知识的人民陪审员参加环境资源案件审理的若干规定》，明确具有专门知识的人民陪审员可以参与监督生态环境修复、验收和修复效果评估。

为更好地指导司法实践，最高人民法院、最高人民检察院发布生态环境保护行政公益诉讼和民事公益诉讼典型案例，涉及惩治危险废物污染环境、耕地保护、湿地保护、荒漠化防治、流域生态环境保护等方面，以"诉"的确认体现对保护环境权利的司法价值引领作用。

五　继续积极参与全球人权治理

2023 年是《世界人权宣言》通过 75 周年、《维也纳宣言和行动纲领》通过 30 周年。中国在两份宣言的制定过程中均发挥了建设性作用。《世界人权宣言》作为所有人民和所有国家努力的共同标准，在人类文明发展史上具有重大意义，对世界人权事业发展产生了深刻影响①。中国人权研究会和中国人权发展基金会先后举行《世界人权宣言》纪念研讨会，旨在弘扬全人类共同价值，推动全球人权治理朝着更加公平公正合理包容的方向发展。2023 年 6 月，中国举办"平等、合作、发展：《维也纳宣言和行动纲领》通过 30 周年与全球人权治理"高端论坛，习近平主席向论坛致贺信。习近平主席在贺信中强调，中国愿同国际社会一道，践行《维也纳宣言和行动纲领》精神，推动全球人权治理朝着更加公平公正合理包容的方向发展，推动构建人类命运共同体，共建更加美好的世界②。

中国认真履行国际人权条约义务，按时接受《经济社会及文化权利国际公约》第三次履约审议和《消除对妇女一切形式歧视公约》第九次履约审议，与条约机构坦诚对话，增进条约机构专家对中国人权保障状况的理解。2023 年 10 月，中国成功竞选连任联合国人权理事会成员国，任期三年。

中国继续积极提出人权决议案，努力引领国际人权话语。2023 年 7 月，

---

① 习近平：《坚持走符合国情的人权发展道路》，《人民日报》2018 年 12 月 11 日。
② 《习近平向全球人权治理高端论坛致贺信》，《人民日报》2023 年 6 月 15 日，第 1 版。

联合国人权理事会第53届会议再次通过中国提交的《发展对享有所有人权的贡献》的决议，呼吁所有国家实现以人民为中心的发展，推进可持续发展以更好地享有人权。10月，联合国人权理事会通过中国主提的《在消除不平等现象的背景下促进和保护经济、社会及文化权利》的决议，决议以协商一致方式获得通过，有力回应要求加大经济社会文化权利投入、构建公正包容国际秩序的强烈呼声，顺应了多边人权体系再平衡再出发的历史潮流，不仅获得广大发展中国家的支持，也受到欧盟成员国及美国的欢迎。

结　语

法治是人权最有效的保障。坚持依法保障人权，既是中国人权发展的一个主要特征，也是推进中国人权事业实践的一项宝贵经验①。2023年，中国坚持统筹人权法治保障国内国际两个大局。在国内，中国努力把尊重和保障人权贯穿于立法、执法、司法各环节，制定《无障碍环境建设法》、修订《行政复议法》等重要人权保障立法，针对权利保障的薄弱环节出台多项政策措施，全面加强人权司法保障。在国际层面，一方面，通过在国内均衡保障各项人权，落实国际人权条约义务；另一方面，秉持国际人权法治精神，建设性引领国际人权机制依法健康发展。

人权法治保障没有最好，只有更好。中国人权法治保障仍然存在不少短板。未来一年，中国政府仍需继续按照"国家尊重和保障人权"的宪法原则，以《国家人权行动计划（2021~2025年）》确立的目标及中国批准的各项国际人权条约规定的义务为指引，全面切实落实各项人权保障法律制度，"让人民群众在每一项法律制度、每一个执法决定、每一宗司法案件中都感受到公平正义"②。

---

① 习近平：《坚定不移走中国人权发展道路　更好推动我国人权事业发展》，《求是》2022年第12期。
② 习近平：《坚定不移走中国人权发展道路　更好推动我国人权事业发展》，《求是》2022年第12期。

B.4
2023年中国犯罪形势与治理分析

张志钢　李凡非*

摘　要： 近年来，中国严重暴力犯罪数量明显下降，被判处三年以下有期徒刑的案件显著上升，犯罪结构呈现明显的轻罪化趋势，犯罪形势和刑事社会治理进入新阶段。故意杀人、涉枪涉爆等类型犯罪持续处于低位，危害国家安全、涉黑涉恶犯罪、毒品犯罪等犯罪得到有效控制，公民体感治安持续处于较高水平。电信诈骗、网络暴力、知识产权、"食药环"等领域犯罪依然频发，是当前刑事治理的重点。未来国家会持续强化金融领域尤其是洗钱犯罪、贿赂犯罪打击力度，并依法平等保护各类市场主体的合法权益，在刑事法治方面更好地优化营商环境。

关键词： 犯罪形势　金融犯罪　电信诈骗犯罪　网络暴力　优化营商环境

近年来，中国的犯罪结构发生重大变化。2023年，全国检察机关受理审查起诉各类犯罪1786635件2511263人，同比分别上升19.7%、20%。可以看出，刑事案件受理数量同比明显上升。在刑事案件总量长期高位运行的情况下，全国检察机关起诉严重暴力犯罪从1999年的16.2万人下降至2023年的6.1万人，占比从25.1%下降至3.6%。与此同时，判处三年有期徒刑以下刑罚的轻罪案件人数占比从1999年的54.4%上升至2023年的82.3%①。这些数据不仅表明，中国是全球犯罪率最低、公民安全感最高的

---

* 张志钢，中国社会科学院法学研究所副研究员，中国社会科学院大学法学院副教授；李凡非，中国社会科学院大学法学院刑法学硕士研究生。
① 《刑事检察工作白皮书（2023）》，https://www.spp.gov.cn/xwfbh/wsfbh/202403/t20240309_648173.shtml，最后访问日期：2024年3月30日。

国家之一，也表明中国犯罪结构呈现明显的轻罪化趋势，社会治理进入新阶段。

面对新时代犯罪形势的新变化，2023 年，全国各级人民检察院、人民法院、公安机关等部门充分履行维护国家安全、人民安宁、社会安定的职责，直面问题和挑战。2023 年，全国检察机关共批准逮捕各类犯罪嫌疑人72.6 万人，提起公诉 168.8 万人，同比分别上升 47.1%和 17.3%[1]。为增强群众的安全感，公安机关已连续 4 年在全国范围内组织开展夏季治安打击整治行动，力争打深打透滋事凌弱、涉黄涉赌、涉枪涉爆及非法捕捞、非法采砂等突出违法犯罪行为[2]。2023 年全国公安机关开展夏季治安打击整治行动期间，共破获刑事案件 56.6 万起，抓获违法犯罪嫌疑人员 97.5 万名，迅速在全国范围内形成高压震慑态势。全国 110 接报刑事、治安警情同比分别下降 13.8%，全国道路交通事故起数、死亡人数同比分别下降 11.5%、16.7%。国家统计局调查数据显示，近五年全国群众安全感持续高位保持在98%以上[3]。本文以主要犯罪类型为根据，分析中国 2023 年犯罪治理情况。

一 践行总体国家安全观，建设平安中国

国家安全是民族复兴的根基，社会稳定是建设平安中国的前提。在新形势下，维护中国国家安全必须牢固树立总体国家安全观，对危害国家安全的各种行为依法预防、制止和惩处，坚决维护中国国家主权和发展利益。依据最高人民检察院发布的数据，过去五年，危害国家安全犯罪呈下降趋势，起诉数占总起诉数的 0.03%，该类犯罪明显偏低的发案率，表明国内治安形势稳定，国家安全的基石越发牢固。但也要认识到，中国仍面临复杂严峻的

---

① 《最高人民检察院工作报告》，https：//www.spp.gov.cn/spp/jcjgxxgc2024lh/202403/t20240315_650040.shtml，最后访问日期：2024 年 3 月 30 日。
② 《全国公安机关治安系统夏季治安打击整治行动动员部署会》，https：//app.mps.gov.cn/gdnps/pc/content.jsp？id＝9094988，最后访问日期：2024 年 1 月 26 日。
③ 《公安部"夏季行动"重拳打击犯罪 破获刑事案件 56.6 万起》，http：//www.news.cn/legal/2023-10/10/c_1129908279.htm，最后访问日期：2024 年 1 月 26 日。

国家安全形势。为此，2023年4月，国家安全机关公布一批危害国家安全典型案例，如"航天领域科研人员赵某某被境外间谍情报机关人员策反"案件、"雷某某向境外泄露军事军工领域敏感信息"案件等等①。这些案件的发生应引起社会高度重视，保密工作注重"内外"兼顾，既要防住"外"，也要守好"内"。

打击涉枪涉爆违法犯罪事关社会大局稳定，直接影响到人民的根本利益，也影响国家的长治久安。总体来看，中国作为世界上枪爆暴力犯罪发案最低的国家之一，各机关打击整治枪爆违法犯罪专项行动成果显著。2023年，全国检察机关共依法起诉涉枪爆犯罪9171人，同比下降11.09%②。2023年6~9月，公安部组织全国170个城市同步开展以"除枪爆　护稳定　保民安"为主题的集中销毁非法枪爆物品活动，组织开展24轮集中收网行动③。2023年，公安机关共破获枪爆案件2万起，抓获违法犯罪嫌疑人2万人，持枪爆炸犯罪案件同比下降20%④。

与传统暴力犯罪相比，严重暴力犯罪对国家公共安全的危害性程度更高。对危害公共安全的严重犯罪行为，国家始终保持高压态势。2023年，检察机关共依法从严惩治故意杀人、抢劫、绑架等严重暴力犯罪，起诉6.1万人⑤。2023年，人民法院共审结故意杀人等严重暴力犯罪案件5.2万件6.2万人，同比增长17.2%⑥。2023年初发生的多起恶性伤人案件造成了恶劣的社会影响，侵害了人民群众的信赖感。对此，2023年全国公安机关

---

① 《国家安全机关公布一批危害国家安全典型案例》，https://www.chinacourt.org/article/detail/2023/04/id/7243883.shtml，最后访问日期：2024年1月26日。

② 《刑事检察工作白皮书（2023）》，https://www.spp.gov.cn/xwfbh/wsfbh/202403/t20240309_648173.shtml，最后访问日期：2024年3月30日。

③ 《以夏季大整治守护社会大平安》，中国警察网，http://news.cpd.com.cn/n3559/1023/t_1106568.html，最后访问日期：2024年1月26日。

④ 《2023年中国持枪爆炸犯罪案件同比下降20%》，中国新闻网，https://www.chinanews.com.cn/sh/2024/01-16/10147026.shtml，最后访问日期：2024年1月26日。

⑤ 《最高人民检察院工作报告》，https://www.spp.gov.cn/spp/jcjgxxgc2024lh/202403/t20240315_650040.shtml，最后访问日期：2024年3月30日。

⑥ 《最高人民法院工作报告》，http://gongbao.court.gov.cn/Details/91879661d9288abc72798a23b1ecec.html，最后访问日期：2024年3月30日。

"夏日行动"期间，各地公安机关始终把打击严重暴力犯罪作为重点目标任务。该项行动中，全国共破获命案现案 1446 起，现行命案破案率达 99.8%；常态化开展命案积案攻坚，共侦破命案积案 682 起，其中侦破发案 20 年以上积案 477 起，抓获命案在逃人员 608 名①。

二 扫黑除恶常态化，惩治涉网黑恶势力

自 2018 年开展针对黑恶势力专项斗争后，扫黑除恶常态化就是中国一项长期坚持和落实的重大决策部署。中共中央办公厅、国务院办公厅 2021年 5 月发布的《关于常态化开展扫黑除恶斗争 巩固专项斗争成果的意见》明确指出，扫黑除恶需要健全源头治理的防范整治机制、鼓励群众举报、对新兴黑恶势力"打早打小"。

在常态化打击黑恶势力的有力推动下，2023 年黑恶势力犯罪案件数量稳步下降，为人民群众的安全提供了有力的法治保障。2023 年，全国公安机关共打掉涉黑恶犯罪组织 1900 余个，抓获犯罪嫌疑人 2.7 万名，破获各类刑事案件 2.9 万余起②。2023 年，人民检察院和人民法院深入推进常态化扫黑除恶斗争，秉持"是黑恶犯罪一个不放过、不是黑恶犯罪一个不凑数"的态度，共起诉涉黑涉恶案件 2355 件 14902 人，共审结涉黑恶犯罪案件 1855 件 11191 人③。孙小果、杜少平、陈辉民、黄鸿发等一批黑恶势力首要分子被依法判处并执行死刑，放纵、包庇黑恶势力甚至充当保护伞的 10640

---

① 《以夏季大整治守护社会大平安》，中国警察网，http：//news. cpd. com. cn/n3559/1023/t_1106568. html，最后访问日期：2024 年 1 月 26 日。
② 《公安部：2023 年打掉涉黑恶犯罪组织 1900 余个》，光明网，https：//m. gmw. cn/2024-01/17/content_ 1303633890. htm，最后访问日期：2024 年 1 月 26 日。
③ 《最高人民检察院工作报告》，https：//www. spp. gov. cn/spp/jcjgxxgc2024lh/202403/t20240315_650040. shtml，最后访问日期：2024 年 3 月 30 日。《最高人民法院工作报告》，http：//gongbao. court. gov. cn/Details/91879661d9288abc72798a23b1ecec. html，最后访问日期：2024年 3 月 30 日。

名公职人员被绳之以法①。相较于运动式执法、口号式执法，常规化和平稳状态的扫黑除恶斗争更能回应新时代人民群众对美好生活向往的新需求。

近几年黑恶势力犯罪已经逐渐蔓延到信息网络空间，尽管没有人和人的身体接触，但通过信息网络进行的犯罪活动却具有更强的穿透性，波及范围更广，受害者数量更多，非法所得更为巨大，尤其是网络"套路贷"、网络诈骗等犯罪行为，未成年人、在校学生、老年人等成为网络黑恶犯罪的主要受害对象。2023年，公安部部署推进打击惩治涉网黑恶犯罪专项行动，最高人民检察院也将惩治涉网黑恶势力专项行动作为常态化扫黑除恶斗争的重中之重。

三 依法严惩金融领域犯罪，推进反洗钱治理

金融是国民经济的血脉，是国家核心竞争力的重要组成部分。防范和化解重大金融风险、严厉打击金融犯罪是司法机关长期以来的工作主基调。过去五年，全国检察机关共起诉金融类犯罪18.5万余人，比前五年上升28.2%。各级检察机关严肃处理"泛亚""权行普惠""团贷网"等重大非法集资案件和"涉渤海银行南京分行骗取票据承兑案""新华联公司骗取贷款案"等重大敏感案件。

2023年，全国检察机关共起诉金融诈骗、破坏金融管理秩序犯罪2.7万人，其中集资诈骗、非法吸收公众存款犯罪1.8万人②。为依法惩治金融犯罪提供示范指引，2023年6月和8月，最高人民检察院相继发布第44批和第47批以金融犯罪和金融职务犯罪为主的指导性案例。例如，"张某强等人非法集资案""郭某记、徐某伦等人伪造货币案""孙某东非法经营案"

---

① 《十组数据看司法为民的力度和温度》，新华网，https://legal.gmw.cn/2023-03/09/content_36417700.htm，最后访问日期：2024年1月26日。

② 《最高人民检察院工作报告》，https://www.spp.gov.cn/spp/jcjgxxgc2024lh/202403/t20240315_650040.shtml，最后访问日期：2024年3月30日。

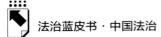

"桑某受贿、国有公司人员滥用职权、利用未公开信息交易案"① 等。2023年，金融反腐呈现密集推进态势，一大批金融领域的贪腐人员相继被查②。2023年，金融系统接受调查的干部高达101人，其中，金融监管部门、银行、保险、资管公司、信托等机构国有大行和农信系统是2023年金融反腐的"重灾区"，占被查总人数的近五成。

洗钱犯罪助推上游犯罪资金流转，对国家经济与金融安全产生严重威胁。为全面推进打击治理洗钱犯罪，最高人民检察院、公安部、中国人民银行等继续纵深推进打击治理洗钱违法犯罪三年行动（2022~2024年），持续加大严厉打击洗钱犯罪活动力度③。2023年，全国各地公安机关破获多起涉案金额巨大的洗钱案件，维护了国家和人民的权益。比如，上海市破获全国首例利用网络直播"打赏"实施洗钱犯罪案件，捣毁一条寄生于网络直播平台、洗兑转移非法集资等黑灰资金的新型洗钱犯罪产业链，涉案金额高达近亿元。又如，陕西西安警方破获特大洗钱案件，全链条打掉一个非法支付结算业务的犯罪团伙，涉案金额高达5.03亿元。2023年，检察机关与各级监委、公安机关加强反洗钱协作，起诉洗钱犯罪2971人，同比上升14.9%④。2023年，人民法院依法惩治洗钱犯罪，以洗钱罪审结案件861件1019人，同比分别增长23.5%、22.2%⑤。涉及的上游犯罪主要集中于毒品、贪污贿赂、破坏金融管理秩序、金融诈骗和走私犯罪。

2023年9月，国家监察委员会办公厅、最高人民检察院办公厅、公安部办公厅联合印发了《关于在办理贪污贿赂犯罪案件中加强反洗钱协作配

---

① 《最高检发布第四十七批指导性案例》，https：//www.spp.gov.cn/xwfbh/wsfbt/202308/t20230822_625537.shtml#1，最后访问日期：2024年1月26日。
② 《金融反腐半年报！上半年至少有80人"落马" 银行成腐败高发区》，腾讯网，https：//new.qq.com/rain/a/20230630A02SG700，最后访问日期：2024年1月26日。
③ 《检察机关依法防范和打击金融犯罪》，光明网，https：//m.gmw.cn/2023-06/14/content_1303405138.htm，最后访问日期：2024年1月26日。
④ 《最高人民检察院工作报告》，https：//www.spp.gov.cn/spp/jcjgxxgc2024lh/202403/t20240315_650040.shtml，最后访问日期：2024年3月30日。
⑤ 《最高人民法院工作报告》，http：//gongbao.court.gov.cn/Details/91879661d9288abc72798a23b1ecec.html，最后访问日期：2024年3月30日。

合的意见》，落实贪污贿赂犯罪与洗钱罪"一案双查"机制，就监察机关、检察机关、公安机关在办理贪污贿赂犯罪中切实加强反洗钱协作配合工作提出明确要求①。此外，中国有望在2024~2025年逐步启动FATF第五轮互评估流程，深度参与国际反洗钱治理。

四　加强知识产权保护，优化营商环境

知识是兴国之器，产权是市场经济之基。随着中国知识产权数量迅猛发展，知识产权犯罪数量2023年仍呈现增加趋势。2023年，全国各级检察机关共受理审查起诉侵犯知识产权犯罪3万人，同比上升52%。其中。起诉侵犯商标权、专利权、著作权和商业秘密等犯罪1.8万人，同比上升40.8%②。2023年全国各级人民法院共审结知识产权案件49万件，同比增长1.8%③。通过检察机关办案发现，知识产权类犯罪呈现以下特点。

第一，侵犯商标权犯罪占比高，新业态新领域案件增多。2023年上半年，检察机关共受理审查起诉侵犯商标权犯罪10384人，占侵犯知识产权犯罪受理人数的88.9%。一些犯罪分子利用直播带货"即时性""受众广"的特点，通过"直播引流""真假混卖"方式售假④。

第二，新型侵犯著作权案件多发，犯罪手段技术性增强。2023年，检察机关共受理审查起诉侵犯著作权犯罪2748人，同比上升1.4倍⑤。其中，存在不少利用新兴犯罪技术的侵权案件。例如，上海检察机关办理的刘某某

---

① 《在办理贪污贿赂犯罪案件中加强反洗钱协作配合》，人民网，http://jl.people.com.cn/n2/2023/0921/c349771-40578800.html，最后访问日期：2024年1月26日。
② 《刑事检察工作白皮书（2023）》，https://www.spp.gov.cn/xwfbh/wsfbh/202403/t20240309_648173.shtml，最后访问日期：2024年3月30日。
③ 《最高人民法院工作报告》，http://gongbao.court.gov.cn/Details/91879661d9288abc72798a23b1ecec.html，最后访问日期：2024年3月30日。
④ 《上半年受理审查起诉侵犯知识产权犯罪11675人　检察机关综合履职强化知识产权司法保护》，https://www.spp.gov.cn/xwfbh/wsfbh/202308/t20230804_623890.shtml，最后访问日期：2024年1月26日。
⑤ 《刑事检察工作白皮书（2023）》，https://www.spp.gov.cn/xwfbh/wsfbh/202403/t20240309_648173.shtml，最后访问日期：2024年3月30日。

等人侵犯著作权案中，被告人未经著作权人许可，自行制作并销售用于避开计算机软件技术措施的"加密狗"，并提供软件下载链接，检察机关以侵犯著作权罪依法追究刑事责任①。

第三，侵犯商业秘密犯罪危害大，内部员工作案比例高。2023年，检察机关共受理审查起诉侵犯商业秘密犯罪 401 人，同比上升 96.6%②。商业秘密的私密性特点使得多数此类案件主体为企业内部人员，尤其是关键岗位技术人员、高级管理人员离职跳槽带走商业秘密，或内外勾结共同实施犯罪行为。从商业秘密种类看，侵犯软件源代码、技术方案、设备图纸等技术信息类案件为主要类型，侵犯价格信息、个性化客户需求等经营信息类案件也时有发生③。

2023年是中国实施知识产权强国建设纲要（2021~2035年）和"十四五"规划承上启下的重要一年。2023年4月26日，中国首批10个国家知识产权保护示范区建设正式启动，对推动中国知识产权保护水平的整体提升具有积极意义。为切实保障广大人民群众和企业的合法权益，公安部组织开展"昆仑2023"专项行动，2023年，全国公安机关共立案侦办侵犯知识产权和制售伪劣商品犯罪案件4万起④。最高人民法院在2023年工作安排中提出，"加大知识产权司法保护力度"⑤，最高人民检察院提出，"深化知识产权综合司法保护"。

---

① 《上半年受理审查起诉侵犯知识产权犯罪 11675 人　检察机关综合履职强化知识产权司法保护》，https：//www.spp.gov.cn/xwfbh/wsfbh/202308/t20230804_623890.shtml，最后访问日期：2024年1月26日。
② 《刑事检察工作白皮书（2023）》，https：//www.spp.gov.cn/xwfbh/wsfbh/202403/t20240309_648173.shtml，最后访问日期：2024年3月30日。
③ 《上半年受理审查起诉侵犯知识产权犯罪 11675 人　检察机关综合履职强化知识产权司法保护》，https：//www.spp.gov.cn/xwfbh/wsfbh/202308/t20230804_623890.shtml，最后访问日期：2024年1月26日。
④ 《2023年立案侦办侵犯知识产权和制售伪劣商品犯罪案件 4 万起》，新华网，http：//www3.xinhuanet.com/legal/20240203/4caa90d8b5f249ab87ea6d2d41aefe58/c.html，最后访问日期：2024年3月30日。
⑤ 《最高人民法院工作报告（全文）》，https：//www.court.gov.cn/zixun-xiangqing-391381.html，最后访问日期：2024年1月26日。

五 加强贪腐惩治力度，净化政治生态

腐败是危害党的生命力和战斗力的最大毒瘤，反腐败是最彻底的自我革命①。长期以来，贿赂犯罪查处存在"重受贿、轻行贿"的思维定式。实践中，同期判处的行贿案件与受贿案件数量相比严重失衡，行贿人未被追究刑事责任的比例过高，对行贿惩处偏弱的问题仍然存在，不利于切断行受贿犯罪因果链。对此，党中央作出决策部署，"坚持受贿行贿一起查"。

2023年以来，受贿行贿一起查工作不断深入推进，取得新进展新成效。中央纪委国家监委通报2023年1~9月全国纪检监察机关共处置问题线索128.3万条，立案47万件。处置问题线索数和立案数，都比2022年同期有所增长。

2023年12月29日，十四届全国人大常委会第七次会议审议通过《刑法修正案（十二）》，自2024年3月1日起施行。《刑法修正案（十二）》对行贿罪作出较大幅度修改，具体包括以下内容。第一，调整行贿罪法定刑，与受贿罪法定刑相匹配，实现"行贿受贿并重处罚"。《刑法修正案（十二）》将现行刑法有关个人行贿罪法定刑量刑幅度与受贿罪一样，都统一规定分为两档刑罚，即"三年以下有期徒刑或者拘役，并处罚金"和"三年以上十年以下有期徒刑，并处罚金"。第二，增设从重处罚条款，有效打击行贿行为。《刑法修正案（十二）》在《刑法》第390条增设第2款，对"多次行贿或者向多人行贿的；国家工作人员行贿的；在国家重点工程、重大项目中行贿的"等七类情形从重处罚。第三，加大对单位行贿犯罪行为的惩处力度。《刑法修正案（十二）》将单位行贿罪刑罚由原来最高判处五年有期徒刑的一档刑罚，修改为"三年以下有期徒刑或者拘役，

① 张维炜、丁子哲：《刑法修正案（十二）草案亮相：再举反腐利剑》，《中国人大》2023年第15期，第18~21页。

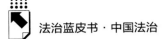
并处罚金"和"三年以上十年以下有期徒刑,并处罚金"两档刑罚,并详细规定六种从重处罚情形。

同时,《刑法修正案(十二)》增加惩治民营企业内部人员腐败相关犯罪,民营企业内部人员故意损害民营企业利益,造成重大损失的,也要追究刑事责任,为民营企业有效预防、惩治内部腐败犯罪提供法律手段,积极回应企业家关切。从 2023 年全国各级法院依法惩治民营企业内部腐败犯罪数据来看,审结非国家工作人员受贿、职务侵占案件 6779 件 8124 人,同比增长 26.6%①。由于中国现行刑法只规定惩处行为主体限于国有公司、企业的相关人员的背信行为,自 2013 年以来,有不少关于增设背信罪的建议②。《刑法修正案(十二)》增加民营企业内部人员故意背信损害企业利益的相关犯罪,将"非法经营同类营业罪""为亲友非法牟利罪""徇私舞弊低价折股、出售国有资产罪"的犯罪主体由国有企业相关人员扩展到民营企业。《刑法修正案(十二)》增设针对民营企业有关人员的三个特殊背信类犯罪,进一步完善了中国刑法关于侵害民营企业财产的罪名体系,有利于实现对民营企业和国有企业的平等保护③。

六 严惩网络暴力,营造风清气正的网络空间

2023 年初,世界经济论坛发布的报告显示,广泛存在的网络犯罪和网络不安全是未来十年全球最严重的十大风险之一④。在网络时代,人人都可能是下一个受害者。"寻亲少年""粉发女孩"、武汉被撞学生母亲等事件的发生,使得网络暴力成为 2023 年广受社会关注的热点话题。但目前,由于

---

① 《最高人民法院工作报告》,http://gongbao.court.gov.cn/Details/91879661d9288abc72798a23b1ecec.html,最后访问日期:2024 年 3 月 30 日。

② 张明楷:《刑法修正的原则与技术——兼论〈刑法修正案(十二)(草案)〉的完善》,《中国刑事法杂志》2023 年第 5 期,第 3~20 页。

③ 《刑法修正案(十二)》,《人民日报》2023 年 12 月 30 日,第 4 版。

④ 《2023 年 9 月 14 日外交部发言人毛宁主持例行记者会》,https://www.mfa.gov.cn/fyrbt_673021/202309/t20230914_11142916.shtml,最后访问日期:2024 年 1 月 26 日。

网暴行为违法与犯罪的界限难以划定、刑事责任难以划分，打击治理面临困境。对此，各部门广泛征求各方意见，积极回应当前实体和程序上惩治网络暴力难的问题。2023年4月，最高人民检察院印发网络法治工作意见，要求依法严惩"网络暴力"等侵犯公民人身权利相关犯罪①；2023年6月9日，最高人民法院、最高人民检察院、公安部发布《关于依法惩治网络暴力违法犯罪的指导意见（征求意见稿）》；2023年7月7日，国家网信办发布《网络暴力信息治理规定（征求意见稿）》，公开征求意见；2023年9月，中央网信办印发《关于进一步加强网络侵权信息举报工作的指导意见》，对网络侵权信息举报工作进行系统谋划和整体安排②。最终于2023年9月20日，最高人民法院、最高人民检察院、公安部联合正式发布《关于依法惩治网络暴力违法犯罪的指导意见》，为依法惩治网络暴力违法犯罪提供重要参考，促进网络暴力综合治理。该意见对各种网络暴力行为的性质认定和法律责任作出了明确规定；提出依法严肃追究网暴者的法律责任，针对未成年人、残疾人实施网络暴力，组织"水军""打手"等实施网络暴力，编造"涉性"话题侵害他人人格尊严，利用"深度合成"等生成式人工智能技术发布违法信息等情形，依法从重处罚③。2023年，全国公安机关依法严厉惩治造谣诽谤等网络暴力违法犯罪活动，共查处网络暴力违法犯罪案件110起④。2023年，全国各级人民法院共审结网络诽谤公诉案件32件，判决有罪人数85人，同比分别增长10.3%、102.4%⑤。

---

① 《从根上杜绝网络暴力关键要立法，明确网络平台等主体责任》，中国网，http：//news. china. com. cn/2023-06/08/content_ 86698806. html，最后访问日期：2024年1月26日。
② 《中央网信办印发〈关于进一步加强网络侵权信息举报工作的指导意见〉》，http：//www. cac. gov. cn/2023-09/15/c_ 1696347685424454. htm，最后访问日期：2024年1月26日。
③ 《最高人民法院　最高人民检察院　公安部关于依法惩治网络暴力违法犯罪的指导意见》，https：//www. spp. gov. cn/xwfbh/wsfbt/202309/t20230925_ 629255. shtml#2，最后访问日期：2024年1月26日。
④ 《公安部召开新闻发布会通报公安机关依法严厉打击整治网络谣言违法犯罪活动举措成效情况》，https：//baijiahao. baidu. com/s？ id＝1785993577489503642&wfr＝spider&for＝pc，最后访问日期：2024年1月26日。
⑤ 《最高人民法院工作报告》，http：//gongbao. court. gov. cn/Details/91879661d9288abc72798a23b1ecec. html，最后访问日期：2024年3月30日。

随着网络技术的更新迭代，网络犯罪也不断嬗变。网络犯罪正通过新技术，如人工智能、机器学习、大数据等应用到每一个环节，利用区块链、元宇宙、虚拟货币等新型概念和方式实施的犯罪不断涌现，损害了人民群众的合法权益和危害社会安全稳定①。全国各级检察机关针对网络犯罪新形势，认真落实"第六号检察建议"，全链条惩治人民群众反映强烈的网络犯罪。2023 年，全国检察机关共起诉利用网络实施的犯罪 32.3 万人，同比上升 36.2%。其中，起诉利用网络实施侮辱、诽谤、侵犯公民个人信息犯罪 3666人，同比上升 7.2%②。

七 严惩跨境电信诈骗犯罪，加强国际刑事司法合作

电影《孤注一掷》的热播和热议，一方面反映了人民群众对中国打击网络电信诈骗斗争及其成果的高度认可，另一方面也反映了人民群众对社会治理和对境外公民保护的更高期盼。针对电信网络诈骗持续高发态势，2023年，全国检察机关结合"断卡""断流""拔钉"等专项行动，共起诉电信网络诈骗犯罪 5.1 万人、帮助信息网络犯罪 14.7 万人、网络赌博犯罪 1.9万人，同比分别上升 66.9%、13% 和 5.3%③。2023 年，全国人民法院严厉惩治境内外电信网络诈骗犯罪，审结电信网络诈骗案件 3.1 万件 6.4 万人，同比增长 48.4%④。2023 年 6 月 15 日，公安部公布了刷单返利、虚假网络投资理财、冒充电商物流客服、冒充公检法等十大高发电信网络诈骗类型。实践中，十大高发电信网络诈骗类型发案占比近 80%，其中刷单返利类诈

---

① 《推进中国式犯罪治理现代化的几点思考》，https://www.spp.gov.cn/spp/ztk/dfld/202307/t20230705_622720.shtml，最后访问日期：2024 年 1 月 26 日。
② 《刑事检察工作白皮书（2023）》，https://www.spp.gov.cn/xwfbh/wsfbh/202403/t20240309_648173.shtml，最后访问日期：2024 年 3 月 30 日。
③ 《最高人民检察院工作报告》，https://www.spp.gov.cn/spp/jcjgxxgc2024lh/202403/t20240315_650040.shtml，最后访问日期：2024 年 3 月 30 日。
④ 《最高人民法院工作报告》，http://gongbao.court.gov.cn/Details/91879661d9288abc72798a23b1ecec.html，最后访问日期：2024 年 3 月 30 日。

骗发案率最高，虚假网络投资理财类诈骗造成损失的金额最大①。据统计，自2023年8月以来，电信网络诈骗犯罪发案数连续下降。同时，在缅甸各方的大力配合下，2023年共有4.1万名电信网络诈骗犯罪嫌疑人移交中方②。为从源头惩戒参与和帮助电信网络犯罪主体，2023年11月，公安部会同有关主管部门发布了《电信网络诈骗及其关联违法犯罪联合惩戒办法（征求意见稿）》，向社会公开征求意见。

随着电信网络的普及和各种应用程序的开发，电信诈骗威胁实际上存在于每一个人的身边。当前，诈骗犯罪手段不断更新迭代，垄断化、零散式、点状式的独立诈骗团伙越来越少，取而代之的是以工业园区、科技园区为幌子的超大型犯罪集团。同时，一些本身有正常用途的网络技术，实践中被用于违法犯罪，如利用AI换脸技术实施诈骗犯罪，迷惑性更强，令人更加防不胜防③。公安部组织开展"净网2023"专项行动以来，针对"AI换脸"导致群众被欺诈的问题，公安机关发起专项会战，侦破相关案件79起，抓获犯罪嫌疑人515名④。为最大限度预防和减少犯罪发生，国家反诈中心制作2023版《防范电信网络诈骗宣传手册》，向广大人民群众介绍了"电信网络诈骗中的十大高发类案""防范电信网络诈骗七大反诈利器"及《反电信网络诈骗法》等重要内容，进一步扩大反诈宣传覆盖面。

2023年以来，中国治理跨国电信诈骗取得新进展。2023年9月，在公安部和云南省公安厅的组织部署下，西双版纳公安机关依托边境警务执法合作机制，与缅甸相关地方执法部门开展联合打击行动，一举打掉盘踞在缅北

① 《公安部公布十大高发电信网络诈骗类型》，中国法院网，https://www.chinacourt.org/article/detail/2023/06/id/7346069.shtml，最后访问日期：2024年1月26日。
② 《公安部：2023年共有4.1万名缅北电信网络诈骗犯罪嫌疑人移交我方》，https://www.thepaper.cn/newsDetail_forward_25923070，最后访问日期：2024年1月26日。
③ 张昊、董凡超：《依法严惩犯罪全力维护群众利益》，《法治日报》2023年9月13日，第3版。
④ 《公安机关强力推进"净网"专项行动》，法治网，http://www.legaldaily.com.cn/index_article/content/2023-08/10/content_8886472.html，最后访问日期：2024年1月26日。

的电信网络诈骗窝点共 11 个，抓获电信网络诈骗犯罪嫌疑人 269 名①。2023 年 9 月，最高人民检察院、公安部联合挂牌督办第 3 批 5 起特大跨境电信网络诈骗案件，持续保持对境外电信网络诈骗集团的高压严打态势。这 5 起案件分别是福建莆田"9·6"电信网络诈骗案、重庆沙坪坝"5·11"电信网络诈骗案、江苏江阴"6·16"电信网络诈骗案、浙江温州"8·26"电信网络诈骗案、四川乐山"1·12"电信网络诈骗案②。面对复杂多变的境外电信网络诈骗犯罪形势，中国公安机关与当地公安机关通力协作，加强国际警务执法合作，积极解决取证难、抓捕难、遣返难、追赃难等问题。

此外，伴随着互联网的迅速发展，跨境网络赌博行为也持续扩张和蔓延。2023 年全国多地侦破重大跨国赌博案件，治理工作成效显著。2023 年 6 月，云南普洱警方破获一起特大跨境网络赌博案，抓获犯罪嫌疑人 57 名，涉案流水高达 20 亿元；10 月，成都警方破获通过开发游戏对战模式的 App 软件赌博案，参赌人员超过十万人，涉案金额 25 亿余元。梳理可以发现，跨境网络赌博犯罪往往涉及人数众多、地域广，涉案金额高，社会影响大，犯罪手段更加专业化、智能化、隐蔽化。对此，各级司法机关应加强对此类行为的监管，及时预警，确保资金处于国家金融监管体系内，保护好国家和人民的财产利益。

八　坚持毒品犯罪零容忍立场，厉行禁毒到底

厉行禁毒是中国的一贯立场和主张。中国大力开展禁毒人民战争，毒品犯罪的猖獗态势得到有效遏制③。

---

① 《中缅联合行动！公安机关一举打掉缅北电诈窝点 11 个，现场画面曝光！》，中国警察网，https：//baijiahao. baidu. com/s？id = 1776179485188613974&wfr = spider&for = pc，最后访问日期：2024 年 1 月 26 日。

② 《依法从重打击境外电信网络诈骗和境内协同犯罪人员》，https：//www. spp. gov. cn/xwfbh/wsfbt/202309/t20230912_627903. shtml#1，最后访问日期：2024 年 1 月 26 日。

③ 《中国常驻联合国代表团发言人就合成毒品问题发表谈话》，中国新闻网，http：//www. chinanews. com. cn/gj/2023/09–19/10080177. shtml，最后访问日期：2024 年 1 月 26 日。

近年来，中国毒情呈现整体向好态势。过去五年，全国法院一审审结毒品案件数量持续下降。2023 年，人民法院审结涉毒品犯罪案件 3.3 万件 5 万人，同比下降 10.4%①。但是，受国内外诸多因素的影响，禁毒斗争仍面临诸多风险和挑战。在国内规模化制毒得到有效遏制的情况下，"金三角"等地区的境外毒品仍在持续输入，非接触式贩运加大了打击毒品犯罪的难度。同时，新型毒品犯罪呈现上升趋势，毒品犯罪网络化、智能化的特点较为突出②。最高人民法院 2023 年 6 月印发《全国法院毒品案件审判工作会议纪要》，进一步明确了未规定定罪量刑数量标准的毒品数量和含量的认定，为依法从严打击、有效治理毒品犯罪提供更加准确的法律和政策指引。

严厉打击整治毒品违法犯罪活动，是遏制毒品犯罪的有效举措。2023 年以来，全国公安机关统筹推进禁毒"清源断流—2023"行动和涉依托咪酯等新型毒品违法犯罪活动的打击整治专项行动，取得明显阶段性成效。2023 年，全国公安机关共破获毒品犯罪案件 4.2 万余起，抓获犯罪嫌疑人 6.5 万余名，缴获各类毒品 25.9 吨，有力保护了人民生命安全和身体健康③。此外，针对麻精药品替代滥用问题，公安部会同国家药监局、国家卫生健康委，新增列管曲马多复方制剂等 10 种麻精药品，联合开展麻精药品监督管理专项检查④。2023 年，全国法院一审审结的毒品案件重刑率达 25.38%，高出同期全部刑事案件重刑率约 16 个百分点，表明了中国法院对毒品犯罪依法严惩的一贯立场⑤。

随着网络时代毒品犯罪的跨国属性不断强化，仅依靠本国力量打击该类

---

① 《最高人民法院工作报告》，http：//gongbao. court. gov. cn/Details/91879661d9288abc72798a23b1ecec. html，最后访问日期：2024 年 3 月 30 日。

② 《最高法：新型毒品犯罪呈上升趋势，非接触式成为贩运新常态》，中国新闻网，https：// www. chinanews. com/shipin/cns-d/2023/06-26/news962935. shtml，最后访问日期：2024 年 1 月 26 日。

③ 《2023 年全国破获毒品犯罪案件 4.2 万余起》，新华网，http：//www. news. cn/legal/ 20240131/3649bd69deca4feea1458a741cd3374e/c. html，最后访问日期：2024 年 3 月 30 日。

④ 《公安部：1 至 8 月全国共缴获各类毒品 16.5 吨》，光明网，https：//difang. gmw. cn/2023- 09/27/content_36860865. htm，最后访问日期：2024 年 1 月 26 日。

⑤ 《最高法举行 2023 年人民法院禁毒工作新闻发布会》，http：//www. scio. gov. cn/xwfb/gfgjxw fb/gfgjfbh/zgf/202308/t20230803_749532. html，最后访问日期：2024 年 1 月 26 日。

犯罪日益显得捉襟见肘，积极推动国际合作成为必需①。近年来，为合力应对解决突出毒品问题，中国与柬埔寨、老挝、缅甸、泰国、越南以及联合国毒品和犯罪问题办公室共同建立和完善了大湄公河次区域禁毒合作谅解备忘录机制。在执法领域，推动建立湄公河流域"平安航道"、中澳"火焰"、中柬联合扫毒行动等缉毒执法合作品牌，各国联合破获跨国跨境毒品大案800余起，有效遏制了"金三角"地区毒品蔓延，提升了区域国家毒品治理能力②。

九　推进"食药环"犯罪治理，维护公民人身健康

食品药品安全关系每个人的身体健康和生命安全，直接影响人民群众的获得感、幸福感和安全感。党的二十大报告将食品安全纳入公共安全体系，强调要强化食品药品安全监管。

目前，中国食品安全形势总体稳中向好，但受经济利益驱动等因素影响，食品犯罪案件仍然易发多发，打击食品安全犯罪任务繁重艰巨。2013年至2022年，司法机关办理生产、销售不符合安全标准的食品罪和生产、销售有毒、有害食品罪刑事案件4.5万余件，追究刑事责任6.2万余人③。2023年，全国检察机关共起诉危害食品安全犯罪3700余人。参与农资打假专项行动，起诉生产、销售伪劣农药、兽药、化肥、种子罪，生产、销售伪劣产品罪以及非法经营罪、假冒注册商标罪等涉农资案件300余人。此外，还积极参与粮食购销领域腐败问题专项整治工作，起诉粮食领域行政管理部门人员职务犯罪30余人，以检察能动履职守护好国家和人民的"粮袋子"。为严厉打击"食药环"领域犯罪，公安部深入开展"昆仑2023"专项行

---

① 《网络时代打击毒品犯罪国际合作的现状与对策》，中国法院网，https://www.chinacourt.org/article/detail/2022/06/id/6758825.shtml，最后访问日期：2024年1月26日。

② 《毒品犯罪高发势头得到有效遏制》，人民网，http://paper.people.com.cn/rmrb/html/2023-06/27/nw.D110000renmrb_20230627_2-07.htm，最后访问日期：2024年1月26日。

③ 《"两高"联合发布危害食品安全犯罪典型案例》，https://www.spp.gov.cn/xwfbh/wsfbt/202311/t20231128_634976.shtml#1，最后访问日期：2024年1月26日。

动。2023年8月16日，公安部公布10起打击危害食品药品安全犯罪典型案件，涵盖农产品、水产品、减肥产品、保健食品等食品领域，以及治疗风湿、腰腿疼痛等老年人常见疾病药品领域，具有一定典型性①。截至2023年，在食品安全领域，公安机关共破获犯罪案件1万余起，抓获犯罪嫌疑人1.4万余名②。

网络药品销售、药品跨境销售等，与民众安全问题有密切关联。2023年1~9月，全国法院依法严惩危害药品安全犯罪，审结生产、销售、提供假药罪，生产、销售、提供劣药罪和妨害药品管理罪一审刑事案件1300余件，同比增长337.25%③。2023年全国检察机关对制售有毒有害食品、假药劣药犯罪加大打击力度，坚决依法严惩，起诉1.3万人，同比上升31.5%④。2023年1月10日，国家药监局、市场监管总局、公安部、最高人民法院、最高人民检察院联合发布《药品行政执法与刑事司法衔接工作办法》，为药品行刑衔接工作提供规范和指导，优化行刑衔接流程。2023年9月4日，国家药监局组织起草了《药品网络交易第三方平台检查指导原则（征求意见稿）》，督促平台企业依法履行法定义务，落实平台主体责任。2023年，国家药监局共发布三批12起药品网络销售典型案件，涉及美团、京东商城、小红书平台网店、拼多多商城网店等多家大型互联网企业，表明国家对打击药品网络销售违法违规行为的严厉态度。2023年9月，最高人民法院发布的5起典型案件均与人民群众日常用药安全息息相关，涉及进口药品、疫苗、医疗美容药品、特病药品、口腔科非处方药品等不同药品类

---

① 《公安部公布10起打击危害食品药品安全犯罪典型案例》，光明网，https://m.gmw.cn/2023-08/16/content_1303483117.htm，最后访问日期：2024年1月26日。
② 《今年以来中国警方破获食品安全犯罪案件1万余起》，https://baijiahao.baidu.com/s?id=1785706208346826523&wfr=spider&for=pc，最后访问日期：2024年1月26日。
③ 《最高法：今年1至9月全国法院收案2578.9万件 同比增长9.12%》，人民网，http://society.people.com.cn/n1/2023/1024/c1008-40102295.html，最后访问日期：2024年1月26日。
④ 《最高人民检察院工作报告》，https://www.spp.gov.cn/spp/jcjgxxgc2024lh/202403/t20240315_650040.shtml，最后访问日期：2024年3月30日。

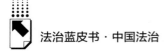

型，具有一定代表性①。

中国生态文明建设在取得举世瞩目的伟大成就的同时，仍处于压力叠加、负重前行的关键期。2023年，全国检察机关共起诉污染环境犯罪3831人，同比下降11.3%。同时，加大对破坏资源环境领域犯罪惩治力度，起诉3.5万人，同比上升6.4%②。2023年公安机关牢牢盯紧环境资源领域的突出问题，持续推进"昆仑""长江禁渔"、打击"沙霸""矿霸"等专项行动。2018年1月至2023年6月，全国公安机关共立案侦办破坏环境资源保护类犯罪案件26万起，抓获犯罪嫌疑人33万名，2023年上半年同比分别上升9%、18.9%。公安部共挂牌督办重大案件1624起，发起集群打击118次，对环境资源犯罪实施"全环节、全要素、全链条"打击③。2023年6~9月，针对夏季非法捕捞、非法采砂问题易发多发的实际，公安部组织沿江和长航公安机关全环节落实"一案七查"工作措施，打掉犯罪团伙113个，抓获犯罪嫌疑人933名④。

2023年7月，习近平总书记在全国生态环境保护大会上强调，未来5年是美丽中国建设的重要时期，特别强调要打好法治、市场、科技、政策"组合拳"，要强化法治保障，统筹推进生态环境、资源能源等领域相关法律制（修）订⑤。2023年5月29日，最高人民检察院、公安部、生态环境部发布7个依法严惩危险废物污染环境犯罪典型案例，推动提升有关危险废物污染环境犯罪的执法司法办案水平⑥。2023年7月27日，最高人民法院、

---

① 《最高法发布五件危害药品安全犯罪典型案例》，中国法院网，https://www.chinacourt.org/article/detail/2023/09/id/7538295.shtml，最后访问日期：2024年1月26日。
② 《最高人民检察院工作报告》，https://www.spp.gov.cn/spp/jcjgxxgc2024lh/202403/t20240315_650040.shtml，最后访问日期：2024年3月30日。
③ 《国务院关于打击生态环境和资源保护领域犯罪工作情况的报告》，中国人大网，http://www.npc.gov.cn/c2/c30834/202310/t20231025_432568.html，最后访问日期：2024年1月26日。
④ 《以夏季大整治守护社会大平安》，中国警察网，http://news.cpd.com.cn/n3559/1023/t_1106568.html，最后访问日期：2024年1月26日。
⑤ 《最高检：以法治力量稳定预期提振信心化解风险》，https://www.spp.gov.cn/spp/tt/202307/t20230726_622673.shtml，最后访问日期：2024年1月26日。
⑥ 《最高检、公安部、生态环境部发布7件依法严惩危险废物污染环境犯罪典型案例 聚焦危险废物污染环境犯罪共性特点形成打击合力》，https://www.spp.gov.cn/xwfbh/wsfbt/202305/t20230529_615212.shtml#1，最后访问日期：2024年1月26日。

最高人民检察院联合发布《最高人民法院　最高人民检察院关于办理环境污染刑事案件适用法律若干问题的解释》，自 2023 年 8 月 15 日（首个全国生态日）起施行。该解释的颁布，更凸显了中国一直都以最严格的制度和最严格的法律保护生态环境，推动形成对环境污染违法犯罪的强大震慑①。

十　2024年中国犯罪形势与治理预测

在严重暴力犯罪、黑恶势力等严重影响公民体感治安的犯罪得到有效控制的情况下，中国未来社会治安将继续平稳良好运行，但影响国家安全、社会稳定的极端暴力事件仍有可能发生，在总体国家安全观下提升犯罪治理能力仍任重而道远。随着经济发展和社会转型，网络犯罪、金融犯罪、知识产权领域犯罪、"食药环"领域犯罪将呈现高发态势，成为犯罪治理的重点领域。

首先，伴随着犯罪形态的网络化，如何营造风清气正的网络环境，打击网络暴力、网络电信诈骗、网络黑恶势力，已经是摆在眼前且必须解决的社会问题。同时，网络犯罪天然的跨境特征也催生了层出不穷的网络跨境电信诈骗、网络跨境赌博等跨境犯罪。在 2024 年，网络犯罪的跨境追捕和区际国际刑事司法合作将是打击网络犯罪的重头戏。

其次，除了应对因社会转型带来的犯罪治理模式变迁外，2024 年的犯罪治理将会更加能动，以积极姿态优化营商环境。比如，国家"行贿受贿一起查"的政策推动会持续并加大对贪污贿赂犯罪的打击力度。对金融犯罪、证券犯罪、洗钱犯罪、知识产权类犯罪的打击，同样是优化营商环境的重要组成部分，也是当前的重点治理领域。

最后，《刑法修正案（十二）》的颁布实施，增设民营企业特殊背信罪罪名，对侵害民营企业的犯罪行为的打击和惩治，也将是依法平等保护市场主体的重要一环。

---

① 《"两高"联合发布环境污染犯罪司法解释》，https://www.spp.gov.cn/xwfbh/wsfbt/2023 08/t20230809_624288.shtml#1，最后访问日期：2024 年 1 月 26 日。

B.5
中国行政规范性文件附带
审查制度的成效与局限

戴　杕*

摘　要：　行政规范性文件附带审查制度是中国行政诉讼中的一项重要制度创新,运行八年来在规范依法行政方面发挥了重要作用。案件数量不断增多,法院的审查标准也越发丰富,部分案件体现了对上位法的立法目的、原则、精神以及行政法一般原则的关注,使得附带审查不断朝着实质性审查方向发展。但与此同时,该制度运行中也体现出实体性判决比例过低、审查进入门槛不明、大部分案件审查深入程度有限、裁判结果拘束力过窄等问题。为更好地发挥附带审查制度功能,有必要进一步强调该制度在司法监督纠错中的重要地位,围绕规范性文件的合法性要求进行制度设计,构建合法性与合理性并重的审查标准,明确制定机关的出庭说理义务,同时也要从规范性文件制定程序等方面予以统筹安排,共同确保规范性文件的合法性。

关键词：　规范性文件　附带审查　审查标准　行政诉讼　合法性

规章以下的各类行政规范性文件在中国行政机关活动中发挥着重要作用,但其规定越权、违法的情况也较为突出。由于规范性文件适用范围通常较广,且能够被行政机关反复适用,一旦其发生违法问题,所造成的危害后果往往比一般的行政行为更加严重。在行政监督救济活动中对此类规范性文件加以有效约束,就成为确保行政机关依法行为的重要方面,尤其是行政诉

---

* 戴杕,中国社会科学院法学研究所助理研究员。

讼作为中国解决行政纠纷和化解行政矛盾的重要渠道之一，其对规范性文件的审查活动成效如何，值得引起重视。

一 行政规范性文件附带审查制度的基本情况

2014年《行政诉讼法》修改增加了规范性文件附带审查制度，是一项重要的制度创新。其实早在该法修订之前，中国司法实践中就已经存在对规章或其他规范性文件进行合法性审查的实例。2004年《最高人民法院关于审理行政案件适用法律规范问题的座谈会纪要》指出，人民法院可以在裁判理由中对具体应用解释和其他规范性文件是否合法、有效、合理或适当进行评述，并就上下位法冲突的判断与适用问题作出比较详尽的说明。不过总体上看，当时的审查活动仍存在审查的力度和广度不够，审查标准过于宽松，乃至部分法院回避审查等问题。修订后的《行政诉讼法》明确了当事人针对行政行为所依据的规范性文件一并提请法院审查的权利，这也使得法院有义务对当事人的诉求加以明确回应。在具体制度设计上，《行政诉讼法》采取了"一并审查"的做法，即当事人可以在就行政行为提起诉讼时，请求法院对该行为所依据的规范性文件一并进行审查，而不能直接就规范性文件提起诉讼，对于不合法的规范性文件，法院有权不作为认定行政行为合法的依据，并向制定机关提出处理建议。

《行政诉讼法》的规定为规范性文件附带审查制度提供了基本框架，同时，最高人民法院也通过各种方式为该制度充实了具体内涵。首先是通过司法解释来确立规范性文件附带审查的标准。过去法院对规范性文件审查的标准相对宽松，且主要局限于"单一的内容审查"[1]，这招致学界较多的批评。研究者普遍认为，法院对规范性文件合法性的判断不能仅局限于内容，而应

---

[1] 徐肖东：《行政诉讼规范性文件附带审查的认知及其实现机制——以陈爱华案与华源公司案为主的分析》，《行政法学研究》2016年第6期，第78页。

对其主体、权限、内容、程序等各类要素进行全面检视①。最高人民法院
2018 年发布的《最高人民法院关于适用〈中华人民共和国行政诉讼法〉的
解释》可以说在一定程度上采纳了这一多要素的审查标准架构。该解释第
148 条列举了五种规范性文件不合法的情形，分别对应超越职权（授权）、
没有上位法依据、抵触上位法、违反法定程序，以及一项兜底条款，由此从
权限、内容、程序等方面对规范性文件的合法性要素完成了较为全面的覆
盖。与此同时，最高人民法院也通过发布典型案例对地方法院的审判活动进
行引导。例如，2018 年发布 9 起行政诉讼附带审查规范性文件典型案例，
分别针对"附带性"审查原则的理解、规范性文件是否作为行政行为依据
的判断、审查标准的具体内涵、征求制定机关意见等审查方式的采用以及司
法建议的提出等问题进行了较为详尽的说理。这反映了最高人民法院在实施
与完善规范性文件附带审查制度方面的努力，不过该制度究竟运行是否顺
畅，各地方法院能否改变过去审查相对保守的做法，仍需进一步观察。为
此，本文以"北大法宝"案例数据库的相关裁判文书为分析样本，对规范
性文件附带审查制度在各地方法院的具体实施情况进行考察，以期从中发现
该制度运行的进步之处与问题所在。

二 行政规范性文件附带审查制度的运行成效与进步

（一）行政规范性文件附带审查案件数量逐年增多，占行政案件比重相对稳定

2014 年修改的《行政诉讼法》于 2015 年 5 月 1 日起实施，其所确立的

---

① 代表性观点参见朱芒《规范性文件的合法性要件——首例附带性司法审查判决书评析》，
《法学》2016 年第 11 期，第 154~157 页；徐肖东：《行政诉讼规范性文件附带审查的认知
及其实现机制——以陈爱华案与华源公司案为主的分析》，《行政法学研究》2016 年第 6
期，第 79 页；程琥：《新〈行政诉讼法〉中规范性文件附带审查制度研究》，《法律适用》
2015 年第 7 期，第 93 页。

规范性文件附带审查制度运行已 8 年有余。根据"北大法宝"案例数据库所收录的裁判文书，自新《行政诉讼法》实施以来，明确在裁判文书中援引修改后的《行政诉讼法》第 53 条或第 64 条的案件共 8279 件。

从规范性文件附带审查案件数量看，除第一年即 2015 年案件数量为615 件外，2016~2020 年每年的案件数量均在千件以上，总体上呈现逐年上升趋势。从此类案件占全部行政案件比重看，2015 年 5 月 1 日之后，"北大法宝"案例数据库收录的行政案件裁判文书共约 322 万篇，其中涉及规范性文件附带审查的案件约占 2.57‰。具体到各年份，2015 年与2016 年的比重相对较高，均在 3‰左右，2017 年比重有较大回落，但此后几年又重新增加，2020 年回到 3‰左右的水平（见图 1）。究其原因，可能是由于 2015 年新法的实施激发了当事人较高的诉讼热情，而 2017 年在案件数量微涨的情况下，比重出现较大下降，可能是受到 2015 年年中开始实行的立案登记制的影响，行政案件总量激增，这些案件经一审、二审审理完结后，最终在 2017 年的统计上得到反映。随着前述 2018 年最高人民法院司法解释和典型案例的颁布，后续几年的案件比重呈现稳中有升趋势。

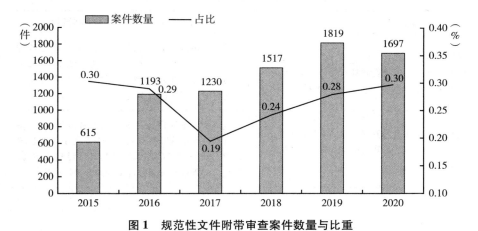

图 1　规范性文件附带审查案件数量与比重

说明：由于 2021 年起能够在公开渠道收集到的裁判文书数量急剧下降，无法全面反映相关司法情况，故本文对案件数量的统计截止到 2020 年底。最后检索时间：2024 年 1 月 1 日。

（二）法院裁判说理更加充分，审查标准更加多元

《行政诉讼法》修改前，法院对涉案规范性文件的合法性进行审查，在理论上并不存在障碍，但由于缺乏明文规定以及对各种现实因素的考量，规范性文件能否以及如何得到审查，在相当程度上仍取决于法院的态度。实践中一些法官虽然事实上进行了审查，但也倾向于对审查结果在裁判文书中"不予公开"或"选择性公开"；就审查力度而言，往往"点到为止"，明确作出"合法有效"这样全面的效力认定较少；部分法官选择对规范性文件不理不睬，代之以直接适用其他法律，或以回避实体处理的方式作出裁判①。而在《行政诉讼法》修改后，法院对规范性文件的审查权得到了立法的明确支持，各法院对规范性文件的合法性能够更加明确地进行说理评判，部分案例因其说理的充分性和对相关案件审理的指导意义而被最高人民法院主办的各类刊物或其他渠道收集，主审法官对案件的考量因素和裁判要旨进行了详细评析，使得法院的审查过程更加清晰地展现在公众面前（见表1）。

表1　最高人民法院渠道对相关案例的收集情况

案件名	刊物名称	与规范性文件审查有关的裁判要旨
逯某与济南市社会保险事业局劳动和社会保障行政纠纷上诉案	《人民司法·案例》2016年第23期	法院审查规范性文件时，既要进行法律审，即审查该规范性文件是否有相应的上位法依据，以及是否与上位法相冲突，也要进行事实审，即对该规范性文件的适当性进行审查①
施某兵与南通市公安局开发区分局等行政处罚纠纷上诉案	《人民司法·案例》2017年第2期	规范性文件不能作为行政处罚的直接依据，法院可有条件地承认其在裁判文书中获得引用的法律地位，依历史解释、体系解释和日常经验认知，获得相应的判准和对规范性文件的合法性确认②

---

① 参见王庆廷《隐形的"法律"——行政诉讼中其他规范性文件的异化及其矫正》，《现代法学》2011年第2期，第83~84页。

案件名	刊物名称	与规范性文件审查有关的裁判要旨
四川省巴中市恩阳区法院判决吴某某、黄某诉恩阳区社保局给付工伤保险待遇纠纷案	《人民法院报》2017 年 6 月 1 日,第 6 版	地方规范性文件不应与法律法规、司法解释相抵触。地方规范性文件为工伤保险待遇规定单赔补差原则,与《社会保险法》《工伤保险条例》及最高人民法院司法解释所支持的"双赔"观点不一致,不应适用③
张某与某市人民政府行政复议案	《法律适用·司法案例》2017 年第 8 期	当事人在案件中可以一并请求对规章以下规范性文件的合法性进行审查,法律和行政法规的合法性不属于人民法院一并审查的范围④
李某军诉浙江省绍兴市上虞区环境保护局行政处罚案	人民法院服务保障新时代生态文明建设典型案例	关于规范性文件的合法性,主要涉及权限、内容和程序是否合法三方面。关于制定权限,行政机关制定规范性文件应当具有相应权限,不得越权;关于制定内容,行政行为所依据的规范性文件具体条款应当符合上位法的规定,与之不相抵触;关于制定程序,合理的程序是保障规范性文件合法性、合理性、科学性和规范性的重要条件⑤
安徽芜湖中院判决杨某诉弋江分局等未依法执行职务案	《人民法院报》2019 年 6 月 6 日,第 6 版	能够提请审查规范性文件的主体应当是以该文件为依据作出行政行为的相对人或利害关系人⑥
马某忠与宁夏回族自治区固原市人民政府等房屋拆迁补偿纠纷上诉案	《人民司法·案例》2019 年第 32 期	规范性文件附带审查的前提条件之一是对行政行为的起诉已符合法定起诉条件,当事人不能对某一文件同时提出起诉和请求进行规范性文件审查⑦
郭某民与河南省商丘市交通运输局等交通运输行政管理案	《人民司法·案例》2020 年第 5 期	残疾人的合法权益应受到平等保护,不受户籍、户口及居住地的限制。地方政府及其部门制订的规范性文件不能限制和缩小残疾人应享受的合法权益⑧
李某与司法部政府信息公开纠纷案	《人民司法·案例》2022 年第 32 期	不与上位法规定相抵触,未减损公民、法人或其他组织依法获取政府信息的合法权益的规范性文件,可以作为认定行政行为合法性的依据⑨

①参见 (2015) 济行终字第 113 号行政判决书。
②参见 (2016) 苏 06 行终 55 号行政裁定书。
③参见 (2016) 川 19 行终 4 号行政判决书。
④参见 (2016) 最高法行申 4010 号行政裁定书。
⑤参见 (2016) 浙 06 行终 79 号行政判决书。
⑥参见 (2019) 皖 02 行终 7 号行政判决书。
⑦参见 (2019) 最高法行终 1 号行政裁定书。
⑧参见 (2019) 豫 14 行终 180 号行政判决书。
⑨参见 (2020) 京行终 3396 号行政判决书。

更加充分的裁判说理也为法院审查标准的完善创造了前提条件。这首先体现在，规范性文件的各类合法性要素得到了法院越来越全面的关注。例如，在引起学界与实务界广泛关注的规范性文件附带审查首案"华源公司案"中，一审法院提出了主体、权限、内容和程序四要件审查方法，并就各要件的具体判断进行了深入阐述①。类似地，"李某军诉浙江省绍兴市上虞区环境保护局行政处罚案"等重要案例也体现了对不同合法性要件的考察，体现了从原先单一面向审查向多面向审查的转变②。

与此同时，从审查的深入程度看，法院的审查相比修法前也明显更为深入。在过去，一个较为普遍的看法是，法院对规范性文件的审查应限于合法性审查，而不能进行合理性审查③。这种看法在一定程度上导致法院的审查活动往往依赖直接明确的上位法规定，在此类规定缺乏时，法院常有"一筹莫展"之感④。而在修法之后，部分法院对规范性文件的审查开始不局限于上位法的明文规定，而涉及其是否符合上位法原则、精神，是否合理适当等问题，从而在一定程度上进入了合理性审查的范畴。本文在全部8000余件案件中，随机抽取了1000件案件进行考察，发现法院对规范性文件合法性给予实体性回应的案件有131件，其中22件案件存在前述合理性审查的成分，占实体判决的16.8%。在这些案件中，法院对于合理性审查的程度明显存在强弱之别，部分案件中法院虽然对规范性文件的合理性进行了评述，但这种评述较为宽泛，仅限于规范性文件与"维护交通秩序和安全"等正当目的的基本关联⑤，或者简单地概之以"合理适当"的评价。不过还有部分案件裁判说理更加深入，并体现了对规范性文件合理性问题更加全面的关注（见表2）。

---

① 参见朱芒《规范性文件的合法性要件——首例附带性司法审查判决书评析》，《法学》2016年第11期，第152~154页。
② 参见徐肖东《行政诉讼规范性文件附带审查的认知——以陈爱华案与华源公司案为主的分析》，《行政法学研究》2016年第6期，第78页。
③ 参见胡锦光《论我国抽象行政行为的司法审查》，《中国人民大学学报》2005年第5期，第14页。
④ 参见余军、张文《行政规范性文件司法审查权的实效性考察》，《法学研究》2016年第2期，第51~52页。
⑤ （2017）黔27行终6号行政判决书。

表 2　法院对规范性文件合理性的关注

考察要素	案件名	案号	具体判决情况
是否符合上位法原则、精神	丹阳鸿润超市诉丹阳市场监督管理局不予变更经营范围登记案	（2015）丹行初字第 00052 号	地方文件中关于"菜市场周边 200 米范围内不得设置与菜市场经营类同的农副产品经销网点"的规定，违反商务部指导意见和《个体工商户条例》关于市场平等准入、公平待遇的原则
	郑某琴诉浙江省温岭市人民政府土地行政批准案	（2015）浙台行终字第 186 号	认为规范性文件将"应迁出未迁出的人口"及"已经出嫁的妇女及其子女"排除在申请个人建房用地和安置人口之外，显与《妇女权益保障法》等上位法规定精神不符
是否符合行政法一般原则	广州市交通委员会与肖某因不履行法定职责上诉案	（2017）粤 71 行终 2203 号	援引比例原则，认为当地有关被盗抢机动车主需要重新摇号的规定无助于达成"严格限制机动车保有量"的行政目的，且存在同样能达成行政目的且对公民权利侵害更小的手段
是否考虑相关因素	德州经济技术开发区人力资源和社会保障局、张某卫生行政管理（卫生）案	（2015）济行终字第 113 号	认为当地新医保政策在进行城乡居民基本医疗保险工作整合时，在药品、诊疗项目等问题上仅参照了之前有关城镇职工的医保规定，未将婴幼儿所需的项目包含在内，属于未考虑婴幼儿的特殊医疗需求
	王某山与如东县教育局行政确认案	（2017）苏 06 行终 359 号	在上位法没有对体育伤残人士抚恤补助标准作出规定的情况下，参照了民政部门对其他伤残人员的补助标准，并关注了标准随时代变迁而逐步提高的情况
是否有充分理由支持	施某兵与南通市公安局开发区分局等行政处罚纠纷上诉案	（2016）苏 06 行终 55 号	采用了历史解释、体系解释等解释方法，考虑了该规定是否具有历史根据、是否符合日常经验、数值设置是否合理多种因素，最终支持了规范性文件中的解释
	覃某荣与龙山县人力资源和社会保障局批准上诉案	（2017）湘 31 行终 4 号	对比了个人档案、户籍信息与涉案事项联系的紧密程度、形成程序的严格程度、来源与可信度，从而肯定了规范性文件中根据个人档案认定出生时间的合理性

前述判决在一定程度上反映了修法后法院审查标准的变化，部分法院体现了更强的约束态度，不再停留于规范性文件与上位法既有规定的文义比对，或是与某个行政目标的浅层关联，而是进一步深入规范性文件的具体内容，并通过引入上位法的立法目的、原则、精神以及行政法一般原则等考量因素，为上位法不明确情况下的司法审查标准提供了重要补充。这种更加深入的审查同时也为对行政行为正本清源、促进政府部门依法行政提供了助力，部分案件推动了相关规范性文件的修改或废除。不过在这些进步之余，附带审查制度运行中仍存在相当的不足。

三 行政规范性文件附带审查制度运行的局限

（一）实体性判决比例过低，审查进入门槛不明

实体性判决比例过低是当前规范性文件附带审查面临的一个突出问题。正如前文所述，在全部 1000 件案件中，只有 131 件案件最终作出了实体裁判，而其余 869 件案件中法院事实上并未受理当事人所提出的规范性文件一并审查请求。法院不受理审查请求的原因是多方面的，部分案件（255 件）系程序要求不能满足，包括当事人在一审庭审结束后或在二审时才提出审查请求（177 件），或是当事人直接就规范性文件提出起诉，不满足"一并审查"的要求（78 件）；部分案件（122 件）系当事人提出的本诉不能成立，导致相应的附带审查也无从进行；部分案件（277 件）系法院认为当事人请求审查的规范性文件不是涉诉行政行为作出的依据；部分案件（200 件）系当事人请求审查的并非规范性文件，包括当事人就规章、法规、法律或党委文件提出审查请求（105 件），或是法院认为当事人请求审查的文件本质上是具体行政行为（95 件）；还有个别案件（15 件）中法院并未明确说明理由（见图 2）。

在法院最终未受理规范性文件附带审查请求的案件中，部分案件的原因较为清晰。例如，当事人系直接就规范性文件提出起诉，或是涉案文件在形

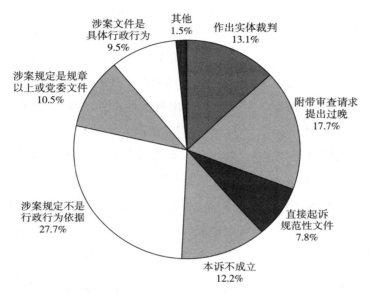

图2 规范性文件附带审查受理情况与原因

式上明显系规章及以上的规定，这些案件法院作出不受理相关请求的决定是没有异议的。还有一种较为常见的情况是，当事人就某规范性文件提出政府信息公开申请，并同时请求就该文件的合法性进行审查，这种情况也明显不符合"行政行为所依据"的法定起诉要求。但在另一些案件中，法院的裁判存在较大争议，如对涉案规范性文件究竟是不是行政行为依据的判断，相当数量的法院简单地以行政机关在正式决定中是否援引该文件作为判断标准，从而将大量事实上对行政机关活动具有决定性影响的规范性文件排除在审查范围之外。同时，还有一种较为棘手的问题是，行政机关的某一行为以文件的形式出现，但其究竟属于作为附带审查对象的规范性文件，还是可以直接起诉的行政行为，尚不能确定。从传统上看，法院的受理活动通常以行政行为的"具体—抽象"之分作为依据，针对不特定对象、能否反复适用、具有普遍约束力的行为不在法院直接受理之列。随着行政诉讼受案范围的不断扩大，法院对是否受理案件的判断更多采用"权利义务实际影响"标准，这种做法进而也影响到对抽象行政行为"针对不特定对象作出、能反复适用、具有普遍约束力"三特征的理解，一些原先被认为属于抽象行政行为的文件，会被法院以对象范围和所涉事项具有特定性为由纳入直接受理范围①。但这种做法尚未形成一致意见，导致在规范性文件附带审查案件中相同或类似文件在部分案件中被认定属于规范性文件②，在部分案件中又被以"事项特定""范围特定"等理由排除出规范性文件范畴③。还有一些行政行为的性质存在较大争议，如行政规划，最高人民法院公报案例"湛江喜强工业气体有限公司与遂溪县住房和城乡规划建设局等编制并批准土地利用总体规划纠纷案"④认为，详细规划属于规范性文件附带审查范围，但亦有观点认为，规划虽具有普遍约束力，但不属于可请求法院审查的规范性文件⑤。以上情况表明，在何为可附带审查的规范性文件问题上，法院判断标准仍有大量不明确之处，这也进一步制约了附带审查发挥作用的空间。

（二）审查总体上深入程度不足，大部分案件审查流于形式

在实体性裁判比例较低的同时，对进入实体性审查的规范性文件，法院的审查力度总体上也是有限的。前文指出，部分案件中法院采取了较为全面和深入的审查标准，但对于大多数案件，法院的审查仍体现为明显的宽松倾向。这种宽松尤其体现在"没有上位法依据"和"抵触上位法"两项标准的运用上。"没有上位法依据"和"抵触上位法"是规范性文件合法性判断中最为重要的，同时也是实践中最为常用的两项标准，其代表了对规范性文件权限和内容合法性的核心要求：一方面，规范性文件作为没有法律拘束力的一种政府文件，不能独立创设公民的权利义务，当其要作出影响公民权利义务的规定时必须具有上位法依据，否则就僭越了作为规范性文件的整体权限；另一方面，规范性文件的内容也必须遵循法律位阶的要求，下位法的规

① 参见陈越峰《中国行政法（释义）学的本土生成——以"行政行为"概念为中心的考察》，《清华法学》2015年第1期，第30~31页。
② 参见（2017）川01行终1192号行政判决书、（2017）川03行终14号行政判决书等。
③ 参见（2017）川07行终96号行政判决书、（2017）川10行终28号行政判决书等。
④ （2019）最高法行申10407号行政裁定书。
⑤ （2017）最高法行申4731号行政裁定书。

定不得抵触上位法。不过在实践中，这两方的审查常常流于形式。在上位法依据方面，大部分案件并不存在明确的上位法规定或授权依据，不过法院基本不会因为上位法不够明确而否认规范性文件的合法性，甚至有时在上位法不存在的情况下，也会以行政需要等为由对规范性文件的合法性加以肯定。而在内容抵触审查方面，法院往往将抵触标准的判断"简化"为是否与上位法既有规定存在"明显的字面语义冲突"①，而在上位法缺乏明确规定的情况下，部分法院仅以规范性文件与上位法没有明显的字面冲突或"未违反上位法的禁止性规定"② 为由，对其作出肯定评价，从而体现为一种近乎"法无明文禁止便可为"的态度，从而也造成行政机关享有近乎无限制的通过规范性文件制定来"自授权力"的空间③。

（三）裁判结果拘束力有限，整体制度定位不清晰

前述情况反映了附带审查制度在前端与中端所面临的问题，一部分规范性文件因各种原因难以进入法院审查视野，在进入审查程序后，法院的审查力度总体也相对有限。而在附带审查制度的后端，法院对其认为违法的规范性文件的处理亦有无力之感。根据《行政诉讼法》第 64 条规定，法院经审查认为规范性文件不合法的，仅有权将其不作为认定行政行为合法的依据，而不能直接宣告该规范性文件违法或无效。实践中，尽管时常有法院在判决文书中作出规范性文件"违法"或"不合法"的表述，但这种判断的拘束力仅限于个案，立法并未赋予法院直接对违法规范性文件进行处置的权力，其只能嗣后向制定机关提出处理建议。与这种制度安排相对应的是，立法并未就规范性文件制定机关在附带审查中的地位作出规定，制定机关无须到庭就相关规定的合法性进行举证或说明理由，这带来了两个方面的结果：一方面，法院的附带审查活动难以围绕规范性文件的核心证据与理由进行，导致

---

① 卢超：《规范性文件附带审查的司法困境及其枢纽功能》，《比较法研究》2020 年第 3 期，第 136 页。
② （2016）鄂 10 行终 66 号行政判决书。
③ 参见何海波《论法院对规范性文件的附带审查》，《中国法学》2021 年第 3 期，第158 页。

最终的结果更像是对行政机关作出行政行为的法律适用是否正确进行评判，其依《行政诉讼法》享有的规范性文件附带审查权与依据《宪法》与《立法法》本身就具有的法律选择适用权之间难以区分；另一方面，由于制定机关并未参与案件审理，法院自然也就不适宜在制定机关未行使诉讼权利的情况下，对其所制定的规范性文件进行处置。以上因素使得法院附带审查权的制度功能受到较大约束，特别是在当前规范性文件备案审查、行政复议审查不断推进的背景下，法院作为一个法律上审查权相对有限且现实中通常较政府更为弱势的部门，其附带审查权存在被其他机关挤压乃至取代的风险。法院的审查活动在对规范性文件的各类审查活动中应属于何种定位，仍有进一步明确的空间。

四　未来展望与建议

综上，《行政诉讼法》修改后的规范性文件附带审查制度取得了相当的进步，但其运行状况仍面临一定障碍，除了过去被普遍指出的法院审查意识与意愿不强之外，制度上的障碍也是阻碍附带审查作用发挥的重要因素。为更好地发挥附带审查制度监督依法行政、保障法治统一的功能，有必要在明确其功能定位的基础上，从实体程序等多个方面加以完善，以增强其制度实效。

（一）明确制度定位，充分发挥司法监督纠错功能

行政诉讼中的规范性文件附带审查制度是规范性文件合法性控制机制的组成部分，与合法性审核、备案审查以及行政复议附带审查相比，行政诉讼中的附带审查制度具有其独特优势。首先，与规范性文件制定程序中的合法性审核与备案审查相比，行政诉讼中法院所要解决的并非仅仅抽象的条文冲突，而是具象化的争议，规范性文件中的违法之处会通过实施而更加清晰地展现在审查机关面前，而离开了具体争议，这些违法之处往往是隐含的和难以发现的。其次，与行政机关相比，作为审查机关的法院虽然通常被认为处

于相对弱势地位，但因审级制度、异地管辖制度等的存在，仍然能够在一定程度上确保审判权的独立行使，特别是在面对大量由地方政府出台的规范性文件时，上级法院相比同级政府的司法行政部门，在地位上也可能更加超然。最后，法院是处理行政争议最多的部门，同时也是纠纷解决常规流程的最后一道关卡，即便是在行政复议功能越发得到强调的今天，绝大多数复议案件也可以进入司法程序以寻求终局裁判；与此同时，行政诉讼因其过程和结果的公开性，往往也会受到更多关注，这使得行政诉讼中的附带审查成为实践中最为多发，也是广大人民群众最容易接触到的规范性文件违法处置情境，其处置的实效性直接影响人民群众对公平正义的感受。因此，即便在多种合法性保障机制并存的情况下，行政诉讼附带审查制度的功能仍有必要得到进一步强调，使其成为解决规范性文件违法情形的一条主要渠道。在过去，规范性文件虽然已经被纳入法院审查视野，但整体审查活动的逻辑仍是以具体行政行为审查为核心展开，未根据规范性文件自身的特点来设计审查机制，导致附带审查制度存在被边缘化的危险。为此，应当进一步明确"附带"的含义，所谓附带审查意味着程序启动附随于一般行政诉讼，而一旦附带审查程序得以启动，法院对规范性文件的审查活动即不应仅仅服务于解决本诉争议，而是应具有更强的独立性，其审查活动在实体和程序上都必须围绕规范性文件的合法性要求展开，并在结论上对规范性文件的合法性作出明确回应。

（二）完善审查标准，构建合法合理并重的审查进路

在审查标准方面，过去大部分法院审查标准过于宽松，造成了公众对法院审查不力的普遍印象。随着当前法院审查权的进一步明确和实践的不断深化，有必要确立更为实质性的审查标准，特别是在上位法规定普遍模糊的现实背景下，法院对规范性文件合理性进行审查的权力应当得到正式认可。这种合理性审查可以在《行政诉讼法》上找到相关依据。首先，《行政诉讼法》第 63 条第 3 款规定，"人民法院审理行政案件，参照规章"，这里的"参照"意味着"对不符合或不完全符合法律、行政法规原则精神的规章，

法院可以有灵活处理的余地"①。考虑到规范性文件层级更低于规章，对法院并无拘束力，那么法院理应具有更大的审查空间，对其是否符合法律原则、法律精神等进行审查判断。其次，2014 年《行政诉讼法》修订时确立了"明显不当"标准，并将其纳入第 6 条"合法性审查原则"的范畴，这也意味着传统合法性审查的范围已经得到扩充②，明显不当等合理性问题本身即属于合法性审查的组成部分，那么按照体系解释，第 64 条所谓"规范性文件不合法"亦应包含明显不当情形。当然，规范性文件因其政策性色彩，部分情况下不宜由法院对其合理与否作出判断，不过这并不能成为全盘否认规范性文件合理性审查的理由，真正的问题在于如何根据涉案事项性质，对法院合理性干预的程度作出区分性引导。在这个问题上，结合修法后的实践情况，可以依托既有的抵触标准，对规范性文件内容审查设立"宽松—中等—严格"三种强度的标准：对于中央部署的改革等政治性极强的领域以及全国范围统一的技术标准采取形式合法性审查，不涉及规范性文件的合理性；对于影响相对人权利义务的一般规定采取中等强度审查，考察行政手段是否有助于达成正当行政目的，以及是否存在其他明显不合理成分；而对于部分可能对公民权利义务造成重大影响的规范性文件，应当采取严格审查，必要时采取比例原则等进行审慎的利益衡量，确保规范性文件的规定是理性决策的产物③。

（三）健全审理程序，强化制定机关的实质性参与

在审理程序上，制定机关的参与是达成对规范性文件实质性审查的重要前提。从世界各国的审查情况来看，过程性审查已经成为各类行政法规范审查的核心。制定机关的参与有助于法院更加清晰地了解规范性文件制定的证

---

① 王汉斌：《关于〈中华人民共和国行政诉讼法（草案）〉的说明》，《中华人民共和国国务院公报》1989 年第 7 期。
② 参见何海波《论行政行为"明显不当"》，《法学研究》2016 年第 3 期，第 74~75 页。
③ 参见戴杕《论规范性文件司法审查中的"抵触"标准》，《行政法学研究》2023 年第 6 期，第 130~133 页。

据和理由，并就其证据是否确凿、考虑是否充分等进行考察，特别是在当前规范性文件制定愈发强调科学性与民主性的背景下，制定机关是否对专家与公众提出的意见进行了实质性回应，也应当成为法院审查的重要内容，而这些都需要制定机关出庭进行举证说明。与此同时，制定机关的参与也有助于其更加直观地了解规范性文件在实施中可能导致的问题，以便在判决之后及时予以纠正。最新修订的《行政复议法》第58条第2款已经规定，行政复议机构认为必要时，可以要求规范性文件或者依据的制定机关当面说明理由，制定机关应当配合。未来《行政诉讼法》也可因循这一方向，明确制定机关的出庭与说理义务，以及法院对此的审查标准。当然，这也需要规范性文件的其他制度相配合。例如，规范性文件的制定程序尚未完全规范化，大部分规定系通过内部程序制定，缺乏公开的说理与回应过程，有必要进一步完善公众参与等规范性文件制定程序，为法院和其他审查机关的审查工作创造条件。

B.6
2023年中国金融稳定法治 发展报告

肖 京[*]

摘 要： 2023年中国金融稳定法治建设面临严峻的国内国际新形势。在立法方面，金融稳定法立法工作稳步推进，多部金融稳定相关法律法规被列入中央立法规划，多部金融稳定相关法律法规取得新进展，各地继续积极探索金融稳定相关地方立法。在执法方面，金融稳定执法机构与工作机制进一步完善，依法化解房地产金融风险取得新进展，依法化解中小金融机构风险工作深入开展，依法防范化解地方债务工作稳步推进，依法防范化解外汇风险成效显著，依法严厉打击非法金融活动不放松。在司法方面，金融稳定司法机构进一步健全，金融稳定相关司法案件得到有效处理，金融稳定司法理论研究与工作交流深入推进。展望未来，2024年将会进一步巩固落实金融体制改革，不断完善金融稳定法治建设，在立法环节积极推动金融稳定立法，加速推进金融稳定相关法律法规的修改完善；在执法环节全面加强金融监管，持续有效防范化解重点领域风险；在司法环节进一步加强金融司法工作，全面提升金融稳定司法能力。

关键词： 中国金融稳定法治 金融稳定立法 金融稳定执法 金融稳定司法

2023年是全面贯彻党的二十大精神的开局之年，是三年新冠疫情后经

---

[*] 肖京，中国社会科学院法学研究所副研究员。

济恢复发展的一年[1]。党的二十大报告重点强调，"深化金融体制改革，建设现代中央银行制度，加强和完善现代金融监管，强化金融稳定保障体系，依法将各类金融活动全部纳入监管，守住不发生系统性风险底线"[2]，对金融稳定工作提出了新要求。2022年12月召开的中央经济工作会议特别强调，"有效防范化解重大经济金融风险""防止形成区域性、系统性金融风险"[3]，并对2023年的金融稳定工作作出了具体安排和重要部署，为2023年中国金融稳定法治建设提供了重要指南。2023年3月，中共中央、国务院印发的《党和国家机构改革方案》[4]从监管机构改革角度为中国金融稳定提供了重要保障。2023年3月的政府工作报告明确指出，"有效防范化解重大经济金融风险"，并从"防止形成区域性、系统性金融风险""有效防范化解优质头部房企风险""防范化解地方政府债务风险"三个方面对2023年的政府工作提出建议[5]。2023年5月18日，金融监管总局挂牌成立，标志着新的金融监管体制改革取得重大进展[6]。2023年7月24日召开的中央政治局会议特别强调，"要切实防范化解重点领域风险"，"要有效防范化解地方债务风险"，"要加强金融监管，稳步推动高风险中小金融机构改革化险"[7]。维护金

---

[1] 《中共中央政治局召开会议 分析研究当前经济形势和经济工作 中共中央总书记习近平主持会议》，中国政府网，https：//www.gov.cn/yaowen/liebiao/202307/content_ 6893950. htm，最后访问日期：2023年12月23日。

[2] 习近平：《高举中国特色社会主义伟大旗帜 为全面建设社会主义现代化国家而团结奋斗——在中国共产党第二十次全国代表大会上的报告》，《人民日报》2022年10月26日，第1版。

[3] 《中央经济工作会议举行 习近平、李克强、李强作重要讲话》，中国政府网，https：//www. gov. cn/xinwen/2022-12/16/content_ 5732408. htm，最后访问日期：2023年12月23日。

[4] 《中共中央 国务院印发〈党和国家机构改革方案〉》，《人民日报》2023年3月17日，第1版。

[5] 李克强：《政府工作报告——在第十四届全国人民代表大会第一次会议上》，《人民日报》2023年3月15日，第1版。

[6] 肖京：《金融危机历史镜鉴下的中国金融稳定立法》，《山东大学学报》（哲学社会科学版）2023年第6期。

[7] 《中共中央政治局召开会议 分析研究当前经济形势和经济工作 中共中央总书记习近平主持会议》，中国政府网，https：//www. gov. cn/yaowen/liebiao/202307/content_ 6893950. htm，最后访问日期：2023年12月23日。

融稳定与安全，防范化解金融风险，尤其是确保不发生系统性金融风险，仍然是 2023 年中国金融工作的重要任务。围绕上述各项任务，2023 年中国金融法治建设分别在立法、执法、司法等各个环节全方位发力，取得了显著成效。展望 2024 年，中国金融稳定法治建设将会有更广阔的发展前景。

一 2023年中国金融稳定法治建设面临的新形势

金融是国民经济的"血脉"，金融安全是国家安全的重要组成部分。2023 年中国金融稳定法治建设面临更为复杂的国际国内新形势。通过对国际国内新形势的分析，能够更加全面深入地理解中国金融稳定法治建设的重要性、必要性、紧迫性和艰巨性，进而全面统筹国内国际两个大局，稳妥推进中国金融稳定法治建设。

（一）2023年中国金融稳定法治建设面临的国际新形势

2023 年，世界百年未有之大变局加速演进，中国金融稳定法治建设面临国际政治、国际经济、国际金融等方面的多元挑战。就国际政治领域而言，"俄乌冲突"仍在持续，各种地缘冲突时有发生，局部地区政治秩序仍不稳定，国际政治领域的各种不确定因素并未消除。就国际经济领域而言，世纪疫情带来的负面因素影响深远，全球经济整体上复苏乏力，单边主义、保护主义等问题较为突出，现有国际贸易秩序正在面临严峻挑战。就世界金融领域而言，主要发达经济体在疫情期间开启货币宽松闸门之后又迅速进入加息周期，加息浪潮的外溢效应明显，美欧银行业金融稳定性堪忧，新兴市场经济体承压能力面临严峻考验，汇率危机、外债危机、金融危机的风险正在加大，世界金融形势不容乐观①。2023 年 3 月以来出现的美国硅谷银行破产②、瑞士信贷银行危机③等典型性金融风险事件，给世界金融稳定带来了

---

① 肖京：《涉外金融法治建设亟需进一步加强》，《中国外汇》2023 年第 16 期。
② 李志伟：《硅谷银行破产引发美国市场担忧》，《人民日报》2023 年 3 月 15 日，第 15 版。
③ 汪友若：《百年瑞信黯然谢幕》，《上海证券报》2023 年 3 月 21 日，第 5 版。

严峻挑战，受到世界各国的广泛关注。2023 年的中国金融稳定法治建设正是在这一国际新形势下深入推进的。

（二）2023年中国金融稳定法治建设面临的国内新形势

就国内形势而言，2023 年中国金融稳定法治建设同样面临一系列新挑战。2023 年的中国金融稳定法治建设既要助力经济高质量发展，又要切实防范化解系统性金融风险。2023 年 7 月 24 日召开的中央政治局会议认为，"国民经济持续恢复、总体回升向好"，但"当前经济运行面临新的困难挑战，主要是国内需求不足"[①]，对下半年的经济工作进行了总体部署。值得注意的是，此次会议明确指出了"我国房地产市场供求关系发生重大变化"这一重要判断，对 2023 年的中国金融稳定法治建设产生重要影响。总体来看，影响 2023 年中国金融稳定的国内因素主要是房地产领域金融风险、地方债务风险以及高风险中小金融机构的金融风险。为此，需要"适时调整优化房地产政策"，"制定实施一揽子化债方案"，"加强金融监管，稳步推动高风险中小金融机构改革化险"[②]，维护金融稳定。就影响金融稳定的典型事件来看，房地产头部企业债务违约等金融事件，对金融稳定与金融安全产生了重要影响，受到社会各界的普遍关注。

二　2023年中国金融稳定立法工作稳妥推进

2023 年中国金融稳定立法工作扎实推进。金融稳定法立法工作稳妥推进，多部金融稳定法相关立法列入中央立法规划，多部金融稳定法相关立法取得新进展，各地继续积极探索金融稳定地方立法。

---

① 《中共中央政治局召开会议　分析研究当前经济形势和经济工作　中共中央总书记习近平主持会议》，中国政府网，https://www.gov.cn/yaowen/liebiao/202307/content_ 6893950. htm，最后访问日期：2023 年 12 月 23 日。

② 《中共中央政治局召开会议　分析研究当前经济形势和经济工作　中共中央总书记习近平主持会议》，中国政府网，https://www.gov.cn/yaowen/liebiao/202307/content_ 6893950. htm，最后访问日期：2023 年 12 月 23 日。

（一）金融稳定法立法工作稳步推进

自 2022 年 12 月十三届全国人大常委会第三十八次会议对《金融稳定法（草案）》进行首次审议以来，社会各界普遍关注金融稳定法立法的后续进展。2023 年 5 月 29 日，中国人大网公布的《全国人大常委会 2023 年度立法工作计划》显示，继续审议的 17 件法律案中包括金融稳定法[1]。2023 年 9 月 8 日公布的《十四届全国人大常委会立法规划》将金融稳定法列入"条件比较成熟、任期内拟提请审议的法律草案"第一类项目[2]。需要说明的是，2023 年中国金融体制进行了重大改革，考虑到相关金融改革仍需进一步落实，金融稳定法立法工作必须稳步推进。

（二）多部金融稳定相关法律法规被列入中央立法规划

2023 年 5 月 29 日，中国人大网公布《全国人大常委会 2023 年度立法工作计划》，将修改《企业破产法》《商业银行法》《保险法》《中国人民银行法》《反洗钱法》列入 2023 年预备审议的法律案[3]。2023 年 6 月 6 日，国务院办公厅发布的《关于印发国务院 2023 年度立法工作计划的通知》显示，预备提请全国人大常委会审议的法律案包括《商业银行法（修订草案）》《银行业监督管理法（修订草案）》《中国人民银行法（修订草案）》《保险法（修订草案）》，并将非银行支付机构条例、地方金融监督管理条例列入拟审议的 17 件行政法规草案[4]。2023 年 9 月 8 日公布的十四届全国人大常委会立法规划，除了将《金融稳定法（草案）》列入 79 件

---

① 《全国人大常委会 2023 年度立法工作计划》，中国人大网，http：//www.npc.gov.cn/npc/c2/c30834/202305/t20230529_ 429763.html，最后访问日期：2023 年 10 月 7 日。
② 《十四届全国人大常委会立法规划》，中国人大网，http：//www.npc.gov.cn/npc/c2/c30834/202309/t20230908_ 431613.html，最后访问日期：2023 年 10 月 7 日。
③ 《全国人大常委会 2023 年度立法工作计划》，中国人大网，http：//www.npc.gov.cn/npc/c2/c30834/202305/t20230529_ 429763.html，最后访问日期：2023 年 10 月 7 日。
④ 《国务院办公厅关于印发国务院 2023 年度立法工作计划的通知》，中国政府网，https：//www.gov.cn/zhengce/content/202306/content_ 6884925.htm，最后访问日期：2023 年 10 月 7 日。

"条件比较成熟、任期内拟提请审议的法律草案"第一类项目之外，还把《公司法》《企业破产法》《商业银行法》《保险法》《中国人民银行法》《反洗钱法》等相关法律的修改也列入 79 件"条件比较成熟、任期内拟提请审议的法律草案"第一类项目，并将《银行业监督管理法》修改列入 51 件"需要抓紧工作、条件成熟时提请审议的法律草案"第二类项目①。

（三）多部金融稳定相关法律法规取得新进展

2023 年，《对外关系法》的出台为涉外金融稳定法治建设奠定了重要基础。同时，与金融稳定相关法律法规的修改完善也在稳步推进，相关行政法规、部门规章、规范性文件集中出台。

一是《银行业监督管理法》修改稳妥推进。2022 年 11 月 11 日，中国银行保险监督管理委员会发布《银行业监督管理法（修订草案征求意见稿）》，标志着《银行业监督管理法》的修订工作进入新阶段②，社会各界对《银行业监督管理法》的修订也充满期待。尤其是随着 2023 年中国金融监管体制改革的不断推进，金融监管总局成立，《银行业监督管理法》的修订问题显得更为迫切。

二是国务院通过与金融稳定相关的行政法规。私募投资基金业务活动对金融稳定具有重要影响，为规范私募投资基金业务活动，保护投资者以及相关当事人的合法权益，促进私募基金行业规范健康发展，2023 年 6 月 16 日，国务院第 8 次常务会议通过了《私募投资基金监督管理条例》，自 2023 年 9 月 1 日起施行。针对非银行支付机构监管，国务院于 2023 年 12 月 9 日通过了《非银行支付机构监督管理条例》，该条例于 2024 年 5 月 1 日正式实施。

三是中国人民银行等部门通过金融稳定相关的部门规章和规范性文件。针对金融控股公司关联交易这一影响金融稳定的突出现实问题，中国人民银行于 2023 年 2 月 9 日发布了《金融控股公司关联交易管理办法》。2023 年 7

---

① 《十四届全国人大常委会立法规划》，中国人大网，http://www.npc.gov.cn/npc/c2/c30834/202309/t20230908_ 431613.html，最后访问日期：2023 年 10 月 7 日。
② 肖京：《〈银行业监督管理法〉修改中的三个关键问题》，《清华金融评论》2023 年第 2 期。

月 11 日，金融监管总局发布《汽车金融公司管理办法》，进一步加强对汽车金融公司的监督管理，并以此促进汽车金融业的健康发展。为规范保险销售行为，统一保险销售行为监管要求，金融监管总局于 2023 年 9 月 20 日发布《保险销售行为管理办法》。为规范上市公司独立董事管理，中国证监会于 2023 年 8 月 1 日公布《上市公司独立董事管理办法》。为有效监管养老保险公司，金融监管总局于 2023 年 12 月 15 日发布了《养老保险公司监督管理暂行办法》。

四是涉外金融领域立法进一步加强。2023 年 6 月 28 日，十四届全国人大常委会第三次会议审议通过《对外关系法》，为涉外金融稳定法治建设奠定了重要基础。2023 年 4 月 28 日，中国人民银行发布了《内地与香港利率互换市场互联互通合作管理暂行办法》，对内地与香港利率互换市场互联互通合作相关业务进行规范。在"跨境理财通"业务试点正式落地满两周年之际，中国人民银行官方网站于 2023 年 9 月 28 日发布信息，决定进一步优化粤港澳大湾区"跨境理财通"业务试点①，为"跨境理财通"运行机制的优化指明了方向②。

（四）各地继续积极探索金融稳定相关地方立法

除中央层面推进由国务院制定统一的地方金融监督管理条例之外，北京、上海、天津、河北、四川、江西、内蒙古、广西、浙江、贵州、江苏、湖北、福建、湖南、陕西等地积极对地方金融监督管理相关法律制度进行有益探索。目前，已有多个省份出台了地方金融监督管理相关条例。此外，2023 年 5 月，北京市地方金融监督管理局先后发布《北京市商业保理公司监督管理办法》《北京市典当行监督管理办法》，对商业保理公司和典当行进行了规范。

---

① 《优化粤港澳大湾区"跨境理财通"业务试点 进一步推进大湾区金融市场互联互通》，中国人民银行，http://www.pbc.gov.cn/goutongjiaoliu/113456/113469/5082402/index.html，最后访问日期：2023 年 12 月 23 日。
② 肖京：《"跨境理财通"的法治逻辑与优化路径》，《中国外汇》2023 年第 20 期。

三　2023年中国金融稳定执法工作扎实推进

2023年是中国金融稳定执法工作扎实推进的一年。2023年3月，中国人民银行召开2023年金融稳定工作会议，对2022年金融稳定工作进行了总结，分析了金融形势，并对2023年金融稳定工作进行部署①。2023年7月24日召开的中央政治局会议明确提出，"要切实防范化解重点领域风险""要有效防范化解地方债务风险""要加强金融监管，稳步推动高风险中小金融机构改革化险"②，为2023年中国金融稳定行政执法指明了方向。围绕上述中心任务，中国人民银行、金融监管总局、中国证监会、国家外汇局等金融稳定执法机构扎实推进中国金融稳定行政执法工作。

（一）金融稳定执法机构与工作机制进一步完善

2023年是中国金融机构改革进程中十分重要的一年。按照中共中央、国务院2023年3月印发的《党和国家机构改革方案》的总体要求，2023年5月18日，金融监管总局正式成立；2023年7月，31家省级监管局和5家计划单列市监管局、306家地市监管分局统一挂牌③。

2023年8月18日，中国人民银行等部门联合召开电视会议，深入学习贯彻中央决策部署，进一步研究落实金融支持实体经济发展以及防范化解金融风险相关工作④。2023年9月27日召开的中共中央政治局会议强调，"加大国有企业、金融领域反腐败力度"。2023年，中国金融稳定执法工作在进

---

① 《人民银行召开2023年金融稳定工作会议》，中国人民银行，http：//www.pbc.gov.cn/goutongjiaoliu/113456/113469/4820201/index.html，最后访问日期：2023年10月7日。
② 《中共中央政治局召开会议　分析研究当前经济形势和经济工作　中共中央总书记习近平主持会议》，中国政府网，https：//www.gov.cn/yaowen/liebiao/202307/content_6893950.htm，最后访问日期：2023年10月7日。
③ 肖京：《筑牢现代金融监管的法治根基》，《清华金融评论》2023年第8期。
④ 《中国人民银行　金融监管总局　中国证监会联合召开金融支持实体经济和防范化解金融风险电视会议》，中国人民银行，http：//www.pbc.gov.cn/goutongjiaoliu/113456/113469/5033430/index.html，最后访问日期：2023年12月23日。

一步完善金融稳定执法机构的基础上，依法化解房地产金融风险、依法化解金融机构风险、依法化解地方债务风险、依法打击非法金融活动。

（二）依法化解房地产金融风险取得新进展

房地产行业金融风险是影响中国金融稳定的重要因素①。2023 年，中国房地产行业金融风险形势依然严峻，依法化解房地产金融风险同样是金融稳定执法的核心内容之一。为有效化解房地产金融风险，在 2022 年工作的基础上，2023 年进一步强化房地产行业宏观调控，依法化解房地产金融风险。2023 年 7 月 24 日召开的中央政治局会议明确提出"我国房地产市场供求关系发生重大变化"的重要论断②。此外，面对头部房地产企业的债务危机，有关部门积极应对化解。

一是延长金融支持房地产市场平稳健康发展的有关政策的期限。2023 年 7 月 10 日发布的《中国人民银行　国家金融监督管理总局关于延长金融支持房地产市场平稳健康发展有关政策期限的通知》明确指出，"对有关政策有适用期限的，将适用期限统一延长至 2024 年 12 月 31 日"。按照中国人民银行、金融监管总局有关负责人答记者问，政策延期涉及房地产企业开发贷款、信托贷款等存量融资以及 2024 年 12 月 31 日前向专项借款支持项目发放的配套融资两项内容，其他不涉及适用期限的政策长期有效③。

二是进一步调整优化差别化住房信贷政策。2023 年 8 月 31 日，《中国人民银行　国家金融监督管理总局关于调整优化差别化住房信贷政策的通

---

① 肖京：《金融危机历史镜鉴下的中国金融稳定立法》，《山东大学学报》（哲学社会科学版）2023 年第 6 期。

② 《中共中央政治局召开会议　分析研究当前经济形势和经济工作　中共中央总书记习近平主持会议》，中国政府网，https：//www.gov.cn/yaowen/liebiao/202307/content_6893950.htm，最后访问日期：2023 年 12 月 23 日。

③ 《中国人民银行　国家金融监督管理总局关于延长金融支持房地产市场平稳健康发展有关政策期限的通知》，中国人民银行，http：//www.pbc.gov.cn/goutongjiaoliu/113456/113469/4987564/index.html，最后访问日期：2023 年 12 月 23 日。

知》发布，分别对商业性个人住房贷款最低首付款比例、贷款利率政策下限进行调整①。同日发布的还有《中国人民银行 国家金融监督管理总局关于降低存量首套住房贷款利率有关事项的通知》，就有关事项作出了具体规定②，起到了有序调整优化资产负债、规范住房信贷市场秩序、维护金融稳定的重要作用。随后，全国多个城市对房地产信贷政策进行了重大调整。2023年12月14日，北京市、上海市有关部门发布通知，进一步优化调整房地产政策③，向市场释放了更加积极的信号。

三是有效防范化解房地产企业风险。有关部门对房地产企业的风险化解采取了相应措施。随着房地产政策的优化调整，房地产企业金融风险也逐步得到防范化解④。

（三）依法化解中小金融机构风险继续推进

依法化解中小金融机构风险是金融稳定执法工作的重要内容。2023年，金融监管总局加大对中小金融机构的监督管理，对金融风险较大的村镇银行采取重组、解散等措施⑤。在当前和今后一个时期，依法化解中小金融机构风险仍然是维护金融稳定的重要工作任务。

（四）依法防范化解地方债务工作稳步推进

2023年，依法防范化解地方债务工作任务依然十分艰巨。截至2022年

① 《中国人民银行 国家金融监督管理总局关于调整优化差别化住房信贷政策的通知》，中国人民银行，http://www.pbc.gov.cn/goutongjiaoliu/113456/113469/5050293/index.html，最后访问日期：2023年12月23日。
② 《中国人民银行 国家金融监督管理总局关于降低存量首套住房贷款利率有关事项的通知》，中国人民银行，http://www.pbc.gov.cn/goutongjiaoliu/113456/113469/5050296/index.html，最后访问日期：2023年12月23日。
③ 董添：《北京上海进一步优化调整房地产政策》，《中国证券报》2023年12月15日，第1版。
④ 唐韶葵：《旭辉停牌半年终复牌：房企等待复苏》，《21世纪经济报道》2023年9月28日，第12版。
⑤ 参见《国家金融监督管理总局北京监管局关于北京大兴华夏村镇银行有限责任公司解散的批复》（京金复〔2023〕285号）。

末，全国地方政府债务余额为350652.91亿元①。截至2023年8月末，全国地方政府债务余额387480亿元②。按照2023年7月24日召开的中央政治局会议明确的总体要求："要有效防范化解地方债务风险，制定实施一揽子化债方案"，相关部门积极推进化解地方债务风险。为缓解地方财政收支压力，缓释债务风险，中央财政发力支持地方③，地方政府债务化解稳步推进。

（五）依法防范化解外汇风险成效显著

2023年7月20日，中国人民银行和国家外汇局决定，将企业和金融机构的跨境融资宏观审慎调节参数从1.25上调至1.5，并于当日开始实施④。2023年5月19日，中国人民银行发布消息，为全面贯彻落实党的二十大精神，加快构建新发展格局，增强国内国际两个市场两种资源联动效应，更好支持总部经济发展，中国人民银行、国家外汇局决定在北京、广东、深圳开展试点，进一步优化升级跨国公司本外币跨境资金集中运营的相关管理政策⑤。

（六）依法严厉打击非法金融活动不放松

2023年有关部门继续加大对非法金融活动的打击力度，并取得了显著

---

① 《国务院关于2022年中央决算的报告——2023年6月26日在第十四届全国人民代表大会常务委员会第三次会议上》，中国人大网，http：//www.npc.gov.cn/npc/c2/c30834/202307/t20230703_430421.html，最后访问日期：2023年12月23日。
② 《2023年8月地方政府债券发行和债务余额情况》，财政部，http：//yss.mof.gov.cn/zhuantilanmu/dfzgl/sjtj/202309/t20230926_3909090.htm，最后访问日期：2023年12月23日。
③ 陈益刊：《中央两个"万亿"新政 缓解地方财政收支逆差》，《第一财经日报》2023年11月24日，第A07版。
④ 《中国人民银行、国家外汇局上调跨境融资宏观审慎调节参数》，中国人民银行，http：//www.pbc.gov.cn/goutongjiaoliu/113456/113469/4994743/index.html，最后访问日期：2023年12月23日。
⑤ 《中国人民银行、国家外汇管理局持续优化跨国公司本外币跨境资金集中运营管理政策》，中国人民银行，http：//www.pbc.gov.cn/goutongjiaoliu/113456/113469/4888289/index.html，最后访问日期：2023年12月23日。

效果。2023 年 10 月 21 日《国务院关于金融工作情况的报告》显示，2023
年 1~9 月，中国人民银行共对 10 件案件作出 73 份行政处罚决定，处罚金
额共计 64.12 亿元；金融监管总局共处罚银行保险机构 2978 家次，共处罚
责任人员 5512 人次，罚没金额共计 63.12 亿元；国家外汇管理局共查处外
汇违法违规案件 502 起，并配合公安机关破获地下钱庄案件 95 起，罚没共
计 7.16 亿元人民币①。

此外，2023 年 3 月 28 日，中国人民银行召开 2023 年反洗钱工作电视会
议，总结了 2022 年反洗钱工作成绩，分析了反洗钱工作形势，并对 2023 年
反洗钱重点工作进行了全面部署②，有力指导了反洗钱工作的具体推进。

四 2023年中国金融稳定司法工作进一步加强

2023 年，金融稳定司法机构进一步健全，金融稳定相关司法案件得到
有效处理，金融稳定司法理论研究与工作交流深入推进。2023 年 1 月 10 日
召开的全国法院金融审判工作会议明确提出，"加快推进金融审判体系和审
判能力现代化，全面建设公正高效权威的中国特色现代金融审判体系"③，
为金融稳定司法效能提升指明了方向。

（一）金融稳定司法机构进一步健全

2023 年，全国多个金融审判机构设立，金融稳定司法机构进一步健全。
2023 年 1 月 5 日，上饶市金融法庭、上饶市金融调解委员会同步揭牌成立，

---

① 《国务院关于金融工作情况的报告——2023 年 10 月 21 日在第十四届全国人民代表大会常
务委员会第六次会议上》，中国人大网，http://www.npc.gov.cn/npc/c2/c30834/202310/
t20231021_432324.html，最后访问日期：2023 年 12 月 23 日。
② 《人民银行召开 2023 年反洗钱工作电视会议》，中国人民银行网站，http://www.pbc.gov.
cn/goutongjiaoliu/113456/113469/4834500/index.html，最后访问日期：2023 年 12 月 23 日。
③ 《周强：建设公正高效权威的中国特色现代金融审判体系 为推进中国式现代化提供有力
司法服务》，最高人民法院网站，https://www.chinacourt.org/article/detail/2023/01/id/
7096240.shtml，最后访问日期：2023 年 12 月 23 日。

管辖信州区、广信区、广丰区涉金融一审民商事案件，负责开展诉前调解、立案、审判、执行等工作①。2023 年 11 月 2 日，大连金融法庭正式揭牌运营②，管辖大连市中山区、西岗区、沙河口区、甘井子区以及高新园区辖区内应由基层人民法院受理的部分第一审金融民商事案件③。2023 年 12 月 5 日，太原市金融纠纷多元化解中心、太原金融法庭挂牌成立④。此外，全国各地还积极探索，为金融纠纷多元化解提供金融"共享法庭"，对金融风险的防范化解起到了积极作用。

（二）金融稳定相关司法案件得到有效处理

2023 年，各地金融法院、金融法庭、金融审判庭审判处理了大量金融案件，为中国金融稳定提供了重要保障。

北京金融法院、上海金融法院、成渝金融法院承担了大量金融案件的处理工作。截至 2023 年 3 月 18 日，北京金融法院共收案 15464 件，审结、执结 13140 件，其中，依法审结金融民商事案件 9034 件，妥善审结金融行政案件 685 件，高效执结金融执行案件 2474 件，累计收案标的金额近 6500 亿元，结案标的金额 4900 余亿元⑤。2023 年 8 月 21 日上海金融法院新闻发布会显示，自成立五年来，上海金融法院共受理金融案件 41077 件，其中审结 39594 件，涉案总标的额达到 11112. 27 亿元⑥。2023 年 9 月 27 日成渝金融

---

① 《上饶市金融法庭揭牌成立》，上饶市人民政府网站，http：//www. zgsr. gov. cn/zgsr/jrsr/202301/d869fd735c9b40fbb25e0239db039152. shtml，最后访问日期：2023 年 12 月 23 日。

② 《大连金融法庭正式揭牌运营》，大连市人民政府网，https：//www. dl. gov. cn/art/2023/11/3/art_ 1185_ 2204434. html，最后访问日期：2023 年 12 月 23 日。

③ 《大连市中级人民法院关于大连金融法庭跨区域管辖部分金融案件的公告》，辽宁省大连市中级人民法院网站，http：//dl. lncourt. gov. cn/article/detail/2023/11/id/7618588. shtml，最后访问日期：2023 年 12 月 23 日。

④ 王佳：《太原金融法庭：打造金融纠纷解决"优选地"》，《山西经济日报》2023 年 12 月 9日，第 2 版。

⑤ 《北京金融法院通报两周年工作情况 发布 2022 年度十大典型案例》，北京金融法院网站，https：//bjfc. bjcourt. gov. cn/cac/1679652738423. html，最后访问日期：2023 年 12 月 23 日。

⑥ 王可：《上海金融法院受理金融案件总标的额逾万亿元》，《中国证券报》2023 年 8 月 22日，第 A06 版。

法院新闻发布会显示，截至 2023 年 9 月 25 日，该院共受理案件 7731 件，标的额 243 亿余元，审执结案件 5434 件①。

地方金融法庭也处理了大量金融案件。2023 年 1 月的新闻发布会显示，2022 年石家庄金融法庭共受理各类金融案件 22224 件，审执结 21072 件②。长春金融法庭自 2022 年 8 月 18 日成立以来，截至 2023 年 8 月中旬，共审结一、二审金融纠纷案件 547 件③。

涉外金融仲裁司法案件得到有效处理。2023 年 10 月 25 日召开的北京金融法院新闻发布会显示，自 2021 年 3 月 18 日至 2023 年 9 月 30 日，北京金融法院共审结仲裁司法审查案件 1895 件④。

（三）金融稳定司法理论研究与工作交流深入推进

金融法院主动召开各种专家论证会，积极参加相关论坛活动的举办。2023 年，北京金融法院分别举办了民营企业保护优化营商环境工作室工作机制研讨会⑤、"证券虚假陈述责任纠纷疑难案件"专家论证会⑥。2023 年 11 月 11 日，由北京金融法院、北京市人民检察院第四分院承办的 2023 年金融街论坛年会"法治协同与金融治理"平行论坛成功举办⑦。

---

① 《成渝金融法院亮出"成绩单"发布典型案例》，成渝金融法院网站，http://cyjrfy.cqfygzfw.gov.cn/article/detail/2023/11/id/7615087.shtml，最后访问日期：2023 年 12 月 23 日。
② 桑珊、宋小娜：《石家庄金融法庭去年受理案件两万余件——4928 件金融纠纷在诉前化解》，《河北日报》2023 年 1 月 31 日，第 3 版。
③ 陈丽雅、邵明福：《长春金融法庭助力金融审判工作开创新局面》，《长春日报》2023 年 9 月 11 日，第 1 版。
④ 《北京金融法院发布〈涉金融仲裁司法审查白皮书〉》，北京金融法院网站，https://bjfc.bjcourt.gov.cn/cac/1698302040607.html，最后访问日期：2023 年 12 月 23 日。
⑤ 《北京金融法院召开聚焦民营企业保护 优化营商环境工作室工作机制研讨会》，北京金融法院网站，https://bjfc.bjcourt.gov.cn/cac/1691390422677.html，最后访问日期：2023 年 12 月 23 日。
⑥ 《助力优化法治化营商环境 专家学者共商证券纠纷疑难法律问题》，北京金融法院网站，https://bjfc.bjcourt.gov.cn/cac/1693536982876.html，最后访问日期：2023 年 12 月 23 日。
⑦ 《2023 金融街论坛年会"法治协同与金融治理"平行论坛成功举办》，北京金融法院网站，https://bjfc.bjcourt.gov.cn/cac/1699865527916.html，最后访问日期：2023 年 12 月 23 日。

金融法院之间不断加强金融稳定司法工作交流。2023 年 3 月 6 日，成渝金融法院一行到北京金融法院调研座谈，就金融专业化审判机制创新、金融案件执行工作创新、金融法治协同机制、金融纠纷诉源治理、多元解纷工作机制、金融法治人才培养机制等工作进行交流①。2023 年 4 月 10 日，上海金融法院一行到北京金融法院调研座谈，就金融专门法院信息化建设、金融法治协同平台运行、金融审判特色人才培养、金融执行工作机制创新、证券纠纷实质性化解等工作进行交流②。2023 年 11 月 17 日，北京金融法院一行到上海金融法院调研，围绕党建、金融审判质效、精品案例培育、数字法院建设等问题进行了深入交流③。

五 2024年金融稳定法治建设展望

展望未来，2024 年中国将会进一步巩固落实金融体制改革，不断完善金融稳定法治建设。从立法环节来看，需要积极推动金融稳定立法，争取推动金融稳定法尽快出台，加速推进金融稳定相关法律法规的修改完善。从执法环节来看，需要全面加强金融监管，持续有效防范化解重点领域风险。从司法环节来看，需要进一步加强金融司法工作，全面提升金融稳定司法能力。

（一）积极推动金融稳定立法，争取推动金融稳定法尽快出台

金融稳定法立法工作自正式启动以来，受到了社会各界的广泛关注。2023 年 10 月 21 日的《国务院关于金融工作情况的报告》强调，"加强金融

---

① 《成渝金融法院一行赴北京金融法院座谈交流》，北京金融法院网站，https：//bjfc. bjcourt. gov. cn/cac/1678247740327. html，最后访问日期：2023 年 12 月 23 日。
② 《北京金融法院与上海金融法院举行京沪金融法院交流座谈会》，北京金融法院网站，https：//bjfc. bjcourt. gov. cn/cac/1681285690729. html，最后访问日期：2023 年 12 月 23 日。
③ 《两地金融法院座谈交流 共话金融专业化审判》，北京金融法院网站，https：//bjfc. bjcourt. gov. cn/cac/1700446752025. html，最后访问日期：2023 年 12 月 23 日。

法治建设","加快推进金融稳定法立法工作"①。2023 年 10 月 30~31 日召开的中央金融工作会议提出,"要加强金融法治建设,及时推进金融重点领域和新兴领域立法"②,对 2024 年的金融稳定法治建设具有重要指导作用。按照中央统一部署,2024 年有关部门将继续积极推动金融稳定立法,争取推动金融稳定法尽快出台,加速推进金融稳定相关法律法规的修改完善,进一步健全完善金融稳定法治体系。

(二)全面加强金融监管,持续有效防范化解重点领域风险

2023 年 10 月 30~31 日召开的中央金融工作会议强调,"要全面加强金融监管,有效防范化解金融风险。切实提高金融监管有效性,依法将所有金融活动全部纳入监管"③,为今后金融稳定执法工作指明了方向。2023 年 12 月 11~12 日召开的中央经济工作会议强调,"持续有效防范化解重点领域风险",要"统筹化解房地产、地方债务、中小金融机构等风险,严厉打击非法金融活动,坚决守住不发生系统性风险的底线"④,从经济工作全局高度对 2024 年的金融稳定执法工作提出了新要求。2024 年金融稳定执法工作将会全面加强金融监管,围绕持续有效防范化解重点领域风险这一重点任务,更加有为,持续保持高压态势,严厉打击非法金融活动。

(三)进一步加强金融司法工作,全面提升金融稳定司法能力

金融稳定司法是金融稳定法治建设的重要内容,进一步加强金融司法工作,全面提升金融稳定司法能力,是完善金融法治体系建设的重要抓手。按

---

① 《国务院关于金融工作情况的报告——2023 年 10 月 21 日在第十四届全国人民代表大会常务委员会第六次会议上》,中国人大网,http://www.npc.gov.cn/npc/c2/c30834/202310/t20231021_432324.html,最后访问日期:2023 年 12 月 23 日。

② 《中央金融工作会议在北京举行 习近平李强作重要讲话》,中国政府网,https://www.gov.cn/yaowen/liebiao/202310/content_6912992.htm,最后访问日期:2023 年 12 月 23 日。

③ 《中央金融工作会议在北京举行 习近平李强作重要讲话》,中国政府网,https://www.gov.cn/yaowen/liebiao/202310/content_6912992.htm,最后访问日期:2023 年 12 月 23 日。

④ 《中央经济工作会议在北京举行 习近平发表重要讲话》,中国政府网,https://www.gov.cn/yaowen/liebiao/202312/content_6919834.htm,最后访问日期:2023 年 12 月 23 日。

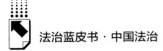

照 2023 年 1 月 10 日召开的全国法院金融审判工作会议的有关要求，未来需要进一步深化对金融审判理念的认识，牢固树立金融治理协同、服务实体经济、守住风险底线、倾斜保护金融消费者和中小投资者、服务金融市场发展的理念；完善金融审判工作机制，推动建立金融司法与金融监管常态化协同机制，进一步完善金融纠纷多元化解机制，推动建立司法机关之间、人民法院刑事、民事、行政各专业审判庭之间的协调工作机制，进一步完善金融纠纷案件集约化审理机制①。同时，考虑到金融稳定的极端重要性以及金融司法工作具有较强的专业性，要进一步加强金融稳定司法机构建设，充实现有的金融法院或金融法庭，并考虑设立新的金融法院和金融法庭。

---

① 刘贵祥：《关于金融民商事审判工作中的理念、机制和法律适用问题》，《法律适用》2023年第 1 期。

B.7
健全生育支持的法治保障

支振锋　范夏欣*

摘　要： 生育是人生与家庭之大，更是社会与国家之要。近年来，少子化问题已经成为中国社会面临的最大挑战之一。2021 年《人口与计划生育法》的修订为解决中国人口失衡、促进人口高质量发展强化了法律基础。但是，中国生育支持的实际效果并不显著，为保障生育支持措施更好落地，推动生育友好社会建设，应尽快健全生育相关法律规范体系，促进生育支持事业的法治化，切实保障公民生育权利，促进人口长期高质量均衡发展。

关键词： 生育支持　生育法规政策体系　生育友好社会

　　党的二十大报告提出，要优化人口发展战略，建立生育支持政策体系，降低生育养育教育成本。"十四五"时期是中国人口发展的重要转折期，也是落实生育支持政策的关键窗口期。生育支持已成"国之大者"。近年来，中国育龄妇女人数下滑、生育意愿大幅降低，出生人口大幅减少，人口老龄化和少子化加速到来。根据国家统计局《2023 年国民经济回升向好　高质量发展扎实推进》一文公布的最新数据，2023 年末全国人口比上年末减少208 万人；全年出生人口 902 万人，人口出生率为 6.39‰；死亡人口 1110万人，人口死亡率为 7.87‰；人口自然增长率为－1.48‰[①]。对比《中华人

---

　　* 支振锋，中国社会科学院法学研究所研究员；范夏欣，中国社会科学院大学法学院研究生。本文为国家卫生健康委人口家庭司委托课题"生育友好指数研究"的阶段性成果。中国社会科学院大学研究生尉晋为本文收集了不少资料，特致谢忱。

　　① 《2023 年国民经济回升向好　高质量发展扎实推进》，国家统计局，https://www.stats.gov.cn/sj/zxfb/202401/t20240117_ 1946624. html，最后访问日期：2024 年 1 月 28 日。

民共和国 2022 年国民经济和社会发展统计公报》数据，中国 2022 年全年出生人口 956 万人，总和生育率不到 1.1，人口出生率为 6.77‰，人口自然增长率为−0.60‰[①]，下降更加明显。一线城市形势更为严峻，为应对生育率快速下降给国家安全和经济社会发展带来的一系列风险挑战，中国于 2021 年修改《人口与计划生育法》，取消社会抚养费等制约措施、清理和废止相关处罚规定，配套实施积极生育支持措施，以促进人口长期均衡发展。但由于生育支持政策体系的复杂性，特别是从人口控制到生育支持政策转变中存在的客观困难，目前中国生育支持存在顶层设计战略推进仍需强化、措施尚未法治化、地方政策落地效果有待改进等问题，生育保障措施的实效难以发挥。中国应当高度重视人口问题，完善生育支持的法律法规体系，重塑生育支持的基本制度框架，提高政府保障生育的公共服务能力，推进生育友好社会建设。

一 中国生育支持的现状与成效

以习近平同志为核心的党中央高度重视人口问题，从战略和全局高度加快出台各项生育支持措施，有力推动生育支持体系构建。一些地方积极贯彻中央精神，出台生育支持政策，加大生育支持力度，探索有益经验，打出政策组合拳，取得了初步成效。目前，中国已初步搭建了生育支持架构，正在形成一套从中央到地方多层次的生育支持法规政策体系。

（一）中央大力推动生育支持体系构建

1. 体制机制基本建立

国家卫生健康委人口监测与家庭发展司是当前生育支持工作最直接的负责部门，具体承担人口监测预警工作并提出人口与家庭发展相关政策建议，

---

① 《中华人民共和国 2022 年国民经济和社会发展统计公报》，国家统计局，http://www.stats.gov.cn/sj/zxfb/202302/t20230228_ 1919011.html，最后访问日期：2023 年 6 月 30 日。

完善生育政策并组织实施，建立和完善计划生育特殊家庭扶助制度①。但由于生育支持政策分散在多个职能部门，2022 年 7 月 28 日，由国务院领导同志牵头负责的国务院优化生育政策工作部际联席会议制度建立。联席会议的职责是：贯彻落实党中央、国务院关于优化生育政策工作的重大决策部署，统筹协调全国优化生育政策工作，研究并推进实施重大政策措施，指导、督促、检查有关政策措施的落实②。

2. 法规政策初步完善

生育相关政策法规随人口形势调整，《人口与计划生育法》自 2001 年出台，经历两次修改。2021 年 8 月 20 日，《人口与计划生育法》第二次修正，提出一对夫妻可以生育三个子女，但对生育四个或以上子女的也不再设定任何处罚，还设专章规定公民生育行为可以享受的"奖励与社会保障"。这是为适应人口形势新变化、高质量发展新要求，达到适度生育水平，优化人口结构，促进人口长期均衡发展，对生育政策作出的新调整。同年，国务院废止了《计划生育技术服务管理条例》《社会抚养费征收管理办法》《流动人口计划生育工作条例》等传统抑制生育的一系列行政法规。2021 年 6 月 26 日，中共中央、国务院发布《中共中央　国务院关于优化生育政策促进人口长期均衡发展的决定》（以下简称《决定》）提出实施三孩生育政策，配套实施积极生育支持措施。2022 年 7 月 25 日，国家卫生健康委、国家发展改革委、共青团中央等 17 部门联合发布《关于进一步完善和落实积极生育支持措施的指导意见》（以下简称《意见》），提出将婚嫁、生育、养育、教育一体考虑，完善和落实财政、税收、保险、教育、住房、就业等积极生育支持措施，推进生育支持多部门协作，持续优化服务供给，不断提升服务水平，积极营造婚育友好社会氛围。

---

① "人口监测与家庭发展司主要职责"栏目，中国政府网，http：//www.nhc.gov.cn/rkjcyjtfzs/pzyzz/lists.shtml，最后访问日期：2023 年 6 月 30 日。
② 《国务院办公厅关于同意建立国务院优化生育政策工作部际联席会议制度的函》，中国政府网，https：//www.gov.cn/zhengce/zhengceku/2022-08/19/content_ 5706022.htm，最后访问日期：2023 年 6 月 30 日。

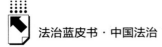

3. 相关领域规范健全

为配合生育友好社会建设，中国在托育产业、医疗保障、妇女权益保障、儿童权益保障、教育、家风建设、生育登记等生育友好相关领域出台更多规范与细则（见表1）。在医疗保障方面，国家出台《母婴保健法》等法律，保障公民享有基本医疗卫生服务，保障母亲和婴儿健康，提高出生人口素质；中共中央、国务院印发《"健康中国2030"规划纲要》，完善了计划生育服务管理，提高妇幼健康水平；国务院办公厅印发了《国务院办公厅关于全面推进生育保险和职工基本医疗保险合并实施的意见》，进一步提高了医疗保险基金互助共济能力。在托育服务方面，近年来出台一系列托育相关的规范性文件，对托育服务产业的方方面面作出具体规定，同时，国家卫生健康委员会同有关方面起草了《托育服务管理条例（草案）》，《托育服务法》已列入十四届全国人大常委会立法规划第二类项目，属于"需要抓紧工作、条件成熟时提请审议的法律草案"，以进一步保障婴幼儿托育服务的普惠性与可及性。在儿童权益保障方面，除已有的《未成年人保护法》外，国务院还印发了《中国儿童发展纲要（2021～2030年）》，从健康、安全、教育、福利、家庭、环境、法律保护等角度创造有利于儿童生活、参与的社会环境；出台《未成年人网络保护条例》，从网络素养促进、网络信息内容规范、个人信息网络保护、网络沉迷防治等方面营造有利于未成年人身心健康的网络环境。在妇女权益保障方面，对女性劳动权利进行了一系列规定，保障女性就业平等。在家庭教育方面，《家庭教育促进法》引导全社会注重家庭、家教和家风，增进家庭幸福与社会和谐。

表1　生育相关领域政策文件与法律法规汇总

类别	位阶	名称	颁布主体	时间
顶层政策	中发　国发文件	《中共中央　国务院关于优化生育政策　促进人口长期均衡发展的决定》	中共中央国务院	2021年6月26日
人口规划	国务院规范性文件	《国家人口发展规划（2016～2030年）》	国务院	2016年12月30日

续表

类别	位阶	名称	颁布主体	时间
医疗保障	法律	《母婴保健法》	全国人大常委会	2017 年 11 月 4 日修订
	法律	《基本医疗卫生与健康促进法》	全国人大常委会	2019 年 12 月 28 日通过、2020 年 6 月 1 日施行
	国务院规范性文件	《"健康中国 2030"规划纲要》	国务院	2021 年 9 月 8 日
	国务院规范性文件	《国务院关于实施健康中国行动的意见》	国务院	2019 年 6 月 24 日
	国务院规范性文件	《国务院办公厅关于全面推进生育保险和职工基本医疗保险合并实施的意见》	国务院办公厅	2019 年 3 月 6 日
	部门规范性文件	《关于加强生育全程基本医疗保健服务的若干意见》	国家卫计委等五部门	2016 年 10 月 14 日
托育服务	国务院规范性文件	《国务院办公厅关于促进 3 岁以下婴幼儿照护服务发展的指导意见》	国务院办公厅	2019 年 4 月 17 日
	国务院规范性文件	《国务院关于设立 3 岁以下婴幼儿照护个人所得税专项附加扣除的通知》	国务院	2022 年 3 月 28 日
	部门规范性文件	《托育从业人员职业行为准则(试行)》	国家卫生健康委办公厅	2022 年 11 月 23 日
	部门工作文件	《托育机构婴幼儿喂养与营养指南(试行)》	国家卫生健康委办公厅	2021 年 12 月 28 日
	部门工作文件	《托育综合服务中心建设指南(试行)》	国家卫生健康委办公厅	2021 年 12 月 30 日
	部门工作文件	《关于印发托育机构消防安全指南(试行)的通知》	国家卫生健康委办公厅、应急管理部办公厅	2022 年 1 月 14 日

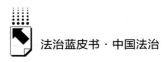

续表

类别	位阶	名称	颁布主体	时间
托育养老	国务院规范性文件	《国务院办公厅关于促进养老托育服务健康发展的意见》	国务院办公厅	2020 年 12 月 14 日
	部门规范性文件	《"十四五"积极应对人口老龄化工程和托育建设实施方案》	国家发展改革委、民政部、国家卫生健康委	2024 年 3 月 11 日
	部门规范性文件	《养老托育服务业纾困扶持若干政策措施》	国家发展改革委等十三部门	2022 年 8 月 29 日
妇女儿童	部门工作文件	《国家卫生健康委关于印发贯彻 2021~2030 年中国妇女儿童发展纲要的实施方案的通知》	国家卫生健康委	2022 年 4 月 2 日
儿童友好	法律	《未成年人保护法》	全国人民代表大会常务委员会	2024 年 4 月 26 日修订
	行政法规	《未成年人网络保护条例》	国务院	2023 年 9 月 20 日
	国务院规范性文件	《国务院关于建立残疾儿童康复救助制度的意见》	国务院	2018 年 6 月 21 日
	国务院规范性文件	《中国儿童发展纲要（2021~2030 年)》	国务院	2021 年 9 月 8 日
	部门规范性文件	《关于推进儿童友好城市建设的指导意见》	国家发展改革委等 23 个部门	2021 年 9 月 30 日
妇女权益	法律	《妇女权益保障法》	全国人民代表大会常务委员会	2022 年 10 月 30 日修订，2023 年 1 月 1 日起施行
	行政法规	《女职工劳动保护特别规定》	国务院	2012 年 4 月 28 日
	部门规范性文件	《人力资源社会保障部、教育部等九部门关于进一步规范招聘行为促进妇女就业的通知》	人力资源社会保障部、教育部等 9 部门	2019 年 2 月 18 日

续表

类别	位阶	名称	颁布主体	时间
家庭教育	法律	《家庭教育促进法》	全国人大常委会	2021年10月23日通过、2022年1月1日起施行
	法律	《反家庭暴力法》	全国人大常委会	2015年12月27日通过、2016年3月1日施行
	中央部门文件	《关于进一步加强家庭家教家风建设的实施意见》	中宣部、中央文明办等七部门	2021年7月22日
	部门规范性文件	《教育部等十三部门关于健全学校家庭社会协同育人机制的意见》	教育部等十三部门	2023年1月13日
生育登记	部门规范性文件	《国家卫生健康委办公厅关于完善生育登记制度的指导意见》	国家卫生健康委办公厅	2021年12月9日

4. 政策实践稳步推进

国家卫生健康委经常性举行新闻发布会,介绍贯彻落实《决定》和《意见》的进展情况和经验做法,并积极开展全国生育友好工作先进单位评选、全国儿童友好城市建设、全国婴幼儿照护服务示范城市创建等活动。2023年1月13日,国家卫生健康委面向全国所有县(市、区),以县级卫生健康行政部门为对象,对组织领导保障有力、人口服务体系健全、托育服务发展领先、生育支持政策完备、优生优育服务优质、家庭保障措施到位、生育友好氛围浓厚的部门、单位发文表彰①。2021年9月,国家发展改革委联合22个部门发布《关于推进儿童友好城市建设的指导意见》,提出到2025年,通过在全国范围内开展100个儿童友好城市建设试点,让儿童友好要求在社会政策、公共服务、权利保障、成长空间、发展环境等方面充分体现。截至2023年底,已有54座城市入选全国建设国家儿童友好城市名

---

① 《国家卫生健康委关于开展全国计划生育优质服务先进单位创建活动的通知》(国卫人口函〔2020〕268号),2020年7月3日发布。

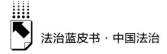

单。2021年4月30日，国家卫生健康委、国家发展改革委以满足人民群众对婴幼儿照护服务的需求为目标，以普惠服务为重点，开展全国婴幼儿照护服务示范城市创建活动，形成了一批可复制、可推广的典型经验和切实管用的政策举措①。

（二）各地出台生育支持政策典型举措

1.完善生育假期规定

在国家法定产假基础上，部分地方额外规定了奖励假、陪产假、育儿假、哺乳假等，如《河南省人口与计划生育条例》额外规定了90天奖励假和30天陪产假②；《广西壮族自治区人口和计划生育条例》规定了10天育儿假和不超过12个月的哺乳假③。规定更加灵活的生育假，如《广州市人口与计划生育服务规定》规定，父母可共享育儿假④；《泽州县促进人口均衡发展九项措施》规定，在二孩、三孩周岁前父母可晚上班或早下班1小时⑤。进一步落实生育假期间的工资发放与福利保障，如《广东省人口与计划生育条例》规定，在生育假期内照发工资，不影响福利待遇和全勤评奖⑥。临沂市《优化生育政策 促进人口长期均衡发展实施方案》规定，增

---

① 《国家卫生健康委 国家发展改革委关于命名第一批全国婴幼儿照护服务示范城市的通知》（国卫人口函〔2023〕57号），2023年3月21日发布。
② 《河南省人口与计划生育条例》，国家法律法规数据库，https：//flk. npc. gov. cn/detail2. html？ZmY4MDgxODE3ZGZhMGVjMDAxN2UwMDFlNmM2MDE0YjU，最后访问日期：2023年6月29日。
③ 《广西壮族自治区人口和计划生育条例》，国家法律法规数据库，https：//flk. npc. gov. cn/detail2. html？ZmY4MDgxODE3ZmQ5ODU5YjAxODAzYmIyZTlmYzRjOTI，最后访问日期：2023年6月29日。
④ 《广州市人口与计划生育服务规定》，广州市人民政府网，https：//www. gz. gov. cn/zwgk/fggw/zfgz/content/post_ 8759907. html，最后访问日期：2023年6月29日。
⑤ 《泽州县促进人口均衡发展九项措施》，泽州县人民政府网，http：//xxgk. zezhou. gov. cn/xzf/fdzdgknr/fgwj/202301/P020230113581246517436. pdf，最后访问日期：2023年6月29日。
⑥ 《广东省人口与计划生育条例（2021年修正）》，广东省人民政府网，http：//www. gd. gov. cn/zwgk/wjk/zcfgk/content/post_ 2532570. html，最后访问日期：2023年6月29日。

加的产假、陪产假、育儿假期间，视为出勤，工资正常发放，福利待遇不变①。促进假期用工成本分担机制完善，如浙江省《关于试行企业女职工产假期间社会保险补贴有关事项的通知》②和江苏省《关于产假期间企业社会保险补贴有关事项的通知》③规定，女职工产假期间企业可领取社保补贴。

2. 加大生育补助力度

高昂的养育成本让经济负担重的家庭对生育望而却步，不少地方加大生育支持力度，采取一系列经济措施，并取得一定成效。其中，包括针对多孩家庭的现金补贴和费用补贴，如《绍兴市上虞区优化生育政策（试行）》规定，对生育二孩、三孩孕妇分别发放 500 元和 1000 元的孕期检查补助，对每对在上虞区登记结婚的夫妇给予价值 1000 元的礼包；对企业在女职工产假期间支付的社会保险费用给予补贴，生育二孩的给予 50% 的社会保险费用补贴，生育三孩的给予 100% 的社会保险费用补贴；向二孩、三孩分别发放每月 300 元和 500 元的消费券，直至孩子 3 岁；婴幼儿 2~3 岁期间，对二孩、三孩分别发放每月 500 元和 800 元托育服务补助；孩子 0~3 岁期间，参照上年度上虞区居民人均可支配收入的 20%，向三孩母亲发放生活补助；对 0~3 岁的三孩及其母亲给予每年最高 300 万元商业保险保障④。中共云南省委、云南省人民政府印发《关于优化生育政策　促进人口长期均衡发展的实施方案》规定，对二孩、三孩分别发放 2000 元、5000 元的一次性生育

---

① 《中共临沂市委　临沂市人民政府关于印发〈优化生育政策　促进人口长期均衡发展实施方案〉的通知》，临沂市人民政府，http：//www.linyi.gov.cn/info/7603/348966.htm，最后访问日期：2023 年 6 月 30 日。

② 《浙江省人力资源和社会保障厅　浙江省财政厅　浙江省卫生健康委员会　浙江省医疗保障局关于试行企业女职工产假期间社会保险补贴有关事项的通知》，浙江省人力资源和社会保障厅网，http：//rlsbt.zj.gov.cn/art/2022/12/7/art_ 1229506773_ 2450468.html，最后访问日期：2023 年 6 月 29 日。

③ 《江苏发布〈关于产假期间企业社会保险补贴有关事项的通知〉》，江苏省人力资源和社会保障厅网，http：//jshrss.jiangsu.gov.cn/art/2022/5/13/art_ 85596_ 10449497.html，最后访问日期：2023 年 6 月 29 日。

④ 《绍兴上虞推出 13 条生育优化政策，条条是干货》，绍兴市人民政府网，http：//www.sx.gov.cn/art/2023/4/17/art_ 1229442513_ 59447795.html，最后访问日期：2023 年 6 月 29 日。

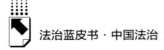
补贴，并按年度发放 800 元育儿补助①。《宁夏回族自治区育儿补贴金发放实施方案（试行）》规定，生育第二个孩子的发放一次性育儿补贴金 2000 元，生育第三个孩子的发放一次性育儿补贴金 4000 元，按政策生育第三个孩子的家庭每孩每月发放不少于 200 元的育儿补贴金②。提高生育医疗保险支付标准，如《银川市优化生育政策　促进人口长期均衡发展的实施意见（征求意见稿）》将分娩镇痛项目按程序纳入医保支付范围③。日照市《关于优化生育政策　促进人口长期均衡发展的实施意见》针对正常参加生育保险的女职工，提高生育保险和职工医疗保险对生育医疗费的支付标准，且住院分娩基本生育服务免费④。推进人类辅助生殖技术普惠，如衡水市《优化生育政策　促进人口长期均衡发展的支持措施（试行）》对部分通过辅助技术生育第一胎的女性给予不高于 1 万元的补贴⑤。辽宁省医疗保障局、辽宁省人力资源和社会保障厅《关于调整辽宁省基本医疗保险、工伤保险和生育保险医疗服务项目目录的通知》将至少 17 项人类辅助生殖技术纳入生育保险支付范围⑥。《北京市医疗保障局　北京市卫生健康委员会　北京市人力资源和社会保障局关于规范调整部分医疗服务价格项目的通知》将

① 《中共云南省委　云南省人民政府印发〈关于优化生育政策　促进人口长期均衡发展的实施方案〉》，云南省人民政府网，https：//www.yn.gov.cn/zwgk/zcwj/swwj/202209/t20220916_247287.html，最后访问日期：2023 年 6 月 29 日。
② 《宁夏生育二孩、三孩家庭可以申请育儿补贴金啦！》，宁夏回族自治区人民政府，https：//www.nx.gov.cn/zwxx_11337/hygq/202305/t20230510_4058962_wap.html，最后访问日期：2023 年 6 月 30 日。
③ 《银川市卫生健康委员会关于征求〈银川市优化生育政策　促进人口长期均衡发展的实施意见（征求意见稿）〉意见建议的公告》，银川市人民政府网，https：//www.yinchuan.gov.cn/zmhd/yjzj_7926/202302/t20230201_3939547.html，最后访问日期：2023 年 6 月 29 日。
④ 《关于优化生育政策　促进人口长期均衡发展的实施意见》，日照市卫生健康委员会网，http：//wsjkw.rizhao.gov.cn/art/2023/3/16/art_66619_10301136.html，最后访问日期：2023 年 6 月 29 日。
⑤ 《中共衡水市委　衡水市人民政府关于印发〈优化生育政策　促进人口长期均衡发展的支持措施（试行）〉的通知》，衡水市卫生健康委员会网，http：//wjw.hengshui.gov.cn/art/2022/12/14/art_4865_455382.html，最后访问日期：2023 年 6 月 29 日。
⑥ 《转发关于调整辽宁省基本医疗保险、工伤保险和生育保险医疗服务项目目录的通知》（辽市医保发〔2023〕36 号），泰茂医疗器械招标网，https：//www.ylqxzb.com/ZbYibaoInfo/GuideItem2c3d1ccf4a00fdd4.html，最后访问日期：2023 年 6 月 30 日。

16 项辅助生殖技术项目纳入医保甲类报销范围①。

3. 提供住房优惠政策

生育与住房等民生问题密切关联，高房价对生育决策的影响存在消费挤出效应。针对此，不少地方提高多孩家庭购房公积金贷款额度，如沈阳市房产局等 5 部门联合印发的《关于进一步支持刚性和改善性住房需求的通知》规定，多孩家庭使用公积金贷款购买自住住房，贷款限额可放宽到当期最高贷款额度的 1.3 倍②；《广州住房公积金管理中心关于贯彻落实二孩及以上家庭支持政策的通知》提出，生育二孩及以上的家庭（至少一个子女未成年）使用住房公积金贷款购买首套自住住房的，住房公积金贷款最高额度上浮 30%③。为多孩家庭提供购房补贴，如《黄冈市优化生育政策　促进人口长期均衡发展若干措施》规定，二孩家庭享受 5000 元、三孩家庭享受 10000 元的一次性购房补贴④。增加家庭的购房指标，如长沙市《依法生育两个及以上子女的本地户籍家庭购买商品住宅实施细则》规定，依法生育两个及以上子女的长沙本市户籍家庭，符合二孩及以上家庭购房政策认定条件的，可在原有家庭限购 2 套的基础上增加 1 套购房指标⑤。提供家庭租房便利，如《北京住房公积金管理中心关于进一步优化租房提取业务的通知》

① 《北京市医疗保障局　北京市卫生健康委员会　北京市人力资源和社会保障局关于规范调整部分医疗服务价格项目的通知》，北京市人民政府网，https：//www.beijing.gov.cn/zhengce/zhengcefagui/202202/t20220222_2614060.html，最后访问日期：2023 年 6 月 30 日。
② 《关于进一步支持刚性和改善性住房需求的通知》，沈阳市房产局，https：//fcj.shenyang.gov.cn/zwgkzdgz/fdzdgknr/bmwj/202309/t20230904_4521761.html，最后访问日期：2024 年 1 月 28 日。
③ 《广州住房公积金管理中心关于贯彻落实二孩及以上家庭支持政策的通知》，广州市人民政府，https：//www.gz.gov.cn/gfxwj/sbmgfxwj/gzzfgjjglzx/content/mpost_9073423.html，最后访问日期：2024 年 1 月 28 日。
④ 《市人民政府关于印发黄冈市优化生育政策　促进人口长期均衡发展若干措施的通知》，黄冈市人民政府网，http：//www.hg.gov.cn/zwgk/public/content/351880，最后访问日期：2023 年 6 月 29 日。
⑤ 《长沙市住房和城乡建设局　长沙市卫生健康委员会　长沙市公安局依法生育两个及以上子女的本地户籍家庭购买商品住宅实施细则》，长沙市住房和城乡建设局网，http：//szjw.changsha.gov.cn/zfxxgk/fdzdgknr/lzyj/gfxwj/202303/t20230314_11029028.html，最后访问日期：2023 年 6 月 29 日。

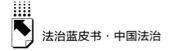

规定，多子女家庭可每月按照实际月租金全额提取住房公积金。为多孩家庭兼顾购房与租房，如《杭州住房公积金管理委员会关于完善多子女家庭住房公积金优惠政策的通知》规定，多子女家庭购买首套普通自住住房且首次申请住房公积金贷款的，贷款额度可按家庭当期最高贷款限额上浮 20% 确定；多子女家庭无房租赁住房提取住房公积金的，提取限额可按规定额度标准上浮 50% 确定①。

4. 促进托育产业发展

目前，全国各地大兴托育产业，多措并举开展托育机构建设。发放一次性建设补贴。例如，杭州市《关于加快产业园区嵌入式幼儿园（含托育）建设的实施细则（试行）》规定，给予新开办的嵌入式幼儿园（含托班）每班 4 万元的一次性开班补助②。按月发放运营补贴，如《哈尔滨市优化生育政策 促进人口长期均衡发展的实施方案》规定，建立普惠托育服务机构运营补贴激励机制，按照每生每月 200 元的标准发放运营补贴③。对托育行业发放职业技能培训补助，如《佛山市优化生育政策 促进人口长期均衡发展的实施方案》规定，对取得母婴类职业技能等级证书、专项职业能力证书、培训合格证书的，按规定给予每人 300 元至 3000 元职业技能提升补贴④。规范托育机构的发展，如《广东省人民政府办公厅关于促进 3 岁以下婴幼儿照护服务发展的实施意见》强调对婴幼儿照护服务机构的指导和管理⑤。进一

---

① 《杭州住房公积金管理委员会关于完善多子女家庭住房公积金优惠政策的通知》，杭州市人民政府网，http：//www. hangzhou. gov. cn/art/2023/4/7/art_ 1229063383_ 1830766. html，最后访问日期：2023 年 6 月 30 日。

② 《市发改委 市教育局 市卫健委关于印发〈关于产业园区嵌入式幼儿园（含托育）建设的实施细则（试行）〉的通知》，杭州市人民政府网，http：//www. hangzhou. gov. cn/art/2021/12/27/art_ 1229063383_ 1808469. html，最后访问日期：2023 年 6 月 29 日。

③ 《哈尔滨市优化生育政策 促进人口长期均衡发展的实施方案》，《哈尔滨日报》2022 年 12 月 1 日，第 7 版。

④ 《佛山：优化生育政策 促进人口长期均衡发展实施方案正式出台》，佛山市卫生健康局网，http：//wjj. foshan. gov. cn/zwgk/zwdt/sjzw/content/post_ 5536953. html，最后访问日期：2023 年 6 月 29 日。

⑤ 《广东省人民政府办公厅关于促进 3 岁以下婴幼儿照护服务发展的实施意见》，广东省人民政府网，http：//www. gd. gov. cn/zwgk/wjk/qbwj/yfb/content/post_ 2924329. html，最后访问日期：2023 年 6 月 30 日。

步支持鼓励非政府机构提供托育服务，中国香港特别行政区社会福利署资助非政府机构提供多元化的幼儿照顾服务，如暂托幼儿服务、延长时间服务、邻里支援幼儿照顾计划等。

5. 保障女性就业权益

各地大力开展女性权益保障工作。保障生育女性就业机会，如《蚌埠市优化生育政策　促进人口长期均衡发展实施方案》对因生育中断就业的女性给予每人 500~2400 元培训补贴①。《广东省人力资源和社会保障厅　广东省妇女联合会关于推行"妈妈岗"就业模式的通知》支持用人单位广泛设置"妈妈岗"、灵活确定"妈妈岗"工作时间，创造生育友好型工作环境②。保障生育女性职业发展，如浙江省《关于鼓励和支持女性科技人才更好发挥作用的若干措施》鼓励女性科技人才生育③。推进母婴设施建设，如《黄冈市优化生育政策　促进人口长期均衡发展若干措施》规定，"爱心母婴室"验收合格的，每个奖 1 万元到 1.5 万元④。中国香港特别行政区政府注重为母乳喂养的女性优化公共环境，支援和鼓励在职女性持续喂哺母乳，并修订《性别歧视条例》，禁止歧视和骚扰喂哺母乳的女性。

6. 塑造儿童友好环境

目前，全国各地积极创建儿童友好城区，塑造儿童友好氛围。提供更多儿童福利，如湖南省委、省政府《关于优化生育政策　促进人口长期均衡

---

① 《中共蚌埠市委　蚌埠市人民政府关于印发〈蚌埠市优化生育政策　促进人口长期均衡发展实施方案〉的通知》，蚌埠发布网，https：//mp. weixin. qq. com/s，最后访问日期：2023 年 6 月 29 日。

② 《广东省人力资源和社会保障厅　广东省妇女联合会关于推行"妈妈岗"就业模式的通知》，广东省人民政府，https：//www. gd. gov. cn/gdywdt/zwzt/wjybjy/zxzc/sj/content/post_4245148. html，最后访问日期：2024 年 1 月 28 日。

③ 《浙江省科学技术厅　浙江省妇女联合会印发〈关于鼓励和支持女性科技人才更好发挥作用的若干措施〉的通知》，科技政策网，https：//heec. cahe. edu. cn/news/zhengce/17301. html，最后访问日期：2023 年 6 月 29 日。

④ 《市人民政府关于印发黄冈市优化生育政策　促进人口长期均衡发展若干措施的通知》，黄冈市人民政府网，http：//www. hg. gov. cn/zwgk/public/content/351880，最后访问日期：2023 年 6 月 29 日。

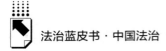

发展的实施方案》规定，14 周岁以下儿童凭有效证件免费乘坐公交、地铁①。提供教育补助，如《泽州县促进人口均衡发展九项措施》规定，在泽州县落户、就业（缴纳社保满一年）的二（三）孩家庭子女，在本县公办托儿所就学，二孩学费减免 50%，三孩学费全免；在本县公办幼儿园就学的二孩、三孩学费全免；在本县私立托育机构和幼儿园就学的，县财政每年给予 2000 元补助②。潍坊市《优化生育政策促进人口长期均衡发展实施方案》规定，2021 年 5 月 31 日后依法生育的三孩就读公办普通高中期间免除学费③。《龙港市育儿友好支持政策实施方案（征求意见稿）》（2022 年~2025 年）规定，三孩在本市公办托儿所、幼儿园就学，学费全免，若在本市民办学校就学，则以公办学校的学费标准补助，三孩家庭子女可免费享受义务教育学校放学后托管服务、初中晚自习服务和暑期托管服务④。中国香港特别行政区教育局自 2017 年起推出"幼稚园教育计划"，九成的半日制幼儿园免费，全日制幼儿园的学费也维持在低水平，有经济需要的家庭还可参与"幼稚园及幼儿中心学费减免计划"，申请学费减免。推进长幼随学，如《济南市优化生育政策促进人口长期均衡发展实施方案》规定，对按政策生育二孩、三孩家庭的子女，协调支持符合入学条件的同一家庭不同年龄段子女同一学区入学⑤。《上虞区优化生育政策（试行）》规定，幼儿园、

---

① 《湖南省委 省政府印发实施方案 优化生育政策 促进人口长期均衡发展》，湖南省人民政府网，http：//www. hunan. gov. cn/hnszf/hnyw/zwdt/202206/t20220621 _ 26267937. html，最后访问日期：2023 年 6 月 29 日。

② 《泽州县人民政府办公室关于印发〈泽州县促进人口均衡发展九项措施〉的通知》，泽州县人民政府网，http：//xxgk. zezhou. gov. cn/xzf/fdzdgknr/fgwj/202301/P0202301135812465174 36. pdf，最后访问日期：2023 年 6 月 29 日。

③ 《中共潍坊市委 潍坊市人民政府关于印发优化生育政策 促进人口长期均衡发展实施方案的通知（现行有效）》，潍坊市卫生健康委员会，http：//wsjkw. weifang. gov. cn/XXGK/ZCFG/202304/t20230412_ 6189891. htm，最后访问日期：2023 年 6 月 30 日。

④ 《关于公开征求《龙港市育儿友好支持政策实施方案》（2022 年~2025 年）意见的公告》，龙港市人民政府，http：//www. zjlg. gov. cn/art/2022/6/28/art _ 1229003937 _ 58955356. html，最后访问日期：2023 年 6 月 30 日。

⑤ 《〈济南市优化生育政策 促进人口长期均衡发展实施方案〉发布》，济南市人民政府网，http：//www. jinan. gov. cn/art/2023/1/11/art_ 1861 _ 4936457. html，最后访问日期：2023 年 6 月 29 日。

小学、初中就学阶段，同一个乡镇（街道）范围内拥有住宅产权和户籍的二孩，可跟随一孩在同一所学校就读；三孩入园、入学不受学区房限制①。《佛山市民办义务教育学校招生工作实施方案（2023 年修订版）》规定，双（多）胞胎申请入读需电脑随机摇号的公民办幼儿园、公民办义务教育学校，实行同号绑定、一并安置；在不超招生计划的前提下，优先补录符合条件的兄弟姐妹。推动儿童友好基地建设，如《深圳市儿童友好实践基地建设指引（试行）》创新性地将深圳儿童友好实践基地划分为图书阅读、展示互动、文艺剧场、体育运动、自然生态、综合服务、社会体验等七个类型，并从空间、服务、文化、运营等四个层面对儿童友好实践基地建设工作进行规范②。

7. 促进家庭组建与生育

生育既涉及个人认知，也涉及社会风尚，针对此，部分地方推进婚俗改革。例如，《江西省农业农村厅推进移风易俗乡风文明三年专项行动实施方案（2022~2024 年）》运用"积分制""清单制"治理高价彩礼、厚葬薄养、大操大办、封建迷信等问题③。以家庭为单位享受政府福利，促进家庭的组建与生育，如《杭州市交通运输局等 6 部门关于发布惠民生 优化小客车其他指标若干政策措施（试行）的通告》规定，多孩家庭可直接申领小客车指标④。《黄冈市优化生育政策 促进人口长期均衡发展若干措施》规定，多孩家庭每年可向当地文旅部门申请免费领取两张黄冈旅游"一票

---

① 《绍兴上虞推出 13 条生育优化政策，条条是干货》，绍兴市人民政府网，http://www.sx.gov.cn/art/2023/4/17/art_1229442513_59447795.html，最后访问日期：2023 年 6 月 29 日。

② 《深圳市儿童友好实践基地建设指引（试行）》，深圳市妇女儿童委员会网，http://www.szfegw.cn/gzdt/tzgg/content/post_714984.html，最后访问日期：2023 年 6 月 29 日。

③ 《江西省农业农村厅关于印发推进移风易俗乡风文明三年专项行动实施方案的通知》，江西省人民政府网，http://www.jiangxi.gov.cn/art/2022/9/16/art_5217_4298061.html，最后访问日期：2023 年 6 月 29 日。

④ 《杭州市交通运输局等 6 部门关于发布惠民生 优化小客车其他指标若干政策措施（试行）的通告》，杭州市人民政府网，http://www.hangzhou.gov.cn/art/2023/3/20/art_1229063383_1830308.html，最后访问日期：2023 年 6 月 29 日。

通"景区旅游年卡①。吉林省委、省政府印发的《关于优化生育政策 促进人口长期均衡发展实施方案》规定，为注册结婚登记夫妻最高提供 20 万元婚育消费贷款，按生育一孩、二孩、三孩分别给予不同程度降息优惠；按政策生育二孩、三孩夫妻创办小微企业，对月销售额 15 万元以下的增值税小规模纳税人，免征增值税②。

二 生育支持仍待继续提升法治保障水平

人口和生育问题是一个巨大的系统工程，生育问题涉及领域多，覆盖范围广，影响因素复杂，既涉及经济问题，也涉及政策问题，既关乎法律保障，也关乎社会风尚，呈现极其复杂的样态。当前，中国的生育政策法规体系建设仍处于起步阶段，未提升至战略高度，体系化构建与法治化建设存在一定不足，导致政策落地落实不够，未能形成政策和法规合力。

（一）中国生育形势呈现巨大的复杂性

1. 社会的结构性问题

低生育率是社会问题的综合结果。群众的经济状况、时间分配、生活质量都会显著影响其生育决定。社会公平、环境友好、生活幸福、保障充分有助于提高公众的生育意愿，保障不足、竞争内卷则阻碍生育率提高。第一，群众生活负担较重。根据国家统计局数据，2021 年中国住宅商品房平均销售价格高达 10396 元/平方米，比 1998 年上涨近 6 倍③。北京、上海住宅商

---

① 《市人民政府关于印发黄冈市优化生育政策 促进人口长期均衡发展若干措施的通知》，黄冈市人民政府网，http：//www.hg.gov.cn/zwgk/public/content/351880，最后访问日期：2023 年 6 月 29 日。

② 中共吉林省委、吉林省人民政府印发《关于优化生育政策 促进人口长期均衡发展实施方案》，吉林省人民政府网，http：//www.jl.gov.cn/zw/yw/jlyw/202112/t20211223_8331736.html，最后访问日期：2023 年 6 月 29 日。

③ 《中国统计年鉴 2022》，国家统计局官方网站，http：//www.stats.gov.cn/sj/ndsj/2022/indexch.htm，最后访问日期：2023 年 6 月 29 日。

品房平均销售价格也已破 4 万元/平方米。部分年轻人因经济负担过重而挤出对包括孩子在内的其他消费需求，选择推迟婚育或减少生育，劳动力市场的不确定性和高昂的养育成本进一步让经济负担重的家庭对生育望而却步。第二，社会竞争压力过大。对于在一线城市打拼的年轻人来说，缺乏生存安全感，容易陷入"内卷"的焦虑情绪，无力无心养育孩子；工作环境不佳、儿童托育服务不可及，更进一步降低了群众的生育愿望。第三，社会生育友好氛围不足。城市适儿化、适老化、适残化规划不足，部分城市无障碍设施建设尚存缺陷。儿童友好基础设施建设用地规划不足，不少中小学校儿童体育活动室内外空间未能得到充分保障。女性社会友好度依然不够，现有职工生育保险难以保障女性因生育带来的经济和职业发展损失，产假落实情况不佳。女性就业不平等现象严重，根据《2022 中国女性职场现状调查报告》，有 61.2% 的女性在求职中被问及婚育情况，比 2021 年增加了 5.4 个百分点。甚至在各类招聘网站的招聘信息中，部分招考岗位直接写明仅招男性。同时，女职工生育后重返职场障碍依然显著，进一步降低了女性的生育意愿。

2. 政策理念尚存不足

中国生育支持政策措施存在积极性不够、实质性措施不多等问题。生育支持是全局性问题，单一部门和单项政策措施难以有效发挥作用。目前中国生育支持政策刚起步，系统性整合和体系化构建不足，政策合力仍待形成，高位推动尚需强化。一方面，从计划生育到生育支持，部分地方和领导干部理念尚未转变，将生育视为负担的落后认识仍然存在，生育政策具有滞后性。例如，生育保险所涵盖的生育医疗费用项目不包括人类生殖辅助技术，遗留的过时计生标语、思想认识等问题仍未得到根本解决，政策理念不适应人口发展的新形势等现象依然存在。另一方面，出台生育支持政策的激励不足。从征收社会抚养费到投入政策、资金、物质保障以支持生育，是国家计划生育政策和人口战略的巨大转变。一些地方和领导干部尚未跟上中央精神，相关法律尚未跟上积极生育支持部署，规范层面缺乏对生育支持经费来源、组织保障的明确要求，存在落地困难。

3.群众生育观念多元

当前，社会流动率的提升促进家庭结构向多元化发展，单亲、丁克、异地等家庭形态越来越多，社会变迁削弱了社会生育基础，婚姻稳定性降低，年轻人生育愿望与信心不足，结婚率不断降低，离婚率连年攀升，平均生育年龄不断抬高。独生子女政策下成长起来的年轻一代，更倾向于从自我独立与自我发展视角看待生育问题，人民群众的家庭观、婚姻观发生剧烈变化，个体自由高于养育责任的社会文化盛行，生育价值观念产生问题。社交媒体也加剧人民群众生育观念的多元与极化，由于生育问题包含诸多社会敏感点，容易发酵成社会广泛关注的网络舆论，阻碍了优良生育观与家庭观的普及，对生育率产生明显冲击。同时，传统错误生育观念也未能得到矫正，产生严重社会后果。受重男轻女观念影响，20世纪80年代开始，中国出生人口性别比逐渐失衡，农村"剩男"问题仍较突出，导致"个人困扰"的婚姻挤压问题可能演变为"公共问题"的人口安全问题，包括妇女买卖、性骚扰、性犯罪等①。

（二）国家生育顶层战略推进仍需强化

1.应对少子化尚未上升为国家战略

在战略构想层面，2020年党的十九届五中全会已将作为"硬币另一面"的"积极应对人口老龄化"上升为国家战略，但"少子化"尚未上升到国家战略高度②，人口政策的国家投入不足。在观念认识层面，基于抑制型生育政策带来的人口惯性和生育观念难以短时间内扭转③。部分地方和领导干部受原计划生育政策以及当前多元思想氛围的影响，存在将生育视为经济负担、认为可以用技术工具解决人力资源不足等错误认识。在政策定位层面，

---

① 任泽平、熊柴、周哲：《中国生育报告2019》，《发展研究》2019年第6期。
② 茅倬彦、罗志华：《加快构建积极生育支持政策体系：现实挑战与策略选择》，《妇女研究论丛》2023年第2期。
③ 陈梅、张梦皙、石智雷：《国外生育支持理论与实践研究进展》，《人口学刊》2021年第6期。

虽然《人口与计划生育法》第18条已经提出，"国家提倡适龄婚育、优生优育。一对夫妻可以生育三个子女"，但国家对生育支持政策的定位不够明晰，很多人仍然误以为最多只能生三孩。

2. 生育支持的机构设置仍待完善

当前生育支持政策制定、组织实施由国家卫生健康委人口监测与家庭发展司主管，但生育支持政策分散在发展改革、财税、社会保障、住房城乡建设、卫生健康、教育、民政、工会、妇联等多个职能部门，人口监测与家庭发展司统筹、监管与评估生育支持政策制定与实施的权限不足、力度不强、职责有限。2022年7月28日，国务院领导同志牵头负责的国务院优化生育政策工作部际联席会议机制建立，但该机制综合统筹作用仍未充分发挥。由于缺乏中央整体统筹与有力推动，各项生育支持政策互不相连，在各机构职责范围内实施，未能形成政策合力，未能构建整体性、系统性的支持体系，未能统筹推进生育友好型社会建设。

3. 生育支持的多元主体协同不够

生育支持措施覆盖生殖健康、妇幼保健、生育保险、生育假期、婴幼儿照护、义务教育、女性权益、儿童友好、婚恋服务、养老照护、住房保障、文化宣传等公民生活各方面，需要中央和地方、政府和社会形成合力，只有国家、市场、社会、个体形成鼓励生育的合意，才能实现激励生育的目的。但目前政府各部门权责划分不明确，部门协同存在障碍，政府职能极易产生政策碎片化造成的政策不匹配、不衔接、难执行等问题。同时，政府和企业、社会也没有形成良好合作关系，鼓励企业参与生育保障的政策法规大都笼统，生育服务领域的规范、标准制定企业参与度不高，社会还未形成激励生育的良好氛围。

（三）生育支持政策的法治保障不足

1. 法治体系未能适应生育政策转向

中国的生育支持以政策为导向，法治化程度不足，还处于政策先行、法律随之修改的状态，生育法治体系未完成转化升级。《个人所得税法》《社会保险法》《劳动法》《妇女权益保障法》等与生育相关的法律修订未能考虑中国从生育限制到生育支持的政策转向，存在大量政策配套法律缺位的情况，法律滞后于生育支持的政策指向，阻碍了积极生育政策的有效推行。例如，《意见》提出，"鼓励实行灵活的工作方式，用人单位可结合生产和工作实际，通过与职工协商，采取弹性上下班、居家办公等工作方式"，但是，《劳动法》等有关法律法规尚未对"弹性工作制"作出细致规定，"弹性工作制"的实施与审批程序、"弹性工作制"和"特殊工时制度"的区别、"弹性工作制"的考核模式等都未经明确，政策落地存在困难。《决定》提出，"支持有条件的地方开展父母育儿假试点"，目前各地也提出增加育儿假、陪产假等，但是，中国暂未建立育儿假与生育保险衔接制度，从《劳动法》角度，生育津贴只是对职工享受生育休假的工资性补偿①，各地规定的生育假期福利无法获得生育津贴保障，生育假执行效果不佳。总之，许多已经部署的生育优惠政策、行政补贴、行政奖励等支持措施的法律衔接不足，财政投入不足，保障力度不够。

2.生育支持法律规范体系不完善

生育权作为生育法治体系的核心，尚未通过高位阶的法律得以确认。中国宪法并未明确将保障公民生育权列为公民基本权利条款，《人口与计划生育法》中"生育的权利"更多是从国家战略角度作出规定，与生育权作为一项基本权利的核心理念有所差别。当前，生育相关领域的法律规范分散，难以有效、全面地保障公民生育权。仅生育保险与生育津贴内容就分散在《社会保险法》《妇女权益保障法》《人口与计划生育法》《女职工劳动保护特别规定》《企业职工生育保险试行办法》等多部全国性法律文件中，缺乏总体统筹。与此同时，生育相关领域的法律法规多以规范性文件形式存在，规范性文件的强制性和规范性不足，统筹级别较低，难以协调全国性生育事务，导致实际操作中仍以各地政策为指导，政策落实程度不够。"试管婴儿""胚胎解冻"等辅助生殖领域存在立法缺位和空白，单身女性生育权的

---

① 冯铁拴：《个人所得税法支持家庭生育的理论逻辑与体系重构》，《南京社会科学》2023年第3期。

保护以及生育权的司法救济等法律也暂未作出规定，导致出现一些黑市，如非法查询胎儿性别、非法代孕、非法冻卵等，生育领域市场秩序混乱。

3. 生育支持基本制度不健全

当前中国生育支持相关法律制度不健全，生育基本制度与法治机制的构建不足。从《个人所得税法》角度看，税法对生育支持的力度不足，中国个人免征额水平相对较高。在目前的税法体系下，纳税之后年净收入超过6万元才可以享受专项附加扣除，"三险一金"的税前扣除、个税教育专项附加扣除对中低收入者来说形同虚设①，未能分担其育儿成本。同时，关于生育津贴的免税规定涵盖的范围较窄，国家仅在 2008 年《财政部　国家税务总局关于生育津贴和生育医疗费有关个人所得税政策的通知》中规定，针对生育妇女，具有生育保险性质的生育津贴享受免税待遇②。从《社会保险法》角度看，生育津贴只能由那些缴纳了生育保险费的用人单位职工享受，没有缴纳生育保险费的用人单位职工、无业人员、未婚生育女性以及未达法定结婚年龄而生育的女性均不能享有生育津贴，生育津贴覆盖的人群有限；由于并非所有生育相关的工资补偿都由生育保险基金支付，各地生育津贴的具体发放存在差异，特别是城乡差异较大，农村妇女获得的生育医疗和公共资源水准远低于城镇，产生实质的社会不公平。辅助生殖技术尚未纳入医保，中国目前不孕不育检查和辅助生殖技术服务的费用成本较高，且不在医保政策范围内③，生育保险覆盖的范围有限。从《妇女权益保障法》角度看，新修订的《妇女权益保障法》涉及生育部分使用的词语是"女职工"，且没有说明"女职工"指的是哪些人群，但生育是绝大部分妇女都可能经历的人生阶段，获得国家在生育方面的保护和帮助是所有女性的基本权利，因此，将生育认定为劳动与社会保障权有所偏差，应当提供更加全面的公法

---

① 茅倬彦、罗志华：《加快构建积极生育支持政策体系：现实挑战与策略选择》，《妇女研究论丛》2023 年第 2 期。

② 《财政部　国家税务总局关于生育津贴和生育医疗费有关个人所得税政策的通知》（财税〔2008〕8 号），2008 年 3 月 7 日发布。

③ 贺丹、史毅：《生育支持政策的系统性重塑：挑战与应对》，《行政管理改革》2023 年第 2 期。

保障。

4. 生育支持法律规范可操作性不足

目前生育保障的部分条款为倡导性条款，比较笼统，适用性与可操作性不强。《妇女权益保障法》《基本医疗卫生与健康促进法》《母婴保健法》都规定了女性生育的保障措施，但对法律责任的规定过于简略，难以追责。例如，《妇女权益保障法》对"劳动就业性别歧视"没有明确的定义[①]。2019年人力资源和社会保障部等九部门出台《关于进一步规范招聘行为 促进妇女就业的通知》，对就业性别歧视作出细化规定，但部门规范性文件的强制性和规范性不足，导致严重侵害结婚、生育阶段妇女劳动权益的行为在司法实践中难以被认定为侵犯劳动权利，公民难以通过司法途径进行救济。在法律监督方面，目前部分地区没有将支持生育的保障措施纳入监督，已经纳入监督机制的，对监督的内容、标准、程序和责任等事项的规定也比较抽象，缺乏具体量化指标，影响生育政策的实施效果[②]。

（四）地方政策落地效果有待改进

1. 部分政策实践与中央部署脱节

虽然《人口与计划生育法》第四章明确规定了"奖励与社会保障"内容，公民享有生育权利与福利，但是，部分区县政府未能深入贯彻落实《人口与计划生育法》，尚未编制本行政区域的人口发展规划，未能形成宏观部署，整体统筹不足。对生育措施的执行机制不健全，部分地方尚未建立一把手负责机制和部门联动协同机制，生育支持措施经费投入统筹仍显不足。另外，尽管《决定》和《意见》均明确提出地方政府在配备公租房时可以适当照顾有未成年子女的家庭，但仍然有部分地方政府没有将家庭未成年子女数量作为纳入保障性租赁住房的分配条件。在托育支持和女性权益保

[①] 曹薇薇：《我国妇女权益保障立法体系完善——以〈妇女权益保障法〉修改为契机》，《人权》2022年第3期。

[②] 唐梅玲、王浩：《三孩政策下激励型生育保障措施法治化研究》，《湖北社会科学》2022年第7期。

障方面，部分地方政策也存在较大缺口，且普遍执行情况不佳。

2. **未能充分满足群众的生育需求**

生育领域的公共服务不足，忽视了部分公民真实的生育需求。在降低生育成本方面，目前的经济支持政策仍以补缺型和选择性为主，在鼓励生育方面难以发挥最大效用①。在时间支持方面，仅个别省份探索实施父母育儿假，政策覆盖面不足，且并未对父亲假配额作出明确规定，易造成女性的家庭与工作进一步失衡。在托育服务方面，供给缺口大，托育政策有待进一步落地。根据国家卫生健康委人口家庭司数据，0~3 岁婴幼儿家庭中超过 1/3 的城市家庭明确表示存在托育需求，但 2022 年实际入托率仅为 5.5%左右。

3. **生育支持未形成良好社会效应**

生育决策基于民众综合性考量，解决生育问题是社会系统性工程，"单兵独进"的生育政策往往难以取得良好成效。部分政策只规定生育福利，未规定监管保障措施，缺乏女性关怀视角考量；只指向"三孩"家庭，对"一孩"没有给予足够的关注；只关注"生"，未能覆盖孩子成长全周期，没有在全社会形成儿童友好氛围；个别地区粗暴"催生"，"抖机灵""灌鸡汤"式宣传和简单粗暴的宣传标语引起社会公众逆反心理，对良好生育观念的正向引导不足，对社会生育友好氛围的营造不足，未能整体推进生育友好型社会建设。

三　进一步强化生育支持的法治保障

《决定》提出，"到 2035 年，促进人口长期均衡发展的政策法规体系更加完善"。生育问题涉及面广、问题多、困难大，是系统性、综合性、复杂性问题，需要引起中央高度重视，加强顶层战略布局和系统化高位推进。建议尽快成立中央人口与家庭发展委员会，强化部门协同和社会协同，出台专

---

① 任远：《低生育率社会的家庭制度建设》，《探索与争鸣》2021 年第 1 期。

门的"人口与生育服务保障法"，以法治保障推动达到适度生育水平、促进人口长期均衡发展。

（一）将应对少子化上升为国家战略

人口问题始终是一个全局性、战略性问题，应从强国建设、民族复兴的战略高度，完善新时代人口发展战略，促进人口高质量发展。要将应对少子化上升为国家战略，从理念上树立起人口是根本财富、生育是发展动力的先进理念，高度重视，统一思想，凝聚共识，动员全党全社会力量，大幅度增加生育财政投入，统筹应对生育率的风险与挑战。加强统筹布局，可以成立中央人口与家庭发展委员会，设立相应工作部门，进一步整合分散在卫生健康、发展改革、教育、民政、财税、人力资源社会保障、工会、妇联等部门的相关职能，以人口发展为核心目标，更强有力地高位推动。

（二）将生育权作为生育政策核心理念

生育权可在人口政策、人口法治以及人口发展等方面产生特定的法政策功能[①]。面对生育率快速下降的人口形势，生育作为一项权利和自由，理应受到充分保障，"还权于民"的向度不可逆转[②]。要充分发挥和实现生育权对生育政策的引导作用。一方面，鼓励生育，从法律层面确立鼓励生育的价值导向，明确将生育权、鼓励生育写入法律，细化鼓励生育措施，提供促进生育的条件。另一方面，保障生育，生育权是公民个人的基本权利，公民在生育过程中遇到困难，享有对国家的主观请求权，国家与政府有提供帮助与救济的义务。适时制定人口与生育服务保障法，以统筹现有的生育支持法律法规政策，切实为提升适度生育水平提供法律保障。

[①] 张震：《从生育政策到生育权：理论诠释、规范再造及功能定位》，《当代法学》2023年第2期。

[②] 王卫：《论中国生育权公法调节的范围和边界》，《人民论坛·学术前沿》2020年第10期。

（三）完善生育支持的法律规范体系

健全完善公民生育权保障法律体系，推动生育法治体系由传统"限制生育"向"支持生育"转变。第一，统筹分散在《人口与计划生育法》《基本医疗卫生与健康促进法》《社会保险法》《妇女权益保障法》中的生育支持法律规范，推动政策与配套法律衔接、法律与法律衔接，以及上位法与下位法的衔接，形成生育法治体系与政策体系的合力。例如，在《劳动法》中完善弹性工作制度。第二，调整生育相关法律规定以支持生育政策的价值取向。例如，《个人所得税法》拓宽生育津贴免税待遇的范围，将用人单位的生育休假工资、男职工获得的生育津贴等项目一并纳入，进一步探索增设子女抚养专项附加扣除，充分发挥《个人所得税法》支持家庭生育的作用。在《妇女权益保障法》中将生育部分的法律从第五章"劳动和社会保障权益"调整至第三章"人身和人格权益"，确保所有女性均有权获得国家生育保护政策支持①。第三，细化相关规范，提高生育规范的可操作性。例如，对《妇女权益保障法》《基本医疗卫生与健康促进法》《母婴保健法》等法律规定的法律责任进行细化，为公民权利救济提供法律途径。明确《妇女权益保障法》中各个部门机构防治就业性别歧视的职责，规定联合约谈司法前置程序，完善司法救济机制。第四，填补生育相关领域的立法空白。针对新的生育诉求，如冻卵技术、人工授精、试管婴儿等，尽快出台相关法律规范，针对未婚生育女性等群体，要提高法律包容度。第五，进一步清理和废除传统抑制生育的法律法规，将入户、入学、入职、职称职务职级晋升以及代表委员选任等与个人生育情况全面脱钩。

（四）重塑生育支持的法律制度框架

重塑生育保险制度、托育公共服务制度、生殖健康服务制度等生育基本

---

① 邓丽、薛宁兰、刘小楠、任大鹏、刘岩、金眉、马春华、张永英、谭琳：《妇女权益保障的新起点——〈妇女权益保障法〉理解与适用专家座谈会纪要》，《妇女研究论丛》2022年第 6 期。

制度框架。第一，生育保险制度方面，改善生育全周期医疗服务，建立覆盖城乡居民的生育保险制度，将生育保险覆盖范围从职工医保参保人员拓展至居民医保参保人员，逐步将不孕不育检测费用、适宜的分娩镇痛、辅助生殖技术项目按程序纳入医保基金支付范围。落实育儿假制度，通过提高男性休假补贴比例，鼓励夫妻共享延长的生育假和育儿假，探索延长的育儿假与生育保险衔接制度。建立由财政支持、资金来源多元的社会福利性质的城乡居民生育津贴、育儿假薪酬、育儿补贴制度，进一步缩小城乡生育医疗与公共资源差异。第二，托育服务制度方面，尽快制定出台托育法，通过幼儿园托幼一体化、社区举办托育园、机关企事业单位举办福利性托育园、市场化托育服务等多种形式，加大托育服务建设力度。明确政府主导、社会广泛参与的普惠性婴幼儿照护服务供给机制，政府制定公办托育机构的收费标准，加强对普惠托育机构的监管。对0~3岁愿意将婴幼儿送往公立托育机构的家庭每月额外发放一定金额的育儿津贴或育儿券，保障群众的基本托育服务需求。第三，生殖健康服务方面，积极稳妥鼓励人类辅助生殖技术研发，提高不孕不育防治水平，国家合理设定人类辅助生殖服务收费标准，避免过高收费，专项惩治生育相关黑灰产业，规范生育领域市场秩序。发展冻卵技术，探索逐步放宽对未婚冻卵的限制条件，保障单身女性的生育权利。推进人类辅助生殖技术制度建设，加强服务监测与信息化管理。开展生殖健康促进行动，增强群众保健意识和能力。

（五）提升政府生育公共服务能力

人口政策从"管制型"向"服务型"转变[1]，生育支持措施需要政府"积极行政"，各级政府要明确生育对象的主体地位，切实保障生育对象的生育权、生命健康权、劳动就业权等权利的实现[2]，提高提供生育公共服务

---

[1] 曹薇薇、杜昕璇：《人口政策转型期女性友好型生育保障法律制度构建路径》，《山东女子学院学报》2021年第3期。

[2] 唐梅玲、王浩：《三孩政策下激励型生育保障措施法治化研究》，《湖北社会科学》2022年第7期。

的能力与水平。要将支持生育作为持久战，而非当作快打快收的攻坚战，重点关注劳动就业、社会保障、家庭福祉、医疗教育、女性权益、儿童友好等重点难点焦点问题。构建全覆盖的生育支持体系，建立覆盖生命、成长全周期，面向全孩次，兼顾社会经济文化多方面的生育支持体系，包括婚恋服务、生殖健康、妇幼保健、生育保险、生育假期、婴幼儿照护、学前教育、义务教育、女性权益、儿童友好、就业服务、住房保障、文化宣传、养老照护。各级政府要加强部门协同，各部门按整体规划，明确责任主体，加强统筹，各司其职、各尽其责，全方位发力、全链条协同，形成政策联动。统筹社会力量进入生育领域，在全社会塑造支持生育友好氛围，充分发挥各类媒体作用和群团组织优势，创作和宣传积极向上的文艺作品，建设社会主义新型生育文明。坚持长期发力，改善与提振公众生育意愿。

（六）做好组织保障与监督落实

各地政府建立一把手亲自抓、负总责机制，健全组织领导，强化统一领导，严格贯彻落实上级关于优化生育政策工作的决策部署，完善考核机制，强化目标管理，确保责任到位、措施到位、投入到位、落实到位。将生育支持纳入各地各相关部门的发展规划，使"生育支持"成为评价工作实效的重要指标。探索公共政策生育友好评估制度。各部门出台公共政策前，在条件允许的情况下，由卫生健康部门牵头举行专家论证会，开展生育友好情况评估，避免出台不利于生育的公共政策。国家统计局与地方统计局定期对人口、劳动力、社会发展基本情况实施统计调查和社会调查，基于多源数据，定期开展生育政策实施效果追踪，对政策措施的全面性、包容性和公平性进行综合评价。构建监督机制，确保法律规范的实施效果。加强政府内部监督，政府依法履行生育支持政策落实情况的督查、督办职能，形成良性互动与反馈机制，强化社会监督，推动生育政策走深走实。

B.8
政府投资基金高质量发展中的
法律问题及建议

北京市财政局政府投资基金调研课题组*

摘　要：　政府投资基金是扩大有效投资、加快产业结构优化升级、支持企业前瞻布局基础前沿、推动科技创新和技术进步的重要保障，对大力推进中国式现代化有重要意义。自20世纪80年代中期以来，中国政府投资基金经历了萌芽、平稳发展和高速发展期。目前，中国政府投资基金还存在诸如基金管理制度的法律位阶不高、相关依据不健全、管理职责不统一、政策目标重复、基金目标与效果相差明显、内部治理结构不完善等问题。为此，应加强顶层设计，制定统一立法，强化立法机构监督，严格规范基金设立，强化目标和效果导向，进一步完善基金内部治理结构，以推动中国政府投资基金高质量发展，更好地发挥引领、支撑作用。

关键词：　政府投资基金　引导基金　高质量发展

一　引言

随着中国市场经济的深入发展，政府的作用也在发生变化。在投资领

---

* 课题组组长：陈以勇，北京市财政局法制处处长、二级巡视员；赵馨，北京市财政局金融处处长、二级巡视员；范学智，北京市顺义区财政局党组书记、局长、二级巡视员。课题组成员、执笔人：金竹，北京市财政局金融处副处长；黄晋，中国社会科学院国际法研究所竞争法研究中心主任、副研究员；李娜，北京市顺义区财政局四级调研员。

域，政府投资基金正扮演着越来越重要的角色。特别是在中国私募股权投资市场，各级政府大力支持创新、积极发展政府投资基金，在母基金下设立作为有限合伙的子基金，支持创新型企业和高科技企业，已经成为该市场中一股极为重要的力量。

根据当前的法律法规及相关文件，广义上政府出资设立的投资基金涉及三种类型，分别是创业投资引导基金、政府出资产业投资基金和政府投资基金。创业投资引导基金是由政府设立并按市场化方式运作的政策性基金，主要通过扶持创业投资企业发展，引导社会资金进入创业投资领域，基金本身不直接从事创业投资业务，其资金来源包括支持创业投资企业发展的财政性专项资金、基金的投资收益与担保收益、闲置资金存放银行或购买国债所得的利息收益以及个人、企业或社会机构无偿捐赠的资等[①]；政府出资产业投资基金，是指由政府出资，主要投资于非公开交易企业股权的股权投资基金和创业投资基金，其资金来源包括财政预算内投资、中央和地方各类专项建设基金及其他财政性资金，采用公司制、合伙制、契约制等多种组织形式[②]；政府投资基金，是指由各级政府通过预算安排，以单独出资或与社会资本共同出资设立，采用股权投资等市场化方式，引导社会各类资本投资经济社会发展的重点领域和薄弱环节，支持相关产业和领域发展的资金，其政府出资的资金来源为一般公共预算、政府性基金预算、国有资本经营预算等安排的资金，采用的组织形式有公司制、有限合伙制和契约制等[③]。

各地政府对政府出资设立的投资基金存在不同的表述，且在制定本地相关管理政策时，均分别以《政府投资基金暂行管理办法》（财预〔2015〕210号）和《政府出资产业投资基金管理暂行办法》（发改财金规〔2016〕

---

① 《国务院办公厅转发发展改革委等部门关于创业投资引导基金规范设立与运作指导意见的通知》，商务部网站，http：//www.mofcom.gov.cn/aarticle/b/g/200812/20081205924175.html，最后访问日期：2023年12月20日。

② 《政府出资产业投资基金管理暂行办法》，国家发展改革委，https：//www.ndrc.gov.cn/xxgk/zcfb/ghxwj/202006/P020200616534029012811.pdf，最后访问日期：2023年12月20日。

③ 《政府投资基金暂行管理办法》，财政部，https：//www.gov.cn/gongbao/content/2016/content_5051233.htm。

2800 号）为依据。各地的法规或规范性文件中有"政府投资基金""产业引导股权投资基金""股权投资引导基金""创业投资引导基金""产业转型升级投资基金""政府投资引导基金"等不同称谓。其中，广泛提及的"政府产业引导基金""政府引导的产业投资基金""政府引导基金"大都满足前述定义，从严格意义上讲，以上表述应当属于财政部预算司规定的"政府投资基金"以及国家发展改革委财金司规定的"政府出资产业投资基金"的范畴。《政府投资基金暂行管理办法》明确，政府出资设立投资基金，应当由财政部门或财政部门会同有关行业主管部门报本级政府批准，且各级财政部门设立投资基金应支持创新创业、支持中小企业发展、支持产业转型升级和发展、支持基础设施和公共服务等领域；《政府出资产业投资基金管理暂行办法》明确，政府出资产业投资基金主要投资非基本公共服务、基础设施、住房保障、生态环境、区域发展、战略性新兴产业和先进制造业、创业创新等领域。考虑到上述基金均为政府出资，为方便论述和分析，故选取"政府投资基金"作为统一表述的标题①。此外，由于参考数据使用了"政府引导基金"的表述，为方便阅读，本文因此也保留了该表述。

本文将从政府投资基金的发展演进、运营管理及相关法律与政策、政府投资基金发展中面临的问题以及政策建议等三个方面进行讨论，旨在为中国政府投资基金高质量发展及支持科技创新提供一些建议。

二　政府投资基金的发展演进、运营管理及相关法律与政策

（一）政府投资基金的起源及发展

1. 政府投资基金的起源

政府投资基金的起源可以追溯到 20 世纪 50~60 年代，当时日本、美国

---

① 《政府投资基金暂行管理办法》和《政府出资产业投资基金管理暂行办法》均明确了基金为政府出资设立的条件。

等一些国家开始意识到政府在经济发展中的重要作用，为促进特定产业发展和提升国家经济实力，开始设立了类似的基金①。以日本为例，20世纪50年代到60年代，日本设立了钢铁、造船、电力、石油、化工工业等投资基金，旨在通过政府的支持和投资来促进关键产业的发展。又以美国为例，第二次世界大战后，考虑到投资者受风险小、回报快等商业因素影响大多会选择一些发展稳定、处于中后阶段的企业，而处于早期发展阶段的企业严重缺乏资本支持，美国因此于1958年通过了《小企业投资法》，并成立小企业管理局，负责小企业投资公司（Small Business Investment Company，SBIC）计划的落地；次年，正式成立了第一家小企业投资公司。日本、美国等国家设立的投资基金通常由政府出资设立，旨在通过投资、贷款或担保等方式，支持特定产业和企业的发展。这些相关基金的设立标志着政府在经济发展中发挥着更为积极的作用，促进了日本、美国等国家产业和企业的发展。该模式后来为其他国家所借鉴和发展，成为一种重要的经济政策工具。

在中国，政府投资基金起源于20世纪80年代末90年代初。在当时，中国政府为支持国家重点产业和战略性新兴产业发展开始设立各类基金。这些基金促进了中国一系列关键产业的发展，如信息技术、新能源、生物科技等。相关基金中最著名的应当是国家科技攻关基金，该基金由政府设立，旨在促进科技创新和技术进步。此外，中国政府还设立了国家基础产业发展基金，用于支持基础产业的发展。国家科技攻关基金和国家基础产业发展基金等为科技和基础产业发展奠定了重要基础。

2. 政府投资基金的发展

政府投资基金在经济发展中发挥着重要作用，逐渐为各国所认识，并加以借鉴和发展。第一，政府投资基金可以通过资金支持、投资引导等方式，促进战略性新兴产业的发展和产业升级，推动经济结构转型和升级；第二，

① Shinji Yoshioka and Hirofumi Kawasaki："Japan's High-Growth Postwar Period：The Role of Economic Plans"，https：//www.esri.cao.go.jp/jp/esri/archive/e_rnote030/e_rnote027.pdf，最后访问日期：2023年12月20日。

政府投资基金可以用于支持科技创新和技术研发,推动新技术、新产品的研发和应用,提高产业竞争力和创新能力;第三,政府投资基金可以用于支持中小微型企业的发展,提供融资、培训、市场拓展等支持,促进创业创新和就业增长;第四,设立政府投资基金可以吸引国内外投资者参与战略性产业的发展,增强资本市场的活跃度,促进产业发展和经济增长;第五,政府投资基金还可以用于支持国际合作项目,促进跨国投资、技术转移和合作研发,推动产业国际化和全球价值链整合。考虑到政府投资基金在克服市场失灵、发挥政府作用中的积极效果,以及在促进产业发展、推动经济增长、促进创新创业等方面能够发挥重要作用,同时也是政府引导产业发展和经济转型升级的重要工具之一,各国高度重视政府投资基金,积极推动政府投资基金在本国的设立和发展。在中国,中国政府投资基金发展可分为三个阶段。

第一阶段是 20 世纪 80 年代中期至 2008 年国际金融危机发生之前,是中国政府投资基金发展的萌芽期,政府投资基金整体处于探索发展阶段[1]。在中央层面,1985 年 3 月,《中共中央关于科学技术体制改革的决定》提出"创业投资"概念。随后国务院正式批准成立中国第一家以直接投资为主的创业投资公司——中国新技术创业投资公司("中创公司"),该公司主管部门为国家科委。2002 年中国通过《中小企业促进法》,明确"中央财政应安排中小企业发展专项资金来支持中小企业的发展,地方政府则根据实际情况予以财政支持"。中关村创业投资引导资金随即成立,政府投资基金开始迅猛发展。2007 年 7 月,财政部、科技部发布《科技型中小企业创业投资引导基金管理暂行办法》,第一只国家级投资引导基金——"科技型中小企业创业投资引导基金"同期正式启动。2007 年内蒙古筹集100 亿元设立国内第一支矿业投资基金——内蒙古矿产资源产业投资基金[2]。

---

① 尹振涛:《我国产业投资基金的特征、问题与对策》,《经济纵横》2020 年第 1 期。
② 王婷钰:《内蒙古产业投资基金发展问题和对策》,《中国乡镇企业会计》2012 年第 9 期。

第二阶段是 2008 年国际金融危机爆发至 2014 年，产业投资基金经历政府引导、市场主导双驱动的平稳发展期。在此期间，"产业投资基金"开始崭露头角。"十二五"发展规划纲要发布后，2011 年 7 月，国家科技成果转换基金、国家文化产业投资基金相继设立。在省级和市级层面，上海、杭州、北京、武汉、广州、西安、天津、深圳等地也纷纷成立政府投资基金，这些政府投资基金大多采用市场化方式，取得了较好的投资效益，发挥了产业促进功能。

第三阶段是 2015 年至今，是政府主导型产业投资基金高速发展期。2015 年 6 月，国务院印发的《国务院关于大力推进大众创业万众创新若干政策措施的意见》提到，"建立和完善创业投资引导机制""发展国有资本创业投资"，加快设立国家新兴产业创业投资引导基金、国家中小企业发展基金，鼓励各地方政府建立和完善创业投资引导基金等。同年 8 月，目标总规模 400 亿元的"国家新兴产业创业投资引导基金"设立方案得到正式批复。2015 年 9 月，国务院常务会议决定设立"国家中小企业发展基金"，由中央财政先行出资，引导民营和国有企业、金融机构、地方政府等共同参与，重点投资科技型、创新型、成长型中小企业。同样在 2015 年前后，产业类、基础设施/公共服务类基金也开始进入高速发展期。从政府引导基金的市场规模来看，截至 2022 年底，中国共设立了 2100 余只政府引导基金，目标规模约 12 万亿元人民币①。在中央层面，根据发起方不同，国家级政府引导基金又可划分为科技部发起、国务院国资委发起、工业和信息化部发起、国家发展改革委发起等。当前，不同部委发起设立的引导基金有不同的侧重投资方向和领域，分别代表了各大部委的重点扶持方向和产业发展重点②。科技部发起的政府引导基金，旨在加速科技成果资本化、产业化，促进经济发展新旧动力转换，提高全要素生产率；国务院国资委发起的政府引导基金，主要

---

① 《政府引导基金名录（2023）第一期：国家级政府引导基金》，https：//mp. weixin. qq. com/s?，最后访问日期：2023 年 12 月 20 日。

② 《政府引导基金名录（2023）第一期：国家级政府引导基金》，https：//mp. weixin. qq. com/s?，最后访问日期：2023 年 12 月 20 日。

目的在于通过股权投资手段，引导社会资本参与推进国企改革，深化国企结构调整；工业和信息化部设立的政府投资基金更多关注先进制造、集成电路等重点生产领域的创新与转化①。根据 2023 年北京市基金业协会的相关统计，2023 年名录收录国家级政府引导基金 22 支（见表 1）；新增的国家绿色发展基金、中国文化产业投资基金二期均是 2020 年新设立的国家级政府引导基金；增补的国家级引导基金包括先进制造产业投资基金、中央企业乡村产业投资基金、中国政企合作投资基金、现代种业发展基金等，均在 2020 年前后发现有投资子基金的情况；此外，也有一些 2014~2015 年设立的国家引导基金已经进入退出期，2020 年以来未见新的子基金投资②。根据《2022 中国母基金全景报告》的数据，截至 2022 年 12 月 31 日，中国母基金全名单共包括 350 只母基金，总管理规模达 45681 亿元。其中，政府引导基金 258 只，总管理规模达 36067 亿元③。

从表 1 可以看出，在中央层面，中国政府通过设立各种投资基金，旨在推动产业转型升级、促进国有企业改革、支持中小企业和新兴产业发展，推动战略性产业发展等。

表 1　2023 年国家级政府投资基金名录

序号	名称
1	国家科技成果转化引导基金
2	国家中小企业发展基金
3	国家新兴产业创业投资引导基金
4	中国国有企业结构调整基金
5	中国国有资本风险投资基金
6	国新国同基金

---

① 《政府引导基金名录（2023）第一期：国家级政府引导基金》，https：//mp. weixin. qq. com/s？，最后访问日期：2023 年 12 月 20 日。

② 《政府引导基金名录（2023）第一期：国家级政府引导基金》，https：//mp. weixin. qq. com/s？，最后访问日期：2023 年 12 月 20 日。

③ 《撬动地区产业升级　政府引导基金规模超 3.6 万亿元》，https：//fund. eastmoney. com/a/202303012648978016. html，最后访问日期：2023 年 12 月 20 日。

序号	名称
7	中央企业国创投资引导基金
8	国家集成电路产业投资基金
9	国家服务贸易创新发展引导基金
10	国家战略性新兴产业发展基金
11	中国农垦产业发展基金
12	国家制造业转型升级基金
13	先进制造业产业投资基金
14	先进制造产业投资基金二期
15	中国文化产业投资基金二期(有限合伙)
16	国家绿色发展基金
17	中央企业乡村产业投资基金
18	中国政企合作投资基金
19	现代种业发展基金
20	国创母基金
21	国协一期股权投资基金
22	国新央企运营基金

在省级层面，与国家级政府投资基金不同，省级的战略定位是发展区域经济。截至 2021 年 6 月，全国 31 个省级行政区（除港澳台地区）都设立了引导基金，全国共有省级引导基金 341 支①。根据 2023 年的统计，新疆 PPP 政府引导基金、甘肃省公路基金、四川产业发展投资基金、山西太行基金、江西省发展升级引导基金、北京市政府引导基金等目标规模均超千亿元②（见图 1）。

在市级和区县级层面，深圳、广州、苏州、常熟、厦门、合肥、青岛、

① 《中国区县级引导基金的发展特点、现存问题与思考建议》，https：//www.sohu.com/a/486687530_ 120866873。

② 《中国各级政府产业引导基金概况（附省级、地市级与县区级引导基金榜单）》，https：//mp. weixin. qq. com/s？，最后访问日期：2023 年 12 月 20 日。

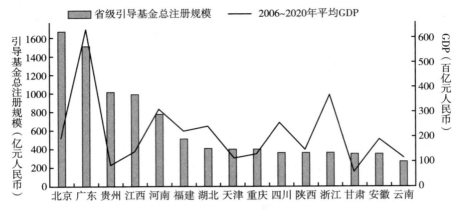

图1　各省级行政区省级引导基金总注册规模与其2006~2020年平均GDP

数据来源：清科私募通数据库、企查查、横琴金投公司。

武汉、西安、安庆、安顺等多个市或者辖区县也建立了政府投资基金①。
2020年以来，深圳市区新增政府引导基金2支；深圳市天使母基金作为全
国首个天使母基金，连续多年稳定出资子基金，并带动了区级天使母基金的
设立②（见表2）。

表2　深圳地区政府引导基金名录

序号	名称
1	深圳市政府投资引导基金
2	深圳市天使母基金
3	国资改革与战略发展基金（鲲鹏基金）
4	深汕望鹏引导基金
5	深圳市福田引导基金
6	深圳市南山区产业发展投资引导基金
7	深圳市罗湖区政府投资引导基金
8	深圳市龙岗区政策性投资引导基金

---

① 《中国各级政府产业引导基金概况（附省级、地市级与县区级引导基金榜单）》，https：//
mp. weixin. qq. com/s?，最后访问日期：2023年12月20日。

② 《政府引导基金名录（2023）第五期》，https：//www. sohu. com/a/738699090_ 121360650，
最后访问日期：2023年12月20日。

序号	名称
9	深圳市龙华区引导基金
10	深圳市龙华区天使投资引导基金
11	前海深港现代服务业合作区产业投资引导基金
12	光明新区政府投资引导基金
13	宝安区产业投资引导基金
14	坪山区政府投资引导基金

总的来说，中国越来越重视政府投资基金在市场经济发展中的引领作用。2015 年后，政府投资基金高速发展，从中央、省到市县都建立了政府投资基金，围绕产业结构升级、新兴产业发展和技术创新等，发挥了重要的扶持作用，解决了相关企业的融资问题。当前，中国政府投资基金因地区差异的多面性和国家政策的不断调整，形成了复杂多样的运转模式。

（二）政府投资基金的运营及管理

从全球政府投资基金发展情况来看，各国政府并没有统一的政府投资基金，因此各国对政府投资基金的运营和管理没有统一的标准。实践中，产业引导和创新支持通常是由政府不同部门、机构和基金共同承担的。这些机构可能包括经济部门、能源部门、教育部门、政策发展部门以及政府出资的政策银行等。它们通过提供资金支持、技术合作、政策指导等多种形式的支持，以促进本国的产业发展和数字化转型、中小企业促进以及新技术发展和商业创新。因此，在政府投资基金的运营和管理中，政府会基于政府投资基金对产业引导和创新支持的作用设计和采取了多元化管理模式和运营方式，以适应不同产业和创新领域的需求。政府投资基金的运营和管理通常包括以下方面内容。

一是政府投资基金的目标制定。政府投资基金的运营和管理首先需要明确发展的目标和投资重点。政府投资基金通常由产业主管部门、财政部门、发展改革部门（投资部门）、科技行政部门或者国有资产管理部门等发起设立，设立时有必要明确基金设立的目标、性质和基金规模、存续期限、支持的产业领域和投资产业阶段、投资的策略和投资方向、与市场化原则的匹配程度、运营和管理模式以及相关制度等。

二是资金募集。政府投资基金的资金来源通常包括国际机构援助、政府财政预算资金、财政专项资金、其他政府产业基金的投资收益及利息收入、国有资产收益、特定税收收入、社会资本以及无偿赠款等。政府投资基金的资金来源不涉及通过金融市场发行特定基金债券来筹集资金。一般而言，政府通过金融市场发行特定基金债券来筹集资金，仅为支持特定产业的发展或创新项目，而不是认缴政府投资基金的份额。此外，当前，政府投资基金的资金募集均需要考虑制定合理的募集方案，以吸引更多社会资金参与；同时，确保政府投资基金的资金来源合法合规和透明度也是至关重要的。

三是投资决策和基金管理。政府投资基金的投资管理活动通常是由专业的投资机构负责，并由相关政策给予支持，以确保资金的有效利用和项目的成功实施。投资机构需要根据基金的投资方向和政策导向，选择合适的投资项目进行投资。基金管理团队需要制定投资策略，包括项目筛选、尽职调查、风险评估等程序。投资决策需要考虑项目的战略意义、技术前景、市场潜力等因素。同时，为有效管理基金资金，包括资金分配、投资组合管理、风险控制等，基金还需要建立健全财务管理和报告制度。

四是风险控制和项目支持。政府投资基金的投资存在一定风险，因此需要建立完善的风险控制机制，对投资项目进行严格的风险评估和监控，确保基金的安全和稳定。同时，为更有效地帮助相关企业，政府投资基金通常会为受援企业或者项目提供资金支持、技术支持以及市场推广等服务，以帮助受援企业或项目实现发展目标。

五是绩效评估。政府投资基金的绩效评估通常由政府部门或相关机构负责，评估内容涉及基金的经济效益、创新效益、社会效益、财务绩效、风险管理等，评估结果将作为基金管理机构的考核依据。其中，经济效益评估涉及评估基金投资对经济的影响，包括对就业、国内生产总值、出口等方面的影响；创新效益评估涉及对产业创新能力和技术进步的促进作用，包括对新技术、新产品的研发和应用情况的评估；社会效益评估涉及对社会的影响，包括对环境、社会责任、社会福利等方面的影响；财务绩效评估涉及评估基金的财务绩效，包括对投资回报率、资产负债比、现金流等方面的分析；风险管理评估涉及评估基金投资的风险管理情况，包括对投资项目的风险评估、风险控制措施等方面的分析。

总之，对政府投资基金的运营和管理通常以法律为基础，同时根据科学、规范、透明等原则，以充分发挥政府和市场的作用，促进产业发展和升级、技术进步和创新以及经济增长和可持续发展。

（三）政府投资基金的相关法律及政策

从全球来看，各国虽然没有使用单行法方式对政府投资基金进行立法，但各国政府投资基金一直在法律框架下运行。为充分发挥政府投资基金促进产业发展、实现结构升级、推动创新和解决市场失灵的重要作用，德国、日本等国政府制定了多部法律调整设立政府投资基金，推动产业发展和激发市场创新活力。以德国为例，早在 1948 年，德国就通过《德国复兴信贷银行法》，利用开放性金融方式为战后德国复兴提供融资，之后通过修订该法，将欧洲复兴计划基金变更为长期投资贷款的循环基金，支持德国企业发展、产品出口和技术创新并持续运营至今。2013 年 7 月，德国财政部与德国联邦经济和技术部经与德国联邦金融监管局和德国联邦银行协商后，进一步发布了《德国复兴信贷银行条例》，明确了对德国复兴信贷银行进行监管所适用的法律，以强化对德国复兴信贷银行的监管①。

与德国相比，中国调整政府投资基金的法律法规层级较低。尽管《关于创业引导基金规范设立与运作指导意见》和《证券投资基金法》分别对

---

① KfW Regulation，https：//www. kfw. de/PDF/Download – Center/Law – Concerning – KfW/kfW – Regulation. pdf，最后访问日期：2023 年 12 月 20 日。

政府投资基金作出了一些规定，但没有针对政府设立投资基金作出专门规定。实践中，针对政府投资基金的法律规范还仅限于部委规章和行政规范性文件等。例如，2006 年施行的国家发展改革委等 10 部门出台的《创业投资企业管理暂行办法》、2008 年发布的《国务院办公厅转发发展改革委等部门关于创业投资引导基金规范设立与运作指导意见的通知》、财政部《政府投资基金暂行管理办法》以及国家发展改革委《政府出资产业投资基金管理暂行办法》等。事实上，地方各级政府建立政府投资基金的依据主要是《政府投资基金暂行管理办法》和《政府出资产业投资基金管理暂行办法》两个行政规范性文件。截至 2020 年底，中国政府投资基金的数量占政府引导基金总数的 61%；截至 2022 年末，各级政府共成立 1531 只政府引导基金，自身规模累计达 27378 亿元①。面对如此庞大的政府投资基金规模，中国调整政府投资基金的相关管理制度供给明显不足，无法适应政府投资基金高质量发展的需要。

此外，《政府投资基金暂行管理办法》与《政府出资产业投资基金管理暂行办法》分别对政府投资基金、政府出资产业投资基金作出了规定，但关于募集方式和政府出资定性，这两个文件还存在一定差异。根据《政府出资产业投资基金管理暂行办法》，政府出资产业投资基金的资金募集，可以采取"全部由政府出资"、"与社会资本共同出资"或者"符合条件的已有产业投资基金投资"等形式，政府出资资金来源包括财政预算内投资、中央和地方各类专项建设基金及其他财政性资金。《政府投资基金暂行管理办法》则规定，政府投资基金应由"各级政府通过预算安排，以单独出资或与社会资本共同出资设立"；政府出资由"财政部门通过一般公共预算、政府性基金预算、国有资本经营预算等"安排资金。由此可以看出，地方或中央政府（含所属部门、直属机构）通过财政预算内资金进行投资，各

---

① 邱聪：《2022 年中国政府引导产业投资基金发展现状及市场规模分析 累计目标规模超过 7.8 万亿》，https://www.qianzhan.com/analyst/detail/220/211101-d2425bf7.html；刘璟琨、胡宇佳、李铄：《2022 年政府引导基金专题研究报告》，https://pic.chinaventure.com.cn/report Files/7019196504342528.pdf。

类专项建设基金、其他财政性资金出资及通过政府出资设立的综合性基金出资的（含直接或委托出资），投资于非公开交易企业股权的股权投资基金或创业投资基金可以被认定为"政府出资产业投资基金""政府投资基金"①。

三　政府投资基金发展中面临的问题

中国政府投资基金经过高速发展，在"量"上已经达到了一定规模。然而，在高效运营和高质量发展中还面临一些质的问题。

（一）基金管理制度的法律位阶不高，相关依据不健全

中国调整政府投资基金管理制度和规则的法律位阶相对较低，相关依据也不够健全。目前，中国政府设立投资基金的上位法依据主要包括《科学技术进步法》《促进技术成果转化法》《中小企业促进法》等，但调整政府投资基金管理制度的法律并不健全，且位阶不高。其中，《政府投资基金暂行管理办法》《政府出资产业投资基金管理暂行办法》等规定均为财政部、国家发展改革委等不同部门分别制定的文件，存在冲突在所难免。各地虽然也制定了大量地方性文件，但多为省级行业主管部门和财政部门所制定，同样存在效力层级低、相关依据不足、缺乏立法监督等问题，进而导致资金使用透明度不高、监管不够严格等。

（二）管理职责不统一，政策目标重复

各级政府和部门设立的大量政府投资基金涉及多层级、多部门、多目标和多任务，各级政府和部门对政府投资基金的管理职责不确定、不清晰，加上缺乏人力物力等，难以对政府投资基金进行有效管理，导致政府投资基金的政策目标存在重复、资金来源存在碎片化问题。基金政策目标执行效率低

---

① 华涛、邓炜：《政府产业引导基金到底应当如何界定？》，https：//www－lexiscn－com－s. vpn. ucass. edu. cn/law/articles-287374. html，最后访问日期：2023 年 12 月 20 日。

下、资源浪费，无法形成有效合力推动产业发展和技术创新，最终影响基金运营效果。

（三）部分投资基金资金分散闲置，目标与效果相差明显

当前，一些区县级政府投资基金存在资金分散闲置、基金的目标与效果相差明显的情形。相关基金出现这些问题的主要原因，一是设立基金未经充分论证和可行性研究。一些区县级政府未经审慎论证和可行性研究，草率设立政府投资基金，以吸引社会资本投资，结果社会资本未到位，基金逾期无法成立，通过市场化方法选聘的基金经理人也拒绝提供服务。二是在项目选择和投资决策过程中，部分政府投资基金缺乏有效的筛选机制，导致资金分散投向不符合政策导向或难以产生预期效果的项目。三是政府投资基金的资金使用可能存在监督和评估不到位的情况，也使得资金闲置或者投向的项目效果与预期目标相差明显。四是政策执行不到位。政府在制定产业引导政策时，未能充分考虑市场需求和产业发展趋势，导致政府投资基金的资金利用效率低下，影响基金的投资回报和效益。

（四）基金内部治理结构不完善，日常绩效评价缺乏制度保障

由于缺乏有效的内部治理结构，部分政府投资基金决策混乱、低效运作，相关活动偏离设立目标。根据上海金融法院发布的《关于涉政府引导基金案件审理情况的调研报告》，部分政府投资基金偏离股权投资，比较依赖借贷路径，如通过向企业提供借款的形式进行投资。有些项目形式上符合股权投资特征，但在投资协议中约定了股权回购条款，如在某股权回购纠纷中，投资协议约定将262.5万元引导基金投入某公司后，引导基金一方取得某公司20%股权，某公司应当以年收益率5%的标准支付固定收益，并在三年后回购股权，通过投资退出机制的约定，股权投资演变为债权工具，投资款变为低息贷款。一些政府投资基金设立以战略性新兴产业为投资范围，但实际投资光伏新能源、生物医疗、机器人制造、新材料制造等高新产业的案件仅占12%左右，多数案件的投资领域为旅游文创、畜牧养殖、快递物流、餐饮服饰、

影视娱乐等行业。例如，在某案件中，政府投资基金投资某快递公司，以借贷的形式，根据快递包裹发单数量，给予每单补贴1元，这表明一些地区存在缺乏高新产业公司、投资领域受限的问题。由于设立政府投资基金的相关部门专业知识不足，较为依赖市场化基金管理人。实践中，一些政府会以成立投资委员会或者约定一票否决权等形式保留管理权，可能出现不当影响投资基金社会化高效运行的情况。例如，某合伙协议纠纷涉及通过私募基金形式运作政府投资基金，其中作为有限合伙人的政府投资基金一方联合其他有限合伙人将作为普通合伙人的管理人除名而引发纠纷，最终该除名决议被判无效①。由于专业化水平不足，一些政府投资基金托管给市场化基金管理机构，后者在日常管理方面缺少作为，疏于沟通管理，日常绩效评价形同虚设。

四　政策建议

在新发展阶段，各级政府应完整、准确、全面贯彻新发展理念，高度重视政府投资基金在经济社会可持续发展中的重要作用，从以下四个方面入手，扎实推进政府投资基金高质量发展。

（一）加强顶层设计，制定统一立法

政府投资基金作为一种重要的政策工具，需要有明确的法律框架进行规范。建议加强顶层设计，在全国层面制定统一的政府投资基金立法，明确基金适用的相关法律、基金的定义、基金设立、投资范围、运营与管理、审计与监督、法律责任等方面的规则，为政府投资基金高质量发展提供法治保障。同时，还应借鉴日本《产业技术综合开发机构法》的相关规定，明确政府投资基金委托的市场化基金管理人及其成员视同国有企业人员，对其违法行为视同国有企业人员的违法行为予以追究。

---

① 《切实完善市场化运作　充分发挥引导作用——上海金融法院关于涉政府引导基金案件审理情况的调研报告》，《人民法院报》2023年9月28日，第8版。

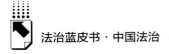
（二）强化立法机构监督，严格规范基金设立

立法机构应对政府投资基金的设立和运作加强监督。一是加强预算监督。地方人大常委会应当对政府投资资金预算进行严格监督，确保资金使用符合法律法规和预算安排。二是规范基金设立。明确政府投资资金设立的条件、程序和标准，包括资金来源、投资方向、治理结构等，确保基金设立符合法律法规，避免滥用资金或不当设立基金的情况发生。三是加强信息披露，提升公开透明度。政府投资资金应当对外披露相关信息，向地方人大常委会和公众公开基金的设立、运作和绩效情况，接受社会监督。通过强化立法机构监督，以及严格规范政府产业引导资金的设立，可以有效防范滥用资金和不当行为，确保政府投资资金的合规性和有效性，增强公众对政府资金使用的信任度。

（三）发挥规模效应，强化目标和效果导向

有必要对大量分散的政府投资基金进行整合，发挥规模优势。一方面，具有相同或者类似目标的省、市、区和县等各级投资基金可以在省级层面进行整合，由省级政府设立母基金，各市、县级政府在母基金框架下与省级政府分别出资设立子基金，以带动地方政府和社会资本投资，并委托省内专业机构如国家开发银行各地营业机构、各政策性银行地方分行等进行管理，真正发挥省内资金的规模优势或者相关地区的地理禀赋优势；另一方面，在国务院层面，由财政、投资、行业等多部门共同设立母基金，吸引社会资本，同时委托投资经验丰富的国家开发银行等开发性金融机构、政策性银行等进行管理，由财政、投资、行业等部门共同建立相关机构对这些受托机构的相关投资活动实施监督，以评估基金的经济效益、创新效益、社会效益、财务绩效、风险管理等，以强化政府投资基金的目标和效果导向。

（四）完善基金内部治理结构，强化内控合规管理

政府投资基金还应建立完善的内部治理结构，包括明确的决策程序、风

险管理制度、内部控制和信息披露机制等；明确基金权力机构、执行机构和监督机构的权力和责任，提高基金的决策、执行和内部监督水平；建立内部审计、风险管理和合规监督等部门，确保基金运作符合法律法规和内部规章制度；应加强基金管理人员培训，提高其风险意识和合规意识，确保基金的规范运作。

需要强调的是，由于《公司法》第 215 条（原《公司法》第 169 条）关于聘用和解聘会计师事务所的规定强调当事人意思自治原则，即公司执行机构董事会有权决定解聘承办公司会计和审计业务的会计师事务所，董事会常以解聘为由要挟会计师事务所提供虚假会计报告，使得公司权力机构股东会存在无法获得公司真实会计和审计报告及建议的风险。有鉴于此，建议在完善政府投资基金治理结构时，通过基金章程明确限制执行机构董事会聘用、解聘承办公司审计业务的会计师事务所的权力，而将其聘用、解聘会计师事务所的权力明确授权给政府投资基金的权力机构而非执行机构。

B.9

"双碳"目标下中国能源法律
政策的进展、反思与展望

岳小花[*]

摘　要： 能源低碳化转型是实现中国"双碳"目标的关键政策领域。中国能源法律政策与国家经济社会发展战略及生态环境保护形势紧密相连。"双碳"目标提出以来，中国进一步加快能源法的制定工作，能源单行法的制定（修订）进程也进一步加快。国家综合性规划和能源具体行业政策都有涉及能源低碳发展的相关内容，主要体现在：能源规制重心由"能"控转变为"碳"控、重视能源节约、重点发展可再生能源、持续发展清洁能源或传统能源清洁化、注重储能且重点发展电力。但是，中国能源法律政策体系仍然有待健全，能源制度与碳减排制度有待加强衔接与协调。未来中国能源法律政策体系的低碳化发展，需要及时出台统领性的能源综合性法律；完善能源单行法并加强法律之间的衔接协调；不断完善能源监管体制机制；加强能源制度与碳减排制度的衔接与协调。

关键词： "双碳"目标　能耗双控　碳排放　绿色电力证书　碳交易

前　言

2020年9月中国正式提出"2030年前碳达峰、2060年前碳中和"的目标（简称"双碳"目标）。随后，中国出台《中共中央　国务院关于完整准

---

* 岳小花，中国社会科学院法学研究所副研究员。

确全面贯彻新发展理念　做好碳达峰碳中和工作的意见》《国民经济和社会发展第十四个五年规划和 2035 年远景目标纲要》《2030 年前碳达峰行动方案》等多个党中央及国家政策文件，实现"双碳"目标从此成为一项国家行动。其中，《2030 年前碳达峰行动方案》明确部署开展"节能降碳增效行动""能源绿色低碳转型行动"等能源低碳行动。

能源活动排放的温室气体占中国温室气体排放总量的 70%以上[①]，能源低碳化转型是实现中国"双碳"目标的关键政策领域。中国长期存在富煤、贫油、少气的问题，而且资源分布不均衡。在应对气候变化及发展经济的双重考量下，中国不断发展新能源和可再生能源，能源体系不断沿着低碳化的道路向前发展。国家统计局数据显示，2023 年上半年，中国发电量火电同比增长 7.5%，水电下降 22.9%，核电增长 6.5%，风电增长 16.0%，太阳能发电增长 7.4%[②]。另据国家能源局统计数据，截至 2023 年 11 月底，全国累计发电装机容量约 28.5 亿千瓦，同比增长 13.6%。其中，太阳能发电装机容量约 5.6 亿千瓦，同比增长 49.9%；风电装机容量约 4.1 亿千瓦，同比增长 17.6%[③]。

一　"双碳"目标下中国能源法律政策的进展

能源法律政策与国家经济社会发展战略及生态环境保护形势紧密相连。20 世纪 90 年代之前，能源法律和政策主要致力于解决工业化阶段面临的能源短缺问题，重点在于推动传统能源开发利用。自 1994 年《联合国气候变化框架公约》对中国生效后，中国开始加快对能源法律的制定（修订）工作，加强对能源开发利用活动的法律规制，也更加注重能源发展转型。《电

---

①　徐华清、郭元等著《中国能源发展的环境约束问题研究》，中国环境科学出版社，2012，第 18 页。

②　《2023 年上半年能源生产情况》，国家统计局，https：//www.stats.gov.cn/sj/zxfb/202307/t20230715_1941272.html。

③　《国家能源局发布 1～11 月份全国电力工业统计数据》，国家能源局，http：//www.nea.gov.cn/2023-12/20/c_1310756286.htm。

力法》1995 年出台后，在 2009 年、2015 年、2018 年进行了三次修订；《煤炭法》1996 年出台后，在 2009 年、2011 年、2013 年、2016 年进行修订；《节约能源法》1997 年出台后，已历经 2007 年、2016 年、2018 年三次修订。2006 年中国出台《可再生能源法》，又于 2009 年进行修订；等等。

（一）"双碳"目标下的能源立法

"双碳"目标提出以来，中国加快了能源法律的制定（修订）工作。2020 年 4 月，国家能源局发布《能源法（征求意见稿）》，公开向社会征求意见。全国人大常委会 2021 年度立法工作计划已经将能源法列为预备审议项目，并在 2022 年度、2023 年度立法工作计划中将能源法列为初次审议的法律案。能源法草案起草工作自 2005 年底 2006 年初开始启动，迄今十余年时间，历经多个版本的调整和改动。这次最新版的征求意见稿共有 11 章117 条，除总则外，主要有能源战略和规划、能源开发与加工转换、能源供应与使用、能源市场、能源安全、科技进步以及国际合作等，进一步明确了能源的商品属性和普遍服务机制，体现了能源发展的清洁化、低碳化以及数字化趋势。

能源单行法的制定（修订）进程也进一步加快。《矿产资源法》修改在全国人大常委会 2022 年立法计划中被列为初次审议的法律案。原子能法在全国人大常委会 2023 年立法计划中被列为初次审议的法律案。2023 年 9 月公布的十四届全国人大常委会立法规划中，又将能源法、原子能法、《可再生能源法》修改列为条件比较成熟、任期内拟提请审议的法律草案；将《节约能源法》修改列为需要抓紧工作、条件成熟时提请审议的法律草案。

此外，国家能源局等相关部门加快出台与能源监管执法相关的部门规章，如《国家能源局行政处罚案件案由规定》《国家能源局行政处罚裁量权基准》《国家能源局行政处罚程序规定》等。

（二）"双碳"目标下的能源规划和行业政策

能源是国之命脉。能源市场受国家战略及规划发展影响巨大，基本属于政策性市场。在"双碳"目标指引下，中国从总体性规划到能源具体行业政策中都有涉及推动能源低碳发展的内容。国家综合管理部门及能源主管部门出台一系列综合性政策，如国家发展改革委、国家能源局 2022 年 1 月发布的《国家发展改革委 国家能源局关于完善能源绿色低碳转型体制机制和政策措施的意见》提出，在"十四五"时期形成比较完善的政策、标准、市场和监管体系，构建以能耗"双控"和非化石能源目标制度为引领的能源绿色低碳转型推进机制。2022 年 5 月，国务院办公厅转发国家发展改革委、国家能源局《关于促进新时代新能源高质量发展的实施方案》提出，要"加快构建清洁低碳、安全高效的能源体系"。为充分发挥标准在推动能源绿色低碳转型过程中的技术支撑和引领性作用，2022 年 9 月，国家能源局印发《能源碳达峰碳中和标准化提升行动计划》，推动新型电力系统、非化石能源、氢能、储能、能效以及能源产业链等方面的标准化。为推进乡村清洁能源发展、推进乡村振兴，2023 年 3 月，国家能源局等部门又发布《国家能源局 生态环境部 农业农村部 国家乡村振兴局关于组织开展农村能源革命试点县建设的通知》。

1. 能源相关规划的绿色低碳化

各级各类规划对能源产业发展起着重要引领示范作用。早在 2016 年，国家发展改革委、国家能源局就通过发布《能源技术革命创新行动计划（2016~2030）》《能源生产和消费革命战略（2016~2030 年）》，推动国家能源安全和绿色低碳化发展。"双碳"目标提出后，《国民经济和社会发展第十四个五年规划和 2035 年远景目标纲要》明确提出，"十四五"期间中国单位国内生产总值能源消耗和二氧化碳排放分别降低 13.5%、18%；建设清洁低碳、安全高效的能源体系，大力提升风电、光伏发电规模等。

2022 年 1 月，国家发展改革委、国家能源局发布的《"十四五"现代能源体系规划》提出，"十四五"期间中国将进一步完善能耗"双控"与碳排放控制制度，推动能耗"双控"向碳排放总量和强度"双控"转变，并健全能源法律法规体系等。2022 年 3 月 23 日，国家发展改革委、国家能源局印发《氢能产业发展中长期规划（2021~2035 年）》。2022 年 6 月，国家发展改革委、国家能源局等 9 部门印发《"十四五"可再生能源发展规划》,明确提出要大规模发展、高比例利用以及市场化、高质量发展可再生能源。上述规划对相关能源法律的制定(修订)以及能源政策的出台起到重要推动作用。

2. 能源规制重心由"能"控转变为"碳"控

能源市场的健康、可持续发展需要发挥政府的作用。基于环境保护、劳动保护及社会发展等多方面因素考虑,政府近些年逐渐加强对能源开发、利用活动的规制。中国对能源活动的规制经历了从能源消费总量控制到总量和强度"双控"再到"碳"控的过程。

2015 年《生态文明体制改革总体方案》明确提出,"建立能源消费总量管理与节约制度""逐步建立全国碳排放总量控制制度与分解机制"。党的十八届五中全会提出,实行能源消耗总量和强度"双控"行动。《"十四五"现代能源体系规划》提出,中国在"十四五"期间要完善能耗"双控"与碳排放控制制度,原料用能、可再生能源消费不再纳入能源消费总量控制。国家发展改革委 2021 年 9 月发布的《完善能源消费强度和总量双控制度方案》明确规定了中国能耗双控制度的总体安排、主要工作原则和任务举措,并提出到 2025 年、2030 年和 2035 年三个阶段目标。随着碳达峰目标的日益临近,中国对能源开发和利用活动的碳排放控制形势日益紧迫。2023 年 7 月份,中央全面深化改革委员会第二次会议审议通过了《关于推动能耗双控逐步转向碳排放双控的意见》。至此,中国对能源消耗总量和强度的控制转变为碳排放总量和强度"双控",对能源开发利用中的二氧化碳排放要求更加直接、客观,从而推动能源领域更快实现碳达峰、碳中和目标。

3. 重视能源节约

节约能源是减少碳排放最直接的路径,主要通过减少用能量、提高能源利用效率来实现。中国早期节能主要是采用节约和缩减能源消费来应对能源危机,现在则强调推动科技进步以提高能源利用效率,从而间接保护环境。中共中央 2015 年印发的《生态文明体制改革总体方案》提出,"推行用能权和碳排放权交易制度"等具体实施机制。2018年修订的《节约能源法》规定，节约资源是中国的基本国策。国家实施节约与开发并举、把节约放在首位的能源发展战略。2021年9月发布的《中共中央　国务院关于完整准确全面贯彻新发展理念　做好碳达峰碳中和工作的意见》指出，要实行全面节约战略，把节约能源资源放在首位……从源头和入口形成有效的碳排放控制阀门。2023年，国家发展改革委等五部门联合发布《工业重点领域能效标杆水平和基准水平（2023年版）》，通过提升标准和技术推动能源节约，起到间接减少碳排放的效果。

4. 重点发展可再生能源

发展可再生能源是中国改善能源结构、保障能源安全和应对气候变化的必然选择[①]。中国对可再生能源开发利用的规制是从政策调控到立法调整并不断完善的过程。20世纪80年代，随着能源需求的增加和相关环保问题的突出，国家加强了有利于可再生能源发展的指导性和经济激励性政策。2006年《可再生能源法》的出台为规范和推动可再生能源发展提供了重要法律依据，为中国可再生能源政策与法律体系的建立奠定了法律基础。但该法仅规定了可再生能源法律规制的总体框架，原则性规定较多，《可再生能源法》的有效实施还有赖于相关部门及时出台配套性法规、规章、技术标准以及相应的国家发展规划。国家发展改革委、国家能源局等9部门2022年6月印发的《"十四五"可再生能源发展规划》提出，在2030年非化石能源消费占比达到25%左右，可再生能源加速替代化石能源，基本建成清洁低碳、安全高效的能源体系。

电力是可再生能源开发利用的主要形式，"双碳"目标出台后，行业主管部门一方面加强对可再生能源电力开发建设的监管，另一方面加强可再生能源开发利用激励制度与碳排放交易制度衔接，推动行业碳减排与经济收益的最大化。例如，国家能源局于2022年10月至11月先后印发《水电站大

---

① 王伟、郭伟煜主编《低碳时代的中国能源发展政策研究》，中国经济出版社，2011，第53页。

坝工程隐患治理监督管理办法》《水电站大坝运行安全应急管理办法》《光伏电站开发建设管理办法》；2023年6月，又印发《风电场改造升级和退役管理办法》。此外，2023年5月，国家能源局综合司对《关于进一步规范可再生能源发电项目电力业务许可管理有关事项的通知（征求意见稿）》征求社会意见。

相比传统能源电力，可再生能源电力由于其绿色低碳特点从而兼具经济价值与绿色价值，绿色电力证书就是可再生能源电力绿色价值的表征。承担可再生能源消纳义务的主体可以通过购买绿色电力证书来完成义务；可再生能源发电企业可以通过出售绿色电力证书来获得额外收益，从而起到激励可再生能源发电的目的。在2017年试点绿色电力证书政策基础上，2023年7月，国家能源局发布《国家发展改革委 财政部 国家能源局关于做好可再生能源绿色电力证书全覆盖工作 促进可再生能源电力消费的通知》，将绿色电力证书作为可再生能源电力生产和消费的唯一凭证，并对建档立卡的可再生能源发电项目所生产的全部电量全部核发，以实现证书核发的全覆盖。2023年9月，国家能源局印发《可再生能源利用统计调查制度》，作为《可再生能源法》的配套性规章，对可再生能源资源调查工作进行规范。

5. 持续发展清洁能源或传统能源清洁化

长期以来，煤炭在开采、加工转换和储运及终端利用过程中的损失和浪费比较严重。《煤炭法》（1996年出台，后历经四次修改）作为煤炭行业的基本法，主要对煤炭生产、经营与矿区保护作出规定，对煤炭开发利用的低碳化规制主要是通过间接性方式，如2016年修订的《煤炭法》第29条规定，"国家发展和推广洁净煤技术"。"双碳"目标提出以来，有关部门发布多部传统能源能效提升或清洁化利用相关的部门规章，如工业和信息化部等五部门2022年8月联合印发的《加快电力装备绿色低碳创新发展行动计划》，主要致力于推进能源生产清洁化、能源消费电气化。国家能源局综合司、国家发展改革委办公厅、市场监管总局办公厅又于2022年8月发布《关于进一步提升煤电能效和灵活性标准的通知》。

相对于煤炭和石油，天然气燃烧排放的二氧化碳和污染物更少①。天然气是一种清洁能源，但属于不可再生资源。中国目前天然气开发领域尚未出台国家层面的法律。

6. 日益注重储能

作为能源生产和消费大国，中国既有节能减排需求，也有发展能源以支撑经济发展的需要，这就需要大力发展储能产业。储能本身不是新兴技术，但作为一种产业，却是刚刚出现，在中国正处于起步阶段。储能技术解决了新能源发电过程中经常出现的波动性、随机性问题，中国风电、光伏产业的迅猛发展将推动大容量储能产业的发展。《加快电力装备绿色低碳创新发展行动计划》就提出，推进风光储一体化装备发展，推动构网型新能源发电装备研究开发。国家发展改革委、国家能源局 2022 年 2 月印发的《"十四五"新型储能发展实施方案》提出，到 2025 年，中国新型储能由商业化初期步入规模化发展阶段；到 2030 年，实现新型储能全面市场化发展。

近两年，国家发展改革委、国家能源局等主管部门也陆续出台一系列储能相关规章政策，如《新型储能项目管理规范（暂行）》《国家发展改革委 国家能源局关于加快推动新型储能发展的指导意见》《国家发展改革委办公厅 国家能源局综合司关于进一步推动新型储能参与电力市场和调度运用的通知》等。2023 年 11 月，国家能源局对《关于促进新型储能并网和调度运用的通知》（征求意见稿）征求意见。2023 年 12 月，国家发展改革委、国家能源局又对《抽水蓄能电站开发建设管理暂行办法（征求意见稿）》公开征求意见。

7. 电力行业是能源发展的主要领域

相比其他能源利用方式，电力更具清洁性和便捷性，是能源资源的主要开发利用形式，也是中国碳减排的主要领域。传统上中国以煤电为主，随着可再生能源开发利用技术发展和成本下降，可再生能源电力日益成为重要的发电来源。根据中国电力企业联合会发布的《中国电力行业年度发展报告

---

① 王俊豪等著《中国现代能源监管体系与监管政策研究》，中国社会科学出版社，2018，第 2~3 页。

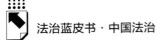

2023》，2022 年煤电占全口径发电量的 58.4%，在保障中国电力供应方面仍然发挥主要作用，但可再生能源发电增势强劲①。"双碳"目标提出后，中国有关部门围绕电力安全、市场监管、清洁低碳化以及发展新型电力系统出台了一系列部门规章和政策性文件。

在维护电力安全方面，能源主管部门相继发布《电力可靠性管理办法（暂行）》《电力二次系统安全管理若干规定》《重大电力安全隐患判定标准（试行）》《电力安全事故应急演练导则》《电力行业网络安全等级保护管理办法》《电力行业网络安全管理办法》《电力安全隐患治理监督管理规定》《关于加强电力可靠性管理工作的意见》《电力安全事故调查程序规定》等。

在加强电力市场监管方面，能源主管部门发布了《电力业务资质许可流程规范》《电力业务资质许可服务规范》《电力业务资质许可监督与评价规范》《供电企业信息公开实施办法》《电力并网运行管理规定》《电力辅助服务管理办法》《电网公平开放监管办法》《电力现货市场基本规则（试行）》《电力建设工程质量监督管理暂行规定》《发电机组进入及退出商业运营办法》《电力行业公共信用综合评价标准（试行）》等等。2022 年 11 月，国家能源局综合司还对《电力现货市场监管办法（征求意见稿）》公开征求意见。

关于新型电力系统方面，国家发展改革委等部门发布《国家发展改革委等部门关于加强新能源汽车与电网融合互动的实施意见》，以规范新型能源体系和新型电力系统构建；国务院办公厅也发布《国务院办公厅关于进一步构建高质量充电基础设施体系的指导意见》。

二　中国能源法律政策存在的主要问题

（一）能源法律体系有待健全

首先，能源领域的基本法——能源法长期缺位。中国虽然有不少法律

---

① 《中电联发布〈中国电力行业年度发展报告〉》，https：//mp. weixin. qq. com/s，最后访问日期：2024 年 2 月 14 日。

政策致力于推动能源开发利用的低碳化,但缺少一部综合性的能源法律。多部传统的能源单行法已被修改多次,以适应环境保护和应对气候变化的需要,但这些法律的立法定位仍然侧重于确保能源供应的安全,未能有效规制环境污染等外部性问题。长期缺少一部综合性的能源法律,也容易导致能源价格、税收、财政、环保等政策衔接协调不够,且因能源体系庞大,涉及多方面、多层次利益,中国能源监管体制一直变动不居。近二十年来,中国进行了一系列能源电力行业的体制机制改革。国务院办公厅2000年印发《国务院办公厅关于电力工业体制改革有关问题的通知》,国务院2002年5月颁布《国务院关于印发电力体制改革方案的通知》,中共中央、国务院2015年3月印发《中共中央 国务院关于进一步深化电力体制改革的若干意见》,国家发展改革委、国家能源局2015年11月发布《国家发展改革委 国家能源局关于印发电力体制改革配套文件的通知》以及一系列相关改革文件。另外,中国近些年一直在探索推进能源市场化改革,很多制度如可再生能源开发利用制度尚在探索发展中,从立法技术方面考量,能源法长期以来未形成比较完善的文本。

其次,能源单行法律不完善。有的能源单行法律制定出台较早,虽然历经多次修改,但其立法之初带有的侧重对能源的经济性开发利用而忽视环保监管、重经济效益而轻环境效益的指导思想尚未完全改变。

最后,能源相关部门规章政策缺乏稳定性。一些部门规章如《核电厂安全消防管理办法》《供电企业信息公开实施办法》等明确规定了五年的有效期,无法让被监管对象或者投资者形成良好的预期,从而影响国家能源产业的健康可持续发展。

(二)能源制度体系有待完善

实现"双碳"目标,需要有健全的能源制度体系予以支撑。但目前一些能源制度尚待完善,如绿色电力证书制度、可再生能源配额制度。财政部、国家发展改革委、国家能源局2020年2月3日联合印发《关于促进非水可再生能源发电健康发展的若干意见》,提出全面推行绿色电力证书交易。自 2021 年 2 月 1 日起，中国实行配额制下的绿色电力证书交易，同时研究将燃煤发电企业优先发电权、优先保障企业煤炭进口等与绿证挂钩，持续扩大绿证市场交易规模。自 2021 年以来，为鼓励可再生能源平价项目的开发建设，按照国家发展改革委、国家能源局 2019 年发布的《国家发展改革委 国家能源局关于积极推进风电、光伏发电无补贴平价上网有关工作的通知》，平价上网项目和低价上网项目也可以获得可交易的绿证。在专门性规范文件方面，作为规范绿证管理和交易的"升级版"文件，2023 年《国家发展改革委 财政部 国家能源局关于做好可再生能源绿色电力证书全覆盖工作 促进可再生能源电力消费的通知》明确了绿证在可再生能源领域"全覆盖"。但目前尚缺乏规范绿证交易的具体规则文件。

（三）能源制度与碳减排制度有待加强衔接

首先，能源供应安全与碳减排目标之间面临协调问题。能源法最根本的问题是对能源安全与环境保护的协调①。经济活动离不开能源，对能源的环境规制或气候规制本质上是处理经济发展与环境保护、气候变化应对之间的关系。2021 年 9 月中旬以来，中国多个省份出现限电。有的地区是由于电力供应紧张，如广东、湖南、安徽等地，有的是受能耗双控因素影响，如江苏、云南、浙江等地②。如何实现碳减排目标与能源安全以及经济社会的平衡发展，需要国家和地方立足长远、分阶段分步骤推进能源战略和规划。

其次，能源制度与碳减排之间存在制度衔接问题。碳减排制度不仅涉及强制性履约的碳排放交易，还包括自愿性的核证自愿减排量交易市场。尤其是后者，与可再生能源制度如绿色电力制度、绿色电力证书制度存在密切关系。近两年，中共中央发布的多个规范性文件均涉及绿电、绿证与碳排放交易制度衔接。例如，《中共中央 国务院关于完整准确全面贯彻新发展理念 做好碳达峰碳中和工作的意见》提出，要推进市场化机制建设，

---

① 龚向前著《气候变化背景下能源法的变革》，中国民主法制出版社，2008，第 73 页。
② 韩舒淋、江帆：《东北拉闸限电与能耗双控无关，这三点才是真实原因!》，http://www.envirunion.cn/newsinfo-30713.html。

加强电力交易、用能权交易和碳排放权交易的统筹衔接。《2030年前碳达峰行动方案》提出，要统筹推进碳排放权、用能权、电力交易等市场建设，强化市场机制间协调衔接。2022年1月，国家发展改革委等部门印发的《促进绿色消费实施方案》也指出，要加强与碳排放权交易的衔接。国家发展改革委、国家能源局2022年5月发布的《关于促进新时代新能源高质量发展的实施方案》再度强调，要完善绿色电力证书制度，推广绿色电力证书交易，加强与碳排放权交易市场的有效衔接。但至于如何衔接，有关部门尚无明确的安排。

三　中国能源法律政策未来展望

《"十四五"现代能源体系规划》明确提出，要"建立以能源法为统领，以煤炭、电力、石油、天然气、可再生能源等领域单项法律法规为支撑，以相关配套规章为补充的能源法律法规体系"。这为中国能源立法和政策制定提供了未来发展方向。

"双碳"目标作为国家承诺，不仅为中国能源法律的制定提供了立法依循与实践背景，更是提供了能源法律政策的发展动因。能源为人类活动提供了物质基础，也是有效解决当前生态环境问题的先决条件。基于"碳达峰""碳中和"目标在中国能源发展战略中的主导性地位，其已然成为检验和判断能源法律功能的关键标尺[①]。未来中国能源法律政策体系的低碳化发展，需要在以下方面作出努力。

一是出台统领性的综合性法律。当前亟须出台一部综合性的能源法，对能源行业发展进行总体性规制。作为一部系统性法律，能源法对统筹国家能源发展具有重要意义。当前正处于立法程序中的能源法草案距离最终出台还需要一定时间和程序。

[①] 李静、柯坚：《价值与功能之间：碳达峰碳中和目标下中国能源法的转型重构》，《江苏大学学报》（社会科学版）2022年第5期，第91页。

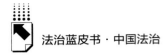

二是完善现行能源单行法，加强法律之间的衔接协调。转向"可持续能源"的法律目标，离不开能源法与环境法的整合①。低碳化发展涉及各个行业以及不同的法律部门。需要在制定或修改单行法的基础上，协调能源法体系内部不同的立法，并加强与外部性法律的协调。

三是不断完善能源行业监管体制机制。能源本质上是一种商品，能源产业是中国最基本的经济行业，其发展壮大与市场经济发展以及能源体制改革有密切联系。新中国成立以来，中国在能源管理体制方面进行了大量艰苦探索，仅能源主管部门就历经近20次变动。当前主要由国家能源局对能源行业进行监管，但一些关键性问题如价格、项目审批则通过国家发展改革委监管②。能源监管体制及实施机制改革是实施能源法律与政策的前提和基础，只有不断健全体制机制，为能源行业发展创造良好的市场条件，才能推动能源行业低碳化发展，为实现"双碳"目标奠定基础。

四是推动能源制度与碳减排制度的衔接与协调。推动能源制度如绿色电力证书、绿色电力与碳排放交易制度的衔接。其一，需要不断完善能源自身制度规则体系，为能源交易提供更高层级的法律依据；其二，需要推动能源制度与碳减排制度相关法律规范的高度协同。可以借鉴澳大利亚构建统一环境产品交易市场的经验，推动交易规则、合同内容、交易监管等逐步实现能源交易制度与碳排放交易制度在交易规则体系方面的统一。

---

① 龚向前著《气候变化背景下能源法的变革》，中国民主法制出版社，2008，第74页。
② 王伟、郭伟煜主编《低碳时代的中国能源发展政策研究》，中国经济出版社，2011，第62~63页。

B.10
从快递柜的发展看个人信息
保护实践的两难

吴 峻*

摘 要： 快递柜业务是中国电子商务飞速发展过程中出现的新业态，旨在提高快递件投送效率，客观上也避免消费者为达成交易而向网络销售者及快递公司提供详细的地址信息。中国个人信息保护立法起步并不晚，但现有的网络治理结构更加强调安全，且目前个人信息监管体系存在双支柱结构，导致个人信息保护严重依赖行政措施；在互联网去中心化架构下，个人信息保护却存在趋中心化结构，使得网络服务提供者及快递业者承担着重要的责任。在这种情形下，如果能在法律体系中进一步明确消费者权益，并承认快递柜行业资本运作行为的合法性，给予快递柜业务一定程度的基础设施地位并推动竞争，将进一步促进互联网产业和快递业的发展，进而为个人信息提供充分的保护，有效弥补现行个人信息保护架构的不足。

关键词： 快递柜 个人信息保护 市场机制 个人信息保护双支柱监管架构 消费者权益保护

随着《个人信息保护法》于 2021 年 11 月实施，个人信息保护实践得到了统一法律架构的支撑。而在成文法出台之前，面对个人信息保护的需求，市场还是为之提供了相应的解决机制，并没有因为法律的缺失而束手无策。中国的快递柜行业从 2012 年开始发展，在提高了投递效率的同时，

---

* 吴峻，中国社会科学院法学研究所副研究员。

也很好地控制了个人信息的传播范围和渠道，满足了对个人信息保护较敏感的消费群体的需求。但经过十多年的发展，快递柜行业的发展势头不及预期，也并没有从最新确立的个人信息保护法律架构中获得进一步的发展动力。

一　快递柜业的发展与个人信息保护

快递业对于电子商务的发展至关重要。电子商务使得借助网络销售的商家可以快速找到对其商品感兴趣的消费者实现商品销售，而消费者只需通过网络点击和支付就可以完成购物。如果没有便捷的快递服务，电子商务就会失去即时性和随时性，无法以时效和空间的便利性与传统商业竞争。中国发达的快递业支撑了电子商务飞速发展，后者又为快递业提供了庞大的业务量。"双十一"等网络购物活动与快递业分发包裹量的增幅高度关联，充分说明了快递业对电子商务的依赖[1]。这样，虽然电子商务和快递行业属于不同的法律部门调整，但两者联系紧密，互相促进，具有鲜明的中国特色。

（一）电子商务发展中独特的消费者个人信息保护问题

为实现网络购物，消费者须向销售者和快递业者提供个人信息。与线下购物相比，消费者须向销售者提供详细的家庭或工作地址等个人信息，再由销售者将该类信息提供给快递业者完成商品交付，从而产生了截然不同的个人信息保护场景。

在传统线下销售场景中，消费者与销售者在同一现场完成交易，消费者在付款之外无须提供任何个人信息。此种情形下，消费者对商品或服务进行评价或提出要求时，无须担心销售者根据所提供的信息锁定消费者并对其产

---

① 参见《"双11"秀出消费市场活力，全网揽收量再创新高》，《证券时报》2023年11月13日。

生不利影响。但电子商务情境下，消费者需要销售者将所购商品运送到指定地点，通常是其家庭住址或者工作场所，且需要提供手机号码等即时联系方式，因此销售者可以高度确定消费者的身份与现实情况。如果消费者与销售者产生纠纷，或者消费者对销售者的产品或服务给予差评，销售者很可能会对消费者采取报复措施。这种情况也同样适用于快递业，且在快递包裹流转过程中，包裹上的信息很容易被更多人获悉，甚至泄露给同包裹投递业务无关的第三人，因此带来的风险将超出销售者、投递业者及消费者所能控制的范围①。

消费者与销售者及快递业者之间出现争议本属正常现象，但员工在企业的考核压力下，会非常在意消费者的评价。另外，当非平台商户与消费者发生争议并遭到差评时，很可能会被平台降级或受到其他处罚，其经济效益将受到严重影响。当员工和非平台商户对消费者差评不满时，如其在消费者的移动电话号码之外，还能获得确定消费者身份的家庭住址或工作地址等信息，将会增加消费者信息的泄露风险。如果消费者通过提供关联度不强的信息即可实现交易，将会降低这种因交易纠纷或差评而产生的信息泄露风险，促进电子商务的发展。

倘若消费者向销售者乃至快递业者提供高度关联的个人信息是交易所必需，《个人信息保护法》除了对销售者或快递业者施加更多责任外，似乎就无能为力。即使加重相关方责任，也仅仅是以严格法律责任吓阻其利用所控制或处理的个人信息侵害消费者权益，但不能提供根本解决方案；同时，加重相关方法律责任，无形中会提升企业的合规成本，提高电子商务市场的准入门槛，不利于销售者及消费者利用去中心化的互联网达成交易，尤其对小众市场影响更大，而小众市场的发达正是电子商务相较于传统商务的另一大优势。

---

① 《差评压榨背后，"恶了的"是骑手还是平台？》，新华社北京 2021 年 2 月 2 日，http：//www.xinhuanet.com/politics/2021-02/02/c 1127055256.htm，最后访问日期：2024 年 3 月 10 日。

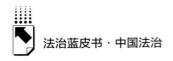

（二）快递柜业务的发展对消费者个人信息保护的意义

中国快递柜业务从 2012 年开始发展。中邮速递易在居民小区、商业区等地点的铺设，使得销售者及快递业者与消费者之间，出现了一个可以不用提供关联度极高的个人信息就可以达成交易的机制①。

在城市，快递业存在所谓"最后一公里"问题②。由于城市居民大多住在多层住宅，快递员从快递网点到多层住宅本身所付出的时间和强度并不显著。占据快递员精力和时间的是给多层住宅多个收件人上门投递，高层住宅居住密度越大，快递员的投递时间和强度越大。如果该高层住宅的上下楼设施陈旧或运力紧张，这个问题就会愈加突出。在电子商务和快递业紧密结合的中国，"最后一公里"固然说明了中国消费市场中互联网业态的绝对统治力，但客观上也对快递业者的投递效率构成了沉重压力。

快递柜业务的出现，就成为快递业者提高投递效率的选择。快递柜使得快件不必送至消费者提供的具体地址（前提是取得消费者同意），从而避免因无法及时联系收件人而无法投递的场景；同时，由于减少上门投递环节，大大减少了快递员的工作量。快递柜的出现，并不是解决所谓投递"最后一公里"问题，而是避免了"最后一公里"的产生，由消费者亲自到离自己最近的"快件集散地"取件，而不必由快递业者送货上门。快递柜模式实际上是快递业者放弃解决"最后一公里"问题的企图，借助快递柜构建送达节点，在送达节点置于小区、写字楼之中或附近时，通过消费者主动到该等节点取货而实现货物投送。

同时，快递柜的出现客观上也使得消费者可以提供较少的个人信息便实现相关交易。使用快递柜业务，除了手机号码等必要联系方式之外，无论面对的是网络销售者还是快递业者，消费者都无须提供其家庭地址或工作场所

---

① 参见王猛、魏学将、张庆英等编《智慧物流装备与应用》，机械工业出版社，2021，第 111 页以下。
② 参见王猛、魏学将、张庆英等编《智慧物流装备与应用》，机械工业出版社，2021，第 109 页以下。

作为收货地址，从而有效压缩了消费者个人关联信息的披露范围，并缓解了消费者在交易结束后进行评价和解决纠纷的顾虑。这样，快递柜服务成为市场本身运作过程中提供的个人信息保护机制，即使该等机制的初衷并非个人信息保护，但它有效解决了中国电子商务消费者个人信息保护问题，把消费者从个人信息被滥用的焦虑中解放出来，对电子商务的健康发展有一定推动作用。

（三）快递柜业务的发展反映了市场机制的内在要求

快递柜业务是快递业者为提高投送效率而发展起来的业务，客观上为消费者个人信息提供了保护。作为一种市场自发形成的业务，离不开市场机制的支撑，其商业模式也必须反映市场的内在需求。

首先，快递柜必须方便消费者取件。让消费者去快递柜取件而不是让快递业者投递到消费者门口，必定会给消费者带来一定不便。为降低这种不便，让消费者愿意接受快递柜取件方式，快递业者必须选择方便消费者取件的地点放置快递柜。换言之，快递业者所放置的快递柜必须在住宅区及商业区保持足够的密度，以便消费者离开家或办公室取件。而高密度的快递柜网络就意味着快递柜经营者需要投入大量资金去铺设，否则就无法被足够多的消费者接受，无法通过消费者的使用量来回收投资。正因为快递柜网络需要大量的资本投入，以"丰巢"为代表的快递柜经营者由多个快递企业共同投资创立[1]，以便在市场发展初期分担高额资本投入，分散市场风险。

其次，快递柜网络的高额投入注定其并非免费的午餐，必须由相应的商业模式予以支撑。与邮政信箱不同，快递柜的市场出身注定其无法作为邮政

---

[1] 2015 年 6 月 6 日，顺丰、申通、中通、韵达、普洛斯五家物流公司联合公告，共同投资创建深圳市丰巢科技有限公司，研发运营面向所有快递公司、电商物流使用的 24 小时自助开放平台。参见李淑平《五大快递公司也在一起了！它们要合建智能快递柜》，澎湃新闻 2015 年 6 月 6 日，https：//www.thepaper.cn/newsDetail_ forward_ 1339105，最后访问日期：2024 年 1 月 5 日。

基础设施的一部分享受财政支持。因此，在获得巨额投资启动之后，必须找到持续的盈利模式，以便支持其运营及维护。否则，不但快递柜可能无法持续提供可靠的服务，其盈利前景的缺失也可能会削弱其在资本市场上的吸引力。从提高快递效率角度来说，快递柜业务实际上使消费者放弃了送货上门的便利，使得快递业者能够高效完成货物递送，因此应该由快递业者作为快递柜的受益方而支付费用。从消费者个人信息保护角度而言，快递柜业务使消费者免于提供与其个人关联度极高的家庭住址或者工作地址，从而在客观上也使消费者受益，在一定情况下也可以由消费者承担一部分费用。但并非所有消费者都把个人信息保护放在第一位，他们更注重的是便捷性，许多消费者因不能送货上门而感到不便或不快。因此，快递柜的使用应事先征得消费者同意，即使要对消费者收费，也要在快递业者和消费者之间谨慎地寻找平衡点。在实际操作中，快递员在取得消费者同意将快件置于快递柜，快递柜经营者会在合理的时间后收取保管费用：一方面是为了补偿运营成本，另一方面也可催促消费者及时取件，避免消费者长时间不取件导致快递柜的流转性降低，致使快递企业承担过多保管费用。该机制不失为在快递企业公司与消费者之间就快递费用的分担提供了平衡的解决方案。

最后，快递柜网络的铺设需要取得相关房地产所有权人或使用权人的同意。考虑到快递柜的体积有限，一般是以租赁形式置于居住小区、办公场所及其他有关地点。为此，快递柜运营商在建构快递柜网络时须花费大量的时间和精力取得相关权利人的同意。在这方面，办公场所及商业场所的权利人及其相关授权方为增加自己场所的商业吸引力，比较乐于与快递柜经营者达成协议，商业区的消费者因为工作、下班或其他原因分身乏术，对快递柜的接受度要高于一般人群，从而使得快递柜在商业区的铺设密度高于其他区域。而在住宅区，由于消费者对送货上门的需求强烈，即使其中部分消费者对个人信息的披露较为敏感，但对快递柜的铺设需求也难以通过居委会或物业公司来实现，因为居委会或物业公司并不会从快递柜的放置及使用中获得租金之外的收益，不论居委会还是物业公司都没有动力在其负责区域放置快递柜。市场需求使得快递柜的设立区域在住宅区和商业区有所不同，其中商业区的快递柜密度要高于住宅区。这种差异也反映了快递企业在商业区和住宅区的不同业务量：其商业区的投递需求要高于住宅区，对快递柜行业的发展有更高的需求。在提高投递效率的意义上，快递柜在商业区与住宅区之间铺设难易程度及密度的差异性恰恰反映了快递企业的真实需求。但是，这与个人信息保护的需求不相匹配。假设不存在快递柜服务，消费者须提供工作场所或居所的具体地址，以实现收货，而居所的相关信息要比工作场所的相关信息更私人化、更具个人关联性，其泄露会给个人带来更大的风险。这就使得快递柜在商业区域和居住区域经市场选择形成的差异化不能体现个体对个人信息保护的迫切需求，由于当下公众个人信息保护意识并不强烈，单靠市场的运作无法改变这一现状。

可以看出，市场运作机制孕育的快递柜对个人信息保护有客观的促进作用，其可靠的商业模式是其发展的支撑。法律不但需要尊重其因高投入产生的盈利需求，而且还需要对其在个人信息保护方面的不足提供应对方案。

二 中国消费者个人信息的法律保护

快递柜的发展体现着对消费者个人信息的保护。就法律体系而言，对消费者个人信息的保护主要是通过《消费者权益保护法》和《个人信息保护法》实现的，并一直努力在个人信息保护与网络安全之间找寻平衡。

（一）"个人信息保护专条"及其实施效果

中国个人信息保护立法开始得并不算晚。2013 年 10 月《消费者权益保护法》修订，其中增加了第 29 条，确立了经营者"保护消费者个人信息的义务"（以下简称"个人信息保护专条"），明确了经营者处理个人信息的基本原则和信息保密义务，并专门就商业性信息规定了消费者默示拒绝权，搭建了保护消费者个人信息的基本法律架构。

《消费者权益保护法》于 2013 年修订，并自 2014 年 3 月 15 日实施以来，所涉个人信息保护专条的案例并不多。据北大法宝 2024 年 1 月 5 日的统计，个人信息保护专条项下的案例文书共 208 篇（并未排除因统计口径不一产生的重复案例）。而在中国裁判文书网输入"《消费者权益保护法》第二十九条"进行全文搜索，也仅有 108 篇文书。个人信息保护专条实施已近十年，如果每年经由法院裁决的消费者个人信息保护案例不超过 20 件，同时个人信息保护又一直是舆论所关注的焦点，两相对比，很难说个人信息保护专条起到了预期的作用。

与此同时，政府为治理网络舆论生态积极推进"网络实名制"。2011 年 12 月 16 日，北京市人民政府新闻办公室、北京市公安局、北京市通信管理局、北京市互联网信息办公室公布并实施《北京市微博客发展管理若干规定》，规定微博用户须以"真实身份"注册使用微博。而 2016 年《网络安全法》第 24 条（"实名制专条"）对于互联网接入和信息发布服务要求用户提供真实身份信息，从而基于网络安全需要确立了全面的网络实名制。值得注意的是，根据北大法宝 2024 年 1 月 5 日的统计，在实名制专条项下的案例文书共 177 篇（并未排除因统计口径不一产生的重复案例）。而在中国裁判文书网输入"《网络安全法》第二十四条"进行全文搜索，也有 108 篇文书。这是《网络安全法》实施七年后的司法实践情形。

由于网络实名制是通过行政措施要求和推行，其裁判文书数量只是所涉案件的一部分。而个人信息专条体现着鲜明的权利保护色彩，在《个人信息保护法》确立的行政保护措施生效之前，主要是由当事人通过司法途径来主张和保护个人信息，其法院判决的数量在很大程度上反映了消费者基于个人信息保护而提请救济的规模。可以说，与消费者个人信息保护相比，网络实名制的法律影响超出一般意义上的司法实践，在法律实践中的分量更大。

（二）个人信息保护与网络安全的双支柱监管架构

《个人信息保护法》于 2021 年 8 月通过并于 11 月实施。该部法律系统性地确立了个人信息保护的原则、处理规则、个人权利等诸多内容，并确立了履行个人信息保护职责的部门。从体系化、完备度而言，《个人信息保护法》是个人信息保护法治的里程碑，具有重要意义。

除了《个人信息保护法》之外，《网络安全法》也对网络运营者收集、使用个人信息规定了基本原则，并强调被收集者在这一过程中的同意权。在《个人信息保护法》通过前，有关法律都对"个人信息保护"着墨颇多，体现了中国法律对个人信息保护一直保持足够的关注。值得注意的是，《网络安全法》将个人信息保护的相关内容纳入"网络运行安全"及"网络信息安全"章节，是将"个人信息保护"作为"网络安全"的组成部分看待的。这似乎是"个人信息保护"的总体法律定位，也符合个人乃至消费者在使用互联网过程中的基本期待。

个人信息保护和网络安全的法律价值取向并非一致。个人信息保护是一种个人权利的彰显，个人在提供信息时具有自主权，具体而言就是在信息被收集、处理时的同意权。这种同意权同时意味着，即使个人需要提供其信息促成某种法律行为，信息的多少也是其可以控制的。换言之，着眼于个人信息保护，消费者只需提供必要的、最少的信息就可以实现交易。出于安全角度施行的网络实名制则重在确立用户身份，对其身份的确立度越高越好，无论从负责网络安全的机构还是经营者来说，都愿意以安全为理由多收集个人信息。按照目前个人信息监管机构的安排，国家网信部门既负责网络安全，也负责个人信息保护。将两种职能集中于一家机构，就需要更好地协调个人信息保护和网络安全的关系，对某项价值的过分强调都会压缩另一项价值的空间，从而使得个人信息保护与网络安全之间存在一种动态平衡关系。在这种个人信息保护与网络安全并重的双支柱监管结构下，个人信息保护更多地通过施加经营者合规义务及国家网信部门协调有关监管部门的专项行动予以实现。经营者违反个人信息保护义务而产生的风险很少直接转化为消费者的实际损失，所以消费者维权的动机就不强烈。

在双支柱监管架构导致的动态价值平衡需求下，经营者对个人信息保护义务的范围界定不够清晰，使得经营者或数据处理者更多依照数据监管机构及相关政府部门的规章乃至政策来明确自己的义务范围，形成了对监管措施的路径依赖。"人脸识别"技术的广泛应用是这一现象的典型例证。"人脸识别"技术收集并处理个人高度关联且敏感的数据，在经营者采用"人脸识别"设定提供商品或服务的门槛后，消费者为获得商品和服务，即使对"人脸识别"的信息收集予以同意，也出于一种被动场景或权宜之计，并不能反映其充分了解相关风险后的独立判断；尤其是在涉及消费者必须接受的商品或服务，如进入居住小区等场景，消费者不同意就无法使用商品或服务，这时消费者对"人脸识别"所收集信息的同意就失去了法律意义。在所谓"人脸识别"第一案中，法院仅仅停留在消费者没有同意"人脸识别"这一阶段，并没有对经营者采用"人脸识别"技术收集信息的正当性加以判断①。这时，"人脸识别"技术体现了安全与个人信息保护两种价值的紧张和平衡，在一般消费者没有足够动力主张自己权利的情形下，"人脸识别"技术的必要性亟待个人信息保护监管机关予以明确。但个人信息保护监管机关同时也承担网络安全监管职责，出于平衡安全方面的考虑，迟迟不能明确利用诸如"人脸识别"等技术收集个人信息的必要性，从而导致实践中经营者采用诸如"人脸识别"技术收集信息时缺乏足够法律约束，也进一步表明双支柱监管架构下经营者对个人信息保护行政措施的深刻依赖。

（三）个人信息保护在互联网条件下的中心化趋势

互联网的信息传送特点是去中心化，电子商务的飞速发展体现着这种去中心化的优势，但在个人信息收集过程中却体现中心化趋势。这种交易的去中心化与个人信息收集处理的中心化相互成全，构成电子商务乃至互联网技术语境下特殊的个人信息保护现状。

互联网的去中心化结构解放了传统百货商店模式下被忽视的小众需求及

---

① 参见郭某与杭州野生动物世界有限公司服务合同纠纷上诉案，杭州市中级人民法院（2020）浙01民终10940号民事判决书。

供应。传统百货商店作为主流的销售渠道，采用中心化控制模式，用百货商店的选品来满足主流消费者的需求，不得不舍弃选品及存货成本与销售量不相匹配的小众产品。在互联网搜索技术的加持下，去中心化的互联网使得买方的小众需求和卖方的小众供应能迅速而又经济地契合，从而解放了百货商店模式下所压抑的需求和供应，使得互联网销售更能满足商家和消费者的真实需求。去中心化的架构绕开了中心化的筛选、备货及推销机制，进一步降低了交易成本，也促进了电子商务的发展。

同时，为帮助消费者与销售者在互联网上达成并完成交易，电子商务平台企业会收集买卖双方的信息以实现特定的功能。发源于淘宝网的支付宝收集了买卖双方的信息，以实现互联网支付，为买卖双方的交易安全提供了保障。除此之外，消费者在电子商务平台储存了大量方便达成交易的收货地址、手机号码等关联性极高的个人信息，电子商务平台作为个人信息处理者就需要承担个人信息保护义务。这样，去中心化的交易产生了中心化的信息聚集，构成电子商务中个人信息保护的鲜明特色。

为完成货物的运送和交付，需要将电子商务平台所收集的收货信息披露给快递业者。此时，快递业者就掌握了所运送物品涉及消费者的信息，也是对消费者个人信息的一种中心化处理模式。中国快递业能够满足电子商务飞速发展需求，是通过大量快递员实现对消费者的上门运送服务，而负责具体运送的快递员不可避免地也接触到消费者个人信息，从而在消费者个人信息中心化处理架构外又增加了去中心化处理个人信息的风险。为此，许多经营者为避免消费者个人信息在具体运送过程中被泄露，对投递单上的消费者个人信息进行了隐私化处理，快递员只有通过快递业者内部中心化的机制才可以联系消费者并送达货物。这种坚持个人信息处理的中心化模式固然可以有效保护消费者个人信息，但这种中心化信息处理机制将消费者个人信息牢牢控制在电子商务平台和快递业者内部，需要相当的资本和技术投入，提高了快递业及电子商务业的准入门槛，存在抑制电子商务及快递业竞争活力的风险。

三　个人信息保护也要尊重市场解决机制

快递柜业务作为市场竞争中产生的新业态，提高了投递效率，又客观上减少了消费者向互联网销售者、电子平台企业及快递企业披露的高度关联信息，有助于解决电子商务发展中消费者个人信息保护问题，回避了个人信息保护双支柱监管架构中如何进行个人信息保护与安全的动态平衡问题。但中国快递柜业务从 2012 年发展至今，没有出现以经营快递柜业务上市的企业。同时，快递柜业务在发展过程中也屡引争议，体现了社会公众对快递柜业务的犹疑。

（一）消费者权益的界定

为了生存和发展，快递柜业务必须找到持久可靠的盈利模式。如前所述，快递柜经营者在向使用快递柜的快递企业收费以外，为提高快递柜使用率和弥补部分成本支出，也可以选择向怠于取件的消费者收取一定费用。作为市场的一种选择，这似乎无可厚非，但向消费者收取快递柜使用费的行为却遇到了诸多挑战。

2020 年 4 月，深圳市丰巢网络技术公司（以下简称"丰巢"）宣布开启取件收费制度，快递存储超时 12 小时后每 12 小时收取 0.5 元，在某些地区引起争议甚至抵制①。为此，国家邮政局约谈丰巢主要负责人，"要求丰巢……积极采取措施，主动承担社会责任，着手研究解决方案，调整完善收费机制，回应用户合理诉求。"② 2019 年 6 月交通运输部发布的《智能快件箱寄递服务管理办法》（以下简称《快递柜管理办法》）第 25 条规定，"智能快件箱运营企业应当合理设置快件保管期限，保管期限内不得向收件人收费。"国家邮政总局似乎认为合理保管期限比 12 个小时要长。

---

① 参见《丰巢超时收费，上海众小区联合抵制！丰巢回应》，《新民晚报》2020 年 5 月 9 日。
② 参见《国家邮政局约谈丰巢：要求调整完善收费机制　回应用户合理诉求》，《文汇报》2020 年 5 月 15 日。

丰巢随即道歉，并修改收费制度：用户免费保管时长由原来的 12 小时延长至 18 小时，超时后每 12 小时收费 0.5 元，3 元封顶；国务院规定的节假日不计费，写字楼周六日（休息日）不计费。因快递柜收费带来的舆论风波得以平息。

快递柜业务向快递企业及消费者收费都有对价支撑。对于快递企业而言，因其帮助快递企业提高了投递效率，所以向快递企业收费有充足的对价支撑。对此，《快递柜管理办法》并未作出规定，实际上是对双方意思自治达成收费协议的默认。对于消费者收费，一方面是基于消费者怠于取件而产生的额外保管服务费；另一方面是为消费者提供更具个人信息保护性质的服务而收费。前者需要在实践中确立为消费者保管快递件的合理期限，而后者需要承认快递柜业务提供了有效保护消费者个人信息的服务。目前主管部门关注点在于合理保管期限的确定，但对于快递柜业务对个人信息保护的意义鲜少提及。

无论是确立合理保管期间还是承认快递柜业务对消费者个人信息保护的积极作用，都需要界定消费者权益。而消费者权益可以分为短期权益与长期权益、个体权益与群体权益。从消费者个人而言，其关注点在于获得特定于自身利益的时效，就会出现该等利益与其长期权益或消费者群体权益不符之情形。

就消费者个人而言，其所能获得的服务没有最经济，只有更经济，免费更好，这种诉求无可厚非。如果运营商与消费者个人订有合同或存在其他法律关系，消费者可以以个人或者消费者权益保护组织名义，通过合同或有关法律关系主张自己的权利，遵循意思自治原则，就是维护消费者个人权益的合法途径，政府不应介入和干涉。

如果经营者某项行为并不会在法律意义上影响消费者个人权益（消费者个人没有既存法律关系对经营者提出权利主张），但是对消费者群体利益会有影响，不存在其他救济方式的，政府可以介入，保护消费者群体利益。在丰巢收费实例中，政府认为消费者群体利益受到影响，介入并无问题。但在介入时，政府须明确消费者群体利益究竟为何，并应该从市场的角度对消费者群体利益进行界定。快递柜业务将免费保管快递件的期间定为 12 小时到底是否损害了消费者群体利益，要从快递柜业务自身的盈利模式合理性及其健康发展考虑，而不仅仅是根据无法借助法律关系提出权利主张消费者个体的声音大小。在国家邮政总局发布的约谈新闻稿中，看不出对快递柜运营商收费对价的考虑，很难说其约谈符合消费者群体利益。

（二）承认快递柜行业资本运作行为的合理性

如前所述，只有快递柜网络覆盖密度达到一定规模，一般消费者才会愿意舍弃送货上门的便利去快递柜取件，而一般消费者对快递柜模式的接受度越高，对个人信息敏感的消费者群体越容易享受到快递柜服务来保护个人信息。这样，快递柜经营者势必在相关快递柜网络铺设的过程中付出大量的资本和时间。在消费者习惯免费接受快递柜服务的情境下，快递柜经营者不能对消费者收取"过高"的保管费用，在只有快递业者一端承担其运营费用的情形下，很难盈利。因此，企业并购等资本运作行为在维持原有快递柜服务的同时，为无法坚持下去的快递柜经营者提供了符合市场机制的退出渠道，应当受到鼓励。

2020 年 12 月 14 日，市场监管总局在其网站披露了一系列未依法申报而实施的经营者集中相关当事人的处罚决定。其中，丰巢收购中邮智递科技有限公司股权案（以下简称"丰巢收购速递易"）赫然在列。2020 年 5 月 5 日，顺丰控股发布《关于放弃参股公司优先增资权暨关联交易的公告》：丰巢拟与中邮智递（中邮速递易运营主体）进行股权重组，交易完成后，中邮智递原股东中邮资本、三泰控股将合计持有丰巢 28.68% 的股权，中邮智递成为丰巢全资子公司。其在达到经营者集中申报门槛后未履行申报义务，被市场监管总局处以顶格罚款。同时，市场监管总局强调，该次经营者集中并不存在排除或限制竞争的后果，所以并未否定丰巢收购速递易本身的合法性。

对丰巢收购速递易程序违规的处罚有其治理平台企业的背景，但其中的处罚理由值得深思。在满足《反垄断法》规定的经营者集中门槛之后，经营者疏于申报而遭受处罚，要么说明经营者本身对自己资本并购行为合法性具有十足的信心，要么说明经营者集中申报带来的程序性合规成本过高，在过往的实践中不进行程序申报也不会有法律后果，所以存在侥幸心理。对于反垄断执法机构而言，横向垄断合谋严重危害市场，且隐秘性强，在执法资源有限的情形下，成为打击重点，而经营者集中大多并不具有垄断效果，所以不为反垄断执法机构特别关注，这在各个法域反垄断执法机构基本上是共识。为减轻经营者集中申报的合规成本，节约执法资源，集体豁免申报制度对特定行业、特定条件下的经营者集中予以集体豁免，为市场主体正常的资本运作提供了可预期的反垄断法制度支撑。如果中国反垄断执法机关对互联网及包括快递柜业务在内的行业确立可预期的集体豁免申报制度，则会进一步推动互联网产业及快递柜业务等信息业态的发展，为针对互联网平台的"常态化监管"提供更为确定的法律基础。

（三）快递柜的投放遭遇困境

快递柜进小区实际是与房地产权利人确立租赁关系，但在房地产权利人没有动力与快递柜经营者签订租赁协议，或者房地产权利人引入快递柜的要求无法通过居委会或业主委员会得以反映的情况下，快递柜的需求方与快递柜营业者就无法达成合意。如前所述，这是快递柜业市场发展出现的问题，法律如果无法提出针对性解决方案，快递柜业务就无法满足个人信息敏感用户的需求，失去其在保护个人信息方面的题中应有之义。

国家邮政局 2020 年 5 月就以消费者收费问题对丰巢进行约谈时提出："智能快件箱的设立和运营属于市场行为，又具有一定公共属性。邮政管理部门将……推动将智能投递设施纳入城乡公共基础设施建设范畴。"在作出该等表态时，政府主管部门强调的是丰巢因速递柜业务的公共属性所承担的社会责任。但《快递柜管理办法》第 5 条规定，"支持将智能快件箱纳入公共服务设施相关规划和便民服务、民生工程等项目，在住宅小区、高等院校、商业中心、交通枢纽等区域布局智能快件箱"。这样，就应该保证快递柜在符合条件小区的安装，不能因为快递柜经营者与小区居委会或物业的纠

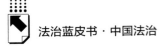

纷而拒绝快递柜进入小区，更不能因为一时舆论兴起允许小区物业拆除快递柜。这也许才是给予快递柜业务基础设施地位的法律意义。

在传统邮政业务中，邮政信箱属于公共基础设施范畴，是每一个居民小区乃至商业区的标配，也是房地产规划中的必选项目。但随着互联网电子通信业务及电子商务条件下快递业的发展，邮政信箱的空间与其利用率并不匹配。如果能对邮政信箱系统进行升级改造，使之承担邮政通信普遍服务的同时，还能作为快递柜为消费者提供快递件寄存服务，将有效缓解快递柜经营者前期巨额投入带来的成本压力，缓解消费者与快递柜经营者因收费而产生的矛盾。具体操作中，可以制定全国性住宅及商业小区的邮政信箱系统现代化升级改造计划，并将全国按照邮政信箱网络的分布和管理特点划分若干区域，在每一区域向全社会招标，寻求快递柜经营者出资改造，并在改造成功后将一定期限的快递柜部分经营权授予中标方，以使其能回收投资，并获取合理回报。同时，鼓励未中标企业积极利用新科技条件进入小区，最终形成多个快递柜业务在同一住宅或商业小区竞争的局面，从而在快递业者和消费者两端降低快递柜使用成本，进一步促进快递业发展的同时，对个人信息敏感用户给予充分的保护，从而带给市场确定预期的同时，对个人信息予以切实有效保护。

结　语

虽然以互联网为代表的新技术带给公众前所未有的便利，但个人也为此交出了传统情境下还可以保为己有的诸多个人信息，这无形中也压缩了个人的私人空间。虽然个人信息保护法律体系可以为个人信息提供一定程度的保护，但在个人不得不交出越来越多个人信息的情境中，在中国目前个人信息保护双支柱监管结构下，严重依赖行政措施的个人信息保护体系究竟能否为个人权利提供足够的保护，值得研究。快递柜业务的兴起反映了电子商务飞速发展前提下快递业提高投递效率的强烈需求，同时又使得个人在享有互联网所带来便利的同时一定程度上保有其私人空间，从而解决了技术飞速发展趋势下个人信息保护的两难局面，是难能可贵的创新业态。为此，中国法律须界定真正的消费者权益，承认快递柜行业资本运作行为的合理性，给予快递柜业务一定程度的基础设施地位并引入竞争，推进改革，以市场化方式解决法律体系不能触及的问题，促进中国互联网产业及高科技行业进一步发展。

B.11
中国在线争议解决发展报告

郭文利 黄一文 王霭雯*

摘　要：　近年来，中国在线争议解决发展迅速，规范化进程稳步发展，三大领域在线诉讼呈现"一体化、协同化、智能化"态势，在线调解成效显著，类型化市场化推进加快，在线仲裁平台建设加速，常态化智能化显现。与此同时，也伴随着智能应用场景较为单一、多元解纷集成应用较少、规则指引细分程度不足、专业解纷力量需求日益显现、新兴领域机制建设滞后、数据应用和安全的平衡有待加强、标准化建设工作不充分等一系列困境。因此，需要强化标准规则制定能力，深化智能技术场景应用，加强虚拟空间场景对接，加快"一站式"平台建设，推进专业力量体系建设，完善数据技术合规应用，进一步推动在线争议解决专业化、国际化发展。

关键词：　在线争议解决　在线诉讼　在线调解　在线仲裁　数字技术

党的十八大以来，以大数据、云计算、人工智能等为代表的数字科技发展推动着以数字赋能为核心的法治模式重塑与变革。随着《法治中国建设规划（2020～2025年）》《国民经济和社会发展第十四个五年规划和二〇三五年远景目标纲要》《"十四五"数字经济发展规划》的相继出台，数字法治、数字政府、数字社会、数字文化、数字经济等获得了长足发展，对在线争议解决提出了更多需求。因应此种变化，尤其是新冠疫情期间对非接触式解纷

---

* 郭文利，北明软件有限公司助理总裁、智慧政法四部总经理；黄一文，上海仲裁委员会合作发展部部长，英国特许仲裁员协会高级会员；王霭雯，北明软件有限公司智慧政法四部业务总监。

的巨大需求，中国在线争议解决发展迅速。本报告聚焦在线争议解决中的在线诉讼、在线调解、在线仲裁①三大领域，聚焦国内近年实践，透视呈现中国在线争议解决样貌，总结经验、发现短板、思考未来发展方向。

一 中国在线争议解决发展现状

（一）规范化进程稳步发展

1. 在线诉讼规则完善，强化数据安全

一方面，在线诉讼规则体系日臻完善。自 2018 年开始，最高人民法院依托智慧法院建设，先后出台《最高人民法院关于互联网法院审理案件若干问题的规定》《民事诉讼程序繁简分流改革试点实施办法》《最高人民法院关于新冠肺炎疫情防控期间加强和规范在线诉讼工作的通知》等文件，为完善在线诉讼程序和规则作出了有益探索。与此同时，杭州、北京、广州三家互联网法院结合自身实践，总结案件审理、平台建设、诉讼规则、技术运用、网络治理等方面的经验，陆续制定出台网上诉讼规程、诉讼平台审理指南等文件，构建全流程在线诉讼规范体系。立足上述基础，最高人民法院自 2021 年 6 月相继出台《人民法院在线诉讼规则》《人民法院在线调解规则》《人民法院在线运行规则》三大规则，对互联网司法运行作了统一规范，在制度层面完成了互联网司法规则的体系化建设。另一方面，日益强调数据安全。随着数字技术在司法领域的应用逐步向纵深发展，最高人民法院于 2022 年先后出台《最高人民法院关于加强区块链司法应用的意见》和《最高人民法院关于规范和加强人工智能司法应用的意见》，以规范和加强数字技术在司法领域的应用；同时，根据《数据安全法》《个人信息保护

---

① 关于在线争议解决的三大领域名称，目前均有不同称谓，如智慧法院、数字法院、在线法院、在线诉讼等，本文为写作便捷，统称为在线诉讼，与调解、仲裁相关的在线争议解决称谓与此相同，均统一为在线调解、在线仲裁。同时，若未特别说明，本文所谓的仲裁均指商事仲裁，不包括劳动仲裁。

法》，结合工作实际，最高人民法院出台了《人民法院数据安全管理办法》，规范人民法院数据处理工作，进一步加强在线法院安全体系建设。

2. 在线调解标准化建设快速推进

在线调解主要体现为标准化建设推进。2022年11月，中国贸促会商业行业委员会发布了《在线商事调解服务规范》团体标准，填补了在线商事调解领域的标准化空白，助力在线商事调解的规范化和体系化发展。2023年3月，市场监管总局、国家标准委发布《电子商务在线争议解决规范》，以国家标准形式推进电子商务在线调解服务的规范化。

3. 在线仲裁规则更新迭代

一方面，立法规范提上日程。2021年司法部公布了《仲裁法（修订）（征求意见稿）》，针对互联网仲裁作出相应规范，允许仲裁通过网络方式进行，增加关于网络信息手段送达的规定，将开展互联网仲裁的实践经验上升为法律，以规范互联网仲裁的发展。另一方面，仲裁规则更新迭代。多家仲裁机构更新仲裁规则或专门制定在线仲裁规则，以适应争议解决的数字化趋势。广州仲裁委员会于2020年和2022年发布互联网仲裁推荐标准，针对性解决互联网仲裁庭审难点，对远程庭审技术规范予以申明；上海仲裁委员会于2022年3月22日发布《线上仲裁指引（暂行）》及配套操作指引，对电子送达、线上庭审记录、电子文书签署、延期开庭请求、证据材料提交、证人及专家参与等均提供了详细的程序指引；北京仲裁委员会于2022年施行新版仲裁规则，涉及网上开庭、电子送达等多方面，并同步更新《关于网上开庭的工作指引》；中国国际经济贸易仲裁委员会于2023年9月发布新版《仲裁规则》，以推进数字化、智能化广泛应用于仲裁程序。

（二）在线诉讼呈现"三化"态势

1. 一体化诉讼服务格局基本形成，效果显著

2016年最高人民法院首次提出智慧法院建设；随后于2017年、2018年先后设立杭州、北京和广州三家互联网法院；于2018年推出"移动微法院"，并于2022年3月进一步升级为覆盖四级法院的"人民法院在线服务"

平台，以移动端统一入口集成包括在线立案、信息查询、费用缴纳、在线开庭、电子送达、保全鉴定等一体化诉讼服务。2022年"人民法院在线服务"移动端提供网上立案1071.8万次，同比增长30.6%，平均每分钟就有61件案件实现"掌上立"，人民法院电子送达9264万件次，同比增长123%。网上保全标的额达26553亿元，是2021年的2.1倍①；2023年1~9月全国法院网上立案1085.6万件，同比增长24.26%②。

2. 协同化趋势明显

数字技术的发展推动了在线诉讼建设重点发生转变：从"局部应用"到"业务协同"，由"分散式场景"转向"系统化场景"，深入推动数字技术与发展需求的有机衔接。其一，通过平台化整合推进跨地区、跨部门、跨层级的业务协同。例如，浙江法院自2018年以来整合原有的84个业务系统，建成统一的"浙江法院一体化办案办公平台"，为立案、缴费、举证质证、庭审、合议等150余个业务场景提供系统服务和支撑③。其二，以一站式改革为牵引推动多跨协同应用场景建设。例如，最高人民法院依托最高人民法院诉讼服务网、人民法院在线服务平台、人民法院调解平台、最高人民法院办案系统、中国贸促会调解中心在线调解平台以及中国国际经济贸易仲裁委员会、中国海事仲裁委员会、北京仲裁委员会、上海国际经济贸易仲裁委员会、深圳国际仲裁院、广州仲裁委员会、上海仲裁委员会、厦门仲裁委员会、海南国际仲裁院等相关仲裁系统，建设了"一站式"国际商事纠纷多元化解决平台，提供中立评估、调解、仲裁、保全、立案等争议解决服务。各地法院则通过数字技术加速赋能应用场景示范性转化，围绕诉源治理、多元解纷、立案服务、智慧诉服、热线服务、智辅审判、一网统管等业务场景开展一站式建设，形成可复制可推广的创新成果。例

---

① 《最高法发布全国法院一站式建设优秀改革创新成果》，最高人民法院，https：//mp. weixin. qq. com/s/SYykMT2fxyLVu875b8Nu8A，最后访问日期：2023年11月6日。

② 《最高法公布2023年1~9月司法审判工作主要数据》，最高人民法院，https：//mp. weixin. qq. com/s/FXISOFlz7-WW0A6uKs8QQA，最后访问日期：2023年11月6日。

③ 《李占国：建设"全域数字法院" 打造数字时代"未来法院"新图景》，浙江天平，https：//mp. weixin. qq. com/s/f8vtQXYO3GZtloggh36qDA，最后访问日期：2023年11月6日。

如，浙江省"共享法庭"以多跨场景应用为重要抓手，集成浙江解纷码、人民法院在线服务平台、庭审直播系统、裁判文书公开平台等软件模块，具有诉讼服务、纠纷化解、基层治理等功能，形成线上线下高效协同的一体化矛盾纠纷调处化解流程。截至 2023 年 8 月，浙江全省已建成共享法庭 2.7 万个，覆盖 100%的乡镇（街道）、98%以上的村（社区）①。又如，上海市"解纷一件事"平台对接了市司法局、市工商联、市妇联、市农业农村委、上海银保监局 5 家单位主管的 6700 多家解纷机构，提供包括合同纠纷、劳动争议、知识产权纠纷等在内的约 400 类纠纷的解纷服务。2023 年 1~8 月，平台已接到纠纷申请近 1.7 万件，共受理纠纷约 1.4 万件，成功化解率达 95%②。

3. 智能化应用更加广泛

从业务场景来看，以智能移动终端为代表的移动互联模式出现。例如，广东省广州市中级人民法院于 2021 年建成全国首个 5G 智慧法院实验室，上线移动办案办公平台、智慧合议庭系统，集成人脸识别登录、异地合议、语音调卷、智能批注、语音输入转写等功能，实现法官随时随地办案办公，合议无纸化、智能化；广州互联网法院于 2022 年 4 月底上线的"5G 智审卡片"以 5G 消息为载体、智能手机短信为入口，实现当事人错时异地通过手机与法官联系，完成陈述、答辩、举证、质证、调解等全部流程；江苏省常州市中级人民法院于 2022 年底打造 5G 移动法院，涵盖司法活动全领域、审判执行全过程业务，实现远程跨网系统办理法院办公事务与办案业务。

从业务流程来看，智能化技术与法院业务的进一步深度融合对审判工作

---

① 《"诉源治理浙江模式"系列报道③——共享法庭：社会治理最末端的解纷之道》，浙江天平，https://mp. weixin. qq. com/s/NAKDlUAf6pKJu_ 11hroylg，最后访问日期：2023 年 11 月 6 日。

② 《430 类纠纷"一网受理" 6700 家机构智能匹配 上海"解纷一件事"智慧平台一键解民忧》，司法部，https://mp. weixin. qq. com/s/S4NUYf3YWZunbtmIXjkfSg，最后访问日期：2023 年 11 月 6 日。据悉，该平台后续将进一步扩大纠纷受理范围，拓展至行政调解、行政性专业性调解、民商事仲裁、行政复议等，上线诸如在线电子签名、视频解纷、城市法规和解纷机构查询等功能。

方式和流程进行了重塑和优化。信息采集提取、语音识别、知识图谱、机器学习算法等技术的应用，为法官审判过程中的案件智能分配、信息回填、文书生成、案例推荐、法条检索、风险评估、庭审辅助等提供支持，有效提升法官的工作效率。例如，浙江省高级人民法院研发的"凤凰金融智审"3.0，根据人工算法、深度学习、智能识别等智能化技术，以大量生效裁判案例为样本，在庭前阶段实现自动审查立案、自动分案排期、庭前报告实时推送，在庭审阶段实现双方证据分类、庭审内容记录分析、争议焦点动态生成，并可基于模式一键生成法律文书。

（三）在线调解成效显著，类型化市场化推进加快

1. 在线调解工作成效显著

一方面，在线调解趋势更加凸显。截至2022年底，人民法院在线调解纠纷量累计3832万件；2022年诉前调解成功895万件，同比增长46.6%，平均每个工作日有5.4万件纠纷在线调解，每分钟就有75件成功化解在诉前，每2.2件调解案件就有1件通过远程视频方式开展[①]；2023年1~9月，全国法院诉前调解纠纷1183.4万件，其中782.2万件成功调解在诉前，同比增长30.1%[②]。作为浙江省矛盾纠纷化解的线上第一道入口，浙江解纷码截至2023年10月25日访问量超1630万人次，注册用户数超393万，已上线超1.1万个调解机构和超5万名调解员，智能咨询数量达92万次，调解案件申请总量达337万件，调解成功案件量超169万件，调解成功率超50%。另一方面，解纷服务网络更加健全。最高人民法院与12家中央行政机关、全国性行业协会建立"总对总"在线多元解纷机制，最大限度集约各单位分散在省、市、县、乡各个层级的调解资源。截至2022年底，对接

---

① 《最高法发布全国法院一站式建设优秀改革创新成果》，最高人民法院，https：//mp.weixin.qq.com/s/SYykMT2fxyLVu875b8Nu8A，最后访问日期：2023年11月6日。
② 《最高法公布2023年1~9月司法审判工作主要数据》，最高人民法院，https：//mp.weixin.qq.com/s/FXIS0Flz7-WW0A6uKs8QQA，最后访问日期：2023年11月6日。

人民法院的调解组织、调解员达 9.6 万家、37.2 万名①。2023 年 1～9 月，包括派出所、司法所、街道办、村委会等在内的 10.4 万家基层治理单位与人民法庭进行在线对接，就地解决纠纷 119 万件②。最后，平台建设主体拓展至独立商事调解组织，如中国国际贸易促进委员会商事调解中心委托建设了在线商事调解平台，完成了从案件申请、分配、办理、结案至归档的线上全流程搭建，集在线快速申请、流程自动化、视频调解、文书生成等多个功能模块于一体，提供便捷化、专业化、精细化的在线争议解决服务。

2. 类型化解纷实践加快

各地法院不断加快本地区类型化多元解纷实践的步伐，围绕包括金融、行政、物业等重点领域持续开展在线解纷工作。例如，浙江省台州市路桥区人民法院针对金融纠纷体量大、化解难度高、解纷成本高等问题推出"金融解纷码"在线应用，集成在线咨询、在线调解、失联修复、案件分流、智能督促等功能，融合了调解、仲裁、公证等多元解纷渠道；浙江省金华市金东区人民法院和金东区司法局"行政争议数智解应用"依托浙江解纷码平台，整合行政机关自处、行政争议调解中心调解、行政复议、行政诉讼等业务资源，重塑行政争议多元化解流程，构建"行政争议源头预防—多元化解—源头治理"双向全流程、全闭环工作机制；浙江省台州市椒江区人民法院研发的"物业解纷码"应用囊括了在线咨询、纠纷登记、分级处置、纠纷调处、案例示范、数据研判等多项功能，整合了社区、行业协会、调解组织及法院多方调解力量，有效推进物业纠纷源头批量化解；深圳市中级人民法院研发上线"一站式证券纠纷化解平台"，平台当事人端集立案登记、权利申报、代表人投票、损失核算、公告查阅、电子送达等功能于一体，法院端则聚焦示范判决和平行案件标识、类案批次管理、资格审核、代表人选举、公示公告等功能，实现人民法院、金融机构、权利人等相关方在线交

---

① 《最高法发布全国法院一站式建设优秀改革创新成果》，最高人民法院，https：//mp. weixin. qq. com/s/SYykMT2fxyLVu875b8Nu8A，最后访问日期：2023 年 11 月 6 日。
② 《最高法公布 2023 年 1～9 月司法审判工作主要数据》，最高人民法院，https：//mp. weixin. qq. com/s/FXISOFlz7-WW0A6uKs8QQA，最后访问日期：2023 年 11 月 6 日。

互，对金融纠纷实现智能化、批量化处理。

3.市场化解纷机制探索前行

作为多元解纷机制的新探索，市场化解纷机制建设稳步推进。杭州市中级人民法院作为最高人民法院确定的全国唯一市场化解纷机制试点法院，从服务在线化入手，依托上线"一码解纠纷"应用模块，实现特定商事纠纷自动识别，类案线上引导律师调解。此外，浙江省委政法委和浙江省高级人民法院共同开发建设的浙江解纷码立足市场化解纷需要，于2023年以"市场化解纷模块"建设申报浙江省"枫桥经验"揭榜挂帅项目，拟建设集智能分析、评估评价、市场化解纷数据、调解资源精准画像功能于一体，赋能市场化解纷全过程，为各区域内参与主体提供专业化、在线化、全流程的解纷服务。中国国际贸易促进委员会商事调解中心则以在线调解平台建设为载体，以商事调解为特色，通过在线受理并市场化运作开展商事争议有偿调解服务，积极探索在线商事调解市场化机制。

（四）在线仲裁平台建设加速，常态化智能化显现

1.平台建设加速

数字平台是仲裁业务数字化转型的重要基础，各仲裁机构对数字化平台建设的重视和投入不断加大。其一，通过建设独立互联网门户开展网上仲裁业务，实现仲裁办公信息化及仲裁业务在线办理。被纳入"一站式"国际商事纠纷多元化解决机制的多家仲裁机构，如中国国际经济贸易仲裁委员会、中国海事仲裁委员会、北京仲裁委员会、上海国际经济贸易仲裁委员会、深圳国际仲裁院、广州仲裁委员会、上海仲裁委员会、厦门仲裁委员会、海南国际仲裁院等均已上线独立的仲裁服务平台。其二，通过一站式综合平台建设，提升跨境商事纠纷解决整体效能和国际影响力。2021年，广州仲裁委员会率先搭建全球首个亚太经合组织在线争议解决 APEC ODR 平台，成为 APEC 首批三家 ODR 平台供应者之一；中国国际经济贸易仲裁委员会于2022年5月正式启用 APEC ODR 平台，提供谈判、调解、仲裁一体化全流程在线 ODR 服务。香港一邦国际网上仲调中心与华南国际仲裁院等

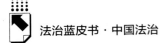
设立大湾区国际仲裁中心交流平台，开发了线上协商、调解和仲裁一站式综合平台。此外，北京仲裁委员会于 2023 年 7 月正式启动了 APEC ODR 平台建设工作。

2. 在线仲裁业务常态化

2022 年，全国 277 家仲裁机构共办理案件 475173 件，其中 89 家仲裁机构运用在线仲裁方式办理案件 154911 件，同比增长 5.40%[1]，在线仲裁案件占比已超三成。以年度案件标的额排名全国前十的仲裁机构为例，其中广州仲裁委员会 2022 年网络仲裁案件量超过 8500 件，标的额达 15.9 亿元[2]；深圳国际仲裁院远程立案 5417 宗，占受案数的 65.42%，网上开庭 2949 次，占全年总开庭次数的 46.22%，电子送达 67875 次[3]；上海仲裁委员会线上开庭数量为 4318 件，同比增长 4012.4%[4]；中国国际经济贸易仲裁委员会通过网上立案申请 1340 件，占全年立案总量近三分之一；上海国际仲裁中心在线立案 762 件、在线庭审 541 次[5]。北京仲裁委员会截至 2023 年 10 月 8 日在线预约申请立案数量已达 12364 件，其中已立案 6975 件，在线开庭案件数量 3086 件。

3. 智能应用逐步深入

立足争议解决效率和效果双提升的需要，国内仲裁机构加速推进数字技术在仲裁程序中的应用。广州仲裁委员会发布智能机器人"云小仲"，将当事人虚拟数据化带入元宇宙仲裁员办理业务场景，提供 24 小时不间断智能立案服务；上线"智能仲裁员助手"，便于仲裁人员通过即时交互手段快速

① 《2022 年全国仲裁办理案件情况发布》，广州仲裁委员会，https：//mp. weixin. qq. com/s，最后访问日期：2023 年 11 月 6 日。
② 《广州仲裁委发布仲裁国际化八大成果》，广州仲裁委员会，https：//mp. weixin. qq. com/s/dhujvT2OrG2h9_ IRd9UOfQ，最后访问日期：2023 年 11 月 6 日。
③ 《2022 深圳国际仲裁院高质量发展数据概览》，深圳国际仲裁院，https：//mp. weixin. qq. com/s/2uFzq5GvGI1ILvSZHiIZKQ，最后访问日期：2023 年 11 月 6 日。
④ 《上海仲裁委员会发布 2022 年度报告》，上海仲裁委员会，https：//mp. weixin. qq. com/s/8CHdqw2lMzCwZGhqAywZOQ，最后访问日期：2023 年 11 月 6 日。
⑤ 《2022 年度仲裁业务报告》，上海国际仲裁中心，https：//mp. weixin. qq. com/s/LYCume1fziJWw16bShbNtg，最后访问日期：2023 年 11 月 6 日。

获取有关法律条文、司法解释和检索判例；首创的 AI 仲裁秘书"仲小雯"集身份识别、在线立案、智能咨询、仲裁宣传和留言建议功能于一体，实现仲裁全业务流程的智能服务。上海仲裁委员会在案件导入阶段通过批量处理技术实现案件的批量导入和批量受理，大幅提高立案效率；在案件处理阶段则基于要素式仲裁文书随案智能辅助生成等相关技术，实现了文书自动秒级生成。

二 中国在线争议解决发展困境与不足

（一）智能应用场景较为单一

随着数字化带来的技术进步在争议解决中扮演了越来越重要的角色，无论法院、调解机构或仲裁机构，都在创新数字技术赋能争议解决服务的应用场景。尽管如此，数字技术在争议解决领域的运用，仍以提供便捷服务、处理重复事务性工作、提高程序效率和成本效益为基础定位，智能化应用场景建设的广度和深度仍存在不足。

从应用效果看，主要以线下业务流程环节线上化为核心完成平台搭建，已初步实现语音识别、图像识别、流程机器人、案件信息自动回填、卷宗智能编目、简单案件文书自动生成等功能，大多处于技术赋能的初级阶段，而以数据和算力为基础的智能解纷、结果预测、风险预警等更为高阶的智能化服务领域尚未得到充分开发。同时，当下智能应用场景的辅助角色仍以面向纠纷化解为主导，涉及纠纷预防的智能应用场景有待进一步深度挖掘，以加强在线争议解决机制建设，降低同类纠纷再发率，实现纠纷的源头预防、前端化解。

（二）多元解纷集成应用较少

当前发展在线争议解决机制已经形成普遍共识，除全国范围内自上而下部署的人民法院在线服务平台、人民法院调解平台外，部分人民法院、仲裁机构、调解机构立足实际，也都在建设多元解纷平台以创新在线争议解决服务机制。但不可否认，由于各地法院均为分头建设，仲裁机构和调解机构各自独立发展，各地在线争议解决推进建设的方式和深度不一，使得争议解决服务供给标准化、精细度和便利性的差异较大。例如，部分法院的多元解纷平台主要提供调解或"调解+诉讼"服务，仲裁机构的自建平台则以提供仲裁或"调解+仲裁"服务为主，涵盖调解、仲裁、诉讼等多元解纷服务的一站式集成应用较少。目前集成应用较好的当数最高人民法院建设的"一站式"国际商事纠纷多元化解决平台，它集成了多元化纠纷解决渠道，建立诉讼与仲裁、调解有机衔接的一站式国际商事纠纷多元化解决机制，当事人可根据案件实际情况和自身意愿，选择合适的纠纷解决服务，并可直接通过平台实现解纷程序的在线转换。除此之外，浙江解纷码平台通过各地区的类型化应用模块建设，也集成了咨询、投诉举报、调解、仲裁、公证、行政复议、诉讼等多元解纷机制。因此，在实践探索中通过进一步强化协同机制，建设多元解纷集成应用显得尤为必要。

（三）规则指引细分程度不足

作为争端解决工具的数字技术带来的不仅是争议解决模式转变，更应当是对争端解决机制和规则本身的重塑。无论是在线争议解决平台的建设运行还是争议解决流程都需要有相应的规则作支撑，以有效应对具体实践中可能存在的问题。尽管法院、仲裁机构、调解组织均立足在线争议解决实践，出台或制定了相关规则或配套服务规范，但其更多是立足在线争议解决活动而制定的具有普适性的规则指引，并未根据不同争议的性质特点，进一步细化和完善在线争议解决的各项规则。而实际上，通用性的规则无法满足部分领域的需求，规则的细分度是争议高效解决的必然需求，以确保适用于不同类型的争议和提高规则的适应性和效率。例如，目前针对商事争议尤其是涉外商事争议领域的规则相对不足，不能充分应对商事争议或涉外商事争议的特殊性，可能会增加争议解决的复杂性和时间成本。又如，在包含仲裁程序在内的多跨协同平台建设中，如何确保仲裁独立性和保密性亟须规则保障。

（四）专业解纷力量需求日益显现

争议解决中的数字技术应用和发展在一定程度上突破了以往线下解纷资源分散化的困境，为多元解纷资源有效整合、推动争议在线高效化解提供了便利条件。与此同时，其对专业解纷力量也提出了较高要求。将数字技术应用于在线争议解决领域，意味着需要匹配同时具备争议解决专业知识与数字技术应用能力的专业力量。然而，目前国内争议解决的数字化建设进度存在差异，像经济发达地区与欠发达地区发展不均衡的情况不仅存在于制度规范建设、在线平台建设等方面，更体现在人才建设领域，在线争议解决的专业力量需求日益显现。例如，共享法庭集成应用中需要法官指导调解工作，而大部分法院人案矛盾比较突出；在线调解中的商事调解部分则面临商事调解队伍建设落后、商事调解员大面积缺失的困境等。面对数字化背景下呈现的新兴领域争议逐渐增多、法律关系日趋复杂的情况，如何加强专业高效的在线争议解决人才机制建设显得日益重要和迫切。

（五）新兴领域机制建设滞后

在数字时代背景下，作为新工具的数字技术不仅影响在线争议解决领域的发展，同时催生了技术带来的新型争议解决需求，以此为基础的新兴领域机制建设尚未开启。其一，平台化对接机制缺失。平台作为驱动数字经济社会发展的新型组织模式，在争议解决领域一是作为重要的解决主体存在，通过制定和实施平台规则，在内部秩序中形成争议解决运行体系，当事人间通过平台产生的争议可由平台发挥基础性治理作用；二是作为主要的争议解决对象存在，由于其与其他争议解决平台对接机制的缺失，当事人与平台产生的争议需另行寻求在线调解、在线仲裁和在线诉讼等渠道解决。其二，科技第四方解纷缺位。目前的在线争议解决仍然以人作为法官、作为仲裁员、作为调解员，呈现的是"平台+人工"模式，而以算法解纷为代表的 AI 法官、AI 仲裁员、AI 调解员的"平台+智能"模式尚不存在，不能满足标准化争议的批量化快速解决需求。

（六）数据应用和安全的平衡有待加强

数据作为数字时代的生产要素，是推动在线争议解决机制发展的重要组成部分，其应用于在线争议解决领域所发挥的作用日益增强，如基于大数据分析的风险预警、类案分析等应用。作为争议解决服务的提供者，无论是法院、调解机构还是仲裁机构均在争议解决数字化建设过程中积累了海量的数据，而这些数据往往来源多样且标准不一，海量的数据使得数据安全和数据应用的平衡问题愈加复杂。以纠纷预防的数据应用为例，其实质是对有重大风险的矛盾纠纷进行数据采集和数据分析，然而其中涉及的调解、仲裁争议解决方式，保密是其开展工作的重要原则，在这种情况下，对数据应用和数据安全保护的实现方式就提出了更精细的要求，数据应用发展和安全间的动态平衡是保障在线争议解决数字化进程中兼顾信息保护的重要挑战。因此，如何在立足数据安全和隐私保护的基础上推动数据融合应用，进一步发挥数据要素价值显得尤为关键。

（七）标准化建设工作不充分

随着数字技术的日益成熟，其在争议解决领域将不仅发挥工具的运用效应，更推动向更深层次的规则治理迈进，而规则治理则依赖标准与实践的深度融合。尽管近年来在线诉讼、调解和仲裁领域的规范化进程稳步发展，但在线争议解决相关标准体系的制度化、国际化建设仍不充分。一是统一标准制定相对滞后，以在线仲裁为例，目前仅广州仲裁委员会于2020年和2022年发布了互联网仲裁推荐标准，而各地仲裁机构围绕其自身实践制定的在线仲裁规则并不统一，仲裁程序在线重塑、证据认证等关键性问题没有建立统一的国家标准。二是国际化标准输出不足，制定标准、输出标准是提高国际核心竞争力的重要途径，中国在线争议解决领域的建设并未基于自身的先发优势建立国际认可并遵从的标准，并以标准为切入点引领国际治理规则的构建。相关业务规范和标准的制定和输出进度相对缓慢，如涉及身份识别、程序规则重塑、视频庭审等技术标准尚未制定。

三　中国在线争议解决发展对策

（一）强化标准规则制定能力

随着中国在线争议解决机制建设向纵深发展，标准化工作建设不充分、规则细分程度不足的问题逐步显现。对此，作为核心竞争力基本要素的标准规则必须及时回应，主动适应发展需要，进一步强化与机制体制创新实践的互动支撑，促进创新成果向标准建设转化。其一，加快优势领域的标准化体系建设。中国应当立足在线争议解决领域的实践成果，强化国家和行业标准等高水平标准制定能力，推进相关科技成果转化为标准的服务体系，围绕在线争议解决平台建设、平台对接、在线争议解决程序及其相关的隐私安全、身份识别、电子证据、视频庭审、仲裁执行、数据跨境流动、智能化应用监管等领域，制定并输出技术标准及业务规范。其二，加强中国标准国际化输出。标准是与国际接轨、提升国际话语权的强有力支撑。中国一方面应以标准国际化为重要突破口，建立国际认可并遵从的标准，推动中国建设的有益经验在世界范围内推广和传播；另一方面，要积极参与国际标准和规则的制定，加强国家间标准制定和数字技术交流方面的合作，以增强在线争议解决领域的国际竞争力。

（二）深化智能技术场景应用

尽管数字技术被越来越多地应用于在线争议解决领域，并对其发展起到了关键性推动作用，但从发展的角度看，现有智能化应用场景的广度和深度不足，无法有效支撑在线争议解决领域数字化精细化治理的需求，应当进一步深入挖掘智能技术的应用场景。其一，深化智能辅助能力建设，支持包括虚拟法庭、流程监管、节点预警等在内的智能化应用，推进智能辅助全流程升级。以虚拟法庭应用为例，通过虚拟现实技术和人工智能算法赋能审判全过程，在虚拟环境中还原庭审过程的真实场景和情境，便于裁判人员和当事人都能够更直观地沉浸式参与其中。其二，深化智能裁判重点领域建设，加强关键核心技术攻关，推进包括类案裁判、裁判机器人、裁判偏离度预警等在内的智能化探索。以类案裁判应用为例，通过对特定类型案件的海量裁判数据进行要素特征提取和裁判结果智能学习，建立对应类型案件的裁判模型，在裁判阶段通过运用该模型计算并智能生成裁判结果，由特定的法官或仲裁员进行结果复核确认。其三，深化人工智能于在线调解领域的应用，推进包括智能调解机器人、智能合约自动履行等在内的场景建设。例如，智能调解机器人利用人工智能算法技术，结合类似纠纷处理结果数据等相关要素进行自动抓取，模拟现实谈判场景，利用博弈论原理，引导、促进纠纷当事人达成和解。又如，智能合约自动履行场景，当事人在调解成功后向法院申请司法确认时则自动进入区块链存证并形成智能合约，履行期间届满时将自动触发执行指令等。

（三）加强虚拟空间场景对接

数字化进程导致部分新领域和既有领域新问题的出现，如涉及平台经济、智能合约、数据流动等新型争议，亟须建立基于虚拟空间场景的对接机制，以畅通争议解决链路，实现解纷服务快速触达。一是加强涉平台争议对接机制。以美团、抖音、小红书等平台为例，在发挥平台效能的同时也会产生相关涉平台争议，对此应立足平台争议特点本身进一步加强类型特征提取，以此为基础完善与对应争议解决数字平台的对接机制，便于当事人针对性地快速触达所需的在线争议解决服务，有效提升数字治理能力。二是加强争议解决虚拟空间站建设，通过搭建集成虚拟仲裁中心、虚拟调解中心、虚拟共享法庭等纠纷化解服务的虚拟空间站，并基于与各在线平台的对接机制完成争议数据的实时传输，通过中枢大脑完成争议解决需求与争议解决服务提供者的智能匹配，并做好解纷节点跟踪、督促、评价以及数据研判应用等服务，提供全链路便捷的在线争议解决服务。

（四）加快"一站式"平台建设

当前各地区依托数字技术推进在线争议解决平台建设，但因各地推进的方式和程度不一，平台建设发展不均衡、多元解纷集成应用较少，应当加快"一站式"平台建设步伐，促进争议解决服务的标准化、规范化、精细化和便捷化。一是机构主体多样化。一站式平台的建设和应用一方面需要包括法院、调解机构、仲裁机构、其他社会团体、政府部门等多元机构主体的参与，将分散的争议解决资源实现最大限度集约；另一方面，则以更便捷、更有效的方式减少多元机构主体间的互动成本，汇聚起更强大的数字治理能力。二是解纷服务一站式。应以一体化综合性平台为载体，顺应社会公众多样化、个性化的争议解决需求，提供集评估、谈判、外国法查明、调解、仲裁、诉讼等多元化一站式解纷服务；实现争议解决流程各节点、全范围的机制对接，当事人只需要基于一个平台、提交一次资料，即可实现多种解纷服务程序的高效流转，保障当事人可根据需求在不同争议解决方式中作出选择。三是争议类型全覆盖。立足争议解决便捷化、精细化要求，通过一站式多元解纷集成应用，针对不同的争议类型提供对应的标准化争议解决服务，实现不同争议的"一站受理、统一分流、递进解纷"。

（五）推进专业力量体系建设

伴随争议发生数量不断增长和复杂程度日益加剧，发展不均衡不充分的争议解决专业人才建设已无法满足日益增长的解纷需求，亟须加快推进专业力量体系建设，增加专业解纷资源的总体供给。其一，建立与多元争议解决需要相匹配的专业资源供给分配、动态调整机制。解纷资源应当与纠纷特点、解纷需求具有适配性，在争议解决过程中，不仅要确保解纷资源与各类型纠纷的特点、各类型纠纷的解纷需求相对应，更要考虑较高复杂度纠纷中复合型专业解纷资源的配置问题。对此，应立足纠纷类型细分领域，强化对应解纷力量专业化与职业化建设，建立同类解纷资源合作机制，实现符合条件的优秀专业资源的共享。其二，开展争议解决服务模式创新探索，建立互联网共享空间并以此为基础实现专业资源的自由调配，为当事人提供无障碍的争议解决服务。对于同属一个互联网共享空间的争议解决服务提供者，无须考虑管辖、地域及环境等问题，在当事人发起解

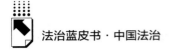

纷申请时，都可由空间自动随机分配至适宜的争议解决服务提供者，有效
盘活专业解纷资源。

（六）完善数据技术合规应用

大数据、人工智能等数字技术应用于在线争议解决领域的同时，也使得
数据安全和隐私保护成为纠纷当事人较为担忧的问题，对此应当加强对数据
技术的合规应用，提升综合数据处理能力，进一步发挥数据要素价值。从数
据应用发展角度来看，其于在线争议解决领域的应用已从纠纷解决向纠纷预
防发展，如运用争议解决数据分析争议多发易发领域、成因及变化趋势，实
现对各类风险的预测、预警和预防。基于此，应当立足数据安全和隐私保护
适用于在线争议解决全周期的前提，提升大数据应用效能，进一步丰富数据
应用场景，在助力提升数字治理能力上发挥更大作用。从数据应用能力角度
来看，一是各在线争议解决平台应当探索建立包括数据信息公开/保密、数
据分类分级治理等在内的相关制度，以规范争议解决相关数据的采集、使
用、公开等问题；二是随着对接机制的完善和数据的频繁流动，不仅各在线
争议解决平台间，而且法院、调解机构、仲裁机构等不同机构之间，都应当
建立统一的数据交换和应用规则，以促进数据的规范化流通和利用；三是加
强综合数据处理能力建设，进一步提高纠纷数据和隐私信息的安全保密性，
从而提升社会公众对在线争议解决机制的信任度。

B.12
境外民商事法院判决、仲裁裁决在中国境内的承认/认可和执行（2023）

孙佳佳　顾嘉瑞*

摘　要： 本文结合 2023 年度更新的相关法律规范及该年度承认/认可与执行领域的所有公开案例作为研究基础，剖析 2023 年度境外民商事法院判决、仲裁裁决在中国境内的承认/认可和执行情况。据统计，除仅涉及保全措施的民事裁定外，2023 年度境外民商事法院判决、仲裁裁决在中国境内均获得了承认/认可和执行，彰显了中国法院包容、审慎的态度，更体现了中国为营造友好型法治环境作出了不懈的努力。新修订的《民事诉讼法》对境外法院判决、仲裁裁决的承认与执行部分进行了重大调整，为诸多实践问题指明了方向，有助于进一步推动中国打造市场化、法治化、国际化的营商环境；在承认/认可与执行境外法院判决、仲裁裁决的司法实践领域，首次以"法律互惠"承认外国破产裁定、香港破产程序司法协助、确定未经法院承认/认可的债权抵销规则、厘清临时仲裁与快速仲裁程序关系等方面均有所突破。而在针对境外仲裁承认/认可和执行与境内诉讼的平行程序衔接机制、已生效但未载明当事人责任类型的境外仲裁裁决在境内的可执行性等方面仍存在一定阻碍，期待未来能在立法或司法实践层面得到突破和优化。

关键词： 境外法院判决　境外仲裁裁决　承认和执行　双边司法协助　纽约公约

---

* 孙佳佳，北京市炜衡律师事务所律师；顾嘉瑞，北京市炜衡律师事务所律师。

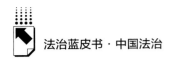

前　言

随着中国高水平对外开放的进程逐步加快，中国国际贸易、对外直接投资、吸引外商投资等方面体量日益壮大，贸易交往中必然伴生各方面的跨国民商事纠纷，进而衍生境外法院判决和仲裁裁决在中国境内的承认/认可和执行案件。

《最高人民法院关于人民法院涉外审判工作情况的报告》指出，党的十八大以来，伴随中国高水平对外开放的持续推进，涉外审判案件数量大幅攀升，新类型案件不断涌现，案件难度持续加大，案件影响力也日益提升，在推进判决的跨境承认/认可和执行方面也建树颇丰。从承认/认可与执行境外仲裁裁决的统计数据来看，随着中国仲裁领域国际化程度的不断提升，中国吸引了越来越多来自不同国家和地区的申请人在中国法院申请承认与执行境外仲裁裁决。

随着"一带一路"建设的推进和《区域全面经济伙伴关系协定》（RCEP）的生效，中国致力于打造国际合作新舞台，积极推动区域间经贸合作进程。同时，随着承认/认可与执行境外仲裁裁决、法院判决的问题在全球范围内引起越来越多的关注，各法域的仲裁裁决和法院判决流通也成为国际社会的热点。

本文主要就跨境民商事纠纷的境外仲裁裁决、法院判决的承认/认可和执行领域法律依据及 2023 年新规、年度整体情况（含数据表格）、年度新动向、年度新问题和展望等，对该领域 2023 年情况作简要分析，为该领域参与主体更好地理解和适用相关规则和司法裁判精神提供进一步参考。

一　法律依据和新规

本文语境下的境外法院判决包括由外国法院和港澳台地区法院作出的民商事判决或裁定，境外仲裁裁决则指在外国和港澳台地区作出的商事仲裁裁决。

2023 年，在外国仲裁裁决、法院判决的承认与执行领域，中国内地的法律依据发生了重大调整。新修订的《民事诉讼法》于 2024 年 1 月 1 日起施行，其中的涉外编较大幅度完善了中国在承认与执行领域的相关规则。同时，随着开放程度日益提升，中国又相继出台了一系列政策法规，进一步促进了跨境司法协助领域的发展。

（一）法律依据

2023 年，中国涉外法律关于境外裁决、判决的承认/认可方面有了新进展。在国际公约和双边司法协助条约的更新方面，截至 2023 年 12 月 31 日，《承认及执行外国仲裁裁决公约》（以下简称《纽约公约》）的缔约国共计172 个（包括中国在内），较 2022 年度新增了东帝汶。此外，与中国签订民事和商事双边司法协助条约的国家数量已达到 38 个，其中 35 项双边条约均对外国法院判决的相互承认和执行作了较为详细的规定。

值得特别关注的是，新《民事诉讼法》第 300~304 条集中对外国法院判决和裁定及境外仲裁裁决的承认与执行问题作了重大增订，对不予承认和执行的事由、诉讼中止及恢复机制、仲裁裁决籍属的认定标准、当事人不服裁定的司法救济等事项作了进一步细化或完善，并扩大了可以受理承认/认可与执行境外仲裁裁决案件的管辖法院范围，提高了中国在承认与执行领域相关规则的完整性和灵活度。

第一，把中国法院应不予承认和执行外国法院生效判决和裁定的事由统一整合至新《民事诉讼法》第 300 条，该规定的主要内容也与《全国法院涉外商事海事审判工作座谈会会议纪要》（以下简称《涉外会议纪要》）第 46 条基本保持一致。《涉外会议纪要》虽然列明了不予承认和执行的事由，但其性质仅为两高司法文件，在审判实践中不能明确作为法律规范用以援引；新《民事诉讼法》将相关规定纳入其中，则是将这些规定提升至法律位阶，为司法实践提供了更为有力的支撑。此外，该等修订与 2019 年中国已经签署但尚未获得批准的《承认与执行外国民商事判决公约》（以下简称《海牙判决公约》）第 7 条的有关规定亦大体一致。

第二，新增了关于间接管辖权的规定。在审理外国法院判决在中国申请承认和执行的案件时，对外国法院管辖权的审查与认定，既是判断外国法院管辖权适当与否的程序性规则，也是承认和执行外国法院判决的先决条件①。此前，中国法律规范并未对原审法院的管辖权即"间接管辖权"作出任何规定，审判实践中通常只能以国际条约或互惠原则为审查依据，存在较大缺陷和不足。新《民事诉讼法》第 300 条增设的不予承认和执行外国法院判决的审查标准之一则明确，无管辖权的外国法院作出的判决不能得到承认和执行；同时新增的第 301 条则承接第 300 条，首次具体规定了应认定外国法院不具有管辖权的情形，将依照外国法不具备管辖权或与纠纷无适当联系、违反专属管辖和排他性管辖协议的外国法院判决排除在可被承认和执行的范围之外；同时新《民事诉讼法》第 279 条也对涉外民事诉讼的专属管辖情形作了重大调整，这意味着在外国法院判决或裁定的承认与执行领域，中国法院将贯彻执行中国基本民事诉讼管辖制度与原则，在保障国内司法秩序的同时维护当事人的合法权益。

第三，增设承认和执行外国判决、裁定相关案件的诉讼中止和恢复机制，并改善平行诉讼和重复审查问题。其一，当出现当事人向内国法院申请承认和执行外国法院判决，而内国法院已经就同一纠纷作出生效判决时，目前国际立法及司法领域共识是以维护内国判决既判力优先，即在内国法院对某一争议作出实体判决后，内国法院就不再承认外国法院就同一争议作出的判决或裁定，以避免外国法院判决侵犯内国的司法主权和管辖权。新《民事诉讼法》第 300 条第 4 项也沿用了该做法，因此在上述情形下，中国法院应当裁定不予承认和执行外国法院的判决、裁定。其二，当出现中国法院已经承认外国法院判决、裁定，当事人再次就同一纠纷申请

① 参见沈红雨《外国民商事判决承认和执行若干疑难问题研究》，《法律适用》2018 年第 5 期，第 9 页。

承认第三国法院判决、裁定的情形时，为避免重复审查，应当裁定不予承认与执行该第三国法院判决、裁定。其三，此前，无论是相关法律规范还是《涉外会议纪要》，都未规定外国判决处理的纠纷与中国法院正在审理的案件属于同一纠纷时应如何进行程序上的衔接，进而存在一定实践问题；新《民事诉讼法》增设的第302条发扬国际礼让原则，对此作了重要完善，在该等情形下，中国法院可以裁定中止国内诉讼，先行处理外国法院判决的承认和执行问题；外国法院判决不能得到承认和执行的，应恢复国内诉讼；能够得到承认与执行的，中国法院则应对已中止的国内诉讼裁定驳回起诉。

第四，为当事人增设了裁定复议的救济路径。原《民事诉讼法》及其司法解释未对承认和执行案件当事人不服裁定的救济作出明确规定，不利于保护当事人的权益。根据此前的法律规定，承认和执行的裁定一经送达即为生效，当事人无法针对裁定得到进一步救济，只能在执行阶段提出执行异议，但往往会因相关异议并非针对具体的执行行为，超出了执行异议的审查范围而被驳回。新《民事诉讼法》增设的第303条则赋予了当事人复议权，当事人对承认和执行或者不予承认和执行的裁定不服的，可自裁定送达之日起十日内向上一级人民法院申请复议。这条新增规定为不服裁定的当事人提供了一条切实可行的救济途径，为保护当事人权益及合法诉权提供了有效保障；同时，该等修订也与《最高人民法院关于认可和执行台湾地区法院民事判决的规定》《最高人民法院关于内地与澳门特别行政区相互认可和执行民商事判决的安排》《最高人民法院关于内地与香港特别行政区法院相互认可和执行民商事案件判决的安排》的相关规定保持一致，实现了跨境司法协助领域法律适用的相对统一。

第五，改变了仲裁裁决籍属的认定方式。新《民事诉讼法》第304条调整了仲裁裁决籍属认定方式，从原《民事诉讼法》规定的"国外仲裁机构作出的裁决"调整为"在中华人民共和国领域外作出的发生法律效力的仲裁裁决"。此前，由于中国法律规范并没有认定仲裁裁决籍属的明确规定，中国法院认定仲裁裁决籍属所采标准并不一致，实践中总体上倾向于以仲裁裁决作出地即仲裁地作为认定仲裁裁决籍属的标准。此次修改一方面顺应了当前司法实践的发展与转变，另一方面也与司法部 2021 年 7 月 30 日发布的《仲裁法（修订）（征求意见稿）》中增设的"仲裁地"概念保持一致。需特别提及的是，在新《民事诉讼法》项下，中国的涉外仲裁机构在境外仲裁地作出的仲裁裁决籍属应被认定为境外仲裁裁决，而非境内仲裁裁决。

第六，扩大了有权受理承认与执行外国仲裁裁决案件的管辖法院范围。根据原《民事诉讼法》规定，当事人只能且"应当"向被执行人住所地或其财产所在地的中级法院提出申请承认和执行外国仲裁裁决，而新《民事诉讼法》第 304 条除了将"应当"修订为"可以"之外，还增加了"申请人住所地"和"与裁决的纠纷有适当联系的地点"之管辖连接点，在申请人向其自己的住所地或与涉案纠纷有适当联系地的中级法院提出申请后，受理法院将视案件审理情况依据国际条约、双边条约及协定或互惠原则等处理相应的仲裁裁决。这一修改为中国境内的申请人提供了较大便利，进一步化解了承认与执行案件中常见的被申请人或被执行人在中国境内无居所或无财产可供执行的尴尬局面。

（二）新规简介

2023 年度，中国陆续出台了一系列全新规定及政策文件，进一步推动了境外法院判决和仲裁裁决在中国境内的承认与执行领域的发展和完善。

1.《最高人民法院关于成渝金融法院案件管辖的规定》

为进一步明确成渝金融法院案件管辖的具体范围，推动成渝地区双城经济圈及西部金融中心建设并为其提供更完善的服务和保障，最高人民法院公布了《最高人民法院关于成渝金融法院案件管辖的规定》，于 2023 年 1 月 1 日起正式施行。该项规定指出，针对重庆市以及四川省属于成渝地区双城经济圈范围内、应由中级人民法院受理的申请认可和执行香港特别行政区、澳门特别行政区、台湾地区法院金融民商事纠纷的判决、裁定案件，以及申请承认和执行外国法院金融民商事纠纷的判决、裁定案件，均由成渝金融法院管辖①。

2.《最高人民法院关于为新时代东北全面振兴提供司法服务和保障的意见》

为全面贯彻落实党的二十大精神以及党中央提出的关于全面振兴东北地区的重要战略部署，最高人民法院2023年3月4日公布了《最高人民法院关于为新时代东北全面振兴提供司法服务和保障的意见》，旨在充分发挥审判职能，为东北振兴提供司法力量。在国际司法协助领域，该意见指出，要深化东北地区与俄罗斯、朝鲜、韩国、日本等周边邻国国际司法协助和司法交流合作，提升中国司法的国际影响力。提高国际司法协助归口管理工作水平，完善承认与执行外国法院民商事判决的程序规则和审查标准，积极稳妥办理司法文书送达、调查取证、承认与执行外国法院民商事判决和外国仲裁裁决等国际司法协助请求②。

二 2023年涉境外法院判决和仲裁裁决的基本情况

通过在中国裁判文书网、威科先行等公开资料库进行综合检索，整合2023年度涉及境外法院判决和仲裁裁决的承认/认可与执行所有可查案件，现收集到以下数据。

截至2024年1月28日，2023年度有关申请承认/认可与执行境外法院判决和仲裁裁决的案件共计15件，数量较上一年度略有降低。其中，有1件涉及外国法院裁定，3件涉及港澳台法院判决，7件涉及外国仲裁裁决，4件涉及香港仲裁裁决（见表1）。

---

① 《最高人民法院关于成渝金融法院案件管辖的规定》（法释〔2022〕20号），2023年1月1日。

② 《最高人民法院关于为新时代东北全面振兴提供司法服务和保障的意见》（法发〔2023〕6号），2023年3月4日。

表1 2023年境外法院判决、仲裁裁决在中国境内的承认/认可与执行案件情况汇总

类别	所属法域	编号	发布日期	案号	受理法院	案涉法院判决	结果
境外法院判决	德国	1	2023.05.09	（2022）京01破申786号	北京市第一中级人民法院	德意志联邦共和国亚琛地方法院91IE5/10破产裁定	承认
	香港特别行政区	2	2023.06.28	（2022）沪03认港破1号	上海市第三中级人民法院	香港高等法院清盘令（HCCW429/2020）	认可
	香港特别行政区	3	2023.05.15	（2022）沪02认港2号	上海市第二中级人民法院	香港特别行政区高等法院HCA1198/2020号民事判决	裁定保全
	台湾地区	4	2023.04.17	（2021）沪74认台1号	上海金融法院	台湾地区法院判决	裁定保全
境外仲裁裁决	俄罗斯	5	2023.01.30	（2022）苏02认1号	江苏省无锡市中级人民法院	俄罗斯联邦工商会国际商事仲裁院第M-1/2020号仲裁裁决	承认
	俄罗斯	6	2023.04.24	（2022）鲁16协2号	山东省滨州市中级人民法院	俄罗斯联邦工商局国际商事仲裁庭M-74/2021号仲裁判决	承认和执行
	美国	7	2023.03.08	（2021）沪74协3号	上海金融法院	国家商会国际仲裁院于2021年2月23日就25180/MK/PDP（EPP）号案作出的最终裁决	承认
	新加坡	8	2023.08.18	（2022）粤01协认20号之一	广东省广州市中级人民法院	新加坡国际仲裁中心（SIAC）作出的2021第137号仲裁裁决	承认
	新加坡	9	2023.11.17	（2023）粤01协认30号之一	广东省广州市中级人民法院	新加坡国际仲裁中心（SIAC）作出的013-2023号仲裁裁决	承认和执行

续表

类别	所属法域	编号	发布日期	案号	受理法院	案涉法院判决	结果
境外仲裁裁决	新加坡	10	2024.01.16	（2023）津72协外认1号	天津海事法院	新加坡海事仲裁院（SCMA）作出的仲裁裁决	承认和执行
	英国	11	2024.01.19	（2023）津72协外认2号	天津海事法院	由独任仲裁员 Stuart.Fitzpatrick 在英国伦敦作出的仲裁裁决	承认和执行
	香港	12	2023.01.31	（2022）津02认港1号	天津市第二中级人民法院	香港国际仲裁中心作出的 HKIAC/A20001 号仲裁裁决	认可和执行
		13	2023.02.23	（2022）辽02认港3号	辽宁省大连市中级人民法院	香港国际仲裁中心作出的 HKIAC/A201 70 号部分裁决以及 HKIAC/A201 70 号最终裁决	认可
		14	2023.08.18	（2022）粤01认港2号	广东省广州市中级人民法院	香港国际仲裁中心作出的 HKIAC/A21134 号仲裁裁决	认可和执行
		15	2024.01.20	（2023）辽72认港1号	大连海事法院	香港国际仲裁中心作出的 HKIAC/21 076B号仲裁裁决	认可和执行

就裁定结果而言，在上述 15 件案件中，除 2 件涉及保全措施以外，其他 13 件境外法院判决、裁定或仲裁裁决均获得了中国各省市人民法院作出的承认/认可和执行裁定。其中，1 件外国法院裁定得到了承认和执行，1 件香港法院裁定获得认可；7 件外国仲裁裁决得到了承认和执行，4 件香港仲裁裁决获得了认可和执行（见图 1）。

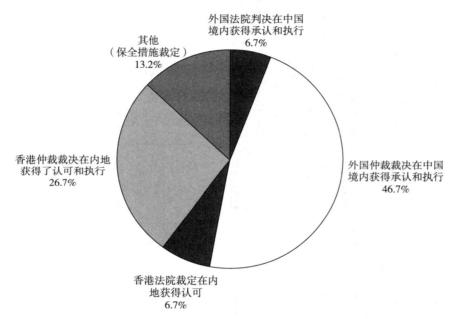

图 1　2023 年境外法院判决、仲裁裁决在中国境内的
承认/认可和执行案件比例分布

按照受理法院的审级统计，共有 5 件涉及境外法院判决和仲裁裁决的承认/认可和执行案件为上海金融法院、天津海事法院、大连海事法院专属管辖，其余均由各省市中级人民法院受理。

按照受理法院的地域分布统计，各地法院受理案件数量水平相对均衡，上海市辖区内法院受理的案件数量最多，广东省和天津市辖区内法院的受理数量并列第二，其余案件分别在辽宁省、北京市、江苏省、山东省法院进行审理（见图 2）。

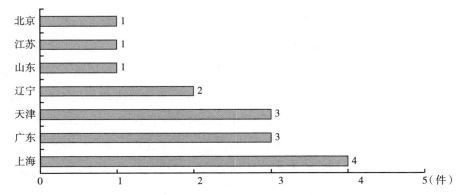

图 2　2023 年境外法院判决、仲裁裁决在中国境内的承认/认可和执行案件受理法院所在地分布及案件数量统计

三　本年度突破性案例/新动向

纵观 2023 年度案例，承认/认可和执行领域在首次适用法律互惠承认外国破产裁定、内地与香港破产程序的区际司法协助、未经人民法院承认/认可的债权抵销规则、厘清临时仲裁与快速仲裁程序之间的关系等方面有较大突破和进展。

（一）首次适用法律互惠承认外国破产裁定——互惠原则的新突破

2023 年 1 月 16 日，北京市第一中级人民法院（以下简称"北京一中院"）就"申请人 DAR 申请承认德意志联邦共和国亚琛地方法院（以下简称'德国亚琛法院'）破产裁定"一案作出（2022）京 01 破申 786 号民事裁定书，对涉案破产裁定予以承认，并许可该破产程序的管理人在中国境内履行部分破产管理职责。

本案是中国法院首次承认德国法院作出的破产裁定，也是中国首例仅适用法律互惠原则承认外国破产程序的案件。关于中德互惠关系的认定，北京一中院根据《企业破产法》第 5 条第 2 款的规定①，针对本案应适用的法律依据或原则进行第一步审查，并认定因中国与德国不存在缔结或者参加的国际条约，该案应依据互惠原则对案涉破产裁定进行审查。北京一中院遵循《涉外会议纪要》第 44 条所确立的关于认定互惠关系的审查标准，通过查阅《德国破产法》的相关规定，认为中国破产程序的有关判决或裁定依德国法律可以得到德国法院的认可，且此前也并无德国法院拒绝承认中国破产程序或相关法律文书的先例，从而认定中德两国存在法律互惠。确认中德两国存在法律互惠关系后，在判断案涉德国亚琛法院裁定是否符合中国法院的承认条件时，北京一中院经查明事实，认定德国亚琛即为破产债务人的主要利益中心，由德国亚琛法院主管该等破产程序符合中国《企业破产法》关于破产专属管辖的规定。此外，该破产裁定也不存在违反中国《企业破产法》第 5 条第 2 款规定的情形。基于以上几点，案涉破产裁定最终成功得到中国法院的承认。

目前，中国与部分经济体如美国、德国、英国等国家尚未签署民商事双边司法协助条约，《海牙判决条约》也未经批准生效，因此针对相当一部分国家，互惠原则是中国法院目前唯一得以援引的承认相应国家法院判决的依据，而中国法院就互惠关系的认定曾一度持谨慎态度。近年来，随着"一带一路"和 RCEP 的深入发展，中国法院正逐渐转变保守立场，在审判实践中积极探索适用互惠原则的务实性、灵活性及合理性，力图构建国际法院判决承认与执行的良好司法氛围②。相较于耗时更长且并不稳定的事实互惠，基于法律条文的法律互惠具有更高的确定性和可预见性，更有助于降低诉讼成本、推动国际司法协助往来，并促进国家之间形成稳定高效的经济贸易关

---

① 《企业破产法》第 5 条第 2 款规定："对外国法院作出的发生法律效力的破产案件的判决、裁定，涉及债务人在中华人民共和国领域内的财产，申请或者请求人民法院承认和执行的，人民法院依照中华人民共和国缔结或者参加的国际条约，或者按照互惠原则进行审查，认为不违反中华人民共和国法律的基本原则，不损害国家主权、安全和社会公共利益，不损害中华人民共和国领域内债权人的合法权益的，裁定承认和执行。"

② 参见最高人民法院民事审判第四庭《〈全国法院涉外商事海事审判工作座谈会会议纪要〉理解与适用》，人民法院出版社，2023，第 294 页。

系。北京一中院大胆开辟以法律互惠承认外国破产裁定之先河，不仅推动了中德两国跨境破产司法协助的进步，也是中国法院探索法律互惠原则适用的最新发展，具有里程碑式的意义。在中国坚持高水平对外开放、国内国际双循环背景下，法律互惠必将为促进商贸投资发展、维护跨国交易稳定等领域积极赋能，为提高司法效率并保证法院判决的稳定性和流通性提供坚实基础。

（二）内地与香港破产程序的司法协助新进展

2023 年 3 月 30 日，上海市第三中级人民法院（以下简称"上海三中院"）作出（2022）沪 03 认港破 1 号民事裁定书，裁定认可香港高等法院作出的破产裁定，认可破产管理人身份，并允许其在内地行使部分管理人职责，另有部分管理人职责的行使需经内地法院批准。本案中，香港浩泽公司不能清偿到期债务，债权人遂申请清盘，香港高等法院作出清盘令后公司进入清盘程序。由于该公司主要资产在上海，香港高等法院原讼法庭向上海三中院发出司法协助请求函，商请认可该清盘程序和清盘人身份，并为清盘人在内地履职提供协助。申请人随后亦向上海三中院提出认可该破产裁定等申请。上海三中院经审查后认定，申请人黎某恩、陈某海的申请符合《企业破产法》及《最高人民法院关于开展认可和协助香港特别行政区破产程序试点工作的意见》（以下简称《试点意见》）的相关规定，遂予以认可该破产裁定并认可申请人的破产管理人身份。

本案是自《试点意见》发布后又一件香港法院破产裁定得到内地法院认可的案例。上海三中院依据《企业破产法》和《试点意见》对香港破产裁定进行全方位审查，且经审查后认定要素齐全而作出予以认可的裁定，充分说明《试点意见》的出台极大程度地推动了内地与香港破产程序区际司法协助的进一步发展。

值得注意的是，在上海三中院作出如上裁定前，由于香港浩泽公司的全资子公司上海浩泽公司无法清偿其内地到期债务，相关债权人曾向上海市浦东区人民法院申请对上海浩泽公司启动破产清算程序。上海三中院认为，根据《最高人民法院关于完善四级法院审级职能定位改革试点的实施办法》

第 4 条第 1 款第 2 项、第 5 项以及第 3 款规定之精神，以及《试点意见》第 19 条的规定，关联关系债务人分别提起破产程序的，两地管理人应当加强沟通合作。上海浩泽公司破产清算一案与上海三中院已受理的（2022）沪 03 认港破 1 号案存在关联性，因此，上海三中院作出（2023）沪 03 民辖 4 号民事裁定，对上海浩泽公司的破产案件进行提级管辖。可见，上海三中院秉承深化内地与香港区际破产司法协助的精神，果断对与香港浩泽公司相关的破产程序采取集中管理这一处理方式，体现了内地法院对促进两地管理人相互协作、提高程序协调处理效率的积极态度。

另外，在前述（2022）京 01 破申 786 号"亚琛破产案"中，针对案涉破产公司的主要利益中心和管辖权的认定，北京一中院认为，"亚琛地方法院裁定及证明均记载莱茵有限公司系在德国亚琛地方工商注册，住所地为德国亚琛，经济利益的重心是亚琛，因此，可以认定德国亚琛为莱茵有限公司主要利益中心，亚琛地方法院主管其破产程序并无不当，亦未违反《中华人民共和国企业破产法》第 3 条关于'破产案件由债务人住所地人民法院管辖'的规定"。针对案涉破产裁定的集体清偿程序认定，北京一中院认为，"《德国破产法》规定德国破产程序系集体清偿程序，对于中国债权人不存在歧视性规定。……故对于亚琛地方法院作出的破产裁定应依法予以承认"。从上述裁判理由可以看到，该案虽主要适用法律互惠原则对外国法院的破产裁定予以承认，但其中关于集体性程序要求、管辖权、主要利益中心的审查均系参照《试点意见》规定。可见，案涉德国破产裁定能够顺利得到中国法院的承认显然也得益于《试点意见》的精神和指导，充分印证了内港区际破产司法协助的破冰对于中国推进国际跨境破产司法协助的重要意义①。

（三）执行程序中以境外判决确定的债权主张抵销，本质上属于在内地执行

根据揭阳市中级人民法院 2023 年 2 月 18 日发布的（2023）粤 52 执复

① 参见李佳桦、康旭《中国承认与执行外国判决中互惠原则新发展——以亚琛破产案为视角》，《秦智》2023 年第 4 期，第 5~8 页。

1 号民事裁定书，本案虽不属于直接认可和执行境外法院判决的案例，但本案法院确定了以下裁判原则：执行程序中以境外判决确定的债权主张抵销，本质上属于在内地执行，若相关判决未经承认或认可，相应的债权则无法进行抵销。

与此相关的境外案件是 2018 年香港高等法院作出的 2017 第 1576 号判决。该判决确认李某雄应付给香港建信公司人民币 200 万余元及相应利息，且香港建信公司结欠洪某英的租金可以在李某雄向香港建信公司的借款中抵扣；汕头市中级人民法院曾就该香港判决作出不予认可和执行的（2021）粤 52 协外认 3 号裁定。随后，洪某英因某租赁合同纠纷将香港建信公司另诉至揭阳市榕城区人民法院，榕城法院判决香港建信公司应向洪某英承担相关责任。在洪某英申请执行过程中，香港建信公司多次向法院提出执行异议和复议，要求根据案涉香港法院判决确认的债权进行债务抵销。揭阳市中级人民法院于 2023 年相继作出（2022）粤 52 执复 27 号和（2023）粤 52 执复 1 号裁定书，认为根据《最高人民法院关于适用〈中华人民共和国民事诉讼法〉的解释》（以下简称《民事诉讼法司法解释》）第 544 条第 1 款的规定，对于需要中国法院执行的外国生效法院判决或仲裁裁决，当事人应先向中国法院申请承认，经法院裁定承认后，再根据《民事诉讼法》的规定予以执行。本案香港法院判决所确认的债权在执行案件中予以抵销实质上应在内地执行，故必须经过相关司法程序审查，被法院认可后方能推进，而该香港法院判决未获内地法院认可，故香港建信公司要求以香港法院判决确认的债权在执行案件中予以抵销的主张不能成立。

首先，从中国法律规定角度来说，根据《最高人民法院关于人民法院办理执行异议和复议案件若干问题的规定》第 19 条①的规定，当事人互负

---

① 《最高人民法院关于人民法院办理执行异议和复议案件若干问题的规定》第 19 条规定，当事人互负到期债务，被执行人请求抵销，请求抵销的债务符合下列情形的，除依照法律规定或者按照债务性质不得抵销的以外，人民法院应予支持：（一）已经生效法律文书确定或者经申请执行人认可；（二）与被执行人所负债务的标的物种类、品质相同。2021 年 1 月 1 日。

到期债务时，被执行人可以就生效法律文书确定或申请执行人认可的债务请求抵销，然而案涉香港法院判决已被汕头市中级人民法院裁定不予认可和执行，就不属于上述规定意义上的生效法律文书，经该判决确认的债权自然也不得在内地执行程序中进行债务抵销。其次，本案的裁定明确了如下裁判规则，即被执行人在内地执行程序中主张以境外法院判决、仲裁裁决所确认的债权进行抵销，本质上是在内地执行该境外法院判决或仲裁裁决；而根据《民事诉讼法司法解释》第544条的规定，境外法院判决或仲裁裁决的执行必须以得到内地法院的承认或认可为前提，否则将无法形成中国法律项下的法律效力。

（四）厘清临时仲裁程序与快速仲裁程序互不排斥

最高人民法院2022年12月27日发布的第200号指导性案例明确了一项裁判原则，即仲裁协议仅约定通过快速仲裁解决争议但未约定仲裁机构的，由临时仲裁庭作出裁决并不属于《纽约公约》第5条第1款规定的不予承认和执行之情形。本案是南京市中级人民法院于2019年7月15日作出的（2018）苏01协外认8号裁定，该裁定对以临时仲裁程序作出的瑞典仲裁裁决予以承认和执行。该案当事人双方对于通过快速仲裁程序解决争议这一点均无异议，而通过"临时仲裁"程序解决双方争议是否违反仲裁协议是关键的争议焦点。南京中院认为，该项争议实质上系双方对争议解决条款的理解问题。相较于普通仲裁程序，快速仲裁对于当事人而言具有更加便捷、高效及节省仲裁成本的优势；而相较于常设仲裁机构，临时仲裁程序也同样具有方便、经济和高效的特征。就本案而言，双方约定的快速仲裁争议解决方式表明双方具有明确的仲裁合意，而该等约定并未排除临时仲裁程序，当事人在仲裁听证过程中也未对临时仲裁这一审理程序提出过任何异议。故而，由于争议解决条款并未约定具体仲裁机构，当事人无法也不应去寻求任何一家常设仲裁机构进行仲裁，在双方具有仲裁合意且未诉诸机构仲裁的情况下进行临时仲裁，应被认定为符合双方约定之情形。

该指导性案例对"临时仲裁"和"快速仲裁"的关系进行了充分而富

有逻辑的梳理，体现了中国法院对不同程序关系的正确认识。简言之，在当事人达成真实明确的仲裁合意时，只要符合当事人的约定，快速仲裁也完全可以适用临时仲裁程序，二者并不冲突。最高人民法院以该案作为指导性案例并作出以上结论，将更加有利于境外仲裁裁决在中国的承认/认可和执行，展现了中国切实履行国际公约义务的形象以及打造仲裁友好型法治环境的努力。

另外，虽然境外作出的临时仲裁裁决在中国得到承认/认可和执行并无制度层面的阻碍，但中国现行法律规范尚不支持当事人在中国内地进行临时仲裁。但值得注意的是，《仲裁法修订征求意见稿》中增设了涉外商事纠纷的临时仲裁制度，而与之同时发布的《关于〈中华人民共和国仲裁法（修订）（征求意见稿）〉的说明》就增加临时仲裁制度的原因作了阐释：立法机关考虑到临时仲裁作为仲裁的"原初"形式和国际通行惯例，在国际社会普遍存在且已被各国法律和国际公约所认可，同时考虑到中国已经加入《纽约公约》以及外国的临时仲裁裁决可以在中国得到承认和执行的实际，应平等对待内外仲裁，故在此次修订中着手纳入临时仲裁制度，以顺应国际通行的仲裁惯例。当然，这一制度能否最终落地值得关注。

四　承认/认可和执行领域存在的问题

截至目前，中国在境外仲裁的承认/认可和执行与境内诉讼平行程序衔接机制、未载明当事人承担责任类型的境外仲裁裁决在境内的可执行性等方面因缺乏明确规定，存在亟待解决的实践问题。

（一）境外仲裁承认/认可和执行与境内诉讼的平行程序衔接机制尚不明晰

随着跨境交易的日益频繁和争议解决实务的不断发展，涉及跨境仲裁与境内诉讼的平行程序案件在实践中愈发常见，《境外仲裁裁决、判决在中国境内的承认/认可和执行（2022）》① 一文曾就境外仲裁与境内诉讼平行程序进行综合梳理。截至 2022 年底，中国仅与 10 个国家在司法协助双边条约中明确了应不予承认和执行存在平行程序问题的仲裁裁决的审查标准，而这一情况截至 2023 年底亦尚未发生变化。

最高人民法院曾在 2018 年 12 月 20 日作出的（2013）民四终字第 3 号民事判决书中明确一项裁判规则：境外仲裁程序与境内诉讼就同一诉争同时进行的，中国境内法院依法行使管辖权不受境外仲裁程序的影响，除非境外仲裁裁决已经得到境内法院承认/认可和执行；该等平行程序现象亦不属于《民事诉讼法》规定的应中止诉讼之情形。该裁判规则的确立对于跨境仲裁与诉讼平行程序的处理具有重要指导意义，体现了中国法院对此问题的严谨态度和妥善协调。通过最高人民法院这一裁判规则亦可见，在境外仲裁裁决已经得到境内法院承认/认可和执行的情况下，涉及同一争议的境内平行诉讼程序应当停止。但若境外仲裁裁决在境内法院申请承认/认可和执行的同时，境内法院也正在审理同一诉争引起的诉讼，此类平行程序应当如何处理，目前尚无明确的法律规定。

值得关注的是，新《民事诉讼法》遵循国际共识、国际礼让原则以及"一事不再理"的民事诉讼原则，在外国法院判决的平行诉讼及承认和执行方面增设新规，首次系统性地确立了国内外法院间平行诉讼冲突处理及诉讼中止与恢复机制等衔接制度，明确了中国协调管辖权国际冲突、减少平行诉讼的基本立场②；但在处理境外仲裁裁决在中国境内的承认/认可和执行与境内诉讼竞合的平行程序衔接机制方面，目前尚缺乏清晰脉络。随着申请境外仲裁裁决承认/认可和执行案件与日俱增，境外仲裁在中国境内的承认/认可和执行与境内诉讼平行程序的衔接处理方式亟待在日后的司法实践中得到完善，也有待更加细化的法律规范出台。

---

① 参见《中国法治发展报告 No. 21（2023）》，社会科学文献出版社，2023，第 273~295 页。
② 参见沈红雨、郭载宇《〈民事诉讼法〉涉外编修改条款之述评与解读》，《中国法律评论》2023 年第 6 期，第 75~76 页。

（二）未载明被申请人责任类型的生效仲裁裁决的可执行性仍不明确

北京市高级人民法院 2023 年 1 月 13 日发布了（2021）京执复 346 号裁定书，虽是一项中止执行的裁定，但本案涉及外国仲裁裁决得到中国承认后的执行问题。案涉仲裁裁决由瑞士商会仲裁院（SCAI）作出，仲裁裁决写明由两名被申请人共同承担给付义务，但并未明确二者的责任类型，也即未明确作为被申请人之一的石油工程公司具体应承担连带、按份等何种责任，因此在本案的执行阶段，双方当事人对该裁决事项存在较大争议。北京市第四中级人民法院于 2020 年对该仲裁裁决作出了予以承认和执行的裁定①，并在后续的强制执行阶段先积极执行无争议的部分，最大限度地保障了申请执行人的合法利益。而针对争议部分，北京四中院也充分保障了被执行人石油工程公司的程序性权利，北京四中院在冻结其提供担保的银行存款后裁定中止执行，待争议问题解决后再判断是否应当恢复执行。该处理方式为此类案件的办理提供了一种解决思路，一定程度上平衡了双方当事人的合法权益，展现了中国法院专业、公正、严谨的国际形象。而在此类案件的承认与执行阶段，具有争议的生效仲裁裁决是否具备可执行性这一问题尚存在一定讨论空间。

本案中，在争议生效裁决得到承认和执行、申请人对被申请人之一石油工程公司提出强制执行申请后，北京四中院认定由石油工程公司承担全部给付责任。石油工程公司曾两次提起执行异议，要求中止执行并纠正执行金额，其抗辩理由主要为：本案属于权利义务主体不明确、金钱给付数额不明确的情况，法院应当认定本案属于无法执行的情形，不能直接认定由其承担连带责任。北京四中院驳回了该等异议，理由限于石油工程公司并不能证明法院的执行行为违法等程序性事由；因此，石油工程公司向 SCAI 提起补充仲裁，获得了一项要求申请人停止对其强制执行的紧急仲裁员命令，并据此再次向

---

① 北京市第四中级人民法院（2020）京 04 协外认 3 号民事裁定书。

北京四中院申请中止执行后，鉴于其获得了紧急仲裁员命令且已提供充分有效担保，北京四中院遂裁定中止除冻结以外的执行①。而在石油工程公司基于中止执行裁定再次就冻结金额问题向北京高院提出执行复议时，北京高院认为，石油工程公司依然存在被原仲裁机构认定承担连带责任的可能，本案存在恢复执行的可能性，故并未纠正关于原冻结金额的裁定。

事实上，由于原仲裁裁决未明确被申请人的责任类型，该裁决在仲裁地当地的可执行性以及涉案境外仲裁进入补充仲裁阶段后原仲裁裁决的终局性和确定性均有待考证。而在申请人请求中国法院承认与执行该裁决阶段，以及在后续的强制执行程序中，重新确定执行金额这一事项实际上是对原仲裁裁决进行调整，本质上都需对原仲裁裁决进行实质性审查才能最终确认被申请人或被执行人的责任分担，均超越了目前中国法律规范下承认与执行案件或执行异议案件的审查范围。就可执行性这一问题，比较而言，一方面，针对外国判决，无论是中国签署的大部分已生效双边司法协助条约，还是尚未在中国生效的《海牙判决公约》②，均存在针对外国法院判决可执行性的明确认定标准，即以原审国法律为依据判断相关判决是否应予执行；另一方面，针对中国境内的仲裁裁决，中国法律规范对不可执行范围存在明确规定，如《最高人民法院关于人民法院办理仲裁裁决执行案件若干问题的规定》第3条就规定了人民法院可以裁定驳回仲裁裁决执行申请的情形③。然而，针对境外仲裁裁决，一方面，《纽约公约》并未对仲裁裁决可执行性的认

---

① 北京市第四中级人民法院（2020）京04执异165号、（2020）京04执210号之二民事裁定书。

② 《承认与执行外国民商事判决公约》第4条第3款规定，判决只有在原审国具有效力才应该被承认；并且只有在原审国是可执行的，才应得到执行。

③ 《最高人民法院关于人民法院办理仲裁裁决执行案件若干问题的规定》第3条规定，仲裁裁决或者仲裁调解书执行内容具有下列情形之一导致无法执行的，人民法院可以裁定驳回执行申请；导致部分无法执行的，可以裁定驳回该部分的执行申请；导致部分无法执行且该部分与其他部分不可分的，可以裁定驳回执行申请：（一）权利义务主体不明确；（二）金钱给付具体数额不明确或者计算方法不明确导致无法计算出具体数额；（三）交付的特定物不明确或者无法确定；（四）行为履行的标准、对象、范围不明确；仲裁裁决或者仲裁调解书仅确定继续履行合同，但对继续履行的权利义务，以及履行的方式、期限等具体内容不明确，导致无法执行的，依照前款规定处理。

定进行明确规定，仅在第 5 条第 5 项规定了尚无拘束力、已被撤销或中止执行的仲裁裁决应不予承认和执行；另一方面，中国法律规范或中国签署的部分双边司法协助条约也未明确境外仲裁裁决可执行性的审查标准。因此，当涉及原境外仲裁裁决符合应被中国法院承认与执行的标准，却又存在与本案情况类似的争议时，该仲裁裁决的可执行性尚且不明，能否参照适用中国对境内仲裁裁决可执行性的相关规定对该等事项进行审理，抑或参考外国判决可执行性的认定标准，以仲裁裁决作出地法律来判断，亟待更为明确的立法完善或在司法实践中得到进一步解决。

五 展望

纵观 2023 年，从国内法律规范角度而言，新《民事诉讼法》对承认与执行部分进行了重大修订，明确外国法院判决应不予承认和执行的具体情形，填补关于间接管辖权认定的空白，增设承认与执行外国法院判决案件的司法救济路径，新增承认和执行与外国法院判决相关的国内诉讼中止和恢复机制，合理平衡了平行诉讼和重复审查问题，调整境外仲裁裁决籍属的认定标准，以及扩大申请承认和执行境外仲裁裁决的管辖法院范围，为承认和执行境外仲裁裁决、法院判决领域诸多悬而未决的实践问题指明了方向，较大程度上改变了此前的涉外民事诉讼制度，有助于进一步推动中国打造市场化、法治化、国际化的营商环境。

从司法实践角度而言，随着中国不断主动对接国际高标准市场规则体系、国际经贸体量的日益发展，以及中国高水平对外开放的深入推进，涉外民商事审判工作对于维护国家主权、安全、发展利益，促进中国制度法规建设，加快优质国际营商环境建设，提升国际竞争力等各方面均具有重要意义。2023 年度，在承认/认可与执行境外法院判决、仲裁裁决领域，中国最新司法实践在首次以"法律互惠"承认外国破产裁定、香港破产程序司法协助的进一步发展、确定以境外判定的债权在境内抵销属于在内地执行的裁判原则、厘清临时仲裁与快速仲裁程序之关系等方面均有所突破和深入，而在针对境外仲裁承认/认可和执行与境内诉讼的平行程序衔接机制、发生法律效力但未载明当事人责任类型的境外仲裁裁决在境内的可执行性等方面，因缺乏明确规定而存在亟待解决的实践问题，期待未来能在立法或司法实践层面得到突破和优化，推动绘就中国涉外法治新蓝图。

指数报告

B.13

中国政府透明度指数报告（2023）

——以政府网站信息公开为视角

中国社会科学院国家法治指数研究中心项目组*

摘 要： 2023年，中国社会科学院国家法治指数研究中心项目组围绕民主科学决策、优化营商环境、规范政府管理、加强民生保障、平台机制建设等方面，对48家国务院部门、31家省级政府、106家地级市政府、120家县（市、区）政府的政务公开情况进行了第三方评估。评估显示，2023年各级政府继续推进民主科学决策信息公开，重视利用政务公开助推优化营商环境、规范政府管理、加强民生保障，政务公开平台机制建设总体较好。未来仍需进一步提升各级政府公开意识，细化落实政务公开各项要求，不断满

* 项目组负责人：田禾，中国社会科学院国家法治指数研究中心主任、法学研究所研究员，中国社会科学院大学法学院特聘教授；吕艳滨，中国社会科学院法学研究所法治国情调研室主任、研究员，中国社会科学院大学行政法教研室主任、教授。项目组成员：丁晨妤、王小梅、王祎茗、王淑敏、车宇婷、伍南希、刘定、刘海啸、刘雁鹏、牟璐宁、苏卓君、杜文杰、李玥、李自旺、李亦辰、李莫愁、张燕、周远平、昝蓉蓉、栗燕杰、崔力健、葛世杰、葛鑫鑫、韩佳恒、詹雨青、戴泰航（按姓氏笔画排序）。执笔人：吕艳滨、田禾。技术支持：北京蓝太平洋科技股份有限公司。本报告为中国社会科学院法学研究所"新时代法治指数研究方法创新与实践应用"创新工程项目成果。

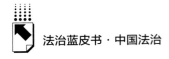

足人民群众日益增长的公开需求。

关键词: 政务公开　政府信息公开　政府透明度　法治指数　政府网站

2023 年，中国社会科学院国家法治指数研究中心项目组（以下简称"项目组"）继续开展政府透明度指数评估，观察和分析各级政府政务公开情况。

一　评估概况

（一）评估对象

2023 年，项目组从上一年度评估的 49 家较大的市政府中剔除了排名靠后的 7 家，从最新的 GDP 百强市中按照排名由高到低依次选取了 64 家地级市，共涉及 106 家地级市政府；从最新的百强县、百强区中按照排名由高到低依次选取了部分县（市、区），替换了原 120 家县（市、区）政府中排名靠后的 20 家。最终的评估对象为 48 家对外有行政管理权限的国务院部门、31 家省级政府（不包括港澳台地区）、106 家地级市政府、120 家县（市、区）政府。

（二）评估指标及方法

参照党和国家近年来对政务公开的新要求和新定位，结合当前政务公开在经济社会发展和政府管理中的功能与作用，项目组 2023 年对指标体系进行了优化整合。首先，依照党和国家贯彻全过程人民民主和推进治理体系与治理能力现代化的要求，突出依法、民主、科学决策及保障公众获知决策信息的权利，尤其是在国务院部门评估中加大了决策公开的权重。其次，结合地方政府近年来的工作重点，将优化营商环境、规范政府管理、加强民生保障作为主要评估指标。

调整后，国务院部门的一级指标包括民主科学决策、管理服务公开、公开平台建设、公开机制建设，权重依次为 40%、20%、20%、20%（见表 1）。地方政府的一级指标包括民主科学决策、优化营商环境、规范政府管理、民生保障信息公开、公开平台与机制建设，权重依次为 20%、20%、25%、20%、15%（见表 2）。其中，民主科学决策包括决策预公开、行政规范性文件公开、政策解读、建议提案办理结果公开；优化营商环境包括政务服务信息公开、反垄断与反不正当竞争执法信息公开、惠企政策信息公开等；规范政府管理包括权力清单、规划信息公开、行政执法信息公开、财政信息公开、审计信息公开、政府债务信息公开、法治政府建设年度报告发布；民生保障信息公开包括义务教育信息公开、公共企事业单位信息公开、欠薪治理信息公开、基本养老服务信息公开；公开平台与机制建设包括网站平台建设、新媒体运维、政府公报（仅考察省级政府）、依申请公开、政府信息公开工作年度报告等。

评估采取观察各级政府网站公开政府信息的情况和对依申请公开进行验证的方法，评估日期截至 2023 年 12 月 31 日。依申请公开验证采取在线申请和信函提出两种方式，观察依申请渠道的畅通性和依申请公开答复的规范化程度。

表 1　政府透明度指数指标体系（国务院部门）

一级指标	二级指标
民主科学决策（40%）	决策预公开（30%）
	行政规范性文件公开（25%）
	政策解读（25%）
	建议提案办理结果公开（20%）
管理服务公开（20%）	权力清单（35%）
	政务服务信息公开（25%）
	行政执法信息公开（25%）
	法治政府建设年度报告公开（15%）
公开平台建设（20%）	网站平台建设（60%）
	新媒体运维（40%）

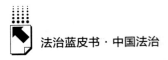

续表

一级指标	二级指标
公开机制建设（20%）	依申请公开（40%）
	政府信息公开工作年度报告（30%）
	基层政务公开工作规范化标准化指引（30%）

表 2　政府透明度指数指标体系（地方政府）

一级指标	二级指标
民主科学决策（20%）	决策预公开（30%）
	行政规范性文件公开（25%）
	政策解读（25%）
	建议提案办理结果公开（20%）
优化营商环境（20%）	政务服务信息公开（20%）
	反垄断与反不正当竞争执法信息公开（20%）【省级政府（10%）】
	惠企政策信息公开（10%）
	涉企补贴资金信息公开（10%）
	涉企优惠政策信息公开（10%）
	行业协会商会收费行为监管信息公开（10%）
	行政许可中介服务事项信息公开（10%）【仅适用于省级政府】
	行政许可中介服务收费项目信息公开（10%）
	政府定价收费项目信息公开（10%）
规范政府管理（25%）	权力清单（15%）
	规划信息公开（15%）
	行政执法信息公开（15%）
	财政信息公开（15%）
	审计信息公开（15%）
	政府债务信息公开（15%）
	法治政府建设年度报告发布（10%）
民生保障信息公开（20%）	义务教育信息公开（40%）
	公共企事业单位信息公开（30%）
	欠薪治理信息公开（15%）
	基本养老服务信息公开（15%）

续表

一级指标	二级指标
公开平台与机制建设(15%)	网站平台建设(20%)【地级市政府(30%)】
	新媒体运维(30%)【省级政府(10%)、县(市、区)级政府(15%)】
	政府公报(20%)【仅考察省级政府】
	依申请公开(30%)（地级市政府不适用）
	政府信息公开工作年度报告(40%)【省级政府(20%)、县(市、区)政府(35%)】

（三）评估总体情况

2023年是全面贯彻落实党的二十大精神的开局之年。党的二十大报告指出："法治政府建设是全面依法治国的重点任务和主体工程。"伴随《法治政府建设实施纲要（2021~2025年）》的深入实施，法治政府理念不断深入人心，人民群众对政务公开的要求也相应提高。

2023年评估显示，国务院部门中排名靠前的分别为海关总署、国家税务总局、财政部、水利部、交通运输部、商务部、民政部、国家市场监督管理总局、科学技术部、国家发展和改革委员会（见表3）；排名靠前的省级政府分别为上海市、北京市、山东省、浙江省、广东省、安徽省、江苏省、四川省、湖北省、贵州省（见表4）；排名靠前的地级市政府为广东省广州市、山东省青岛市、安徽省淮南市、广东省深圳市、山东省烟台市、山东省济南市、四川省成都市、浙江省宁波市、山东省济宁市、广东省珠海市（见表5）；排名靠前的县（市、区）政府分别为上海市普陀区、浙江省宁波市江北区、山东省青岛市胶州市、北京市西城区、山东省烟台市龙口市、浙江省杭州市拱墅区、广东省深圳市罗湖区、广东省广州市越秀区、上海市虹口区、浙江省温州市乐清市（见表6）。

相较于2022年，各地政府政务公开工作总体进步明显，其中，省级政府和地级市政府表现较为突出，仅有2家省级政府总分低于70分，同比增长20.83%；有11家地级市政府总分低于60分，同比增长7.11%。同时，各地政务公开工作仍呈现地域性集中特点，其中，排名前十位的地级市政府有4家位于山

东省、3 家位于广东省；排名前二十位的地级市政府中有 9 家位于山东省，各有
3 家位于广东省和安徽省；排名前十位的县（市、区）政府主要集中于浙江省
（3 家）、上海市（2 家）、广东省（2 家）、山东省（2 家），排名前二十位的县
（市、区）政府则主要集中于浙江省（7 家）、上海市（4 家）、安徽省（3 家）、
广东省（2 家）、山东省（2 家）、北京市（2 家）。县（市、区）政府排名前二
十位集中分布的省份在省级政府排名中处于前六位，这表明各级政府在省级政
府领导下形成了有机联动的高效工作模式，政务公开工作整体水平较高。

表 3　中国政府透明度指数评估结果（部分国务院部门）（满分 100 分）

单位：分

排名	评估对象	总分	民主科学决策	管理服务公开	公开平台建设	公开机制建设
1	海关总署	85.92	88.90	63.88	87.93	100.00
2	国家税务总局	84.21	75.80	77.35	92.09	100.00
3	财政部	82.51	77.20	74.13	90.00	94.00
4	水利部	80.14	88.80	47.64	87.48	88.00
5	交通运输部	79.83	86.00	54.75	94.42	78.00
6	商务部	79.48	89.50	64.78	59.63	94.00
7	民政部	79.33	76.70	51.70	91.55	100.00
8	国家市场监督管理总局	79.22	88.00	78.90	63.20	78.00
9	科学技术部	76.87	93.50	45.53	61.82	90.00
10	国家发展和改革委员会	76.67	74.90	52.63	90.92	90.00
11	文化和旅游部	76.31	80.50	53.75	86.81	80.00
12	住房和城乡建设部	75.06	67.40	71.08	91.40	78.00
13	司法部	74.49	78.90	47.78	92.85	74.00
14	自然资源部	74.14	85.00	34.26	76.43	90.00
15	应急管理部	74.04	87.20	32.71	69.08	94.00
16	中国民用航空局	72.25	68.70	70.83	63.01	90.00
17	国家能源局	70.36	66.00	65.50	60.30	94.00
18	工业和信息化部	69.40	78.40	42.38	57.81	90.00
19	生态环境部	69.20	65.90	42.53	93.65	78.00
20	国家知识产权局	68.17	71.50	44.08	63.75	90.00
21	国家卫生健康委员会	67.55	64.50	61.23	57.52	90.00
22	国家金融监督管理总局	67.08	52.40	68.45	62.17	100.00
23	中国人民银行	66.93	76.40	45.88	57.95	78.00
24	国家药品监督管理局	66.04	55.20	67.13	62.68	90.00

续表

排名	评估对象	总分	民主科学决策	管理服务公开	公开平台建设	公开机制建设
25	人力资源和社会保障部	65.73	68.20	36.65	65.61	90.00
26	国家粮食和物资储备局	64.93	60.80	40.73	62.30	100.00
27	农业农村部	63.98	71.90	36.50	61.62	78.00
28	国家外汇管理局	63.21	54.30	59.48	57.98	90.00
29	中国气象局	62.61	73.30	25.78	62.65	78.00
30	中国证券监督管理委员会	61.21	47.70	64.20	58.44	88.00

表4 中国政府透明度指数评估结果（部分省级政府）（满分100分）

单位：分

排名	评估对象	总分	民主科学决策	优化营商环境	规范政府管理	民生保障信息公开	公开平台与机制建设
1	上海市	89.88	91.30	90.00	80.77	99.00	90.85
2	北京市	87.54	92.90	76.50	82.47	100.00	86.93
3	山东省	87.45	94.10	73.40	84.58	99.00	86.71
4	浙江省	83.62	82.30	71.00	78.54	99.00	90.17
5	广东省	83.33	86.70	64.50	81.82	94.00	92.27
6	安徽省	81.63	78.40	64.00	77.52	99.00	93.15
7	江苏省	81.52	83.60	70.00	74.40	92.75	91.00
8	四川省	81.49	86.65	60.50	83.86	94.00	81.95
9	湖北省	81.46	88.30	72.70	70.98	93.75	85.09
10	贵州省	81.22	87.90	71.50	70.63	86.50	95.91
11	湖南省	80.03	77.55	72.70	70.22	95.25	89.43
12	河北省	79.65	80.95	65.00	76.00	89.00	91.06
13	陕西省	79.62	77.35	69.50	73.00	95.25	86.37
14	江西省	78.77	86.60	64.90	71.78	86.50	88.15
15	广西壮族自治区	77.96	77.00	73.00	71.11	86.50	85.91
16	福建省	77.50	82.30	73.00	76.53	74.00	83.41

排名	评估对象	总分	民主科学决策	优化营商环境	规范政府管理	民生保障信息公开	公开平台与机制建设
17	山西省	76.03	64.45	73.00	71.87	92.75	80.16
18	内蒙古自治区	75.77	77.80	58.50	72.03	82.75	93.05
19	天津市	75.73	78.90	51.50	84.21	74.00	91.98
20	宁夏回族自治区	75.67	69.75	66.50	78.01	77.50	89.43

表5　中国政府透明度指数评估结果（部分地级市政府）（满分100分）

单位：分

排名	评估对象	总分	民主科学决策	优化营商环境	规范政府管理	民生保障信息公开	公开平台与机制建设
1	广东省广州市	88.07	88.40	91.10	85.15	83.20	94.98
2	山东省青岛市	86.74	95.20	90.36	82.52	80.20	86.39
3	安徽省淮南市	86.37	93.40	81.10	89.13	74.70	94.98
4	广东省深圳市	85.50	93.80	76.80	87.69	76.80	94.01
5	山东省烟台市	85.07	91.70	80.15	79.125	88.40	88.25
6	山东省济南市	84.88	96.40	75.60	85.18	79.00	89.20
7	四川省成都市	84.76	87.80	90.25	78.53	75.10	96.66
8	浙江省宁波市	84.72	90.80	94.40	82.86	71.70	84.16
9	山东省济宁市	84.59	84.05	68.85	88.15	94.40	87.28
10	广东省珠海市	84.44	89.90	88.60	80.61	74.40	91.37
11	河南省郑州市	84.34	96.10	90.50	63.08	84.70	95.38
11	安徽省芜湖市	84.34	80.95	85.69	87.41	80.20	87.43
13	山东省淄博市	83.97	97.30	68.15	87.08	77.80	90.35
14	山东省临沂市	81.91	88.70	70.14	82.37	80.20	90.08
15	山东省菏泽市	80.88	83.20	71.36	81.71	76.20	95.36
16	山东省泰安市	80.52	84.70	71.44	77.77	88.60	80.87
17	安徽省合肥市	80.00	91.00	82.70	76.64	60.60	93.22
18	贵州省贵阳市	79.02	97.00	83.60	79.93	49.20	87.19
19	陕西省西安市	78.71	68.15	84.96	74.82	78.10	91.79
20	山东省威海市	78.70	87.20	75.00	83.32	61.20	87.91
21	安徽省滁州市	78.60	67.50	82.86	84.55	70.00	89.29

续表

排名	评估对象	总分	民主科学决策	优化营商环境	规范政府管理	民生保障信息公开	公开平台与机制建设
22	山东省德州市	76.25	82.85	81.40	68.88	74.40	75.34
23	江苏省苏州市	75.71	72.50	78.70	75.56	70.20	83.57
24	新疆维吾尔自治区乌鲁木齐市	75.54	75.15	67.46	76.96	69.30	92.81
25	安徽省阜阳市	75.19	86.75	64.30	67.95	74.20	87.71
26	湖北省武汉市	74.90	83.00	68.10	84.15	49.90	91.07
27	宁夏回族自治区银川市	74.40	85.90	93.40	71.48	38.50	86.48
28	福建省厦门市	74.03	86.90	56.94	70.14	72.40	88.33
29	辽宁省沈阳市	73.87	79.50	83.00	81.92	34.20	93.70
30	河北省石家庄市	73.70	89.80	81.80	71.35	38.10	92.84
31	浙江省杭州市	73.52	95.00	75.70	67.65	56.60	74.29
32	广东省中山市	73.40	75.55	47.30	79.78	74.20	93.62
33	江西省南昌市	73.31	94.60	74.16	79.33	46.10	70.01
34	江西省九江市	72.87	77.00	73.40	61.52	69.40	90.20
35	福建省漳州市	72.23	65.40	59.00	86.82	62.10	88.16
36	江苏省南京市	72.20	82.85	65.60	78.12	48.70	88.25
37	山东省潍坊市	71.55	81.20	40.60	78.17	78.40	79.79
38	江西省赣州市	71.05	81.35	61.66	75.22	51.90	88.39
39	浙江省温州市	70.99	81.50	56.76	63.26	82.80	73.07
40	江苏省徐州市	70.93	73.10	64.70	65.37	70.60	86.09
41	湖南省长沙市	70.72	74.80	84.70	59.18	49.20	94.57
42	内蒙古自治区鄂尔多斯市	70.17	71.35	73.50	64.16	75.00	67.73
43	贵州省遵义市	69.64	73.80	58.60	75.28	57.10	86.11
44	浙江省绍兴市	69.05	79.25	64.66	72.08	61.90	65.77
45	浙江省嘉兴市	68.90	75.35	61.90	69.68	60.20	79.93
45	江苏省常州市	68.90	64.40	54.70	66.13	79.20	84.71
47	江苏省南通市	68.79	79.70	58.80	70.87	56.20	80.87
48	黑龙江省哈尔滨市	68.60	93.20	88.86	51.53	34.20	83.09
49	浙江省台州市	68.59	72.55	66.70	69.28	67.00	66.77
50	浙江省湖州市	68.25	76.75	59.06	66.53	61.80	80.65

续表

排名	评估对象	总分	民主科学决策	优化营商环境	规范政府管理	民生保障信息公开	公开平台与机制建设
51	河南省新乡市	68.14	77.20	53.20	62.97	69.60	82.67
52	河北省唐山市	68.12	73.85	77.30	58.63	45.50	94.24
53	湖北省宜昌市	67.94	66.10	60.40	73.22	54.80	89.15
54	广东省惠州市	67.91	76.00	56.80	75.83	47.10	86.51
55	河南省洛阳市	67.70	89.00	70.16	51.62	46.50	91.07
56	湖南省岳阳市	67.44	76.20	70.15	61.13	49.20	87.00
57	山东省东营市	67.41	83.50	47.10	62.20	62.70	88.00
58	湖北省襄阳市	67.22	76.55	54.20	71.77	59.10	75.35
59	广东省湛江市	67.01	63.00	58.60	72.96	52.20	93.38
60	广西壮族自治区南宁市	66.87	80.80	49.78	66.02	51.20	93.38
61	福建省福州市	66.85	78.50	69.70	78.38	34.20	71.81
62	福建省泉州市	66.57	69.10	57.60	67.14	55.10	89.51
63	广东省东莞市	66.44	61.30	54.80	75.00	64.20	77.51
64	江西省宜春市	66.34	79.70	57.06	75.64	36.20	85.61
65	河南省南阳市	66.07	84.20	47.70	68.58	57.30	73.91
66	福建省龙岩市	66.01	62.50	76.00	72.37	49.20	69.17
67	云南省昆明市	66.00	92.50	74.90	57.29	26.20	86.39
68	河南省商丘市	65.57	66.70	54.40	70.35	53.40	87.23
69	湖南省衡阳市	65.21	67.15	86.69	47.70	51.20	81.86
70	浙江省金华市	65.05	78.20	45.40	61.15	68.50	75.64

表6　中国政府透明度指数评估结果［部分县（市、区）政府］（满分100分）

单位：分

排名	评估对象	总分	民主科学决策	优化营商环境	规范政府管理	民生保障信息公开	公开平台与机制建设
1	上海市普陀区	79.84	90.20	85.80	83.64	54.74	85.22
2	浙江省宁波市江北区	78.01	94.00	86.00	63.39	62.30	91.36
3	山东省青岛市胶州市	77.99	74.10	76.30	64.20	90.00	92.43

续表

排名	评估对象	总分	民主科学决策	优化营商环境	规范政府管理	民生保障信息公开	公开平台与机制建设
4	北京市西城区	77.13	89.80	77.00	63.58	72.70	88.93
5	山东省烟台市龙口市	76.53	90.70	75.50	64.29	68.50	90.14
6	浙江省杭州市拱墅区	76.45	98.80	70.00	64.42	71.63	81.74
7	广东省深圳市罗湖区	76.43	90.80	84.50	65.82	57.45	89.51
8	广东省广州市越秀区	76.39	82.65	91.30	71.96	48.05	93.34
9	上海市虹口区	76.20	94.10	48.00	76.88	76.70	88.10
10	浙江省温州市乐清市	75.88	90.40	55.05	70.50	77.50	91.10
11	安徽省六安市金寨县	75.32	86.20	61.80	78.83	57.45	96.82
12	安徽省六安市裕安区	74.70	79.90	69.80	78.75	58.20	89.56
13	浙江省湖州市长兴县	74.68	78.40	58.30	65.43	84.45	93.97
14	浙江省杭州市萧山区	73.87	76.10	82.50	62.68	69.55	83.84
15	北京市朝阳区	73.62	72.20	82.00	75.80	53.40	87.67
16	上海市金山区	73.61	84.10	72.30	66.58	63.45	86.63
17	浙江省绍兴市诸暨市	73.53	80.50	68.75	61.45	73.80	90.38
18	上海市徐汇区	73.51	68.30	77.00	61.39	84.80	80.96
19	安徽省黄山市徽州区	73.46	88.30	67.30	76.73	47.05	91.66
20	浙江省杭州市上城区	73.37	86.50	68.80	75.33	56.28	81.50
21	浙江省金华市义乌市	73.36	73.00	57.40	67.73	86.83	86.52
22	山东省济南市历下区	73.04	83.50	55.00	71.20	64.70	97.32

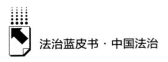

续表

排名	评估对象	总分	民主科学决策	优化营商环境	规范政府管理	民生保障信息公开	公开平台与机制建设
23	北京市东城区	72.95	81.30	74.00	68.32	58.65	87.21
24	浙江省台州市温岭市	72.84	76.60	66.75	70.50	69.25	84.60
25	浙江省东阳市	72.83	69.35	78.50	62.92	87.84	66.44
25	浙江省余姚市	72.83	72.70	70.50	71.47	75.95	74.25
27	浙江省嘉兴市桐乡市	72.49	66.65	68.50	68.87	73.40	90.43
28	广东省佛山市顺德区	72.41	79.40	77.60	57.73	61.86	94.72
29	浙江省温州市瓯海区	71.92	77.90	72.50	70.77	61.40	79.11
30	宁夏回族自治区银川市贺兰县	71.81	80.00	79.00	56.74	67.20	82.58
31	山东省威海市荣成市	71.80	72.70	79.80	56.77	65.30	93.62
32	浙江省宁波市鄞州区	71.71	79.60	61.60	68.18	74.45	76.88
33	广东省广州市黄埔区	71.50	75.80	71.30	70.04	51.55	95.08
34	广东省广州市海珠区	71.37	83.60	56.10	59.40	73.70	92.24
35	上海市黄浦区	71.32	75.20	67.00	73.55	60.74	82.32
36	河南省郑州市上街区	71.27	92.80	66.00	56.79	60.32	88.36
37	天津市南开区	71.15	80.60	78.20	62.70	56.90	82.24
38	浙江省温州市瑞安市	71.09	82.60	69.50	60.46	62.90	86.47
39	安徽省合肥市庐阳区	71.04	87.85	64.30	73.28	46.70	86.31
40	安徽省合肥市蜀山区	70.69	91.00	62.00	61.48	54.20	92.55

续表

排名	评估对象	总分	民主科学决策	优化营商环境	规范政府管理	民生保障信息公开	公开平台与机制建设
41	浙江省杭州市余杭区	70.61	78.50	53.00	71.67	68.63	84.46
42	福建省泉州市晋江市	70.41	65.70	76.00	65.33	61.40	89.72
43	湖北省武汉市江岸区	70.23	76.00	70.50	66.47	53.38	90.94
44	北京市海淀区	70.09	69.30	64.00	67.15	72.70	80.65
45	浙江省慈溪市	69.56	82.00	47.00	65.94	77.20	78.90
46	浙江省宁波市宁海县	69.51	73.10	72.00	67.92	57.45	80.12
47	重庆市渝中区	69.03	86.60	50.70	61.29	74.48	75.65
48	天津市河西区	68.79	70.00	97.00	49.30	55.80	79.36
49	上海市浦东新区	68.72	70.85	47.00	72.96	73.80	81.00
50	安徽省宿州市灵璧县	68.43	78.00	60.00	67.45	46.70	97.54
51	江苏省苏州市吴江区	68.27	63.65	74.50	55.78	64.09	92.54
52	广东省佛山市禅城区	68.20	64.65	71.00	58.41	65.70	88.87
53	江苏省常州市武进区	67.95	71.70	52.50	60.49	73.54	88.51
54	宁夏回族自治区银川市兴庆区	67.51	78.50	73.00	57.92	57.75	74.50
55	江苏省苏州市相城市	67.48	64.60	57.00	58.60	73.55	91.99
56	山东省青岛市黄岛区	67.15	85.20	44.90	59.73	89.05	55.90
57	江西省南昌市南昌县	66.97	68.15	57.50	65.03	63.59	85.74
58	江苏省张家港市	66.95	80.10	43.00	63.90	77.80	72.00

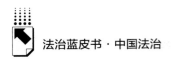

续表

排名	评估对象	总分	民主科学决策	优化营商环境	规范政府管理	民生保障信息公开	公开平台与机制建设
59	湖南省长沙市天心区	66.81	69.00	75.00	58.86	56.24	80.32
60	福建省福州市鼓楼区	66.62	72.20	68.50	50.52	59.45	93.08
61	湖北省宜昌市宜都市	66.61	71.60	75.50	59.07	41.15	94.62
62	福建省泉州市石狮市	66.54	64.50	79.50	59.13	45.03	93.00
63	贵州省贵阳市观山湖区	66.44	77.00	63.80	64.10	50.45	81.09
64	湖南省长沙市浏阳市	66.39	65.10	73.00	56.10	59.03	86.26
65	浙江省嘉兴市海宁市	66.34	70.10	47.00	59.17	75.00	87.50
66	河南省郑州市中原区	66.22	85.30	54.50	51.95	57.53	91.78
67	天津市滨海新区	65.84	78.80	76.20	48.05	53.15	81.31
68	江苏省苏州市吴中区	65.78	71.60	51.25	55.02	73.40	85.20
69	贵州省贵阳市南明区	65.75	73.75	62.30	63.48	50.20	84.19
70	福建省泉州市南安市	65.59	65.20	58.40	61.42	80.50	62.79

二 落实公开要求，提升公开质效

（一）推进民主科学决策信息公开

推进民主科学决策信息公开是提高政府决策水平、促进政府治理能力现代化的重要举措。党的二十大提出，发展全过程人民民主，保障人民当家作主。各级政府及其部门在重大行政决策中，不断扩大公众参与，是在法治政府建设中落实全过程人民民主的重要方面。评估显示，各级政府在依靠政务公开推动民主科学决策方面积极探索，成效显著。

首先，重大决策预公开总体上稳步推进。有 20 家省级政府、89 家地级市政府、89 家县（市、区）政府门户网站主动公开了 2023 年重大决策事项目录，分别占 64.52%、83.96%、74.17%。而且，2023 年意见征集与反馈情况的公开程度显著提高。有 40 家国务院部门、30 家省级政府、106 家地级市政府、118 家县（市、区）政府在其门户网站设置专栏集中发布决策预公开信息，分别占 83.33%、96.77%、100%、98.33%。其中，有 17 家国务院部门、23 家省级政府、76 家地级市政府、94 家县（市、区）政府在专栏中注明了意见征集的状态，如"正在进行""已经结束"，分别占 35.42%、74.19%、71.70%、78.33%。

其次，规范性文件信息发布日趋规范有序。所有评估对象的门户网站都设置了专栏集中公开规范性文件。有 37 家国务院部门、30 家省级政府、101 家地级市政府、112 家县（市、区）政府网站或其政府法制部门网站发布了近 3 年的规范性文件清理信息，分别占 77.08%、96.77%、95.28%、93.33%。有 31 家国务院部门、24 家省级政府、69 家地级市政府、90 家县（市、区）政府门户网站或者其政府法制部门网站发布了 2023 年规范性文件清理信息，分别占 64.58%、77.42%、65.09%、75.00%。公开 2023 年规范性文件备案审查信息的有 20 家省级政府、51 家地级市政府、53 家县（市、区）政府，分别占 64.52%、48.11%、44.17%，相较于上一年均有所提升，其中，省级政府评估对象增长最多。

最后，政策解读信息发布更加规范。评估显示，只有 1 家国务院部门没有设置政策解读专门栏目。有 46 家国务院部门、31 家省级政府、106 家地级市政府、119 家县（市、区）政府对政策的主要条款进行了解读，分别占 95.83%、100%、100%、99.17%。在设置政策解读专门栏目的评估对象中，有 28 家国务院部门、31 家省级政府、91 家地级市政府、111 家县（市、区）政府对政策文件进行了文字解读、图解、音视频解读、新闻发布会解读等多样化的解读，还有的采取了漫画解读、H5 视频解读、动漫解读等方式，注重提升政策解读的趣味性及可读性。有 35 家国务院部门、21 家省级政府、99 家地级市政府、108 家县（市、区）政府发布的政策文件与解读信息能够做到同时发布，分别占 72.92%、67.74%、93.40%、90.00%。

（二）加大营商环境优化相关信息公开

深化政务公开是优化法治化营商环境的重要环节。做好政务信息公开有利于降低企业投资和经营风险，为企业提供更加透明、公正、平等的市场环境，推动有效市场和有为政府的进一步结合，促进社会主义市场经济健康发展。

优化政务服务是加快转变政府职能、深化"放管服"改革、持续优化营商环境的重要内容。评估显示，一是政务服务事项目录公开率高。有 40 家国务院部门（有 3 家国务院部门没有审批事项，不适用本指标）、30 家省级政府、104 家地级市政府、120 家县（市、区）政府在政务服务网中公开了政务服务事项目录，总体公开率为 97.35%。二是专栏设置比例高。有 24 家省级政府、86 家地级市政府、118 家县（市、区）政府在政务服务网中设置了市场主体（企业）"全生命周期"相关专栏，设置比例达 88.72%；有 24 家省级政府、88 家地级市政府、118 家县（市、区）政府设置了个人"全生命周期"办事服务相关专栏，设置比例达 89.49%。

公开反垄断与反不正当竞争执法信息是营商环境信息公开中的重要环节。部分单位网站内设置了反垄断与反不正当竞争执法信息专栏。例如，贵阳市人民政府网站在政府信息公开平台"重点领域信息公开"一栏中设置反不正当竞争与直销监督管理专栏，栏内集中发布反不正当竞争执法工作情况通报；合肥市市场监管局部门网站在政府信息公开平台"法定主动公开内容"一栏中也设有反垄断与反不正当竞争执法信息专栏，栏内详细地集中发布了反不正当竞争执法信息、工作动态信息、投诉渠道等内容，便于查看。又如，部分政府网站发布了反不正当竞争执法典型案例，内容详细，质量较高。无锡市人民政府网站发布"无锡市市场监管系统 2022 年度反不正当竞争十大典型案例"，介绍了各个典型案例的简要情况及其典型意义，充分发挥示范作用；兰州市人民政府网站发布"2023 年反不正当竞争'守护'专项执法行动典型案例（侵犯商业秘密篇）"，介绍了各个案例的基本案情及对其作出处罚所依据的法律规定，内容翔实。

政府定价、政府指导价的服务和收费项目一律实行清单管理能有效规范涉企收费自由裁量权，大力清理和规范涉企收费对优化营商环境、降低制度性交易成本、减轻市场主体负担、激发市场活力具有重要意义。随着收费目录清单制度的深入实施，近年来，收费秩序明显好转，收费项目大幅减少，收费标准更加规范透明。评估发现，各地普遍公开了收费清单。有 31 家省级政府、97 家地级市政府、71 家县（市、区）政府公开了本地区执行的政府定价、政府指导价经营服务性收费清单，分别占 100%、91.51%、59.17%；其中有 26 家省级政府、71 家地级市政府、36 家县（市、区）政府评估对象公开的政府定价、政府指导价经营服务性收费清单为最新版，分别占 83.87%、66.98%、30.00%。

乱收费专项整治工作有序开展，公开投诉举报渠道和方式有利于维护市场主体权益，树立协会商会公正、透明的形象。不少地方政府公开了行业协会商会收费信息。有 16 家省级政府、53 家地级市政府、32 家县（市、区）政府发布了相关公告，公开了行业协会商会乱收费问题投诉举报渠道、方式，总体公开比例达 39.30%。专项抽查检查开展情况良好，能有效规范和引导行业协会商会合法合理收费，进一步减小行业协会商会涉企收费规模，增强行业协会商会服务企业能力。已公开行业协会商会收费事项清单中未出现违反要求事项，如 12 家公开行业协会商会收费事项清单的市政府清单中均未出现违反"严禁强制入会和强制收费""严禁利用法定职责和行政机关委托、授权事项违规收费""严禁通过评比达标表彰活动收费""严禁通过职业资格认定违规收费""严禁只收费不服务或多头重复收费"等要求的事项。

《国务院办公厅关于进一步优化营商环境 降低市场主体制度性交易成

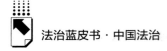

本的意见》明确，全面实施行政许可中介服务收费项目清单管理。评估显示，各地重视行政审批中介服务事项清单公开，全部评估对象公开了保留的行政审批中介服务事项清单。

强化惠企政策公开，提供高效优质服务，助力企业纾困解难，通过"政务公开+惠企政策宣传"形式，能扩大惠企政策知晓率及认可度。评估发现，惠企政策专区或专栏建设情况较好，有31家省级政府、98家地级市政府、114家县（市、区）政府设有惠企政策专区或者相关栏目，分别占100%、92.45%、95.00%。例如，广东省佛山市开设涉企政策"一站式"服务平台，并下设政策库、解读库、报项目、查结果、精准搜、互动交流、热点专题等板块。惠企政策汇集方面，有31家省级政府、89家地级市政府、116家县（市、区）政府汇集了本级及上级政府本领域市场主体适用的惠企政策，分别占100%、83.96%、96.67%。惠企政策解读方面，有29家省级政府、66家地级市政府、117家县（市、区）政府公开了本级及上级惠企政策解读，分别占93.55%、62.26%、97.50%。惠企政策落实情况公开方面，有27家省级政府、106家地级市政府、109家县（市、区）政府均积极落实2023年惠企政策，落实情况公开率分别为87.10%、100%、90.83%。涉企补贴资金相关政策、办事指南公开也较为全面。有31家省级政府、103家地级市政府、118家县（市、区）政府公开了涉企补贴资金的相关政策文件，公开率达98.05%。24家省级政府、85家地级市政府、91家县（市、区）政府设置了免审即享栏目，让企业更精准、更全面、更便利地享受政策红利，分别占77.42%、80.19%、75.83%。25家省级政府、93家地级市政府、93家县（市、区）政府设置了涉企补贴的公告或办事指南，分别占80.65%、87.74%、77.50%，方便企业快速了解涉企补贴相关内容。

（三）加强规范政府权力信息公开

权力要在阳光下运行，这是现代民主政治的基本要求，也是建设法治国家的重要保障。政府权力在阳光下运行不仅需要依靠自我约束，也需要建立有效的监督制约机制，更重要的是需要公开透明，向公众公开政府权力运行情况，以便于公众了解和监督，增强政府的公信力和执行力，更好地保障人民的权利和利益。评估显示，各级政府从公开权力清单、公开行政执法、公示资金使用等多个方面入手，助推权力规范运行。以权力清单为例，权力清单是各级人民政府及其工作部门行使行政权力的基础和依据，以清单形式明确具体列举行政权力的产生依据、执行主体、工作过程以及相应责任，旨在规范、透明地运行政府权力，公开行政权力运行的各个阶段，主动接受全社会监督。权力清单制度将政府权力公开透明地展示给公众，对于构建廉洁政府、法治政府、创新政府和服务型政府具有重要意义。

首先，省、市、县（市、区）政府权力清单公开情况整体较好。有 29 家省级政府、102 家地级市政府、114 家县（市、区）政府公开了本级政府工作部门权力清单，分别占 93.55%、96.23%、95.00%。多数地区权力清单集中公示页面提供关键词检索功能，且可按单位、权力事项类型精准筛选，如广东省政务服务网设置"地市权责清单（按部门）""地市权责清单（按类型）"栏目，栏目中均设置检索，同时设置"区县权责清单"栏目，便于群众快速查阅权力事项具体信息，缩短信息查找时间。

其次，随机抽查事项清单发布情况较好。有 17 家省级政府、85 家地级市政府、77 家县（市、区）政府在门户网站集中发布了本级政府各部门随机抽查事项清单，分别占 54.84%、80.19%、64.17%。其中部分评估对象设置了标准信息公共服务平台，实现各个部门信息互联互通。例如，浙江省政务服务网双随机检查公开平台设有抽查事项、实施细则、计划公告、任务公告、结果公告五个板块，提供了标准化信息，有助于实现多部门信息互联。

再次，行政处罚信息公开比例较高。有 29 家省级政府、99 家地级市政府、97 家县（市、区）政府公开了市场监督管理局作出的 2023 年行政处罚结果，占比达 87.55%。其中，部分地区积极开设行政处罚信息公开专栏，充分发挥行政执法平台效能，集成公开行政处罚决定信息，提高群众查阅便捷度。例如，广东省行政执法公示平台"行政执法事后公开"板块下设置

"执法结果—行政处罚"子栏目,集中公开各级执法部门行政处罚信息。

抽查显示,应急管理行政执法事项清单公开情况总体较好。在106家地级市政府应急管理部门中,有93家评估对象做到及时有效公开2023年度应急管理行政执法事项清单,占87.74%;同时,应急管理综合行政执法监督渠道建设较为完备,在106家地级市政府应急管理部门中,有97家评估对象公开了行政执法投诉受理和结果反馈渠道,占91.51%。明确监督路径,能够切实增强监督效果,有力提升执法效能。

最后,财政、审计信息公开内容较为完备。相较于地级市政府教育主管部门和县(市、区)政府教育主管部门,省级政府教育主管部门预算信息公开情况较好。评估显示,31家省级政府教育主管部门全部公开了2023年所属单位年度预算,占比高达100%;92家地级市政府教育主管部门公开了2023年所属单位年度预算,占86.79%;115家县(市、区)政府教育主管部门公开了2023年所属单位年度预算,占95.83%。同时,省级政府审计结果信息公开情况也较为完备。有30家省级政府公布了2022年本级预算执行情况和其他财政收支审计报告,占比高达96.77%。各评估对象公布的2022年本级预算执行情况和其他财政收支审计报告质量较高。此外,还有6家省级政府公布了问题整改情况。

(四)普遍重视民生保障信息公开

民生保障信息公开是政府履行职责的重要内容之一,对于保障公众的知情权和监督权,促进社会公平正义和可持续发展有重要意义。本次选取的评估事项分别为公共企事业单位义务教育领域信息公开、欠薪治理信息公开以及制定落实基本养老服务清单、建立老年人状况统计调查和发布制度信息公开。评估显示,各级政府普遍重视民生保障信息公开,对于提高政府透明度、加强公众对政府监督具有积极意义。

重视公共企事业单位信息公开。公共企事业单位作为政府履行社会公共服务职能的重要载体,是政府向人民群众提供公共产品和公共服务的重要平台,事关群众最关心、最直接、最现实的利益问题。同时,公共企事业单位拥有大量的社会资源，承担一定的公共服务职能，一些行业和单位兼具一定行政职能，有的具有行政执法主体资格。因此，在公共企事业单位深入推行办事公开制度，是深化政务公开、优化公共服务的一项重要举措，是政府信息公开的延伸和拓展。评估显示，68家地级市政府在门户网站设置了公共企事业单位信息公开专栏，占比达64.15%。106家地级市政府在供气领域的信息公开，设置线上信息公开咨询窗口、价格标准、服务项目办事指南、供气服务范围、相关服务办理程序、线上线下办理渠道、时限、网点设置、服务标准、服务承诺和便民措施、计划类供气停气信息等方面平均公开率达36.79%，其中各地市供气线上信息公开咨询窗口设置率达51.89%，对比供水、供电、供热等领域信息平均公开率，供气领域信息公开情况较好。

义务教育招生入学政策相关信息总体公开较为全面。在招生入学政策方面，120家县（市、区）政府中，有115家公开了本地2023年义务教育阶段入学工作文件（如招生工作实施方案），占95.83%，有105家在工作文件中公开本县（市、区）义务教育阶段入学政策咨询电话，有助于公众针对自身疑点向相关单位与学校咨询政策内容。在招生范围方面，120家县（市、区）政府中，有105家在门户网站、义务教育相关平台或微信公众号公布了2023年公办小学学区划分情况，102家公布了2023年公办初中学区划分情况，分别占87.50%、85.00%。在招生条件方面，115家县（市、区）政府公开了本地2023年义务教育阶段招生入学工作文件，占95.83%，115家公开的入学条件表述明确。有111家县（市、区）政府公开了义务教育随迁子女入学条件，占92.50%，其中108家单位公开的入学条件表述明确。部分县（市、区）政府在门户网站、教育主管部门网站或义务教育相关平台设置了义务教育信息公开专栏，集中发布了辖区内义务教育学校介绍、招生入学政策等信息，设计美观、内容全面。

欠薪治理信息公开是治理拖欠农民工工资问题的手段之一，事关广大农民工切身利益，事关社会公平正义和社会和谐稳定。党中央、国务院历来高度重视，先后出台了一系列政策措施，各地区、各有关部门加大工作力度，经过多年治理取得了明显成效。评估显示，首先，部分评估对象标准化治理平台建设较好。有 30 家省级政府、72 家地级市政府、66 家县（市、区）政府的标准化治理平台建设比较完善，分别占 96.77%、67.92%、55.00%。另外，部分评估对象欠薪治理典型案例公布情况较好。有 31 家省级政府、80 家地级市政府、55 家县（市、区）政府在其官网或者所属人力资源和社会保障部门官网公布了相关典型案例，分别占 100%、75.47%、45.83%。大部分评估对象在欠薪相关专栏中设置曝光台栏目，公布重大欠薪案件。总体而言，省级政府信息公布情况较好。有 30 家省级政府在其官网或者所属人力资源和社会保障部门官网上设置了欠薪相关专栏，31 家省级政府都在其政府或者所属人力资源和社会保障部门官网发布欠薪治理文件，发布了专项行动，并公布了典型案例。

制订落实基本养老服务清单，老年人状况统计调查和发布制度信息公开情况较好。其中，30 家省级政府、106 家地级市政府和 105 家县（市、区）政府在基层管理服务平台提供了养老服务政策咨询、信息查询、业务办理等便民养老服务，分别占 96.77%、100%、87.50%。有 31 家省级政府、105 家地级市政府、83 家县（市、区）政府印发了推动养老服务设施发展或体系建设的整体方案，分别占 100%、99.06%、69.17%。与此同时，在完善基本养老服务保障机制方面，有 31 家省级政府、99 家地级市政府、98 家县（市、区）政府发布养老服务优惠扶持政策，鼓励社会力量参与提供基本养老服务，支持物业服务企业因地制宜提供居家社区养老服务，分别占 100%、93.40%、81.67%。其中，还有 3 家省级政府、2 家地市级政府、35 家县（市、区）政府不仅发布了养老服务优惠扶持政策，还为养老机构及社区等提供了优惠扶持政策申请的网上办理流程和办事指南，相关做法值得肯定。

（五）公开平台建设较为完善

公开平台建设是政务公开的关键环节。评估显示，各级政府政务公开平台建设总体情况较好。

政府公报是刊登行政法规和规章标准文本的法定载体，是政府机关发布政令的权威渠道，在推进政务公开、加强政务服务、促进依法行政、密切党和政府同人民群众联系等方面发挥着重要作用。31 家省级政府均开设了政府公报专栏，占 100%。部分网站电子版政府公报还提供公报目录导航和内容检索服务，方便公众查阅和了解政府重要文件和工作动态。

政务新媒体是移动互联网时代党和政府联系群众、服务群众、凝聚群众的重要渠道。评估显示，有 47 家国务院部门、31 家省级政府、106 家地级市政府、112 家县（市、区）政府开设了政务新媒体平台，分别占 97.92%、100%、100%、93.33%。同时，政务新媒体平台更新信息较为及时，开设了新媒体平台的 296 家评估对象均能在一周内及时更新发布内容。

依申请公开是信息公开的重要方式之一，是政府主动公开信息的重要补充。做好依申请公开工作有利于保护公民的知情权，提高政府透明度，更好地推进治理体系和治理能力现代化。评估显示，依申请公开渠道畅通性显著提升。所有评估对象依申请公开渠道畅通，部分评估对象在信息申请成功后以短信方式通知申请人申请信息，如上海市普陀区、上海市虹口区、广东省广州市、广东省广州市越秀区等。多数评估对象在申请人发出申请后通过电话与申请人进行沟通确认，如北京市朝阳区、北京市房山区、上海市普陀区、上海市虹口区、广东省广州市等。

三 正视面临问题，找准努力方向

（一）决策预公开仍需加大公开力度

评估显示，决策草案解读说明工作有待深化。做好决策草案的解读说明，有利于促进公众参与和决策有效实施，提高决策的透明度和参与度。但评估发现，有 15 家国务院部门、9 家省级政府、68 家地级市政府、27 家县（市、区）政府在公开决策草案时未同步公开草案说明，分别占 31.25%、29.03%、64.15%、22.50%；有 28 家国务院部门、28 家省级政府、53 家地级市政府、83 家县（市、区）政府未同步公开草案解读，分别占 58.33%、90.32%、50.00%、69.17%。

（二）建议提案办理结果公开机制有待完善

建议提案办理结果公开，是各级政府自觉接受人大及其常委会依法监督和政协民主监督的重要方式，对于建设法治政府，发展社会主义民主政治，保障人民群众的知情权、参与权、表达权、监督权具有重要意义。评估显示，有29家国务院部门、13家省级政府、26家地级市政府、96家县（市、区）政府在门户网站上公开了2023年人大代表建议办理复文，分别占60.42%、41.94%、24.53%、80.00%；有30家国务院部门、13家省级政府、25家地级市政府、89家县（市、区）政府公开了2023年政协委员提案办理复文，分别占62.50%、41.94%、23.58%、74.17%。这说明，建议提案办理复文公开情况有待加强。同时，建议提案年度办理总体情况公开不佳。仅有10家国务院部门、19家省级政府、84家地级市政府、23家县（市、区）政府在门户网站发布了2023年度人大代表建议办理总体情况，分别占20.83%、61.29%、79.25%、19.17%；10家国务院部门、19家省级政府、85家地级市政府、21家县（市、区）政府在门户网站发布了2023年度政协委员提案办理总体情况，分别占20.83%、61.29%、80.19%、17.50%。各级政府对此类信息公开的重视程度仍有较大提升空间。

（三）政务服务信息公开仍需补齐短板

政务服务信息公开是政府工作的重要内容之一，也是增强政府工作透明度的关键。评估显示，一是政务服务指南公开水平有待进一步提高。有5家国务院部门、3家省级政府、31家地级市政府、47家县（市、区）政府没有公布相关指南，分别占10.42%、9.68%、29.25%、39.17%。二是公开的政务服务指南内容不全。公开"离退休老人投靠子女进本地入非农业户口事项"办事指南的29家地级市政府中，部分指南公开要素不全面，其中2家未公布办理依据；4家办理依据不明确，缺少条款数和条款内容，4家缺少申报条件，1家未提供申报材料，3家未标注办理地点，2家未明确办理流程，4家未显示办理时限，7家未公布收费标准，4家未公开联系方式。

三是外商投资企业投诉信息公开情况不理想。有 3 家省级政府、40 家地级市政府、51 家县（市、区）政府未公开外商投资企业投诉工作规则、投诉方式、处理期限，分别占 9.68%、37.74%、42.50%，总体公开率为 36.58%，较上一年度增长 20.42 个百分点，这表明外商企业投诉信息公开水平在逐步提升。四是拖欠农民工工资的举报投诉渠道公开欠佳。有 46 家地级市政府、37 家县（市、区）政府未公布拖欠农民工工资的投诉举报渠道，包含投诉电话、网址信息，分别占 43.40%、30.83%。其中，地级市政府中有 11 家公布的投诉举报方式不完善，缺少网址。这表明政务服务信息公开还有较大提升空间。

（四）政府定价等服务和收费项目清单公开仍需强化

《国务院办公厅关于进一步优化营商环境　降低市场主体制度性交易成本的意见》提出，加强水、电、气、热、通信、有线电视等市政公用服务价格监管，坚决制止强制捆绑搭售等行为，对实行政府定价、政府指导价的服务和收费项目一律实行清单管理。但评估发现，有 24 家省级政府、69 家地级市政府、89 家县（市、区）政府公开本地区执行的政府定价、政府指导价经营服务性收费清单要素不全，均缺少定价方法要素，部分缺少定价部门、行业主管部门、收费标准等要素，分别占 77.42%、65.09%、74.17%。

（五）行业协会商会收费信息公示情况不理想

行业协会商会收费信息向社会公示，有利于减轻行业协会商会乱收费问题，也有利于社会公众及时了解相关信息。但评估显示，此类信息公开情况不理想。有 26 家省级政府、98 家地级市政府、96 家县（市、区）政府未公开行业协会商会收费事项清单，分别占 83.87%、92.45%、80.00%；有 27 家省级政府、103 家地级市政府、100 家县（市、区）政府公开的行业协会商会收费事项清单要素不全，缺少服务内容要素，公开要素不全面，分别占 87.10%、97.17%、83.33%。

（六）行政许可中介服务类信息公开有待提升

首先，保留的行政审批中介服务事项清单内容不完整。公开了保留的行政审批中介服务事项清单的 28 家省级政府中有 26 家存在项目办理时限、工作流程、申报条件、收费标准不明确的问题，占 92.86%。其次，行政审批中介服务收费目录清单公开情况不佳。有 29 家省级政府、54 家地级市政府、114 家县（市、区）政府未公开本地区执行的政府定价管理行政审批中介服务收费目录清单，分别占 93.55%、50.94%、95.00%。行政审批中介服务收费目录清单要素不全。在已公开行政审批中介服务收费目录清单的 60 家评估对象中，有 54 家清单缺少行业主管部门、收费项目、执收单位等要素，占 90.00%。最后，行政审批中介服务行政事业性收费目录清单公开情况不佳。虽有 107 家评估对象将应纳入行政事业性收费管理的行政审批中介服务收费列入行政事业性收费目录清单，但有 83 家评估对象清单要素公开不全，占 77.57%。

（七）惠企政策及涉企资金补贴、优惠政策目录公开力度待加强

惠企政策旨在通过提供优惠政策增强企业竞争力和活力，推动经济快速发展。《中共中央　国务院关于促进民营经济发展壮大的意见》提出，加大涉企补贴资金公开力度，接受社会监督；优化完善产业政策实施方式，建立涉企优惠政策目录清单并及时向社会公开。但评估发现，2022 年涉企补贴资金兑现公开力度需进一步加大，涉企优惠政策目录清单公开情况不理想。只有 9 家省级政府、50 家地级市政府、39 家县（市、区）政府在其门户网站、财政局门户网站或政务服务网公开了 2022 年涉企补贴资金兑现的具体情况，包含企业名单、兑现金额、兑现时间等，分别占 29.03%、47.17%、32.50%；有 3 家省级政府、14 家地级市政府、23 家县（市、区）政府仅公开企业名单，未公开兑现金额、兑现时间等，分别占 9.68%、13.21%、19.17%；有 31 家省级政府、61 家地级市政府、115 家县（市、区）政府建立涉企优惠政策目录清单并及时向社会公开，分别占 100%、57.55%、95.83%，涉企优惠政策目录清单建立情况仍有较大提升空间。

（八）权力清单动态调整情况还不够理想

权力清单是各级人民政府及其工作部门行使行政权力的基础和依据，需要根据法律法规、部门职能等适时更新完善，确保内容准确。评估发现，权力清单的动态调整情况不够理想。国务院部门权力清单及监管规则、标准发布滞后。评估显示，仅有 8 家国务院部门在门户网站发布了近两年的权力清单，其中 3 家发布的为 2023 年版。部分部门权力清单发布内容不完整。有 10 家国务院部门仅发布了权力清单中的行政处罚、行政许可、行政审批、行政检查等一项或两项权力类型。从监管规则和标准发布情况看，仅有 14 家国务院部门制定并公开了全国统一、简明易行的监管规则和标准。省、市、县（市、区）政府的权力清单根据《生猪屠宰管理条例》《种子法》《噪声污染防治法》进行动态调整不及时。仅有 8 家省级政府、15 家地级市政府、32 家县（市、区）政府的农业农村主管部门按照相关规定更新了权力清单中关于处罚力度的内容。仅有 9 家省级政府、8 家地级市政府、24 家县（市、区）政府的农业农村、林业草原主管部门在权力清单中更新了"生产经营劣种子"违法行为的单位名称和裁量标准。126 家单位的农业农村、林业草原主管部门未对生产经营劣种子违法行为的单位名称和裁量标准进行更新。仅有 4 家单位的住房和城乡建设主管部门在权力清单中新增"对建设单位建设噪声敏感建筑物不符合民用建筑隔声设计相关标准要求"的行政处罚；仅有 32 家单位的生态环境主管部门在权力清单中新增"对无排污许可证或者超过噪声排放标准排放工业噪声"的行政处罚，动态调整水平有待提高。

（九）行政处罚信息公开规范化程度有待提高

部分单位存在行政处罚信息公示不及时、行政处罚信息公开不理想以及缺少主要违法事实等关键信息。评估发现，有 31 家国务院部门、2 家省级政府、45 家地级市政府、29 家县（市、区）政府的市场监督管理局存在未在作出行政处罚决定之日起 7 个工作日内及时上网公开的情况，分别占

64.58%、6.45%、42.45%、24.17%。部分评估对象多平台公示的处罚信息不一致，其中，部分行政处罚信息公示栏目长期未更新或者在多个平台公开的信息不一致。

（十）地方审计信息公开仍需加强

审计工作是保障公共资源合理分配和有效利用的重要手段。评估显示，2023 年度审计计划公开仍有提升空间。有 17 家省级政府、57 家地级市政府、91 家县（市、区）政府未公布 2023 年度审计计划，分别占 54.84%、53.77%、75.83%。有 42 家地级市政府、74 家县（市、区）政府未公布2022 年本级预算执行情况和其他财政收支审计报告，分别占 39.62%、61.67%。有 62 家地级市政府、110 家县（市、区）政府未发布 2022 年政府重大政策措施落实情况跟踪审计报告，分别占 58.49%、91.67%。

（十一）"双随机、一公开"工作有待细化

"双随机、一公开"是推进"放管结合"的创新性举措，近些年相关信息公开水平逐步提升，但仍有进步空间。一是公开形式有待统一。仅有 5 家国务院部门、15 家省级政府、70 家地级市政府、62 家县（市、区）政府设有双随机专栏，分别占 10.42%、48.39%、66.04%、51.67%。二是随机抽查事项清单规范性有待增强。少数部门未公开随机抽查事项清单，如有 24家国务院部门、14 家省级政府、12 家地级市政府、42 家县（市、区）政府的生态环境部门无随机抽查事项清单，分别占 50.00%、45.16%、11.32%、35.00%。其中，有 5 家国务院部门、3 家省级政府、24 家地级市政府、34家县（市、区）级生态环境部门公开的随机抽查事项清单未完整包含抽查依据、主体、内容和方式，分别占 10.42%、9.68%、22.64%、28.33%。三是抽查结果公开质量有待提升。39 家国务院部门、14 家省级政府、21 家地级市政府、68 家县（市、区）政府的生态环境部门未公开 2022 年随机抽查结果及查处情况，分别占 81.25%、45.16%、19.81%、56.67%；少数评估对象仅公开了随机抽查结果，未公开查处情况。

（十二）各类规划信息应逐步提升公开水平

公开各类规划信息有利于企业或者个人根据国家政策发展方向调整经营活动，保持经济社会稳定发展。评估显示，各地政府规划公开的规范化程度还有待提升。一是国土空间规划、区域规划公开情况总体较差。23 家省级政府、36 家地级市政府、62 家县（市、区）政府门户网站和所属自然资源和规划部门网站未公开现行有效的国土空间规划，分别占 74.19%、33.96%、51.67%。有 5 家省级政府、29 家地级市政府、50 家县（市、区）政府门户网站和所属自然资源和规划部门网站未公开现行有效的区域规划，分别占 16.13%、27.36%、41.67%。二是历史规划信息归集公开情况不佳。全部公开国民经济和社会发展第十个到第十三个五年规划和规划完成情况的仅有 11 家省级政府、39 家地级市政府、16 家县（市、区）政府，分别占 35.48%、36.79%、13.33%。

（十三）义务教育信息公开应加大落实力度

义务教育领域信息公开是接受群众监督、提高教育工作透明度的迫切需要，也有助于保障师生和社会公众的知情权、参与权、表达权和监督权。评估显示，招生计划和招生结果公开水平有待提高，义务教育公办学校基本情况、招生简章公开情况不理想。

在招生计划人数方面，有 71 家评估对象未发布 2023 年公办小学招生计划，69 家评估对象未发布 2023 年公办初中招生计划，占 57.50%。发布公办小学招生计划的 49 家县（市、区）政府中，公布了每所学校计划招生人数的有 27 家，其中，有 5 家评估对象仅发布了部分计划招生人数，还有 17 家评估对象仅发布了每所学校的计划招生班级数或学位数，未发布计划招生人数。

在招生结果方面，仅 23 家县（市、区）政府公开了 2023 年公办初中招生名单，占 19.17%。仅 24 家县（市、区）政府公开了 2023 年公办小学招生名单，占 20.00%。另有 12 家县（市、区）政府仅公开了随迁子女积分制入学学位分配结果、政策支招对象结果、人才支招对象结果等其他招生结果要素，未全部公开招生结果信息，占 10.00%。

在学校基本情况方面，项目组从 120 家县（市、区）政府辖区随机选择一所义务教育公办学校，通过基层政府门户网站、教育主管部门网站、教育考试院网站、学校官网或义务教育相关平台进行查询，考察学校基本情况、招生简章公开情况。评估发现，仅有 19 所学校发布了 2023 年的招生简章，占 15.83%；仅有 77 所学校完整公开了办学性质、办学地点、办学规模、办学基本条件、联系方式等学校基本情况信息，占 64.17%。

（十四）公共企事业单位信息公开水平仍需提高

评估显示，供水、供热、供电领域信息公开情况不理想。在供水领域信息公开方面，106 家地级市政府在企事业单位概况、相关价格标准、供水申请报装工作程序等 7 个方面平均公开率为 38.40%，仅三分之一左右的地市完成供水领域各方面信息公开。

在供热领域信息公开方面，106 家地级市政府在设置线上信息公开咨询窗口、公开相关价格标准、用热申请及用户入网接暖流程等 8 个方面的平均公开率为 22.64%，其中仅 18 家地级市政府完成计划类施工停热及恢复供热信息及抄表计划信息公开，仅 20 家地级市政府完成线上信息公开咨询窗口设置。

在供电领域信息公开方面，106 家地级市政府在设置线上信息公开咨询窗口、公开供电企业基本情况、公开供电企业办理用电业务有关信息、公开供电企业执行的电价和收费标准等 11 个方面的平均公开率为 32.68%，其中可开放容量有关信息指标公开率最低，仅 27 家地级市政府公开。同时，线上信息公开咨询窗口设置率不佳。仅 42 家地级市政府通过热线电话、微信营业厅、网站互动交流平台等方式设置了线上信息公开咨询窗口，占 39.62%，与满足服务对象以及社会公众的个性化信息需求仍有差距。

（十五）欠薪治理信息公开情况仍需改善

首先，欠薪治理信息公开情况不理想。有 30 家省级政府、72 家地级市政府、66 家县（市、区）政府在其官网或者所属人力资源和社会保障部门官网上设置了欠薪相关专栏，分别占 96.77%、67.92%、55.00%。其次，部分单位发布的欠薪治理专项活动信息形式较为单一，部分单位发布的欠薪治理信息仅有新闻稿形式，专项行动可以以新闻稿、文件、视频等多种形式发布，而不仅局限于新闻稿形式。

（十六）基本养老服务领域信息公开要求有待落实

评估发现，部分单位养老服务清单公布不规范，仅有 19 家省级政府、44 家地级市政府、32 家县（市、区）政府印发了养老服务清单，共 95 家单位，仅占评估对象总数的 36.96%。其中，公布养老服务清单的政府单位还存在部分内容公开不完整的情况。例如，未在印发的养老服务清单中列明养老服务标准等。"老年人状况统计调查和发布制度"建立及落实情况值得注意，仅有 19 家省级政府、33 家地级市政府、4 家县（市、区）政府建立了"老年人状况统计调查和发布制度"，分别占 61.29%、31.13%、3.33%。同时，上述单位中多数未形成规范化的发布制度，大部分仅在部分实施意见中提出要建立"老年人状况统计调查和发布制度"，未见具体制度的调查结果及落实情况。

（十七）基层政务公开标准化规范化指引仍需重视

深入推进基层政务公开标准化规范化对于全面推进基层政务公开、坚持和完善基层民主制度、密切党和政府同人民群众联系、加强基层行政权力监督制约、提升基层政府治理能力具有重要意义。评估发现，仅有 21 家国务院部门公开了共计 30 个主管领域的基层政务公开标准指引，占 43.75%。

（十八）公开平台建设质量水平仍有提升空间

在公开平台内容方面，评估主要考察网站中是否存在错误内容，包括错别字、病词句等。评估显示，四类评估对象绝大多数政府网站存在内容错误。有 14 家国务院部门的政府网站内容错误数量小于 10 处，占 29.17%，较上一年度增长 17.07 个百分点。县（市、区）政府中，有 50 家政府网站内容错误数量小于 10 处，占 41.67%，在四类评估对象中占比最高。在省级、地市级、县（市、区）级政府中，内容错误数量小于 10 处的网站数量较上一年度有所增加，各有 3 家、33 家、50 家，占比分别为 9.68%、31.13%、41.67%。

在平台建设方面，各级政府网站均不同程度存在链接错误问题。错误链接数量小于 10 条的分别有 46 家国务院部门、18 家省级政府、100 家地级市政府和 112 家县（市、区）政府，分别占 95.83%、58.06%、94.34% 和 93.33%。此外，有 10 家省级政府、34 家地级市政府、43 家县（市、区）政府尚未在政府门户网站、司法部门网站设置行政执法平台或者专栏，分别占 32.26%、32.08%、35.83%。评估显示，行政执法统一公示平台建设有待完善，行政执法平台信息更新情况也有待进一步提升。

四　展望：努力建设更加透明的法治政府

深化政务公开是贯彻全过程人民民主、推动社会治理现代化的重要保障，是建设稳定可预期的法治化营商环境的重要方面，也是保障民生、规范政府权力的重要手段。随着近年来政务公开工作的深入推进，政务公开工作已经日益与政府工作深度融合，在此过程中，需要继续坚持"以公开为常态、以不公开为例外"，根据人民群众的实际需求、经济社会发展形势以及法治政府建设的要求，稳步扩大公开范围、丰富公开形式、提升公开效果。仍应坚持将政务公开纳入政府日常工作，使其成为政府工作的有机组成部分，而不是相互割裂的两项工作，秉持"做好公开即是做好政府本职工作"的理念，提升政务公开的实时性、时效性。在全面推进数字政府建设的新形势下，在人工智能等新技术层出不穷的背景下，更应努力实现政务公开与科学技术的深度融合，以提升政务公开质效、提升人民群众获取政务信息的便利度。

B.14

中国司法透明度指数报告（2023）

——以法院网站信息公开为视角

中国社会科学院国家法治指数研究中心项目组 *

摘　要：　2023 年，中国社会科学院国家法治指数研究中心项目组围绕保障当事人诉讼权利、助力优化营商环境、参与社会治理、监督并规范司法权力运行，对全国法院开展了司法公开评估。评估显示，各级法院在各个领域探索推进司法公开工作，但仍然存在信息未公开、公开质量不高等问题，不同法院也存在较大差距。未来，仍应推进司法公开纳入法治轨道，细化公开要求，借力信息化提升司法公开水平。

关键词：　司法公开　司法透明度　司法改革　法治指数　法治评估

　　2023 年，中国社会科学院国家法治指数研究中心项目组（以下简称"项目组"）继续对全国法院抽样开展司法透明度指数评估，本报告对评估结果作简要分析。

---

　　* 项目组负责人：田禾，中国社会科学院国家法治指数研究中心主任、法学研究所研究员，中国社会科学院大学法学院特聘教授；吕艳滨，中国社会科学院法学研究所法治国情调研室主任、研究员，中国社会科学院大学法学院行政法教研室主任、教授。课题组成员：丁晨妤、马贵龙、王小梅、王金岩、王祎茗、王淑敏、车宇婷、白佳卉、刘定、刘瑶、刘海啸、刘雁鹏、牟璐宁、杜文杰、李玥、李璐、李自旺、李莫愁、李梦诺、杨胤、张梦瑶、张赟洁、陆麒元、周远平、郑文俊、姚桂鑫、栗燕杰、崔力健、隋晓文、葛世杰、葛鑫鑫、曾小玲、詹雨青、戴泰航（按姓氏笔画排序）。执笔人：王祎茗，中国社会科学院法学研究所副研究员；田禾。技术支持：北京蓝太平洋科技股份有限公司。本报告为中国社会科学院法学研究所"新时代法治指数研究方法创新与实践应用"创新工程项目成果。

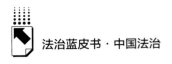

一 评估概况

（一）评估对象

2023 年的评估对象新增成渝金融法院、海南自由贸易港知识产权法院两家专门法院，将江苏省南通市中级人民法院纳入原有较大的市法院范围进行评估，同时，珠海横琴新区人民法院更名为横琴粤澳深度合作区人民法院，原有基层法院中排除了没有独立网站及评估期间网站始终无法访问的法院。评估对象具体包括：①各省（自治区、直辖市）高级人民法院以及新疆维吾尔自治区高级人民法院生产建设兵团分院（共 32 家法院）；②较大的市等的中级人民法院（共 50 家法院）；③北京、上海、广州及海南自由贸易港知识产权法院（共 4 家法院）；④北京、杭州、广州互联网法院（共 3 家法院）；⑤广东自由贸易试验区南沙片区人民法院、深圳前海合作区人民法院、珠海横琴新区人民法院、四川自由贸易试验区人民法院、重庆自由贸易试验区人民法院、河南自由贸易试验区郑州片区人民法院（共 6 家法院）；⑥北京金融法院、上海金融法院、成渝金融法院（共 3 家法院）；⑦117家基层法院。为统计需要，知识产权法院、互联网法院、自贸区法院及金融法院总计 16 家，简称为"专门性法院"。

（二）评估指标

2023 年，项目组根据人民法院工作面临的新形势与新要求，围绕服务当事人、服务社会治理、服务监督制约、服务营商环境优化 4 项一级指标开展司法透明度指数评估。评估涵盖 25 项二级指标、63 项三级指标（见表1）。

（三）评估方法

评估主要采取外部观察法，即通过司法公开平台评判司法公开情况。

评估涉及的司法公开平台包括各评估对象的门户网站、司法公开网站、诉讼服务网、中国审判流程信息公开网以及各评估对象的微博微信等微平台。数据采集时间为 2023 年 9 月 20 日至 2023 年 12 月 31 日。同时，项目组借助技术手段对评估对象网站的有效性、内容准确性等进行了技术扫描。

表 1　2023 年司法透明度指数评估指标体系

一级指标	二级指标
服务当事人	法院文件（20%）
	诉讼指南（30%）
	名册信息（15%）
	流程信息（10%）
	执行举报（5%）
	公开平台建设（20%）
服务社会治理	典型民事案件信息（15%）
	环资审判案件信息（10%）
	行政诉讼案件信息（10%）
	减刑假释案件信息（5%）
	法院普法（20%）
	法院年度工作报告（25%）
	司法白皮书（5%）
	司法建议（5%）
	代表建议、委员提案（5%）
服务监督制约	司法改革信息（10%）
	人员信息（40%）
	财务数据（40%）
	任职回避（10%）

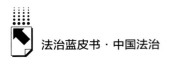

续表

一级指标	二级指标
服务营商环境优化	本院优化营商环境文件（20%）
	涉企案件诉源治理信息（20%）
	破产案件信息（适用于中院）（10%）
	金融案件信息（20%）
	涉企刑事案件（10%）
	善意文明执行（20%）

（四）评估结果

评估显示，高级法院中排名居前的有：上海高院、吉林高院、河南高院、天津高院、广东高院、浙江高院、安徽高院、福建高院、北京高院、重庆高院（见表2）。中级法院中排名靠前的有：广东省广州市中级人民法院、江苏省南京市中级人民法院、吉林省吉林市中级人民法院、吉林省长春市中级人民法院、广东省深圳市中级人民法院、福建省厦门市中级人民法院、广东省汕头市中级人民法院、四川省成都市中级人民法院、浙江省杭州市中级人民法院、广东省珠海市中级人民法院（见表3）。专门性法院中排名靠前的有：广东自由贸易区南沙片区人民法院、广州知识产权法院、重庆两江新区（自贸区）人民法院、深圳前海合作区人民法院、北京金融法院（见表4）。基层法院中排名靠前的有：吉林省延吉市人民法院、广东省广州市越秀区人民法院、吉林省长春市朝阳区人民法院、湖北省武汉市江岸区人民法院、湖南省长沙市岳麓区人民法院、北京市西城区人民法院、吉林省前郭尔罗斯蒙古族自治县人民法院、吉林省松原市宁江区人民法院、北京市海淀区人民法院、湖北省襄阳市谷城县人民法院（见表5）。

单位：分

表2 2023年司法透明度指数排名（部分高级法院）（满分100分）

排名	法院	2022年排名	排名变动	总分	服务当事人（30%）	服务社会治理（25%）	服务监督制约（20%）	服务营商环境优化（25%）
1	上海高院	14	13	82.19	89.87	80.88	60.00	92.06
2	吉林高院	1	-1	82.14	87.97	76.50	98.00	68.10
3	河南高院	30	27	82.00	76.03	79.69	73.60	98.18
4	天津高院	6	2	80.44	84.85	67.88	91.60	78.79
5	广东高院	3	-2	80.35	91.46	73.00	88.00	68.24
6	浙江高院	9	3	80.17	87.94	75.25	60.00	91.90
6	安徽高院	17	11	80.17	84.39	68.38	77.60	88.95
8	福建高院	19	11	79.95	80.57	69.43	98.00	75.29
9	北京高院	16	7	79.23	72.92	78.00	84.00	84.20
10	重庆高院	18	8	79.11	90.05	74.56	83.60	66.92
11	四川高院	10	-1	78.88	76.96	77.75	90.00	73.40
12	海南高院	5	-7	78.87	79.28	80.13	59.60	92.54
13	江西高院	4	-9	77.55	96.12	67.88	88.00	56.60
14	山东高院	2	-12	77.08	80.33	65.50	94.00	71.24
15	江苏高院	11	-4	77.06	78.88	66.50	87.60	77.01
16	云南高院	25	9	76.65	84.39	59.00	77.60	84.25
17	宁夏高院	29	12	75.78	87.03	68.75	83.60	63.06
18	辽宁高院	20	2	75.77	93.25	70.56	80.00	56.60
19	内蒙古高院	22	3	75.29	89.30	64.88	91.60	55.84
20	湖南高院	15	-5	74.66	72.93	52.38	88.40	88.05

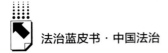

表3　2023年司法透明度指数排名（部分中级法院）（满分100分）

单位：分

排名	法院	2022年排名	排名变动	总分	服务当事人（25%）	服务社会治理（20%）	服务监督制约（25%）	服务营商环境优化（30%）
1	广东省广州市中级人民法院	1	0	89.14	99.89	91.80	94.24	74.17
2	江苏省南京市中级人民法院	2	0	87.04	99.79	85.69	99.52	66.92
3	吉林省吉林市中级人民法院	9	6	83.48	83.81	75.88	99.52	74.92
4	吉林省长春市中级人民法院	6	2	80.58	91.36	73.69	92.24	66.47
5	广东省深圳市中级人民法院	4	-1	78.85	67.41	87.21	83.52	78.92
6	福建省厦门市中级人民法院	26	20	78.81	95.14	75.33	90.64	57.67
7	广东省汕头市中级人民法院	3	-4	78.69	87.75	70.04	98.00	60.80
8	四川省成都市中级人民法院	8	0	78.00	81.65	60.30	90.00	76.75
9	浙江省杭州市中级人民法院	16	7	77.74	87.01	65.03	89.52	68.67
10	广东省珠海市中级人民法院	7	-3	77.41	90.94	66.63	94.24	59.30

续表

排名	法院	2022年排名	排名变动	总分	服务当事人（25%）	服务社会治理（20%）	服务监督制约（25%）	服务营商环境优化（30%）
11	浙江省宁波市中级人民法院	10	-1	77.39	87.45	72.78	89.52	61.97
12	山东省济南市中级人民法院	14	2	76.60	97.29	64.13	80.00	64.83
13	山东省青岛市中级人民法院	11	-2	75.86	83.70	51.40	99.52	65.92
14	江苏省徐州市中级人民法院	5	-9	74.75	70.67	73.01	88.64	67.75
15	福建省福州市中级人民法院	42	27	73.77	92.96	72.58	76.64	56.17
16	海南省海口市中级人民法院	13	-3	73.18	77.28	75.90	77.52	64.33
17	山东省淄博市中级人民法院	28	11	73.12	71.12	82.01	72.00	69.80
18	江苏省南通市中级人民法院	—	—	72.87	59.26	66.96	90.64	73.33
19	陕西省西安市中级人民法院	39	20	72.38	86.09	67.53	74.64	62.30
20	河南省洛阳市中级人民法院	37	17	72.16	59.49	73.45	100.00	58.67

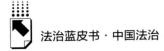

续表

排名	法院	2022年排名	排名变动	总分	服务当事人（25%）	服务社会治理（20%）	服务监督制约（25%）	服务营商环境优化（30%）
21	辽宁省沈阳市中级人民法院	21	0	70.23	75.01	57.58	76.64	69.33
22	江苏省无锡市中级人民法院	43	21	69.03	79.62	73.38	46.64	75.97
23	湖北省武汉市中级人民法院	12	-11	68.82	74.64	55.75	76.64	66.17
24	黑龙江省齐齐哈尔市中级人民法院	35	11	68.21	81.50	54.90	72.00	62.83
25	贵州省贵阳市中级人民法院	36	11	68.11	73.99	58.13	88.00	53.30
26	辽宁省大连市中级人民法院	25	-1	67.67	73.49	59.20	86.64	52.67
27	甘肃省兰州市中级人民法院	45	18	66.63	70.35	55.65	86.64	54.17
28	山西省大同市中级人民法院	20	-8	65.05	64.10	57.63	88.00	51.67
29	辽宁省鞍山市中级人民法院	40	11	64.94	79.63	74.41	50.64	58.30
30	湖南省长沙市中级人民法院	32	2	64.73	70.12	55.88	48.00	80.08

表4 2023年司法透明度指数排名（专门性法院）（满分100分）

单位：分

排名	法院	2022年排名	排名变动	总分	服务当事人（30%）	服务社会治理（25%）	服务监督制约（20%）	服务营商环境优化（25%）
1	广东自由贸易区南沙片区人民法院	1	0	82.97	88.83	83.13	96.48	64.97
2	广州知识产权法院	3	1	81.08	79.37	80.21	96.48	71.68
3	重庆两江新区（自贸区）人民法院	6	3	80.32	81.14	73.25	86.68	81.32
4	深圳前海合作区人民法院	4	0	79.53	86.29	71.38	89.28	71.77
5	北京金融法院	5	0	78.53	80.45	78.75	87.96	68.46
6	北京知识产权法院	9	3	70.54	79.43	45.71	87.48	71.15
7	四川天府新区（自贸区）人民法院	10	3	69.78	75.43	59.00	85.88	60.90
8	广州互联网法院	2	-6	69.76	86.70	52.88	83.48	55.34
9	杭州互联网法院	14	5	69.48	80.55	49.08	96.48	55.00
10	北京互联网法院	8	-2	68.08	70.71	62.38	79.96	61.12
11	横琴粤澳深度合作区人民法院	13	2	66.18	68.27	60.38	72.46	64.45
12	上海知识产权法院	7	-5	63.18	70.10	49.13	81.56	54.22
13	河南自由贸易试验区郑州片区人民法院	11	-2	58.26	47.37	54.13	79.96	58.10
14	上海金融法院	12	-2	51.50	64.96	60.00	22.56	50.00
15	成渝金融法院	—	—	50.22	49.59	37.25	49.61	64.43
16	海南自由贸易港知识产权法院	—	—	34.17	33.72	40.63	20.73	39.00

表5　2023年司法透明度指数排名（部分基层法院）（满分100分）

单位：分

排名	所在省份	法院	2022年排名	排名变动	总分	服务当事人（30%）	服务社会治理（25%）	服务监督制约（20%）	服务营商环境优化（25%）
1	吉林	延吉市人民法院	2	1	80.48	85.25	78.90	100.00	60.70
2	广东	广州市越秀区人民法院	33	31	78.80	82.93	90.75	91.16	52.00
3	吉林	长春市朝阳区人民法院	1	-2	78.40	81.91	78.15	96.80	59.70
4	湖北	武汉市江岸区人民法院	94	90	77.36	83.66	70.90	80.92	73.40
5	湖南	长沙市岳麓区人民法院	39	34	76.45	82.61	76.08	80.92	65.87
6	北京	北京市西城区人民法院	7	1	75.79	80.20	69.82	95.52	60.70
7	吉林	前郭尔罗斯蒙古族自治县人民法院	4	-3	75.66	79.76	69.78	96.80	59.70
8	吉林	松原市宁江区人民法院	3	-5	75.60	82.00	69.03	71.96	77.40
9	北京	北京市海淀区人民法院	16	7	74.86	84.36	70.90	80.92	62.57
10	湖北	襄阳市谷城县人民法院	26	16	74.51	83.50	76.38	76.76	60.07
11	湖北	黄石市大冶市人民法院	40	29	74.40	75.22	74.00	84.12	66.03

续表

排名	所在省份	法院	2022年排名	排名变动	总分	服务当事人（30%）	服务社会治理（25%）	服务监督制约（20%）	服务营商环境优化（25%）
12	天津	天津市河西区人民法院	15	3	73.33	72.06	65.53	91.16	68.40
13	浙江	义乌市人民法院	5	-8	73.15	82.44	70.38	61.12	74.40
14	甘肃	张掖市甘州区人民法院	104	90	72.58	67.02	77.83	72.92	73.73
15	河北	秦皇岛市海港区人民法院	88	73	72.11	80.37	73.41	73.60	59.70
16	浙江	诸暨市人民法院	9	-7	71.92	81.12	71.13	63.96	68.03
17	黑龙江	哈尔滨市五常市人民法院	47	30	71.81	79.89	69.13	72.92	63.90
18	广东	深圳市福田区人民法院	14	-4	71.64	79.64	70.78	60.16	72.10
19	天津	天津市滨海新区人民法院	13	-6	71.34	84.01	71.25	85.92	44.57
19	四川	成都市青羊区人民法院	24	5	71.34	83.23	73.12	79.96	48.40
21	湖南	攸县人民法院	69	48	71.31	78.02	74.00	91.16	44.70
22	河南	郑州市金水区人民法院	86	64	70.70	62.63	67.83	76.12	78.93
23	江苏	江阴市人民法院	111	88	70.63	77.95	65.53	76.12	62.57

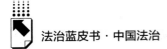

续表

排名	所在省份	法院	2022年排名	排名变动	总分	服务当事人（30%）	服务社会治理（25%）	服务监督制约（20%）	服务营商环境优化（25%）
24	黑龙江	哈尔滨市南岗区人民法院	35	11	70.44	78.38	71.88	61.12	66.93
25	山西	太原市小店区人民法院	25	0	70.14	81.58	63.00	71.96	62.10
26	河北	石家庄市长安区人民法院	84	58	70.05	80.19	75.13	84.12	41.57
27	山东	青岛市黄岛区人民法院	68	41	70.01	78.33	71.90	86.36	45.07
28	河南	新郑市人民法院	27	-1	69.71	79.52	68.94	91.16	41.57
29	湖南	长沙市芙蓉区人民法院	89	60	69.27	82.21	65.63	90.52	40.40
30	天津	天津市南开区人民法院	11	-19	68.94	73.95	68.10	57.92	72.60
31	陕西	榆林市府谷县人民法院	32	1	68.85	75.18	70.00	56.96	69.60
32	天津	天津市武清区人民法院	29	-3	68.78	75.06	68.37	66.02	63.87
33	北京	北京市丰台区人民法院	23	-10	68.68	74.69	71.38	57.92	67.37
34	云南	宣威市人民法院	87	53	68.25	83.05	67.75	72.92	47.23
35	河南	郑州高新技术产业开发区人民法院	67	32	67.86	80.58	66.70	72.92	49.70

续表

排名	所在省份	法院	2022年排名	排名变动	总分	服务当事人（30%）	服务社会治理（25%）	服务监督制约（20%）	服务营商环境优化（25%）
36	山东	费县人民法院	49	13	67.56	81.43	71.28	63.96	50.07
37	重庆	重庆市渝中区人民法院	22	-15	67.13	65.28	70.40	63.00	69.40
38	湖北	武汉市武昌区人民法院	108	70	67.10	68.18	77.67	54.46	65.37
39	湖南	浏阳市人民法院	98	59	66.76	76.15	67.08	80.92	43.87
40	陕西	西安市未央区人民法院	42	2	66.43	79.38	67.45	48.00	64.60
41	河北	三河市人民法院	73	32	66.39	70.01	68.30	58.62	66.37
41	广西	南宁市西乡塘区人民法院	90	49	66.39	55.57	75.53	61.12	74.43
43	江西	南昌县人民法院	100	57	66.20	76.31	65.70	57.92	61.20
44	黑龙江	大庆市肇州县人民法院	74	30	66.01	78.45	66.58	75.16	43.20
45	山东	胶州市人民法院	81	36	65.74	77.69	71.63	48.00	59.70
46	河南	滑县人民法院	61	15	65.54	81.85	63.75	75.16	40.07
47	贵州	兴义市人民法院	123	76	65.40	90.24	68.13	56.96	39.60
48	辽宁	大连市瓦房店市人民法院	60	12	65.06	70.72	68.08	76.12	46.40
49	安徽	巢湖市人民法院	65	16	65.01	77.09	74.50	65.62	40.53

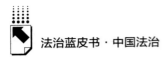
续表

排名	所在省份	法院	2022年排名	排名变动	总分	服务当事人（30%）	服务社会治理（25%）	服务监督制约（20%）	服务营商环境优化（25%）
50	辽宁	沈阳市沈河区人民法院	107	57	64.77	77.25	65.78	74.88	40.70
51	山东	临沂市兰山区人民法院	70	19	64.47	79.03	64.42	75.52	38.20
52	青海	西宁市湟中区人民法院	59	7	63.49	75.32	69.28	65.92	41.57
53	广西	宾阳县人民法院	72	19	63.47	81.54	65.95	61.12	41.20
54	山西	临猗县人民法院	112	58	63.36	75.01	71.08	57.92	46.03
55	安徽	合肥市包河区人民法院	8	-47	62.98	80.61	72.75	48.42	43.70
56	江西	南昌市西湖区人民法院	95	39	62.91	74.16	69.20	63.96	42.27
57	贵州	毕节市威宁彝族回族苗族自治县人民法院	122	65	62.82	50.36	66.88	72.96	65.60
58	广东	英德市人民法院	41	-17	62.76	78.46	72.38	57.92	38.20
59	江苏	苏州市吴江区人民法院	93	34	62.71	59.74	72.19	76.12	46.07
60	陕西	陕西榆林市榆阳区人民法院	101	41	62.70	80.32	66.58	60.16	39.70

二 司法公开是推进司法文明进步的基础与保障

司法文明进步的表现至少应当包括司法权力运行规范、廉洁高效，司法过程与结果充分尊重和保障当事人的各项权利，司法裁判充分体现公平公正、具有公信力并得到公众的普遍认同。要实现上述目标，唯有确保司法权力运行公开透明。习近平总书记指出："阳光是最好的防腐剂。权力运行不见阳光，或有选择地见阳光，公信力就无法树立。执法司法越公开，就越有权威和公信力。涉及老百姓利益的案件，有多少需要保密的？除法律规定的情形外，一般都要公开。要坚持以公开促公正、以透明保廉洁。要增强主动公开、主动接受监督的意识，完善机制、创新方式、畅通渠道，依法及时公开执法司法依据、程序、流程、结果和裁判文书。对公众关注的案件，要提高透明度，让暗箱操作没有空间，让司法腐败无法藏身。"① 十八届四中全会也提出，要构建开放、动态、透明、便民的阳光司法机制。司法公开无疑是系统深入推进社会主义法治国家建设的必然要求。

（一）司法公开是落实宪法法律的基本要求

司法公开是宪法确立的原则，也是诉讼法确定的重要制度。《宪法》第130条规定，人民法院审理案件，除法律规定的特别情况外，一律公开进行。这确立了司法公开的宪法原则，也是司法实践中落实司法公开工作的基本遵循。《民事诉讼法》第10条规定，人民法院审理民事案件，依照法律规定实行公开审判制度。第137条据此明确规定，人民法院审理民事案件，除涉及国家秘密、个人隐私或者法律另有规定的以外，应当公开进行，不但审理要公开，结果也要公开。该法第151条规定，人民法院对公开审理或者

---

① 《严格执法，公正司法》（二〇一四年一月七日），《十八大以来重要文献选编》（上），中央文献出版社，2014，第720页。

不公开审理的案件，一律公开宣告判决。正如第 159 条所规定，裁判结果也需要向一般公众公开，即除涉及国家秘密、商业秘密和个人隐私的内容外，公众可以查阅发生法律效力的判决书、裁定书。《行政诉讼法》第 7 条、第 54 条、第 65 条、第 80 条以及《刑事诉讼法》第 11 条、第 188 条、第 202 条等均有类似规定。因此，严格推进司法公开就是在严格落实宪法法律的规定。

（二）司法公开是维护公平正义的重要手段

公平正义要以看得见的方式实现。司法权是重要的公权力，必然要遵循公开透明的要求。人民法院的审判工作必须遵循程序正义原则，兼顾程序与实体，充分保障案件当事人知悉自身诉讼权利义务、了解案件审理进展等，还要在公众视野下运用审判权，并接受公众的质疑、监督、评判。这不仅决定了司法权力运行的过程、进展、结果要向案件当事人公开，还意味着部分过程以及案件审理结果更需要向公众公开。唯有公开，才能促使司法权在法治精神和法律制度框架内运行，才能确保司法权运行过程中严格依照法律、充分考虑各方利益与诉求，才能让案件审理结果得到普遍认同，也才能使司法活动拥有公信力。唯有公开，才能对全国范围不同地区不同法院就类似案件的法律适用情况进行比较，进而寻找造成案件判决结果偏离的因素，推进统一裁判尺度，维护公平公正。

（三）司法公开是司法能动履职的重要方式

司法能动履职是人民法院在习近平法治思想指引下，抓住公正与效率，做实为大局服务、为人民司法，主动在推动国家治理体系与治理能力现代化进程中展现担当作为的积极探索。推进司法公开，尤其是公开裁判文书，披露每个案件的事实认定标准和法律适用尺度，深入开展以案释法，积极主动回应群众诉求，既是落实"让人民群众在每一个司法案件中感受到公平正义"要求的具体体现，也是阐释法律规则，引导人民群众对法律制度达成共识，形成全社会遵法守法氛围的重要途径。推进司法公开，将法治精神寓于鲜活的案例中，还有助于引导社会矛盾依法文明化解，引导社会资源助力司法裁判，弘扬社会正气、提振公众信心，将复杂的社会矛盾化解于无形，实现"抓前端，治未病"的目的，助力社会治理现代化。

（四）司法公开是规范司法权力的重要路径

人民法院独立行使审判权，应遵循宪法、诉讼法等的规定，严格按照法定程序，不徇私、不滥用。为此，司法权运行应构建全方位监督体系，如加强人员管理、防范利益冲突，规范办案程序、避免人为干预等。但更需要推动阳光司法、提升司法透明度，因为司法信息越公开、权力运行越透明，权力滥用、恣意妄为、徇私舞弊被发现的概率才会越高，才能有效规范和约束广大干警的行为，推动司法权运行更加廉洁高效并始终遵循司法为民的方向不断完善。

（五）司法公开是坚定法治自信的重要体现

2023年，习近平总书记在中共中央政治局第十次集体学习时提出了"法治自信"这个富有历史深意和时代内涵的新概念，并作出了深刻阐述。深入推进司法公开正是坚定法治自信的重要体现。深化司法公开，不仅是展示一个个案件的审理过程与裁判结论，更是展示中国司法权更加规范高效运行的真实状况以及中国司法人权保障日益进步的事实，是展示中国司法文明最佳的方式。自信不仅可以体现为中国特色社会主义法治的制度优越性和法治进步的现状，还表现为敢于示人的决心与勇气。

三 司法公开是实现与保障诉讼权利的基本前提

人民法院的基本职能是通过案件审理、定分止争，依法维护每个案件当事人的合法权益，以推进国家治理现代化。唯有落实司法公开，才能实现和保障当事人的各项诉讼权利，进而确保案件审判公平公正。

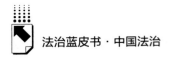

（一）多数法院公开本院文件，但个别法院公开不理想

虽然高级法院及其以下法院无权制定司法解释等文件，但仍然可能会制定一些涉及案件办理的文件，有可能影响案件当事人的诉讼活动，因此，公开本级法院的相关文件也是保障当事人实现自身权利的基本前提。评估显示，有 31 家高级法院、50 家中级法院、80 家基层法院、15 家专门性法院在门户网站公开了本院文件，其中有 28 家、42 家、77 家、14 家法院公开了近三年制定的文件，分别占 87.50%、84.00%、65.81%、87.50%。仍有部分法院未公开本级法院文件或者仅公开上级法院文件。

（二）诉讼指南公开总体较好，但内容质量仍有待提升

诉讼指南是案件当事人基于诉讼法在各法院具体参与诉讼时需要参考的指引，其内容依据诉讼法但又不是诉讼法相关条文的简单重复，而应是结合本法院案件管辖范围、审级等拟定的通俗易懂地引导当事人提起诉讼、参与诉讼、规避诉讼风险等相关内容。评估查询到 28 家高级法院、45 家中级法院、96 家基层法院和 15 家专门性法院公开的诉讼指南及相关指引内容，分别占 87.50%、90.00%、82.05%、93.75%。针对近年来网上诉讼的发展，不少法院已经提供了以在线诉讼方式参与诉讼的指南，包括 25 家高级法院、26 家中级法院、51 家基层法院和 12 家专门性法院，分别占 78.13%、52.00%、43.59%、75.00%（见图 1）。

调解是抓好源头解纷的关键，这就需要引导当事人用好调解渠道。评估显示，有 9 家高级法院、16 家中级法院、40 家基层法院、11 家专门性法院对诉前调解进行了总体说明，分别占 28.13%、32.00%、34.19%、68.75%；有 11 家高级法院、10 家中级法院、25 家基层法院、10 家专门性法院有关于诉前调解范围的说明，分别占 34.38%、20.00%、21.37%、62.50%；有 9 家高级法院、9 家中级法院、24 家基层法院、12 家专门性法院有关于诉前调解程序的说明，分别占 28.13%、18.00%、20.51%、75.00%；有 14 家高级法院、12 家中级法院、20 家基层法院、10 家专门性法院提供人民法院调解平台链接，

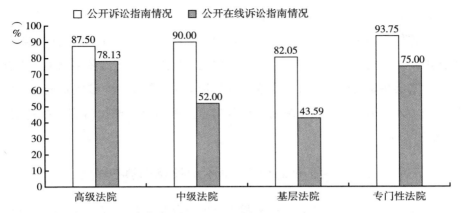

图1 各类法院公开诉讼指南情况

分别占 43.75%、24.00%、17.09%、62.50%。

评估发现，不少法院公开诉讼指南较为细致。例如：江苏法院诉讼服务网对于案件管辖不仅有较为详细的规定，并部分列举了省内的各中基层法院的特殊规定；深圳市福田区法院公布当事人常见问题解答并配备诉讼费在线计算功能，便利当事人自查；重庆市云阳县法院在诉讼指南中发布《人民法院来访指南》，按照当事人来访需求，如起诉、司法救助、涉诉信访及材料递交、审判人员作风投诉等，对当事人行为进行指引，并特别注明院长邮箱及该邮箱将由院长本人查阅和回复；重庆市两江新区法院对于风险提示有专门的汇编文档，内容详尽；深圳市中院 2023 年多次发布诉讼指南，更新及时、内容全面。在诉讼文书方面，临沂市兰山区法院、重庆市江北区法院、杭州市余杭区法院、南宁市西乡塘区法院、北京市西城区法院都提供了较为齐全的文书模板，便利当事人查找。在流程指引方面，四川天府新区（自贸区）法院虽未配备流程图，但文字说明较为通俗易懂；深圳市福田区法院则配备了清晰易懂的诉讼流程图。

但评估也发现，部分法院诉讼指南更新不及时，内容有误。有 3 家高级法院、6 家中级法院、25 家基层法院、1 家专门性法院的诉讼指南内容存在错误。有的法院仍沿用两年诉讼时效的表述，未依据《民法典》更新；有的仍以《侵权责任法》作为法律依据。此外，未公开指南、指南不便于查

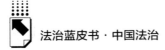

询、指南内容不全面等问题也不在少数。

从评估数据可以发现，虽然涉及诉源治理、在线解纷等当前人民法院重点推进的工作内容，但相应的指南配置情况不理想；本该最多接触案件当事人的中基层法院反倒未公开指南或公开的指南错漏较多。本该完备全面准确告知当事人办事流程的指南欠缺，导致当事人参与诉讼难以做到"少跑腿、不跑腿"。

（三）推动机构名册信息公开，但公开比例仍然不够高

公开特邀调解组织名册、特邀调解员名册以及鉴定机构名册、评估机构名册、破产管理人名册是当事人参与诉讼时寻找符合条件的机构人员所必须知晓的。评估显示，一些法院公开了上述信息，但总体公开质量不高。有 5 家高级法院、24 家中级法院、16 家基层法院、12 家专门性法院公开了特约调解组织名册，分别占 15.63%、48.00%、13.68%、75.00%；有 6 家高级法院、23 家中级法院、20 家基层法院、11 家专门性法院公开了特约调解员名册，分别占 18.75%、46.00%、17.09%、68.75%；有 18 家高级法院、22 家中级法院、12 家基层法院和 7 家专门性法院公开了鉴定组织名册，分别占 56.25%、44.00%、10.26%、43.75%；有 18 家高级法院、22 家中级法院、6 家基层法院和 5 家专门性法院公开了鉴定组织名册，分别占 56.25%、44.00%、5.13%、31.25%；18 家高级法院、28 家中级法院、5 家基层法院和 7 家专门性法院公开了鉴定组织名册，分别占 56.25%、56.00%、4.27%、43.75%。总体而言，机构名册信息发布情况还不够理想。

（四）公开平台提升公开效果，但网站应用效果仍不佳

公开平台建设是落实司法公开、满足人民群众获取信息需求的重要路径。评估显示，不少法院注重网络平台建设，助力提升公开效果。部分法院网站设有中英文两种语言，如上海市高级法院、广州互联网法院、北京市金融法院、四川天府新区（自贸区）人民法院等设置了中英文页面，便于不同语种当事人阅读，体现法院平台建设的国际化趋势。部分法院注重提升网

站智能化效果，如江苏省高级法院网站主页附有诉讼风险智能评估平台，对不同类型的案件作了风险提示，指引当事人填写不同案件的细节情况，进行智能化分析。山东省高级法院、广东省深圳市中级法院网站首页设有智能法律机器人，用智能问答的互动方式为群众答疑解惑。

但总体而言，法院网站建设水平仍然亟待提升。部分法院网站没有搜索功能，有的法院检索功能无效，还有的法院检索结果杂乱无序。众多法院的检索会默认限定时间在一年以内，不便于全面进行信息检索。不少法院存在信息更新不及时、信息栏目内容缺失等问题。

四　司法公开是优化和提升营商环境的重要内容

法治是最好的营商环境。优化营商环境的关键在于规则明确、公平公正、结果可预期。人民法院也是参与优化营商环境的重要力量，法院依法审理案件既能对每个案件当事人的合法权益进行保障，又能通过案件审理向社会揭示法治精神、维护法治统一，让企业经营活动有明确的遵循。

（一）注重公开优化营商环境的司法文件

制发本院参与优化营商环境的司法文件是人民法院参与优化营商环境的重要体现。评估显示，有 15 家高级法院、37 家中级法院、43 家基层法院和 5 家专门性法院公开了本院制定的优化营商环境司法文件，分别占 46.88%、74.00%、36.13%、31.25%。此类文件一般规定了本院依照法律及司法解释办理涉企案件适用法律的标准、尺度以及相关程序，但从评估结果看，总体公开不理想，尤其是一个省域内主要负责指导下级法院的高级法院的公开情况仍有不少短板。

（二）公开人民法院涉企纠纷诉源治理信息

商事争端解决治理体系是否完善是衡量区域法治营商环境优劣的关键。在经济活动中，商事争端不可避免，唯有及时有效解决争端，才能保障经济健康发展，提振企业创业和投资信心。人民法院在涉企纠纷诉源治理方面发挥着重要作用，有必要加大此类信息公开力度，引导企业依法高效解决纠纷。评估显示，有 8 家高级法院、5 家中级法院、15 家基层法院和 9 家专门性法院公开了涉企案件诉源治理机制指引，分别占 25.00%、10.00%、12.82%、56.25%；有 12 家高级法院、13 家中级法院、20 家基层法院、6 家专门性法院公开了涉企案件诉源治理典型案件，分别占 37.50%、26.00%、17.09%、37.50%（见图 2）。显然，各级法院公开此类信息的情况仍不理想。

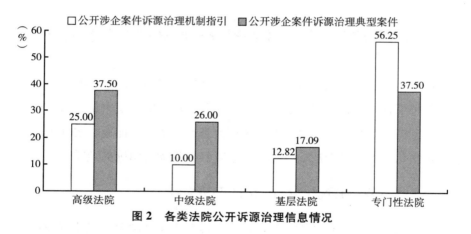

图 2　各类法院公开诉源治理信息情况

（三）探索公开涉企案件审理信息

公开企业相关类型的案件信息，有助于指引相关行业或领域的企业明确经营中需要注意的法律界限。评估显示，一些法院公开了部分金融案件、企业涉刑事案件信息。公开本院及上级法院办理金融案件规定的有 7 家高级法院、7 家中级法院、7 家基层法院、4 家专门性法院，分别占 21.88%、14.00%、5.98%、25.00%；专门公开本院办理金融案件指南的有 3 家高级法院、6 家中级法院、1 家基层法院，分别占 9.38%、12.00%、0.85%。从涉金融类典型案件公开来看，公开较为典型的金融案件裁判文书的有 6 家高级法院、16 家中级法院、12 家基层法院、7 家专门性法院，分别占

18.75%、32.00%、10.26%、43.75%。而涉企刑事案件信息的公开较差。公开典型的涉企刑事案件裁判文书的有 5 家高级法院、6 家中级法院、4 家基层法院、7 家专门性法院，分别占 15.63%、12.00%、3.42%、43.75%。人民法院依法办理涉企刑事案件，有助于依法打击企业的违法犯罪活动，也有助于依法保护企业正常经营活动，公开相关信息既有助于引导企业规避法律风险、从事合法经营，也有助于提振企业信心，是优化营商环境的重要一环。评估显示，7 家高级法院公开了涉及企业刑事案件裁判文书，3 家高级法院公开了有关案件解读，分别占 21.88%、9.38%；6 家中级法院公开了涉及企业刑事案件裁判文书，10 家中级法院公开了有关案件解读，分别占 12.00%、20.00%；4 家基层法院公开了涉及企业刑事案件的裁判文书，11 家基层法院公开了有关案件的解读，分别占 3.42%、9.40%（见图3）。这表明，涉企案件信息的公开目前还处于少数法院的摸索阶段，从人民法院参与优化营商环境角度看，有待规范和加强。

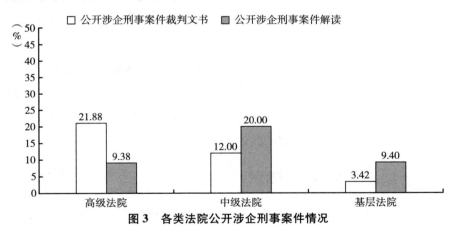

图 3　各类法院公开涉企刑事案件情况

（四）公开涉企信用惩戒和信用修复信息

推行善意文明执行，既要严格依法督促被执行人履行生效判决，确保债权人胜诉债权得以实现，维护社会诚信，又要最大限度地减少对被执行人合法正当权益的影响，实现法律效果与社会效果有机统一。可以说，加大对被执行人拒不执行生效判决的打击力度与最大限度减少对其权益的影响、保障其正常参与经济活动，都是优化营商环境不可或缺的。公开此类信息有助于引导企业在经营活动中采取正确的行为。评估显示，公开本院信用惩戒规定的有 2 家高级法院、19 家中级法院、26 家基层法院和 1 家专门性法院，分别占 6.25%、38.00%、22.22%、6.25%；公开本院信用惩戒典型案件信息的有 8 家高级法院、22 家中级法院、21 家基层法院和 1 家专门性法院，分别占 25.00%、44.00%、17.95%、6.25%；公开信用修复相关规定的有 3 家高级法院、15 家中级法院、7 家基层法院和 1 家专门性法院，分别占 9.38%、30.00%、5.98%、6.25%；公开本院信用修复典型案件信息的有 8 家高级法院、11 家中级法院、2 家基层法院，分别占 25.00%、22.00%、1.71%。可见，中级法院公开此类信息相对较好，其他法院有必要引起重视并加大此类信息的公开力度。

五 司法公开是人民法院参与社会治理的重要路径

人民法院依法行使审判权不仅要定分止争、解决纠纷，更要通过在每一个案件审理中认定事实、适用法律来明确法律尺度、界定行为界限，引导社会公众尊法守法、在法治框架下活动。公开各类案件信息以及法院的一些活动，是人民法院参与社会治理的具体表现。

（一）公开典型案件、揭示行为界限

人民法院的主责是审理案件，围绕人民法院审理的一些典型案件信息，公开裁判文书、庭审情况、案件解读信息等，具有引领群众尊法守法、促进规则完善、撬动诉源治理的价值，发挥以案释法、解惑、服务、普法、治理等功能，在推动能动履职中的作用不可或缺。

评估显示，各级法院公开典型案件解读信息明显好于公开案件裁判文书。有 31 家高级法院、32 家中级法院、59 家基层法院、13 家专门性法院公开了辖区内较为典型的民事案件审理解读信息，分别占 96.88%、

64.00%、50.43%、81.25%；但仅有1家高级法院、21家中级法院、23家基层法院、10家专门性法院公开了部分较为典型的民事案件裁判文书，分别占3.13%、42.00%、19.66%、62.50%。有31家高级法院、26家中级法院、29家基层法院公开了辖区内较为典型的环境资源案件审理情况解读信息，分别占96.88%、52.00%、24.79%；但仅有1家高级法院、9家中级法院、8家基层法院公开了部分较为典型的环境资源案件裁判文书，分别占3.13%、18.00%、6.84%。有29家高级法院、25家中级法院、25家基层法院、6家专门性法院公开了辖区内较为典型的行政案件审理情况解读信息，分别占90.63%、50.00%、21.37%、37.50%；但仅有2家高级法院、21家中级法院、12家基层法院和3家专门性法院公开了部分较为典型的行政案件裁判文书，分别占6.25%、42.00%、10.26%、18.75%。

就一些类型化、典型化的案件专门发布白皮书，是近年来一些法院采取的做法，有助于围绕类案的产生原因、审理尺度等向社会公众揭示有关风险点，引导相关主体规避风险、矫正自身行为。评估显示，此类信息总体公开还不够。公开劳资、物业、网络侵权案件等的案件审判白皮书的有8家高级法院、13家中级法院、10家基层法院，分别占25.00%、26.00%、8.55%；公开环境资源案件审判白皮书的有11家高级法院、9家中级法院、2家基层法院，分别占34.38%、18.00%、1.71%；公开行政案件审判白皮书的有14家高级法院、11家中级法院、6家基层法院，分别占43.75%、22.00%、5.13%。这表明，高级法院发布此类信息的情况总体好于中基层法院。

（二）以公开促普法、提升法治意识

人民法院开展司法活动，同时也是在履行"谁执法、谁普法"职能。评估显示，大部分法院在门户网站公开了普法内容，有14家高级法院、21家中级法院、55家基层法院、8家专门性法院在门户网站开设了专门的普法栏目，分别占43.75%、42.00%、47.01%、50.00%。其中昆明市五华区法院、宣威市法院、镇雄县法院、哈密市伊州区法院、昌吉回族自治州阜康市

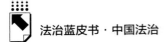

法院、库车市法院等法院网站普法类信息形式多样、内容较丰富。

不少法院注重通过各类微平台开展普法工作。有 30 家高级法院、46 家中级法院、114 家基层法院、16 家专门性法院使用微平台普法，分别占 93.75%、92.00%、97.44%、100%。重庆市渝中区法院、宣威市法院、沭阳县法院、苏州市吴江区法院、新郑市法院、遵义市仁怀市法院等的微平台普法信息图文并茂、内容丰富。

一些法院注重发布以案释法类信息，阐释一些典型案件相关法律问题，引导社会舆论、普及法律知识。有 25 家高级法院、42 家中级法院、104 家基层法院、15 家专门性法院发布了以案释法类信息，分别占 78.13%、84.00%、88.89%、93.75%。

但评估发现，法院网站普法信息的更新频率不高，部分法院没有发布以案释法信息，不少以案释法信息挖掘不够，众多案件没有深入介绍所涉及的法律问题。

（三）公开法院数据、展示"晴雨表"

公开法院的办案数据，既可以展示法院工作成效，也可以向社会揭示社会发展态势并提示风险、引导个人和企业的行为，而发布法院自身的工作报告、白皮书是公开法院数据的重要方式。评估显示，仅有 18 家高级法院、25 家中级法院、36 家基层法院、2 家专门性法院公开了本法院的年度报告，分别占 56.25%、50.00%、30.77%、12.50%；仅有 9 家高级法院、13 家中级法院、6 家基层法院、7 家专门性法院公开了本年度的司法白皮书，分别占 28.13%、26.00%、5.13%、43.75%。显然，各级法院公开工作报告和白皮书的情况还有待改善。

（四）公开司法建议、提升治理能力

司法建议是法院针对审理案件中发现的某些管理问题向有关部门提出的完善建议，具有完善制度机制、弥补漏洞缺陷等功能，也具有靠前预防、提升治理能力的作用。目前法院公开此类信息的情况还不理想，仅有 4 家高级法院、19 家中级法院、23 家基层法院、6 家专门性法院公开了 2023 年度的部分司法建议，分别占 12.50%、38.00%、19.66%、37.50%。

六　司法公开是监督并规范司法权运行的重要保障

公开是最有效的监督手段，公开司法信息有助于规范司法权力运行。人民法院除了应当公开各类裁判信息、展示每个案件认定事实和适用法律的情况以接受监督外，还应当公开人员配备、经费保障等信息。评估显示，人员信息、财务信息属于近年来各级法院司法公开的常规内容，总体公开较为平稳，但细化程度仍待提升。

评估显示，部分法院公开人员信息较好。有 32 家高级法院、44 家中级法院、92 家基层法院和 15 家专门性法院公开了院领导的姓名、职务等基本信息，分别占 100.00%、88.00%、78.63%、93.75%。总体而言，基层法院公开情况略差。而员额法官信息公开总体情况不如院领导信息，有 10 家高级法院、18 家中级法院、23 家基层法院、14 家专门性法院公开了员额法官的基本信息，分别占 31.25%、36.00%、19.66%、87.50%。

财务信息方面，财政预决算信息公开较好，而涉案款物数据及诉讼费收退费信息公开较差。有 29 家高级法院、49 家中级法院、99 家基层法院、12 家专门性法院公开了 2023 年度的财政预算，分别占 90.63%、98.00%、84.62%、75.00%。有 27 家高级法院、38 家中级法院、82 家基层法院、12 家专门性法院公开了 2022 年度财政决算，分别占 84.38%、76.00%、70.09%、75.00%。有 28 家高级法院、39 家中级法院、84 家基层法院、12 家专门性法院公开了 2022 年度"三公经费"决算信息，分别占 87.50%、78.00%、71.79%、75.00%。但公开涉案款物数据的仅有 4 高级法院、8 家中级法院、6 家基层法院、3 家专门性法院，分别占 12.50%、16.00%、5.13%、18.75%；公开诉讼费收退费信息的仅有 4 家高级法院、7 家中级法院、6 家基层法院、3 家专门性法院，分别占 12.50%、14.00%、5.13%、18.75%。

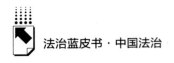

七 展望：在法治轨道上持续推进司法公开

2020年11月，习近平总书记在中央全面依法治国工作会议上对司法为民提出了新要求："深化司法责任制综合配套改革，加强司法制约监督，健全社会公平正义法治保障制度，努力让人民群众在每一个司法案件中感受到公平正义。"2023年11月，习近平总书记在中共中央政治局第十次集体学习时强调，法治同开放相伴而行，法治是最好的营商环境，要完善公开透明的涉外法律体系。最高人民法院党组会传达学习中央政治局常委会会议和中央政治局主题教育专题民主生活会精神时强调，要不断完善中国裁判文书网，建好、用好人民法院案例库，持续通过深化司法公开提供优质高效的司法服务。持续、稳定、毫不动摇地推进司法公开是落实党的二十大精神，坚持全面依法治国、推进法治中国建设所必不可少的。

首先，司法公开必须尽快纳入法治化轨道。司法公开是落实宪法及诉讼法规定的原则与精神，涉及对各级法院行使司法权的监督制约，具体的公开主体、公开权限、公开责任、公开方式、监督制约与责任追究等不能仅依靠司法解释、司法文件来规定，而应有更高位阶的法律加以明确。因此，建议立法机关尽快启动司法公开立法工作，将司法公开全面纳入法治化轨道，为持续深化司法公开提供法治保障。

其次，彻底厘清司法公开的边界。公开是司法权力运行的本质属性，是通过诉讼解决纠纷与其他解纷方式的基本差异。但司法公开与维护国家安全、监督法院及其干警、优化营商环境、社会信用体系建设、个人信息保护及个人隐私保障等的边界亟须深入讨论、统一认识，并遵循相关领域的基本规律、遵照相关法律法规，明确司法公开的范围与司法不公开清单，确定特定领域、特定时期、特定案件司法公开的范围等。

最后，依靠信息化技术提升司法公开水平。随着法院信息化持续更新迭代，数字法院建设的一项重要成果就是切实推进了司法公开工作、提升了司法公开服务群众的效能，这也使数字法院建设与司法公开成为中国司法文明进步的一张亮丽名片。《国民经济和社会发展第十四个五年规划和 2035 年远景目标纲要》明确提出，加强智慧法院建设。中共中央、国务院印发的《数字中国建设整体布局规划》进一步提出，以数字化驱动生产生活和治理方式变革，为以中国式现代化全面推进中华民族伟大复兴注入强大动力。深入推进司法公开工作，必然要紧紧抓住数字化浪潮，让司法公开可持续、更高效。

B.15
中国检务透明度指数报告（2023）

——以检察院网站和新媒体公开为视角

中国社会科学院国家法治指数研究中心项目组[*]

摘　要： 2023 年，中国社会科学院国家法治指数研究中心项目组围绕助力民生保障、助力优化营商环境、助力社会治理和助力规范履职等维度对检察机关进行透明度指数评估。评估结果显示，检察机关持续推动检务公开，常态化发布典型案例、白皮书和业务数据，并经常性召开听证会以增强与公众的互动。评估也发现，检察文书上网在不断调整，检察机关之间发展不平衡，部分领域公开效果不佳，基层检察院公开短板凸显。未来，检察机关应坚定公开透明理念，不断推动检察工作高质量发展，增强检察服务效能，提升检察公信力。

关键词： 检务公开　法律监督　指数评估　检察改革

2023 年，中国社会科学院国家法治指数研究中心及法学研究所"新时代法治指数研究方法与实践应用"创新工程项目组（以下简称"项目组"）对全国检察机关抽样开展检务透明度指数评估，本报告系对评估结果的分析和展开。

---

* 项目组负责人：田禾，中国社会科学院国家法治指数研究中心主任、法学研究所研究员，中国社会科学院大学法学院特聘教授；吕艳滨，中国社会科学院法学研究所法治国情调研室主任、研究员，中国社会科学院大学法学院行政法教研室主任、教授。项目组成员：马贵龙、王小梅、王金岩、王祎茗、刘雁鹏、宋君杰、张梦瑶、苑媛、郑文俊、郑鹏飞、昝蓉蓉、栗燕杰、常九如、隋晓文、赖宇琛、雷继华（按姓氏笔画排序）。执笔人：栗燕杰，中国社会科学院法学研究所副研究员。本报告为中国社会科学院法学研究所"新时代法治指数研究方法与实践应用"创新工程项目成果。

一　评估概况

基于多年检务透明度评估实践，2023 年评估对象基本保持稳定。根据全面依法治国的新形势、新发展和新要求，项目组对评估指标作了一定调整。

（一）评估对象

评估对象与 2022 年度基本一致，涵盖 31 家省级人民检察院和新疆生产建设兵团人民检察院、49 家较大的市人民检察院、124 家基层检察院，以及 5 家行使基层检察院职权的自贸区检察院[①]。鉴于最高人民检察院一般不直接开展具体业务，本年度未将最高人民检察院纳入评估范围。在评估期间，个别检察院门户网站无法打开，因此不计入排名。在评估过程中，项目组对于评估指标之外一些好的做法，也纳入观测范围。

（二）评估指标

《2023～2027 年检察改革工作规划》提出，"健全检察机关能动服务大局制度体系，充分运用法治力量服务中国式现代化"。检察机关通过履职服务民生保障、服务营商环境优化、服务社会治理和加强自身建设，正是其运用法治力量服务中国式现代化的生动体现。据此，项目组对评估指标进行大幅调整。总体上，更加突出功能导向，强调服务民生保障、优化营商环境、促进社会治理和推动规范履职（见表 1）。

[①] 5 家分别为：广东省横琴粤澳深度合作区人民检察院、广东自由贸易试验区南沙片区人民检察院、四川天府新区人民检察院（四川自由贸易试验区人民检察院）、前海蛇口自贸区人民检察院和河南自由贸易试验区郑州片区人民检察院。

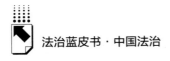

表 1　中国检务透明度评估指标体系（2023）

一级指标	二级指标
助力民生保障（30%）	未成年人保护（20%）
	涉老诈骗惩治（20%）
	妇女权益保障（20%）
	劳动保护（20%）
	支持起诉（20%）
助力优化营商环境（30%）	基础信息（20%）
	涉案企业合规（20%）
	涉企积案清理（20%）
	金融风险防范（15%）
	知识产权保护（15%）
	涉企绿色通道（10%）
助力社会治理（20%）	生态环境保护（30%）
	检察普法（20%）
	检察公益诉讼（30%）
	个人信息保护（5%）
	食品药品监管（5%）
	诉源治理（5%）
	信访案件办理（5%）
助力规范履职（20%）	基础信息（10%）
	法律文书（20%）
	报告总结（20%）
	业务数据（30%）
	财政信息（20%）

（三）总体评估结果

评估结果显示，整体而言，地方各级检察机关高度重视检务公开，注重以公开促进能动履职，较为全面地展示检察工作业绩和检察改革成效。

就排名而言，排名居前的省级人民检察院为安徽省人民检察院、江西省人民检察院、上海市人民检察院、湖北省人民检察院、陕西省人民检察院、广西壮族自治区人民检察院和北京市人民检察院（见表 2）；排名居前的较大的市人民检察院为江苏省苏州市人民检察院、陕西省西安市人民检察院、广东省广州市人民检察院、辽宁省大连市人民检察院、广东省深圳市人民检察院、四川省成都市人民检察院、广东省汕头市人民检察院、江西省南昌市人民检察院、辽宁省沈阳市人民检察院、浙江省杭州市人民检察院（见表3）；排名居前的基层人民检察院为浙江省义乌市人民检察院、重庆市云阳县人民检察院、重庆市渝中区人民检察院、浙江省诸暨市人民检察院、天津市武清区人民检察院、四川天府新区（自贸区）检察院、北京市丰台区人民检察院、广东自由贸易区南沙片区人民检察院、上海市浦东新区人民检察院、湖北省大冶市人民检察院（见表4）。

省级人民检察院、较大的市人民检察院和基层人民检察院平均得分分别为58.63分、55.05分和42.75分，按照层级呈现递减趋势（见图1）。

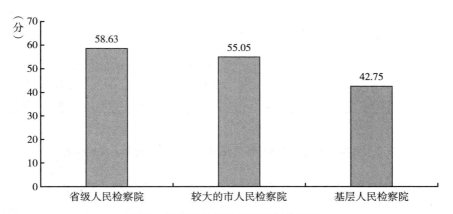

图1　各层级检察机关平均得分情况

表2　中国检务透明度指数评估结果（部分省级人民检察院）

单位：分

排名	检察机关	总分	助力民生保障	助力优化营商环境	助力社会治理	助力规范履职
1	安徽省人民检察院	73.71	66.00	74.00	71.50	87.05
2	江西省人民检察院	68.97	68.00	50.00	75.50	92.35
3	上海市人民检察院	67.72	67.00	65.00	75.00	65.60

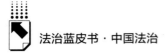

续表

排名	检察机关	总分	助力民生保障	助力优化营商环境	助力社会治理	助力规范履职
4	湖北省人民检察院	66.53	75.00	63.00	74.80	50.85
5	陕西省人民检察院	65.46	70.00	60.00	71.00	61.30
6	广西壮族自治区人民检察院	64.14	65.00	64.00	70.00	57.20
7	北京市人民检察院	63.00	56.00	62.00	74.50	63.50
8	辽宁省人民检察院	62.75	67.00	60.00	70.00	53.25
9	湖南省人民检察院	61.90	65.00	63.00	86.50	31.00
10	江苏省人民检察院	61.54	67.00	54.00	73.00	53.20
11	黑龙江省人民检察院	61.28	53.00	50.00	69.00	82.90
12	福建省人民检察院	60.91	77.00	58.00	54.00	48.05
13	广东省人民检察院	60.30	50.00	67.00	65.00	61.00
14	海南省人民检察院	59.26	67.00	66.00	80.00	16.78
15	河北省人民检察院	58.98	58.00	71.00	61.00	40.40
16	新疆维吾尔自治区人民检察院	58.31	71.00	60.00	59.00	36.05
17	青海省人民检察院	57.80	69.00	47.00	57.00	57.98
18	贵州省人民检察院	57.49	56.00	51.00	60.50	66.43
19	甘肃省人民检察院	57.03	56.00	47.00	57.00	73.63
20	内蒙古自治区人民检察院	56.96	68.00	53.00	70.00	33.28

表3　中国检务透明度指数评估结果（部分较大的市人民检察院）

单位：分

排名	检察机关	总分	助力民生保障	助力优化营商环境	助力社会治理	助力规范履职
1	江苏省苏州市人民检察院	74.60	65.00	80.00	80.50	74.98
2	陕西省西安市人民检察院	67.53	56.00	81.00	82.50	49.65
3	广东省广州市人民检察院	67.26	71.00	61.00	78.30	60.00
4	辽宁省大连市人民检察院	66.47	51.00	67.00	83.50	71.83
5	广东省深圳市人民检察院	66.32	71.00	61.00	68.50	65.10
6	四川省成都市人民检察院	64.88	73.00	78.00	77.50	20.40
7	广东省汕头市人民检察院	64.76	60.00	63.00	70.30	69.00
8	江西省南昌市人民检察院	64.21	64.00	49.00	78.50	73.05
8	辽宁省沈阳市人民检察院	64.21	53.00	71.00	82.50	52.55
10	浙江省杭州市人民检察院	64.19	49.00	60.00	74.00	83.45

续表

排名	检察机关	总分	助力民生保障	助力优化营商环境	助力社会治理	助力规范履职
11	贵州省贵阳市人民检察院	63.39	49.00	50.00	74.80	93.65
12	江苏省无锡市人民检察院	63.38	69.00	76.00	68.50	30.88
13	湖南省长沙市人民检察院	62.68	57.00	51.00	79.50	71.90
14	河南省郑州市人民检察院	62.06	62.00	86.00	56.50	31.80
15	安徽省淮南市人民检察院	61.75	52.00	50.00	82.00	73.75
16	海南省海口市人民检察院	61.72	65.00	49.00	69.50	68.08
17	辽宁省本溪市人民检察院	61.65	47.00	74.00	68.50	58.25
18	内蒙古自治区呼和浩特市人民检察院	59.57	59.00	51.00	66.50	66.35
19	安徽省合肥市人民检察院	59.33	60.00	68.00	70.00	34.65
20	广东省珠海市人民检察院	58.97	51.00	58.00	71.00	60.35
21	福建省厦门市人民检察院	58.61	55.00	35.00	63.30	94.75
22	江苏省徐州市人民检察院	58.32	49.00	62.00	81.50	43.60
23	黑龙江省哈尔滨市人民检察院	57.02	58.00	57.00	61.50	51.10
24	浙江省宁波市人民检察院	56.32	42.00	56.00	66.30	68.30
25	山西省太原市人民检察院	55.88	51.00	38.00	81.50	64.40
26	广西壮族自治区南宁市人民检察院	55.60	61.00	44.00	70.50	50.00
27	内蒙古自治区包头市人民检察院	54.82	35.00	54.00	68.00	72.60
28	福建省福州市人民检察院	54.47	32.00	65.00	68.50	58.35
29	河北省唐山市人民检察院	52.75	47.00	51.00	51.50	65.25
30	山东省青岛市人民检察院	52.41	43.00	30.00	80.50	72.05

表 4 中国检务透明度指数评估结果（部分基层人民检察院）

单位：分

排名	检察机关	总分	助力民生保障	助力优化营商环境	助力基层治理	助力规范履职
1	浙江省义乌市人民检察院	72.20	97.00	81.00	48.00	46.00
2	重庆市云阳县人民检察院	71.80	95.00	75.00	58.00	46.00
3	重庆市渝中区人民检察院	65.20	95.00	64.00	41.50	46.00
4	浙江省诸暨市人民检察院	63.00	78.00	59.00	59.50	50.00
5	天津市武清区人民检察院	61.90	69.00	66.00	53.00	54.00

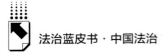

续表

排名	检察机关	总分	助力民生保障	助力优化营商环境	助力基层治理	助力规范履职
6	四川天府新区(自贸区)检察院	60.70	70.00	40.00	86.50	52.00
7	北京市丰台区人民检察院	59.70	82.00	46.00	48.50	58.00
7	广东自由贸易区南沙片区人民检察院	59.70	30.00	70.00	74.50	74.00
9	上海市浦东新区人民检察院	58.10	54.00	66.00	60.50	50.00
9	湖北省大冶市人民检察院	58.10	64.00	73.00	45.00	40.00
11	广东省英德市人民检察院	57.90	70.00	51.00	54.00	54.00
12	北京市海淀区人民检察院	57.00	83.00	55.00	32.00	46.00
13	北京市西城区人民检察院	55.60	47.00	56.00	65.50	58.00
14	福建省晋江市人民检察院	54.80	46.00	63.00	56.50	54.00
15	天津市滨海新区人民检察院	54.20	46.00	66.00	57.00	46.00
16	云南省昆明市五华区人民检察院	54.10	52.00	85.00	43.00	22.00
17	湖北省襄阳市谷城县人民检察院	53.70	58.00	53.00	50.00	52.00
18	黑龙江省哈尔滨市南岗区人民检察院	53.10	38.00	65.00	59.00	52.00
19	江苏省昆山市人民检察院	52.70	62.00	30.00	59.50	66.00
20	新疆维吾尔自治区昌吉市人民检察院	52.50	52.00	73.00	53.00	22.00
20	上海市闵行区人民检察院	52.50	45.00	53.00	55.50	60.00
22	新疆维吾尔自治区昌吉回族自治州阜康市人民检察院	51.50	61.00	56.00	50.00	32.00
22	江西省高安市人民检察院	51.50	53.00	43.00	71.50	42.00
24	黑龙江省大庆市肇州县人民检察院	51.10	31.00	60.00	63.00	56.00
25	四川省成都市青羊区人民检察院	50.40	74.00	49.00	35.50	32.00
26	陕西省西安市未央区人民检察院	50.30	35.00	63.00	58.50	46.00
27	河北省石家庄市长安区人民检察院	50.10	47.00	44.00	68.00	46.00
28	江西省南昌市西湖区人民检察院	49.80	41.00	49.00	68.00	46.00
29	江西省南昌市东湖区人民检察院	48.90	53.00	39.00	56.50	50.00
30	湖南省长沙市芙蓉区人民检察院	48.50	53.00	50.00	46.00	42.00
31	吉林省前郭尔罗斯蒙古族自治县人民检察院	48.40	47.00	45.00	48.00	56.00

续表

排名	检察机关	总分	助力民生保障	助力优化营商环境	助力基层治理	助力规范履职
31	安徽省合肥市包河区人民检察院	48.40	52.00	50.00	55.00	34.00
33	山西省太原市小店区人民检察院	48.20	39.00	58.00	47.50	48.00
34	甘肃省兰州市城关区人民检察院	48.00	63.00	45.00	32.00	46.00
34	福建省厦门市思明区人民检察院	48.00	67.00	35.00	43.00	44.00
36	北京市朝阳区人民检察院	47.40	67.00	35.00	36.00	48.00
36	安徽省太和县人民检察院	47.40	63.00	38.00	43.50	42.00
38	内蒙古自治区赤峰市松山区人民检察院	47.00	25.00	59.00	63.00	46.00
39	江苏省沭阳县人民检察院	46.80	37.00	39.00	70.00	50.00
40	陕西省榆林市府谷县人民检察院	46.70	42.00	46.00	63.50	38.00
41	贵州省兴义市人民检察院	46.40	34.00	51.00	45.50	59.00
42	上海市虹口区人民检察院	46.20	42.00	44.00	56.00	46.00
43	西藏自治区噶尔县人民检察院	45.80	69.00	51.00	39.00	10.00
43	河北省秦皇岛市海港区人民检察院	45.80	41.00	44.00	65.50	36.00
45	青海省格尔木市人民检察院	45.70	40.00	53.00	31.00	58.00
46	上海市静安区人民检察院	45.50	33.00	53.00	56.50	42.00
47	贵州省毕节市威宁彝族回族苗族自治县人民检察院	45.00	38.00	44.00	55.00	47.00
48	贵州省贵阳市观山湖区人民检察院	44.50	36.00	51.00	48.00	44.00
49	山西省临猗县人民检察院	44.10	25.00	63.00	42.50	46.00
50	内蒙古自治区阿鲁科尔沁旗人民检察院	43.80	42.00	41.00	55.50	39.00
51	陕西省韩城市人民检察院	43.60	35.00	58.00	48.50	30.00
52	广西壮族自治区南宁市西乡塘区人民检察院	43.20	34.00	44.00	63.00	36.00
53	吉林省松原市宁江区人民检察院	43.00	38.00	42.00	49.00	46.00
53	湖南省长沙市岳麓区人民检察院	43.00	23.00	65.00	41.00	42.00
55	江苏省江阴市人民检察院	42.90	30.00	39.00	65.00	46.00
55	广东省深圳市福田区人民检察院	42.90	30.00	44.00	53.50	50.00
57	黑龙江省哈尔滨市双城区人民检察院	42.50	24.00	49.00	61.00	42.00

续表

排名	检察机关	总分	助力民生保障	助力优化营商环境	助力基层治理	助力规范履职
58	天津市河西区人民检察院	42.00	36.00	41.00	48.50	46.00
58	四川省成都高新技术产业开发区人民检察院	42.00	57.00	41.00	37.00	26.00
58	湖南省株洲市攸县人民检察院	42.00	38.00	40.00	51.00	42.00
61	福建省厦门市湖里区人民检察院	41.90	34.00	45.00	63.00	28.00
62	湖北省武汉市武昌区人民检察院	41.80	27.00	49.00	53.00	42.00
63	广西壮族自治区南宁市青秀区人民检察院	41.60	40.00	36.00	44.00	50.00
63	甘肃省定西市陇西县人民检察院	41.60	45.00	36.00	36.50	50.00
65	江西省南昌市南昌县人民检察院	41.50	18.00	50.00	59.50	46.00
66	甘肃省平凉市华亭市人民检察院	41.10	30.00	44.00	40.50	54.00
67	福建省泉州市惠安县人民检察院	40.90	34.00	36.00	57.50	42.00
68	安徽省巢湖市人民检察院	40.80	43.00	30.00	48.50	46.00
69	广西壮族自治区南宁市宾阳县人民检察院	40.70	35.00	44.00	33.00	52.00

二 助力民生保障

助力民生保障，最直接的体现是以人民为中心的司法理念。多地检察机关以专项监督为抓手，开展"我为群众办实事"活动，回应群众"急难愁盼问题"。此板块重点关注未成年人保护、涉老诈骗惩治、妇女权益保障、劳动者保护等问题。

（一）强力推进未成年人保护

未成年人是祖国的未来，检察机关在未成年人保护方面承担着重要职责。各级检察机关践行"最有利于未成年人"理念，以检察履职助力未成年人保护。评估显示，检察机关通过发布业务数据、典型案例、白皮书等多种方式，展现守护未成年人健康成长的工作成效。2023年，最高人民检察院、13 家省级检察院、6 家较大的市检察院和 15 家基层检察院向社会发布了未成年人检察白皮书或专题报告、总结，另有 7 家省级检察院、9 家较大的市检察院和 23 家基层检察院在其他白皮书、专题报告中公开了大量涉及未成年人保护的内容。湖北省武汉市江岸区人民检察院着力强化未成年人救助工作等做法，值得关注。可见，未成年人保护受到检察机关较为普遍的重视，已成为履职重点。

（二）重视涉老诈骗防治

近年来，涉诈骗犯罪较为多发，通过"投资养老""以房养老""提前退休""养老保险""养老保健""旅游养老"等名目诱骗老年人、侵犯其合法权益的现象较为多见。2021 年《中共中央　国务院关于加强新时代老龄工作的意见》明确提出，要"提升老年人识骗防骗能力，依法严厉打击电信网络诈骗等违法犯罪行为"。最高人民检察院多次要求深入推进打击整治养老诈骗专项行动，更好地维护老年人合法权益。为此，各地检察机关开展多形式、全覆盖、广受众的以案释法和普法宣传，指引老年人不轻信、不盲目、不随意转账，提高防骗意识和反诈能力。评估显示，结合本地实际公开专门针对性防范警示提示的，有 23 家省级检察院、27 家较大的市检察院和 24 家基层检察院。比如，吉林省人民检察院设置"养老反诈进行时"专栏，通过文字、图画、视频等方式，提示人民群众识诈、防诈、反诈。再如，新疆各级检察院结合办案经历，线上线下相结合，统筹检察新媒体矩阵进行普法宣传，通过直播、情景剧、短视频、动漫画、海报、沙画等多种形式，既增强了防骗反诈意识，也起到搜集相关违法犯罪线索的作用，为老年人安享幸福晚年营造良好的法治氛围。发布专门的涉老白皮书或专题总结报告的，有 21 家省级检察院、5 家较大的市检察院和 5 家基层检察院。上海市虹口区人民检察院已连续四年发布涉老检察白皮书。

（三）推进劳动保护水平提升

党的二十大报告提出，完善劳动者权益保障制度，加强灵活就业和新就业形态劳动者权益保障。各级检察机关对劳动者权益保障的重视程度不断提升。最高人民检察院设置了"以检察之名 向最美劳动者致敬"专题栏目，汇集检察履职保障劳动者权益相关信息。2023 年 12 月，最高人民检察院发布 5 个依法惩治拒不支付劳动报酬犯罪典型案例，这是其连续第五年通报此类案件办理情况①。有 17 家省级人民检察院就劳动保护公布了相关指引提示，有 5 家省级人民检察院发布了相关总结或白皮书。云南省人民检察院召开专题新闻发布会并发布了 10 个相关典型案例。贵州省人民检察院发布劳动保障监察政策宣传系列短视频，福建省人民检察院就劳动者如何理性维权提供建议指导，黑龙江省齐齐哈尔市人民检察院召开新闻发布会，通报检察机关服务保障农民工合法权益工作情况。

（四）助力强化妇女权益保障

各级检察院将妇女权益保障工作作为重点。2023 年以来，最高人民检察院、中华全国妇女联合会印发检察机关与妇联组织加强司法救助协作典型案例共三批，为困难妇女群体的专项司法救助提供指引。针对妇女权益保障，公开了典型案例的有 25 家省级检察院和 21 家较大的市检察院，有 5 家省级检察院和 9 家较大的市检察院提供了针对妇女权益侵害相关的警示提示。

（五）支持起诉日渐常态化

支持起诉工作事关弱势群体权益保障，是检察机关能动行使法律监督职责的重要方式。各级检察机关稳步拓展民事支持起诉案件领域，已涉及劳动者维权、未成年人保护、老年人诉请支付赡养费、受家暴妇女维权等多个领域。2023 年，全国民事检察受理支持起诉案件 10.14 万件，审查后支持起诉 7.73 万件，其中支持农民工起诉 5.08 万件②。评估显示，有 30 家省级检

---

① 《努力让劳动者不再烦"薪"忧"酬"》，《检察日报》2023 年 12 月 24 日，第 1 版。
② 《民事检察工作白皮书（2023）》，最高人民检察院网站，https：//www.spp.gov.cn/xwfbh/wsfbh/202403/t20240309_648177.shtml，最后访问日期：2024 年 3 月 10 日。

察院、29 家较大的市检察院公开了支持起诉的典型案例、数据。2023 年 12 月 28 日，江苏省人民检察院通报全省检察机关支持起诉工作情况，并发布了典型案例。自 2021 年到 2023 年底，江苏全省检察机关共受理支持起诉案件 15195 件，发出支持起诉书 14351 份；共办理支持农民工讨薪案件 9582 件，帮助追索劳动报酬超 2 亿元。西藏自治区人民检察院通过新闻发布会展示依法整治拖欠农民工工资问题的工作成效和典型案例。除支持农民工起诉、帮助追回欠薪之外，其还依法打击相关违法犯罪；针对行政机关相关违法行使职权和不作为情形，受理涉农民工工资的行政行为监督案件 36 件，提出检察建议 34 件并全部被行政机关采纳，推动源头治理①。贵州省人民检察院召开"依法履行民事支持起诉职能　积极服务乡村振兴"主题新闻发布会，并发布典型案例。检察机关还开展了支持起诉工作跨部门、跨区域探索。比如，上海、江苏、浙江、安徽等 12 家省级检察院就民事支持起诉跨区域协作签订框架协议，山西长治、江苏南京、浙江宁波等 10 家市级检察院共同签订实施意见，陕西省榆林市人民检察院与法院、妇联等机关单位建立民事支持起诉协作机制，等等。

三　助力优化营商环境

聚焦服务大局，加快营造市场化、法治化、国际化一流营商环境，成为各地检察机关的履职重点，也是推进检务公开的重点领域。

（一）普遍重视营商环境建设

公开营商环境相关实施方案或综合文件措施信息的，有 29 家省级检察院、41 家较大的市检察院和 87 家基层检察院。湖北省武汉市人民检察院、江苏省徐州市人民检察院、浙江省宁波市人民检察院等多家检察院在网站首

---

① 《全区检察机关依法整治拖欠农民工工资问题工作开展情况新闻发布会答记者问》，西藏自治区人民检察院官方网站，http://www.xz.jcy.gov.cn/jwgk/xwfb/202301/t20230129_3975501.shtml，最后访问日期：2023 年 11 月 1 日。

页设置了专门的营商环境专栏。广东省人民检察院召开"服务保障民营经济发展"主题新闻发布会,把司法办案作为服务保障的最直接手段,并发挥案例指引作用。

(二)推动履行知识产权保护职责

知识产权保护是服务创新驱动发展的支撑性机制。近年来,知识产权侵权不断升级,与网络犯罪、诈骗犯罪等出现交织融合,链条化、跨地域、产业化特征明显,打击难度不断攀升。2023 年,最高人民检察院印发《人民检察院办理知识产权案件工作指引》,各地检察机关将知识产权保护作为履职重点。评估显示,北京市、上海市、重庆市、河北省、内蒙古自治区等 11 家省级检察院和 11 家较大的市检察院发布了知识产权相关白皮书,有 18 家省级检察院和 30 家较大的市检察院公布了典型案例、数据,有 31 家省级检察院和 43 家较大的市检察院发布了知识产权保护相关警示提示信息。北京市人民检察院发布《北京市检察机关知识产权检察白皮书(2022)》,并发布了典型案例和《北京市检察机关加强老字号知识产权保护工作指引(试行)》。

(三)注重加强金融风险防范

金融是国民经济的血脉,维护金融安全是关乎经济社会发展全局的大事。最高人民检察院印发《关于充分发挥检察职能作用 依法服务保障金融高质量发展的意见》。各级检察机关不断完善金融检察工作机制,加大对逃废债、职业放贷、"砍头息"、"套路贷"等违法行为的审查,强化对金融消费者合法权益的司法保护。评估显示,31 家省级检察院和 35 家较大的市检察院公开了专门的警示、提醒或者有相关新闻报道。2023 年 11 月,北京市人民检察院发布《北京市检察机关金融检察白皮书》和检察机关助力防范化解金融风险典型案例。上海市人民检察院发布《2022 年度上海金融检察白皮书》,包括总报告和银行、证券、保险领域三份分报告,并同步公开2022 年度"惩治金融犯罪、防范金融风险"普法宣传案例。典型案例的发布，有利于梳理揭示金融犯罪常见手段，提高社会公众防范各类金融风险的意识和能力，营造良好的金融法治环境。

（四）推进涉案企业合规改革

近年来，中国涉企刑事犯罪呈增长态势。检察机关如果对涉企案件机械执法，可能对企业正常经营带来过大伤害；如果轻易作出不捕、不诉决定，会导致企业违法成本过低，不利于打击和预防犯罪。在此背景下，《中共中央　国务院关于促进民营经济发展壮大的意见》强调，"深化涉案企业合规改革，推动民营企业合规守法经营"。2023 年，全国各级检察机关办理 3866 件涉案企业合规案件，适用第三方监督评估机制案件 3110 件[①]。公布相关典型案例的，有 11 家省级检察院和 18 家较大的市检察院，有 3 家省级检察院公开了专门白皮书或总结，有 12 家较大的市检察院在其他白皮书中有相关内容。

2023 年，广东省人民检察院着力加强制度规范，建立"检察官轮案审批+专人专责指导"制度、"企业合规+案件听证"制度、"刑事合规+监检衔接"制度等，形成一整套合规案件办理机制。广东省深圳市人民检察院发布《商业秘密刑事保护体系合规建设指引（试行）》，企业可以对照制定更加详细、适合自身的具体合规建设工作方案。广东省珠海市人民检察院与市中级人民法院、市公安局等共同出台《关于在开展涉案企业合规工作中加强协作配合的意见（试行）》，将合规程序端口向前后两端延伸，在侦查阶段对拟移送审查起诉的涉企犯罪案件开展合规前期准备工作，在公诉阶段将企业开展合规建设情况作为提出量刑建议和法院判决的考量因素，推动合规在刑事诉讼全流程适用。湖南省岳阳市通过自愿申请、单位推荐、集体审议的方式，建立第三方机制专业人员名录库。上海市浦东新区人民检察院牵头建立上海自贸区涉案企业合规第三方机制，吸纳金融领域人才加入专家智

---

① 《刑事检察工作白皮书（2023）》，最高人民检察院网站，https：//www.spp.gov.cn/xwfbh/wsfbh/202403/t20240309_ 648173. shtml，最后访问日期：2024 年 3 月 10 日。

库，并通过异地委托机制成功办理，助力企业树立合规经营理念，完善长效合规管控制度。深圳市南山区人民检察院设置企业合规体验中心，线下设置多个功能区和线上"企业合规线上体验馆"，建设企业合规典型案例库、企业合规指引库和企业合规体检系统，为企业提供合规服务。虽然检察机关就企业合规进行广泛探索，但就公开信息来看，相关新闻报道较多，而专门的提示警示指南较少。

（五）助力加强涉企积案清理

最高人民检察院多次要求加大涉企积案清理力度，总体上相关制度建设、提示指南和总结报告并不多见，内容也较为单薄。在此，有些检察机关的表现可圈可点。比如，安徽省人民检察院全面开展涉企"挂案"清理工作，滚动排查出513起涉企"挂案"，到2023年底已清理完毕，实现了应清尽清、不留死角。新疆昌吉州检察院建立涉企刑事"挂案"通报和台账管理机制，积极清理涉企刑事"挂案"，减轻企业诉累。湖北省随州市人民检察院开展涉企积案清结专项行动，要求各基层检察院分别制定任务书、时间表、路线图，要求将涉营商积案全部清结，并杜绝新的积案产生。在全市两级检察院的共同努力下，全市刑事检察积案清结工作进展迅速，圆满完成了涉营商环境案件全部清结的目标①。涉企绿色通道相关机制方面，12家省级检察院、9家较大的市检察院和14家基层检察院有相关新闻报道，但正式的指引指南尚不多见。

四　助力社会治理

社会治理体系的现代化，离不开检察机关独特功能的发挥。2023年是毛泽东同志批示学习推广"枫桥经验"60周年暨习近平总书记指示坚持和

---

① 《随州检察机关以积案清结助力优化法治化营商环境》，"随检在线"，https：//mp.weixin.qq.com/s/lMKR9M-bVmKCcd4n6SHa5w，最后访问日期：2023年12月20日。

发展"枫桥经验"20周年。全国检察机关坚持发展新时代"枫桥经验"，取得良好成效。检察机关就一些类型的典型案件发生和处置情况加大公开力度，回应各方关切，助力提升社会治理效果。此板块重点关注生态环境保护、食品药品监管、检察普法、检察公益诉讼、信访案件办理、个人信息保护等方面内容。

（一）凸显生态环境保护成效

近年来，全国各级检察机关践行"绿水青山就是金山银山"理念，把生态环境和资源保护工作摆在重要位置。2023年，最高人民检察院向全国人大常委会作生态环境和资源保护检察工作专题报告①，向社会发布《生态环境和资源保护检察白皮书（2018～2022）》。评估显示，省市两级向社会发布生态环境保护相关白皮书、总结报告的，有2家省级检察院和4家较大的市检察院。陕西省设立四个跨行政区划检察院，陕西省人民检察院召开"发挥跨区划检察机关作用　助推美丽陕西建设"主题新闻发布会，展现通过发挥跨行政区划检察机关的作用，加强生态环境检察工作的情况。2023年10月，广东省、广州市两级检察机关联合举办"生态环境公益诉讼检察助力美丽中国建设"检察开放日活动。湖北省宜昌市人民检察院发布了《长江三峡流域司法治理宜昌实践》白皮书。这些做法既彰显了检察机关在生态环境方面的改革、做法和成效，也有利于吸收各方意见建议，进一步解决普遍性、机制性和根源性问题。

（二）检察公益诉讼亮点多见

党的二十大报告要求："加强检察机关法律监督工作。完善公益诉讼制度。"2023年，全国检察机关共立案办理公益诉讼案件189885件，共提起

---

① 《最高人民检察院关于人民检察院生态环境和资源保护检察工作情况的报告——2023年10月21日在第十四届全国人民代表大会常务委员会第六次会议上》，https：//www.spp.gov.cn/spp/xwfbh/wsfbh/202310/t20231021_ 631451.shtml，最后访问日期：2023年12月1日。

公益诉讼 12579 件。从各地检察机关来看，公益诉讼的栏目设置已较为普遍。比如，吉林省人民检察院的"公益诉讼"栏目内容较为丰富，包括典型案例、年度工作亮点、普法宣传和经验总结等。江西省高安市人民检察院设置了"公益诉讼"专门栏目，公布了公益诉讼案件线索举报奖励办法和办案指南。2023 年，山东省日照市人民检察院、内蒙古自治区莫力达瓦达斡尔族自治旗人民检察院、山西省运城市盐湖区人民检察院等检察机关向同级人大常委会报告公益诉讼检察工作开展情况；吉林省人民检察院则通过官方网站公开了《2023 年公益诉讼检察工作亮点》。

（三）检察听证公开逐步成熟

听证是人民检察院对符合条件的案件，组织召开听证会，就事实认定、法律适用和案件处理等问题听取听证员和其他参加人意见的案件审查活动。2020 年，最高人民检察院出台《人民检察院审查案件听证工作规定》，将听证作为履行法律监督职责、促进检察公开的重要举措，检察听证的应用和公开日渐常态化。中国检察听证网日渐成熟，截至 2023 年底，全国累计听证直播案件数量逾 7300 件，直播观看总量超 20 万次，点播观看总量超 150 万次。其中，仅安徽省的检察听证案件访问量就超过 30 万次。2023 年 11 月，最高人民检察院发布第五批检察听证典型案例。发布听证预告信息的，有 8 家省级检察院和 12 家较大的市检察院。其中，杭州市人民检察院的"公开听证专栏"，常态化发布当地的检察听证预告，要素包括组织单位、案件名称、听证时间、地点、联系方式等①；广州市人民检察院集中公开听证公告，内容包括当事人姓名、案由、听证时间、地点、参加人员和申请方式、听证纪律等要素。这些做法，有利于促进司法公开，提升司法公信力②。

---

① 杭州市人民检察院，首页>>检务公开>>公开听证专栏，http：//www. hangzhou. jcy. gov. cn/jwgk/gktzzl/，最后访问日期：2023 年 12 月 22 日。

② 广州市人民检察院官方网站，https：//www. jcy. gz. cn/tzgg/index. jhtml？zh_ choose＝n，最后访问日期：2023 年 12 月 22 日。

（四）普法宣传受到广泛重视

普法宣传是检察机关履职的重要方式，有利于拉近检察机关与人民群众的距离，服务基层治理①。评估显示，27 家较大的市检察院和 59 家基层检察院开设了普法专栏或类似栏目；12 家较大的市检察院和 15 家基层检察院公布了普法责任清单。宁夏回族自治区石嘴山市大武口区人民检察院不仅公布了《大武口区人民检察院"谁执法谁普法"四个清单分解表》，还向社会公布了"谁执法谁普法"工作履职报告，报告专门提到检务公开推进情况。湖北省武汉市江岸区人民检察院设置了"以案释法"专栏，通过"故事汇""微普法""小剧场""图解"等形式，进行形式多样、针对性强、生动有趣的普法宣传②。

（五）个人信息保护成效突出

2021 年 11 月施行的《个人信息保护法》明确授权检察机关可提起公益诉讼。检察机关的法律监督有利于《个人信息保护法》的全面落地和统一实施。2023 年 3 月，最高人民检察院发布《个人信息保护检察公益诉讼典型案例》。2023 年，全国检察机关办理涉未成年人保护公益诉讼案件 6383 件。公布个人信息保护指南相关典型案例、数据信息的，有 32 家省级检察院、31 家较大的市检察院和 54 家基层检察院。广东省广州市人民检察院发布《广州公益诉讼检察工作白皮书（2018.1~2022.12）》。山东省青岛市黄岛区人民检察院聚焦信息发布关口、督查整改关口和延伸治理关口，向有关单位公开宣告送达诉前检察建议和类案检察建议，要求增设网站个人信息内容发布前置检测与风险提醒，事后强化跟踪监督等措施，以有效保障个人信息安全。

---

① 关于检察普法的定位和意义，参见中国社会科学院法学研究所法治指数创新工程项目组《人民检察院普法宣传第三方评估报告（2021）》，载李林、田禾主编《中国地方法治发展报告 No.7（2021）》，社会科学文献出版社，2021，第 94 页。

② 湖北省武汉市江岸区人民检察院门户网"以案释法"专栏，http://ja.wh.hbjc.gov.cn/jajx/yasf/，最后访问日期：2023 年 12 月 31 日。

五　助力规范履职

公开透明有利于展现检察机关履职成效，拉近和群众的距离并强化社会监督。在此方面，各级检察院付出了巨大努力。

一是各类报告、白皮书成为展现工作成效的重要形式。30家省级检察院、32家较大的市检察院和110家基层检察院公开了内容系2022年度的工作报告全文；公开发布各类专题报告的，有30家省级检察院、22家较大的市检察院和26家基层检察院。广东省人民检察院公开了《2023年部门整体支出绩效自评报告》，其整体支出绩效自评包括履职效能和管理效率两个维度，履职效能还细分为整体绩效目标完成情况、整体绩效目标效益指标完成情况和预算资金支出率①。

二是以公开促互动、促服务较为普及。检察听证、检察开放日、新闻发布会、社会参与等互动公开方式已较为多见，检察机关逐步树立起亲民、可信的形象。召开过新闻发布会并通过网站公开了图文或视频的，有27家省级检察院和19家较大的市检察院。比如，2023年，北京市人民检察院聚焦检察履职和社会关注点，组织召开13场新闻发布会，发布检察工作白皮书7份，通报典型案例10期74条，北京市三级检察院共召开公开听证会1171场次。另外，一些检察机关向社会公开了落实"三个规定"等重大事项情况，便于社会监督。

三是部分领域推进不均衡。2021年《中共中央关于加强新时代检察机关法律监督工作的意见》要求，"定期分析公布法律监督工作有关情况"，但法律监督工作的总结报告公开总体较少，尚处于起步阶段。前几年已推进较为普及的业务数据及解读公开，经过突飞猛进发展之后，到2023年度在一些地方出现停滞，甚至不再更新。公开2023年度业务数据的，有18家省

---

① 广东省人民检察院官网，http://www.gd.jcy.gov.cn/tjbg/czxx/202307/t20230731_5867931.shtml，最后访问日期：2023年12月2日。

级检察院、14 家较大的市检察院和 16 家基层检察院。相比 2022 年度的 24 家省级检察院、23 家较大的市检察院和 19 家基层检察院有所下滑[1]。山西省人民检察院、内蒙古自治区人民检察院、黑龙江省五大连池市人民检察院等做到按季度向社会公开业务数据。山西省人民检察院设置"办案数据公开"专栏集中公开。吉林省延吉市人民检察院以业务数据白皮书的形式对办案数据进行公开和解读。

四是相关文书公开处于调整期。2023 年起，检察机关、人民法院的文书公开均有所调整。12309 中国检察网的法律文书公开页面设置了公开期限，较为久远的文书不再显示。各地检察机关的创新积极性也有所下降。在本次评估期间，法律文书公开页面的"其他法律文书"栏目无文书展示。

六　展望：寻求突破、深化检务公开

在肯定检务公开取得巨大成效的同时，也应注意到其存在的瓶颈，新问题新挑战需要引起足够重视。

（一）面临的挑战

一则，部分领域形势发展迫切需要加大公开力度。部分领域犯罪态势不容大意，需发挥公开在源头治理中的作用。比如，尽管山西各级检察机关持续努力，但未成年人犯罪人数依然持续上升，且涉及"帮信罪"等犯罪人数上升明显[2]。在上海，非法经营金融业务高发、犯罪手法不断演化，非法集资募集手段多样，私募基金领域发案罪名更趋多元，非法吸收公众存款、非法经营（金融业务）及集资诈骗等持续居高不下[3]。这些问题都需要纵深

---

[1] 2022 年数据参见《中国检务透明度指数报告（2022）》，莫纪宏、田禾主编：《中国法治发展报告 No. 21（2023）》，社会科学文献出版社，2023，第 238 页。

[2] 参见《山西省未成年人检察工作白皮书（2022）》。

[3] 《2022 年上海金融检察白皮书》发布，上海检察，https：//mp. weixin. qq. com/s/f_ tly0YVo5r Ma5Ny4icPJw，最后访问日期：2023 年 12 月 12 日。

推进检务公开，通过以案释法等方式做好提示警示，加强源头治理。

二则，检务公开推进后劲不足。一些领域的定期公开本来已成规定动作，但本年度出现停滞，更新不及时等问题较为突出。一些检察机关的公开工作较为被动。有上级推则动一动，无来自上级和外部的压力则"躺平"不动。一些重要制度、文件、方案未向社会公开。比如，《最高人民检察院关于深化智慧检务建设的意见》和随后出台的《全国检察机关智慧检务行动指南（2018~2020年）》是深化完善智慧检务建设顶层设计的重要指引，明确了智慧检务建设的主要任务和具体举措，但其全文并未向社会公开。再如，新闻报道显示许多检察机关出台了营商环境相关实施方案或专门文件，但具体内容并未向社会公布。这表明，常态化公开仍任重而道远。

三则，公开在规则指引、源头治理中作用仍待发掘。已有公开宣传方式总体较为单一，解读效果不佳，社会知晓面较窄，群众参与积极性不高。一些地方公开了涉老诈骗典型案例、业务数据等，但对于如何直接提升溯源治理能力、提升全社会识骗意识和防骗能力等，还未发挥应有作用。

四则，一些制约公开效果的老问题依然较为突出。比如，有的检察院网站稳定性差，经常无法打开；一些检察院的案件信息公开专栏无法打开；一些检察院网站搜索功能不健全，浮窗无法关闭妨碍浏览；一些地方和上级检察机关、同级党政机关平台集约后，其搜索内容未进行区分等；更新不及时的问题依然较为突出。特别是检察服务指南、权利义务告知未根据法律修改完善进行更新或未公开，给群众使用带来不便甚至误导。这些问题多年未获根本解决，损害了检务公开和检民互动效果。

（二）突破路径

《中共中央关于加强新时代检察机关法律监督工作的意见》要求："深化检务公开，提升司法公信力，以司法公正引领社会公正。"《2023~2027年检察改革工作规划》提出，"深化检务公开和检察宣传"。为进一步推进阳光检务，建议从以下方面进一步提升。

第一，凝聚新时代检务公开共识。没有公开透明就没有现代法治。检务公开不仅是检察机关各项工作的直观体现，也是提升法律监督效能、加强群众参与和监督检察工作，以及畅通检民互动并提升检察公信力的重要抓手，是保障和彰显司法公平正义的基本方式。正是基于此，《人民检察院组织法》第一章总则部分明确规定："人民检察院实行司法公开，法律另有规定的除外。"2015年最高人民检察院出台《最高人民检察院关于全面推进检务公开工作的意见》后，2021年出台《检务公开工作细则》和《人民检察院案件信息公开工作规定》。在信息化大数据大模型应用不断成熟的背景下，检务公开遭遇一些新情况、新问题。对此，应当采取措施加以应对，但这并不是否定公开、走回头路的理由。在理念上，应当高举公开大旗，以公开为常态，以公开透明推进检察工作高质量发展，将检务公开转化为推进检察工作现代化的强大动能，特别是应通过检务公开推动科学履职。检察业务数据公开要避免"数据冲动"和"数字竞赛"，更好地避免"唯数据论"。正如最高人民检察院反复强调的，"不捕率不诉率不是越高越好、诉前羁押率不是越低越好"，要真正落实公正司法理念。

第二，推进检察平台建设及应用。首先，推进公开平台适度整合。不少县级检察机关虽然有自身门户网站，但内容供给跟不上，或者较长时间未更新，或者将其他地区检察院信息充斥其间。在此，建议检察机关借鉴政务公开平台集约建设和专栏公开的经验，对检务公开平台进行适度整合。在县级层面，可不再要求设立独立网站，而在上级检察机关开设专门页面即可。其次，推进检察知识库建设。项目组评估发现，一些比较重要的检察司法制度、文件，仅发现有相关新闻报道，但未公开全文。反观政务公开领域，国务院办公厅《2020年政务公开工作要点》就提出，各级政府部门要系统梳理本机关制发的规章和规范性文件，按照"放管服"改革要求及时立改废，集中统一对外公开并动态更新。有必要借鉴政府机关规范性文件集中统一公开和动态更新的经验，建立完善检察机关司法解释、司法文件及典型案例、白皮书、业务数据的数据库。应突出典型案例及相关解读的引领作用。在个案办理和归纳类案特点的基础上，发布典型案例及相关宣传解读，展示检察工作的理念、原则、办案程序和法律要求，提炼提示指引，将有利于引领和

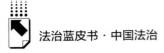

促进各方主体尊法守法，系检察法治的重要抓手。

第三，打造检察版"接诉即办"及时回应和满足当事人诉求。通过检务公开，实现办案方式转型升级，从点上突破到面上开花，从事后监督惩治到关口前移溯源治理，从申诉举报被动获取线索到依托信息化大模型类案监督系统治理，从救火式治已病到预防式治未病的模式升级。在提示、警示方面，检察机关、相关行政主管机关、行业协会社会组织等，均可能发布相关内容。如何立足自身职责和履职情况各展所长，又形成溯源治理合力，值得深入挖掘。

第四，强化跨区域跨部门协同联动。检察重点工作往往涉及多个部门和单位。比如，未成年人保护工作受到法院、检察院和教育部门、卫生健康部门等多方面的关注，且分别从不同角度发布业务数据、典型案例、白皮书，进行相关普法宣传。在各地探索基础上，可借鉴政务服务"一件事"办理和"跨省通办"等经验，加强顶层设计，在全国层面推行常态化跨部门、跨区域协作机制，强化各方工作联动，促进效果最大化。

第五，完善支撑性制度机制。检务公开的推进离不开制度、机制、技术等多个层面的保障支撑。一是要完善审核机制。检察保密涉及国家秘密、检察工作秘密、个人信息保护和商业秘密等内容，因此，应从体制、制度层面处理检务公开与检察保密的关系，划清两者界限，明晰实施程序，既要避免以公开为由削弱检察工作中的保守国家秘密、个人信息保护制度，也要避免以检察保密损害检务公开的贯彻落实，促进协同健康发展。二是完善风险评估与舆情回应机制。在持续推进检务公开的同时，还应完善相关风险评估机制，做好舆论引导和舆情应对。三是加强智慧赋能。应用信息化思维，让阳光检务与数字检察有机结合，构建完善大数据法律监督模型，促进检察机关履职办案转型升级，逐步从技术主导的"业务数据化"迈向社会各方广泛参与的"数据业务化"。

B.16
中国公安法治指数报告（2023）

——基于公安官方网站公开的信息数据

中国社会科学院国家法治指数研究中心项目组*

摘　要：　2023 年是中国警务透明度指数迭代升级为中国公安法治指数的第二年，中国社会科学院国家法治指数研究中心项目组对部分指标进行优化，评估对象调整为厅、局两级共计 72 家公安机关，涵盖 31 个省（自治区、直辖市）和经济特区及部分沿海开放城市。评估结果显示，2023 年新时代公安机关在阳光警务、民主决策、便民服务、规范执法、数字公安方面持续发力，法治政府工作报告和工作总结类信息公开稳步提升，便民服务办事功能进一步整合创新，数字化建设使得执法过程实现多维呈现和具象表达，但也存在诸如重大决策公众参与度低、涉法舆情与重大敏感事件回应不足、执法数据开放意识不强等问题。未来，公安机关应以切实服务人民为宗旨，秉持透明、民主、便捷、规范、开放原则，高水平建设法治公安。

关键词：　公安法治　公安执法　警务公开　数据公开

在数字时代，借助互联网信息技术推动法治政府建设，实现政府信息公

---

*　项目组负责人：田禾，中国社会科学院国家法治指数研究中心主任，法学研究所研究员，中国社会科学院大学法学院特聘教授；吕艳滨，中国社会科学院法学研究所研究员、法治国情调研室主任，中国社会科学院大学法学院行政法教研室主任、教授。项目组成员：马雯珂、王小梅、王祎茗、刘雁鹏、杜珂、李双斐、李怡桦、陈乐琪、栗燕杰、龚文杰、曾铄钧等（按姓氏笔画排序）。执笔人：王小梅，中国社会科学院法学研究所副研究员；李怡桦、陈乐琪，中国社会科学院大学法学院硕士研究生；中国社会科学院大学法学院硕士研究生马雯珂、杜珂、李双斐、龚文杰、曾铄钧等参与部分文字写作。本报告为中国社会科学院法学研究所"新时代法治指数方法创新与实践应用"创新工程项目成果。

开及数据开放已成为法治发展的必然趋势。《法治政府建设实施纲要（2021~2025年）》明确指出，要坚持运用互联网、大数据、人工智能等技术手段促进依法行政，着力实现政府治理信息化与法治化深度融合，大力提升法治政府建设数字化水平。公安法治作为法治政府建设的重要一环，是推动法治政府建设、实现国家治理体系和治理能力现代化的重要内容。2023年是中国警务透明度指数迭代升级为中国公安法治指数的第二年，中国社会科学院国家法治指数研究中心项目组（以下简称"项目组"）以公安机关官方网站及移动终端公开的信息数据为视角，继续聚焦公安法治建设成效进行指数评估。

一 指标体系及评估方法

（一）指标体系依法设立

依法设立法治指数评估指标体系是保证评估结果科学合理的重要前提。2023年，项目组根据最新制度文件，对评估指标体系下设的五个板块内容进行了细节优化，并秉持促进公安数据开放、提升评估结果科学性的要求，对部分评估指标权重进行了调整，促使中国公安法治指数指标体系更加与时俱进。中国公安法治指数指标体系（见表1）的具体指标内涵在2022年的评估报告中已作详细说明①，在此不再赘述。

（二）评估对象与评估方法

2023年公安法治指数评估对象在2022年的基础上作了调整，删去公安部，保留了厅、局两级共计72家公安机关，即31个省级公安厅（局）和41个地级市的公安局。地级市覆盖省会城市、自治区政府所在城市、

---

① 参见《中国公安法治指数评估报告（2022）》，《中国法治发展报告 No. 21（2023）》，社会科学文献出版社，2021。

计划单列市及沿海开放城市。这些城市作为全国范围内经济发展、政治建设较为先进的城市，其公安法治水平具有一定代表性和示范性。

表1 中国公安法治指数指标体系（2023年）

一级指标及权重	二级指标及权重
阳光警务（20%）	网站建设（20%）
	人员信息（30%）
	财务信息（20%）
	工作概况（30%）
民主决策（20%）	目录管理（30%）
	公开征求意见（40%）
	公开与解读（30%）
便民服务（20%）	指南信息（20%）
	预约与查询（30%）
	在线办理（30%）
	互动咨询（20%）
规范执法（20%）	权责清单（20%）
	过程可查询（10%）
	行政决定（20%）
	执法文书（20%）
	监督投诉（10%）
	专项行动发布（10%）
	舆情回应（10%）
数字公安（20%）	行政执法统计年报（40%）
	执法办案白皮书（20%）
	交通事故或违章违法信息统计数据（10%）
	治安案件受案立案数据及分析（10%）
	犯罪案件统计（10%）
	警情通报（10%）

2018 年《公安机关执法公开规定》第 18 条明确规定："向社会公开执法信息，应当通过互联网政府公开平台进行，同时可以通过公报、发布会、官方微博、移动客户端、自助终端，以及报刊、广播、电视等便于公众知晓的方式公布。"因此，2023 年评估数据采集仍以各公安机关官方网站为主、以各公安机关新媒体平台为辅。为保证评估结果公正合理，每个评估对象的评估数据均进行了复核，并由评估人员及复核人员截屏取证。评估数据采集时间截至 2023 年 12 月 31 日。

二 评估结果：公安法治指数排名情况

评估结果显示，2023 年，72 家公安机关法治指数平均得分为 64.66 分，较 2022 年的 67.21 分有所下降，其中，得分在 60 分以上的公安机关有 48 家，及格率为 66.67%（见表 2）。在 72 家公安机关中，得分在 80 分及以上的有 10 家，得分在 70 分及以上不满 80 分的公安机关有 19 家，得分在 60 分及以上不满 70 分的有 19 家，得分不到 60 分的公安机关有 24 家（见图 1）。2023 年公安法治指数排名前十位的公安机关依次为：青岛市公安局、北京市公安局、杭州市公安局、温州市公安局、广东省公安厅、南宁市公安局、贵阳市公安局、山东省公安厅、珠海市公安局、广西壮族自治区公安厅，得分均在 80 分以上，其中，广东省公安厅和南宁市公安局并列第 5 位（见图 2）。从前十位的排名变化看，青岛市公安局、北京市公安局、南宁市公安局、贵阳市公安局进步最快，分别从 2022 年的第 8 位、11 位、22 位、23 位上升至第 1 位、2 位、5 位、7 位（见图 3）。就板块而言，"便民服务"板块得分普遍较高，平均分为 90.97 分，"数字公安"板块得分普遍较低，平均分为 29.72 分（见图 4）。在"数字公安"建设方面，青岛市公安局以 80 分排名第一，其及时公开了行政执法统计年报及执法办案白皮书，对 2022 年度行政执法情况作了详细说明，如受理的行政许可案件数量、实施行政处罚案件数量等内容，并设置了无障碍语音播报功能，切实保护了特殊群体的信息权。

表 2 2023 年中国公安法治指数得分及排名（部分）

单位：分

排名	评估对象	阳光警务	民主决策	便民服务	规范执法	数字公安	得分
1	青岛市公安局	62.00	100.00	100.00	100.00	80.00	88.40
2	北京市公安局	66.00	100.00	100.00	87.00	70.00	84.60
3	杭州市公安局	88.00	100.00	100.00	77.00	55.00	84.00
4	温州市公安局	82.00	100.00	90.00	90.00	50.00	82.40
5	广东省公安厅	69.00	100.00	100.00	80.00	60.00	81.80
	南宁市公安局	64.00	100.00	100.00	80.00	65.00	81.80
7	贵阳市公安局	90.00	100.00	100.00	96.00	20.00	81.20
8	山东省公安厅	72.00	85.00	100.00	82.00	65.00	80.80
9	珠海市公安局	87.00	70.00	100.00	91.00	55.00	80.60
10	广西壮族自治区公安厅	70.00	85.00	100.00	82.00	65.00	80.40
11	湖北省公安厅	57.00	100.00	90.00	100.00	50.00	79.40
	湛江市公安局	72.00	85.00	100.00	90.00	50.00	79.40
13	长沙市公安局	62.00	100.00	100.00	100.00	30.00	78.40
14	沈阳市公安局	57.00	85.00	100.00	86.00	60.00	77.60
15	武汉市公安局	72.00	85.00	90.00	90.00	50.00	77.40
16	重庆市公安局	50.00	85.00	100.00	90.00	60.00	77.00
17	济南市公安局	59.00	85.00	100.00	85.00	55.00	76.80
18	上海市公安局	68.00	100.00	100.00	90.00	25.00	76.60
	广州市公安局	73.00	80.00	100.00	90.00	50.00	76.60
20	深圳市公安局	76.00	100.00	90.00	62.00	50.00	75.60
21	天津市公安局	66.00	100.00	100.00	81.00	30.00	75.40
22	宁波市公安局	62.00	100.00	90.00	90.00	25.00	73.40
23	合肥市公安局	72.00	85.00	100.00	86.00	20.00	72.60
	郑州市公安局	53.00	85.00	100.00	100.00	25.00	72.60
25	浙江省公安厅	66.00	85.00	90.00	80.00	40.00	72.20
26	大连市公安局	63.00	85.00	85.00	77.00	50.00	72.00
27	湖南省公安厅	57.00	80.00	100.00	87.00	30.00	70.80
28	福州市公安局	63.00	85.00	100.00	78.00	25.00	70.20
29	汕头市公安局	60.00	65.00	88.00	87.00	50.00	70.00
30	呼和浩特市公安局	75.00	80.00	88.00	67.00	35.00	69.00
31	贵州省公安厅	68.00	85.00	90.00	77.00	20.00	68.00
32	厦门市公安局	56.00	85.00	90.00	65.00	40.00	67.20

续表

排名	评估对象	阳光警务	民主决策	便民服务	规范执法	数字公安	得分
33	江西省公安厅	58.00	100.00	88.00	68.00	20.00	66.80
34	海口市公安局	54.00	85.00	100.00	69.00	25.00	66.60
	成都市公安局	76.00	65.00	90.00	52.00	50.00	66.60
36	云南省公安厅	75.00	100.00	100.00	52.00	5.00	66.40
37	四川省公安厅	59.00	85.00	85.00	69.00	30.00	65.60
38	福建省公安厅	36.00	85.00	100.00	85.00	20.00	65.20
39	内蒙古自治区公安厅	50.00	100.00	100.00	50.00	25.00	65.00
	连云港市公安局	65.00	85.00	90.00	55.00	30.00	65.00
41	河北省公安厅	71.00	45.00	100.00	82.00	25.00	64.60
42	哈尔滨市公安局	68.00	100.00	90.00	56.00	0.00	62.80
43	烟台市公安局	45.00	65.00	100.00	40.00	60.00	62.00
44	北海市公安局	64.00	70.00	45.00	85.00	45.00	61.80
45	南通市公安局	35.00	85.00	100.00	66.00	20.00	61.20
46	太原市公安局	53.00	65.00	100.00	72.00	15.00	61.00
47	吉林省公安厅	39.00	65.00	90.00	87.00	20.00	60.20
	宁夏回族自治区公安厅	57.00	65.00	100.00	59.00	20.00	60.20

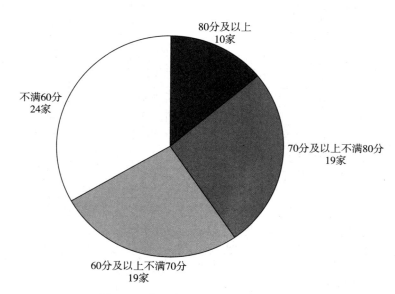

图1 72家公安机关法治指数得分区间

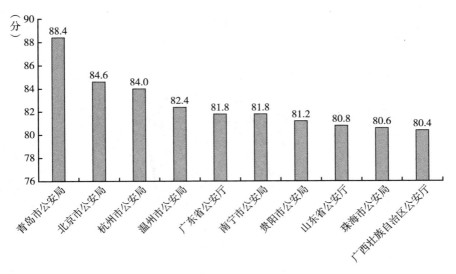

图 2　2023 年中国公安法治指数前十位

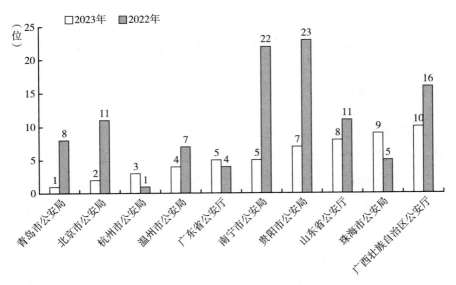

图 3　2023 年中国公安法治指数排名前十位的公安机关及其 2022 年排位情况

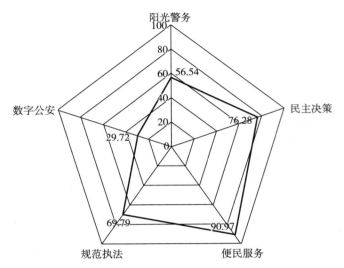

图4　2023年中国公安法治指数五大板块平均得分

三　成绩：新时代公安法治建设持续发力

（一）阳光警务：公开重要事项，保障公众知情权

密切警民关系，提升公安机关的社会公信力，是深化公安体制改革的目标之一，也是建设法治公安的重要内容。要密切联系群众，拉近与群众的距离，公安机关须保持开放的态度，向社会全面公开人员组成、财政经费和工作概况，充分保障人民的知情权，才能取信于民。评估结果显示，2023年公安法治政府建设年度报告透明度稳步提升，工作计划规划类信息公开持续向好，罚没收入公开情况有所好转，信息无障碍环境建设成效显著。

1. 法治政府建设透明度逐年攀升

严格执行法治政府建设年度报告制度，按时向社会公开，是近年来法治政府建设的一项重要内容，《法治政府建设实施纲要（2021~2025年）》对此有明确要求。《法治政府建设与责任落实督察工作规定》进一步细化了公开期限和公开渠道的要求，即"每年 4 月 1 日之前，地方各级政府和县级以上政府部门的法治政府建设年度报告，除涉及党和国家秘密的，应当通过报刊、网站等新闻媒体向社会公开，接受人民群众监督"。2023 年评估结果显示，在72 家公安机关中，有 56 家公安机关公开了上一年度法治政府工作报告（其中 54家为法定时间内公开），占比 77.78%，比 2022 年的 53 家、2021 年的 50 家、2020 年的 38 家均有所上升（见图 5）。为方便广大人民群众查阅，有 23 家公安机关在官网上设置法治政府建设年度报告专栏进行集中公开，占比 31.94%。就内容而言，沈阳市公安局公开的法治政府建设年度报告内容翔实全面。

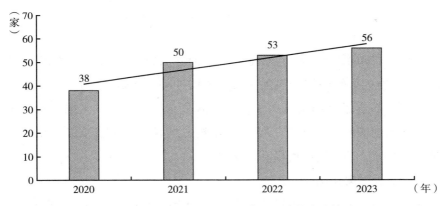

图 5　法治政府建设年度报告透明度年度比较

2. 计划规划类信息公开持续向好

公安机关一般会在年初围绕工作目标进行工作任务的安排和部署，向社会公开工作计划，是公权力机关保障公众知情权、主动接受社会监督的表现，体现了公安机关的自信与开放。根据评估结果，2023 年公安机关工作计划规划类信息公开情况持续向好，有 49 家公安机关以不同形式公开了年度计划或规划类信息，与 2022 年的 45 家相比呈上升趋势（见图 6）。

3. 罚没收入公开情况有所好转

在行政执法实践中，罚款是最为常见的处罚种类，甚至出现"以罚代管""罚款创收"乱象。要遏制执法人员"罚款冲动"，必须切实斩断罚没收入与执法部门的利益链条，而公开机制无疑是最为可靠稳妥的选择。只有

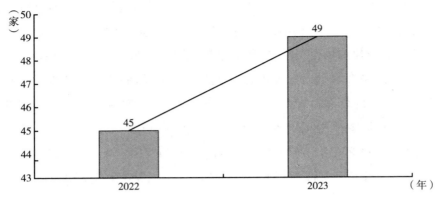

图6 计划规划类信息透明度年度比较

公开了政府的罚没金额甚至用途，才能消除公众的质疑，不给地方政府"挪用"的空间，消除执法机关执法为利的冲动，让执法回归公益。为此，项目组每年都会考察公安机关的罚没收入公开情况。评估结果显示，2023年公开罚款金额的公安机关有13家，虽然占比不高，但与2022年相比，还是增加了2家，透明度有所提升。

4. 信息无障碍建设成效显著

2023年可谓无障碍环境建设法治年，《无障碍环境建设法》出台并实施。《无障碍环境建设法》明确，各级人民政府及其有关部门应当为残疾人、老年人获取公共信息提供便利，规定利用财政资金设立的互联网网站、服务平台、移动互联网应用程序应提供无障碍信息。为保护老年人、残障人士等特殊群体的信息权，项目组对公安机关网站无障碍建设情况进行了考察。评估结果显示，在72家公安机关中，有59家提供了无障碍阅读或老年模式，占比81.94%，比2022年的53家和2021年的42家实现稳步增长（见图7）。

（二）民主决策：强化文件管理，推动理性决策

1. 对行政规范性文件进行系统管理

行政规范性文件是指行政主体为实施法律和执行政策，在法定权限内制定的除行政立法以外的涉及公民、法人或其他组织的权利义务的决定、命令

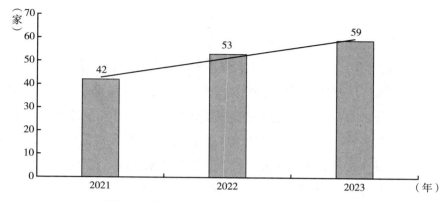

图7 公安机关网站无障碍建设情况年度比较

等普遍性行为规则的总称。在各级党政机关、团体、组织制发的文件中，规范性文件占据重要地位，且对公民、法人和其他组织的权益产生一定影响。与具体行政行为相比，行政规范性文件影响的群体不特定、范围更广且能够反复适用，因此将行政规范性文件纳入法治轨道进行严格管理是法治政府建设的重要内容。2018年，国务院办公厅专门下发《国务院办公厅关于加强行政规范性文件制定和监督管理工作的通知》，要求加强行政规范性文件制定和监督管理工作。2023年评估结果显示，在72家公安机关中，有64家公安机关集中公布现行有效的规范性文件，比2022年的57家多了7家（见图8），充分体现了公安机关对行政规范性文件的管理日益重视。

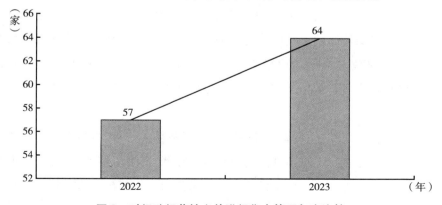

图8 对行政规范性文件进行集中管理年度比较

2. 网上征求意见和反馈机制更加完善

民主决策是法治政府建设的重要维度，行政机关在制定规范性文件和出台重大行政决策时应尊重民意，注重收集和吸取人民群众的意见建议，加大公众参与力度。除依法需要保密的外，行政规范性文件和重大行政决策均须向社会公开征求意见，并建立反馈机制。评估发现，2023年公安机关民主决策机制更加完善，其规范性文件和重大行政决策在制定过程中向社会广泛征求意见，并对意见征集情况进行反馈。评估结果显示，在72家公安机关中，提供规范性文件或重大决策草案或说明的有63家，占比87.50%，与2022年基本持平；有40家公安机关及时反馈了公开征求意见的情况，相较2022年的35家增加了5家。

（三）便民服务：整合办事功能，维护警民关系

《法治政府建设实施纲要（2021~2025年）》提出，"大力推行'一件事一次办'，提供更多套餐式、主题式集成服务""推进线上线下深度融合，增强全国一体化政务服务平台服务能力，优化整合提升各级政务大厅'一站式'功能，全面实现政务服务事项全城通办、就近能办、异地可办"。2023年8月3日，公安部召开新闻发布会，发布26条公安机关服务保障高质量发展措施，涵盖事项包括行政许可、户籍准入、审批改革等，在加强制度供给、优化管理服务、严格安全监管方面，积极探索灵活政策、提升政务信息共享水平、精准对接社会发展需求，进一步创新公安行政管理服务工作，更好服务保障高质量发展。各地公安机关不断探索建设和完善政务服务"掌上办"，有效整合包括户籍服务、出入境服务、重名查询等多项业务，通过微信小程序或者App，为人民群众提供详尽指南、线上预约甚至线上办理服务。

其一，公安机关重视提升移动终端的服务功能。评估结果显示，在72家公安机关中，有62家在其官方网站上提供了移动终端二维码，占比86.11%；有68家公安机关的移动终端提供了访客浏览模式，占比94.44%；有59家公安机关的移动终端提供了办事指南信息，占比

81.94%；有 66 家公安机关的移动终端提供了线上预约服务，占比91.67%；有 64 家公安机关可以通过移动终端在线查询办理进度，占比88.89%；有 66 家公安机关的移动终端显示具备在线办理功能，占比91.67%（见图9）。以贵州省公安厅为例，其微信小程序"贵州公安"涵盖了户籍办理、居住证办理、保安业务办理、出入境办理等多方面业务，并设置了以办理深度、警种、事项分类三个维度为基础的检索功能和关键词查询功能。同时，公安机关服务事项亦入驻"贵人服务"App，与贵州省其他行政部门的主管事项，如医疗医保、交通出行、婚姻生育等，形成集约化服务体系，节省群众办事攻略检索的时间，使得政务服务便民化真实可感，是"全省通办"的有益探索。

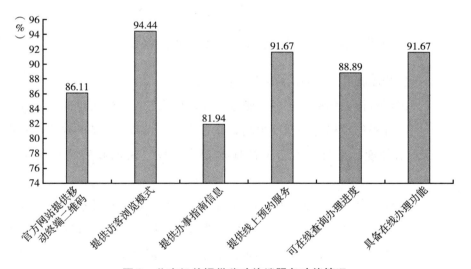

图 9　公安机关提供移动终端服务功能情况

其二，重视与公众互动，维护警民关系。密切警民关系一直是公安机关工作的目标之一。2023 年，公安机关重视畅通公众咨询渠道，对公众咨询的内容和结果在当事人同意的情况下予以公开。评估结果显示，72 家公安机关均公开了咨询渠道；64 家公安机关公开了咨询内容，占比 88.89%；65家公安机关公开了咨询结果，占比 90.28%（见图10）。

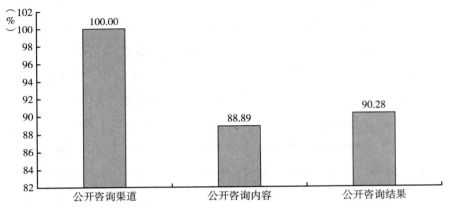

图10　公安机关警民互动情况

（四）规范执法：推行阳光执法，接受社会监督

1. 落实公示制度，推动执法全过程阳光透明

发挥好行政机关的社会管理和服务职能，形成警民良性互动的友好社会关系，离不开对行政权力的全面规制。建立统一、明确、完备的执法事前事中事后公示制度，是公权力行使的应然要求，也是法治政府建设的重要内容。

在行政执法中，行政强制和行政处罚最为常见，且皆是减损相对人权利或增加相对人义务的行政行为。因此对行政执法的权力边界和程序要严格限定，且其作出过程和结果均须公开接受社会监督。评估结果显示，公安机关普遍在官方网站的"政务公开"模块设立行政执法公开类栏目，对行政执法进行事前事中事后公示。在72家公安机关中，有63家对其拥有的行政强制权力进行详尽公开，占比87.50%；有68家公安机关对行政处罚的目录和相关依据进行了公开，占比94.44%；有61家公安机关提供执法过程查询服务，占比84.72%；有47家公安机关公开了行政处罚决定，占比65.28%；有46家公安机关公开了行政许可决定，占比63.89%；公开行政处罚文书的有43家，占比59.72%；提供行政处罚文书检索的有42家，占比58.33%（见图11）。以珠海市公安局为例，"行政执法公开"栏目下设"事前公开""事后公开""双随机抽查情况及抽查结果"三个栏目，其中"事前公开"项下还细分"主体信息""职责信息、依据信息""程序信息""清单信息"等多个词条，将执法人员信息、公安行政执法全过程记录清单等内容都囊括在内，既便于人民群众、行政相对人查询知悉，又对实际执法产生一定规范作用，甚至为全过程监督工作提供参照范式。

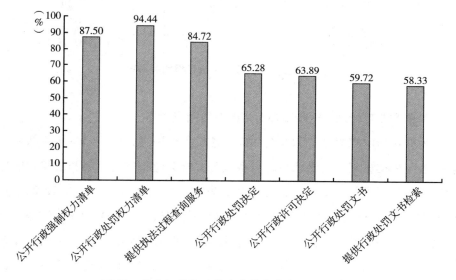

图11　公安机关行政执法事前事中事后公开情况

2. 畅通监督渠道，公开投诉内容及处理结果

严格执法不仅要落实在具体行政行为作出过程中，还需要畅通民主监督渠道，使公众能知晓、能监督、能发声。评估结果显示，在72家公安机关中，有66家公安机关开通了投诉举报渠道，占比91.67%；有34家公开了投诉内容，占比47.22%；有33家公开了投诉处理结果，占比45.83%（见图12）。部分评估对象还根据场域和对象不同，实现了渠道再细化，如进一步分为对机关部门和工作人员、对网络违法犯罪、对打击跨境赌博等的投诉举报和信息采集。

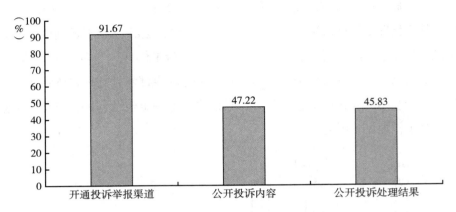

图12 公安机关提供投诉举报相关情况

3.落实专项行动，逐步重视舆情的有效回应

为应对新的犯罪形势和社会动向，建设平安中国，公安部每年会部署开展打击某种类型犯罪的专项行动。各级公安机关应将本地开展和落实专项行动的具体情况进行阶段汇总，并向社会发布。评估结果显示，在72家公安机关中，有68家公安机关发布专项行动开展情况，占比94.44%，但是以新闻报道形式最为常见。做好舆情回应是政府机关处理公共关系的一项重要工作，对于一些引发舆情的事件，公安机关应及时回应公众关切、澄清事实真相、加强舆论引导。评估结果显示，在72家公安机关中，有40家公安机关对舆情进行有效回应，占比55.56%，其中有20家设立了专门的舆情回应栏目（见图13）。

（五）数字公安：执法过程多维呈现和具象表达

随着数字经济的发展和国家大数据战略的确立，数字法治日益成为法治中国建设的重要组成部分。要建设数字法治，须加强公共数据开放共享，推进数据跨部门、跨层级、跨地区汇聚融合和深度利用。在政府部门中，公安机关是数字化程度最高的部门之一，拥有海量公共数据，数字中国建设有赖于公安数据的开放。为此，公安机关应加强执法数据的归集、分析、整合，

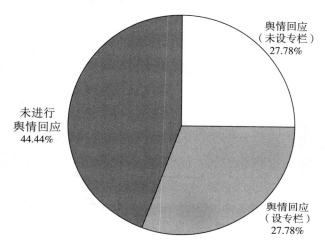

图13　公安机关舆情回应情况

坚持以公开为常态、不公开为例外，用数据说话，推动行政管理和政务服务现代化，争取人民群众更多的支持、信任、理解与配合。

执法统计年报是行政执法数据的集大成者，是梳理全年工作成效的基础，也是改进各项具体执法活动的依据，更为数字公安建设提供不可或缺的数据支撑。评估结果显示，在72家公安机关中，有23家公开了执法统计年报，占比31.94%，与2022年的25家相比略有回落，但仍高于2021年的20家和2020年的11家（见图14）。在公开执法统计年报的23家公安机关中，有21家遵循相关规定，做到在1月31日前对上年度行政执法统计数据进行了公开。

从内容看，部分公安机关公开的统计年报内容较为翔实。以广西壮族自治区公安厅、南宁市公安局为例，2022年度行政执法数据统计年报内容较为充实，分别对行政许可、行政处罚、行政检查等执法情况进行了数据统计和公开；在道路交通事故情况统计方面，两家单位分别用折线图和月报的形式呈现，便于查看和了解依时间变化的情况和趋势。

此外，广西壮族自治区公安厅设置警情通报专栏，做到定期发布各地级市相关情况，覆盖面广、时效性较强；南宁市公安局在公布道路交通事故数据的同时，亦定期发布反诈周报，图文结合、用"数字"说话，以不同社

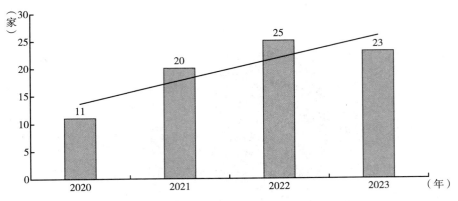

图 14 公安机关行政执法统计年报公开年度比较

区、不同性别、不同诈骗类别、不同年龄段等为分类依据，起到较强的警示作用，体现执法重心和普法成效，亦是对"谁执法、谁普法"任务措施清单的贯彻落实。

四 问题与展望：依托信息化全面建设法治公安

（一）阳光警务补齐人财事公开短板

"阳光警务"是推进国家治理体系和治理能力现代化的必然要求，也是现代警务的核心要素之一。公安机关较为重视"阳光警务"建设，但在人财事三方面均有短板。

一是执法人员信息透明度不高。在保密思维主导下，公安机关倾向于认为警力配备和人员信息属于保密范畴，就连执法人员名单这种属于行政执法事前公开事项，公开也很不到位。评估发现，公布执法人员名单的公安机关只有 8 家，在 72 家公安机关中占比 11.11%。有些省份的司法行政部门虽然建有统一行政执法公示平台，但在公示执法人员名单时通常未将公安系统的执法人员信息纳入，如河南省、广东省。另外，部分公安机关的领导人员信息公开过于简单，其工作和学习简历应保持一定透明度。

二是公安机关每年的罚款数额透明度不够。在行政处罚中，罚款作为重要的处罚类型在实践中应用广泛。为适当抑制执法主体的罚款冲动，项目组坚持设置引导性指标，要求公安机关公开其每年的罚款数额。评估发现，只有杭州市公安局、深圳市公安局等13家公安机关公布了罚款数额信息，占比18.06%，且多数公布在行政执法统计年报中，而未予以单独公开。

三是公安机关的年度工作总结公开不足。年度工作总结是各公安机关对过去一年工作整体情况的汇总梳理，并对未来一年的工作作出谋划和安排。公布年度工作总结，让公众知悉公安机关过去一年的工作业绩，是基于对公权力机关监督的要求，也是法治宣传的一部分，有助于提升公安的宣传效果，树立正面的政府形象。评估结果显示，只有海口市公安局、浙江省公安厅、哈尔滨市公安局、北京市公安局、天津市公安局等18家公安机关公布了工作总结，占比25.00%（见图15），并且公开的工作总结也存在公开内容较为简单、格式不统一等问题。

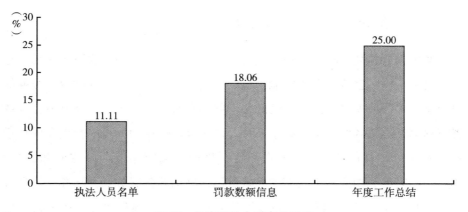

图15　公安机关人财事公开度

（二）决策过程应真正贯彻人民民主

民主决策在法治建设中扮演着非常重要的角色。民主决策是集中民智、反映民意的过程，有助于提升决策的科学性和合理性；让公民充分参与决策过程，也增强了决策的接受度，有利于决策的实施；民主决策也有助于提高公民的政治参与度、增强社会责任感，有利于维护和彰显人民当家作主的地位。全过程人民民主充分体现了中国的制度优势，但实践中还存在形式民主完备、实质民主欠缺的问题。无论是制定规范性文件，还是作出重大行政决策，均按照规定向社会公开征集意见，但往往征集到的意见为零，或者即使征集到意见也不作充分论证分析，不向社会反馈，使得公开征集意见流于形式。要培育和提升公众的参与热情，一是源头控制规范性文件和重大行政决策的数量，摒弃没有实质内容纯粹重复上级文件规定的公文；二是公开征集意见，不仅要提供征集意见稿，还应该提供草案说明，向社会解释出台政策的原因，让公众知悉规则制定中的风险点和利害关系，并通过自媒体等群众喜闻乐见的方式报道宣传，提高知晓度、告知公众参与渠道；三是对于征集到的意见作认真论证分析，有针对性地回复，并就意见采纳情况作整体综合性反馈，让热心群众感受到政府部门的诚意和对人民群众意见的重视，在全社会培育政治参与的氛围。

（三）推动移动端政务服务好办易办

便民服务是公安机关工作的核心，一切为了人民，一切服务于人民，是公安机关工作的宗旨。随着智能手机的普及，通过移动终端提供政务服务优势明显，多数公安机关建有自己的移动终端平台，也有不少事项被整合到各省市移动终端政务服务综合办事平台，同时全国性单项办事平台也在成功运行，如"交管12123"。对于公众而言，移动终端应用遍地开花并非好事，建立操作简单、功能强大的移动终端应用，推动政务服务好办易办，才是最大的福利。2023年，《国务院办公厅关于依托全国一体化政务服务平台 建立政务服务效能提升常态化工作机制的意见》发布，强调推动政务服务好办易办。就目前而言，移动终端分散、操作程序烦琐、过度采集个人信息、全程网上办理有障碍，这些都与"好办易办"存在较大差距。未来"公安一网通办"应参考和借鉴"交管12123"的功能，将机动车业务、驾驶证业务、违法处理业务、事故处理业务、学习教育业务一网打尽，并提供一键挪车、老年人代办等便民服务，真正做到"一次也不用跑"。

（四）执法办案一体化平台有待完善

《法治政府建设实施纲要（2021~2025 年）》提出："加快建设全国行政执法综合管理监督信息系统，将执法基础数据、执法程序流转、执法信息公开等汇聚一体，建立全国行政执法数据库。"为贯彻落实纲要要求，国务院办公厅出台《提升行政执法质量三年行动计划（2023~2025 年）》，明确要求 2025 年底前建成"全国行政执法数据库"。就公安执法而言，不少地方建立当地的公安执法一体化平台，也有不少公安执法一体化平台被整合到地方行政执法一体化平台，如广东的"粤执法"平台①。现阶段，公安执法一体化平台存在以下问题：一是功能单一，有的公安执法一体化平台只是公示平台，没有融合办案、监督等功能，并且公示的执法事项也不全面；二是执法平台内部化，有的公安机关的执法平台非常隐蔽，未在其官网上提供链接，甚至无法通过搜索引擎获取网址；三是公安执法在行政执法中异类化，不少地方行政执法一体化平台不包括公安系统，如提供的行政执法人员名单不包括公安执法人员。

（五）数字公安推动全方位数据开放

在数据为王的时代，推动公共数据开放是大势所趋，这不仅是数据的公共属性决定的，还是建立现代化治理体系的必然要求。公安机关基于其业务特点和信息化发展水平，拥有海量数据，在做好保密工作的前提下，应该积极推动数据开放。但评估发现，2023 年公安机关的数据开放意识仍然不足，开放数据的公安机关占比较小。在 72 家公安机关中，公开执法统计年报的公安机关有 23 家，仅占比 31.94%；公开执法办案白皮书的有 2 家，占比 2.78%；单独发布（不是在执法统计年报中）交通事故或违章违法数据的有 35 家，占比 48.61%；发布治安案件受案立案数据及分析的有 37 家，占

---

① 2023 年，广东省政府出台《广东省一体化行政执法平台管理办法》，加速推进广东省一体化行政执法平台建设，即广东省行政执法信息平台和行政执法监督网络平台，简称"粤执法"。

比 51.39%，其中 31 家属于非定期或笼统发布；发布犯罪统计信息的有 48 家，占比 66.67%，其中 41 家属于笼统公开（见图 16）。就公开渠道而言，部分公安机关的执法统计年报并不在其本网，需要在其所属的省级政府门户或是省级统一公示平台查找，且未建立链接，检索和查询的程序较为烦琐。诚然，公安机关的不少数据有一定敏感性，出于国家安全和刑事执法考虑，对部分数据进行保密是必要的，但若以"保密"为"挡箭牌"，致使数据难以被开发利用，甚至大量数据资源处于闲置或半闲置状态，这既无法保障公民的知情权、监督权和参与权，也不利于社会治理模式的转型升级。

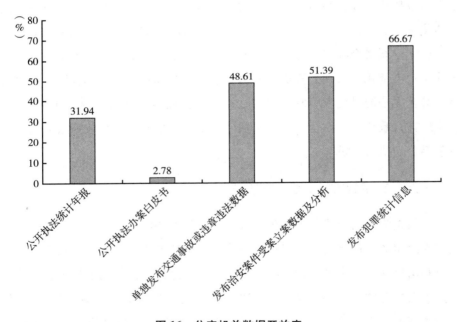

图 16　公安机关数据开放度

及时通报案情是公安机关的职责所在。《公安机关执法公开规定》第 10 条规定，公安机关应当向社会公开涉及公共利益、社会高度关注的重大案事件调查进展和处理结果，以及打击违法犯罪活动的重大决策和行动。评估结果显示，在 72 家公安机关中，部分公安机关在案情通报方面存在诸多问题。一是不重视案情通报。有 22 家公安机关未在其网站上提供任何案情通报相关信息，占比 30.56%。二是案情通报呈现碎片化。24 家公安机关案情通报的信息分布零散，散落于警务资讯或是政府信息公开等板块，未进行归类或整合到统一专门栏目进行发布，占比 33.33%，公众难以在第一时间知悉，影响通报效果。三是未能有效区分警情通报和其他新闻资讯。评估发现，有些公安机关即使设置了专门栏目，但栏目公开的内容并非警情通报，而是相关度较低甚至是无关的其他新闻资讯。

（六）明确执法文书上网的制度规则

执法公开是保障公民知情权的重要方式，也是监督行政机关依法行使职权的重要途径。行政执法公示制度是行政执法"三项制度"的重要内容，其事后公开要求执法决定在作出之日起 20 个工作日内公开，其中行政许可、行政处罚应在决定作出之日起 7 个工作日内公开，法律、行政法规另有规定的除外。《政府信息公开条例》第 5 条规定，行政机关公开政府信息应坚持以公开为常态、不公开为例外。行政执法决定作为主要的、关键的、重要的政府信息，其公开也理应遵循条例规定。《政府信息公开条例》第 20 条列举了行政机关主动公开的政府信息内容，其中包括"本行政机关认为具有一定社会影响的行政处罚决定"。《行政处罚法》第 48 条规定，具有一定社会影响的行政处罚决定应当依法公开。据此，有学者认为，行政处罚决定书的公开是有限公开。按照有限公开论的观点，只有"具有一定社会影响"的行政处罚决定才可以公开，其他均不应该公开。那么在"具有一定社会影响"标准缺失的情况下，执法主体会倾向于选择不公开，否则很容易有违法之虞。行政处罚决定是行政处罚权行使的结果，根据公权力依法公开行使的原则，行政处罚决定书公开也应该坚持以公开为常态、不公开为例外，考虑到有些行政处罚案件较为简单，适用简易程序，且量比较大，公开意义不大，可以不公开。因此，对《行政处罚法》第 48 条的正确理解应该是，"具有一定社会影响的行政处罚决定应当依法公开"，其他可以不公开，而非不应该公开或禁止公开。为给执法机关提供明确的指引，建议相关机关综合考虑案件性质、适用程序、处罚种类、处罚额度，尽早明确"具有一定

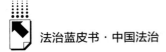

法治蓝皮书·中国法治

社会影响"的标准。

另外，对于执法文书应实名公开还是匿名公开也存在争议，实践中有不同的选择。《公安机关执法公开规定》第 15 条规定，"向社会公开法律文书，应当对文书中载明的自然人姓名作隐名处理，保留姓氏，名字以'某'字替代"。《生态环境行政处罚办法》规定，生态环境主管部门依法公开生态环境行政处罚决定中被处罚的公民姓名，被处罚的法人或者其他组织名称和统一社会信用代码、法定代表人（负责人）姓名，并未要求隐去被处罚人的姓名。国家卫生健康委出台的《卫生行政执法文书规范》第 23 条提到，卫生行政机关对当事人的违法行为进行公告时，应当写明违法当事人的姓名或者名称。《最高人民法院关于人民法院在互联网公布裁判文书的规定》和最高人民检察院《人民检察院案件信息公开工作规定》均未要求对案件当事人的姓名一概作隐名处理。从公安机关行政处罚决定书公开的实践来看，并未形成统一标准，如深圳市公安局对公民个人的处罚文书进行了隐名处理，杭州市公安局在公布执法文书时则提供了被处罚的自然人的完整姓名。不可否认，行政处罚决定书本身不可避免会涉及相对人的个人信息与隐私，执法机关在公开执法文书时需要对相对人的部分信息作隐匿处理，也有观点认为对当事人进行匿名公开，可以缓释处罚决定书上网带来的阻力。但是，当事人姓名作为关键要素，匿名公开基本上等同于公开一个虚构的案件，失去了公开的意义，也不利于社会信用体系建设。

法治国情调研

B.17

数字化改革背景下人大监督
司法的杭州实践

中国社会科学院国家法治指数研究中心项目组＊

摘　要：　人大监督司法是宪法法律赋予的权力，通过监督有助于推动司法公正和透明，确保司法机关依法行使职权，维护公民的合法权益。但在实践中，人大监督司法工作还面临思想认识不够统一、信息沟通不够充分、监督手段创新不足等问题。杭州市人大借助数字赋能，引入数字化应用，提高了监督的精准性和有效性，拓宽了践行全过程人民民主的途径。该实践是对人大工作方式方法的重塑和创新，为今后人大工作数字化转型提供了有益探索，有利于助推全面依法治国目标的实现，促进国家治理体系和治理能力现代化。

关键词：　人大制度　数字赋能　数字人大　全过程人民民主

＊　项目组负责人：田禾，中国社会科学院国家法治指数研究中心主任、法学研究所研究员，中国社会科学院大学法学院特聘教授；吕艳滨，中国社会科学院法学研究所法治国情调研室主任、研究员，中国社会科学院大学法学院行政法教研室主任、教授。项目组成员：王小梅、王祎茗、车宇婷、刘雁鹏、李玥、栗燕杰等（按姓氏笔画排序）。执笔人：王祎茗，中国社会科学院法学研究所副研究员。

在新民主主义革命时期，以毛泽东同志为代表的中国共产党人结合我国国情和政治实践，创造性地提出在新中国建立人民代表大会制度的伟大构想。1954年9月，中华人民共和国第一届全国人民代表大会召开，会上通过了《中华人民共和国宪法》，将人民代表大会制度确立为我国的根本政治制度。自此，人民代表大会制度为新中国各项建设事业顺利发展、人民各项权利充分实现提供了重要的根本性的制度保障。

新时期党的十八大、十九大、二十大均对坚持和完善人民代表大会制度作出重要部署。特别是党的二十大以来，以习近平同志为核心的党中央高度重视党对人大工作的领导，坚持发展全过程人民民主，以顺应中国式现代化的本质要求，不断开创新时代人大工作新局面、新境界。习近平总书记在中央人大工作会议讲话中指出："当今世界正经历百年未有之大变局，制度竞争是综合国力竞争的重要方面，制度优势是一个国家赢得战略主动的重要优势。历史和现实都表明，制度稳则国家稳，制度强则国家强。……在全面建设社会主义现代化国家新征程上，我们要毫不动摇坚持、与时俱进完善人民代表大会制度，加强和改进新时代人大工作。"①

新时代是信息化时代，信息技术蓬勃发展是机遇也是挑战，2017年10月，习近平总书记在党的十九大报告中明确提出，建设网络强国、数字中国、智慧社会，"数字中国"被首次写入党和国家纲领性文件。习近平总书记在《致首届数字中国建设峰会的贺信》中强调："加快数字中国建设，就是要适应我国发展新的历史方位，全面贯彻新发展理念，以信息化培育新动能，用新动能推动新发展，以新发展创造新辉煌。"② 有效利用信息技术，推动治理体系和治理能力现代化是国家政治生活各个领域正在发生的深刻变革。中国法院信息化建设已跃居世界领先地位，为有效解决"案多人少"矛盾提供有力支持；"数字检察"赋能检察职能科学配置，强化法律监督效

---

① 习近平：《在中央人大工作会议上的讲话》，《求是》2022年第5期。
② 习近平：《以信息化培育新动能、用新动能推动新发展、以新发展创造新辉煌——习近平致首届数字中国建设峰会的贺信》，《人民日报》2018年4月13日，第1版。

能；数字政府建设加速推进，为群众办事提供更多便利，有效释放数字红利，为社会各项事业建设打开政务服务高速通道；数字人大建设也必将助力代表履职，推进落实全过程人民民主，提升人大工作质效。数字化转型营造的平等、高参与度的网络环境和社会氛围也应为民主制度发展所用，助推信息化时代的民主政治理论与实践跃入更高水平。

近年来，杭州市人大探索借力数字赋能，加强与司法机关的数据协同共享，探索监督司法的新思路、新路径、新方法和新机制，对司法机关的监督更便捷、更全面、更精准、更有效、更权威，是对人大监督方式方法的新探索，也是对新时代全过程人民民主的具体落实和全新实践。

一 人大监督司法的法源及现状

人民代表大会制度的设计原理在于，任何国家机关及其工作人员的权力来自人民，必然要受到人民的监督和制约。关于贯彻落实人大监督的意义，习近平总书记有经典论述，即"让人民监督权力，让权力在阳光下运行，用制度的笼子管住权力，用法治的缰绳驾驭权力"①。习近平总书记在《庆祝全国人民代表大会成立六十周年大会上的讲话》中专门就加强和改进人大监督工作提出要求："各级人大及其常委会要担负起宪法法律赋予的监督职责，维护国家法制统一、尊严、权威，加强对'一府两院'执法、司法工作的监督，确保法律法规得到有效实施，确保行政权、审判权、检察权得到正确行使。地方人大及其常委会要依法保证宪法法律、行政法规和上级人大及其常委会决议在本行政区域内得到遵守和执行。"② 广义上的监督司法在人大监督中占较大比重，是人大监督的重中之重。

（一）人大监督司法是宪法法律赋予的权力

《宪法》《全国人民代表大会组织法》《地方各级人民代表大会和地方各

---

① 习近平：《在中央人大工作会议上的讲话》，《求是》2022 年第 5 期。
② 习近平：《在庆祝全国人民代表大会成立六十周年大会上的讲话》，《求是》2019 年第18 期。

级政府组织法》《各级人民代表大会常务委员会监督法》对各级人民代表大会的监督权作了明确规定。根据上述法律规定，各级人民代表大会及其常务委员会监督司法职能的内涵包括：监督宪法和法律、行政法规的实施，保证宪法、法律、行政法规的遵守和执行，维护社会主义法制的统一、尊严、权威，建设社会主义法治国家，同时监督司法机关的各项工作。监督司法是人大监督权的重点与核心。

司法工作是有别于行政工作、自成系统的特殊领域，公正司法是保护公民权利、维护社会公平正义的最后一道防线。在我国的国家监督体制中，人大及其常委会对"一府两院"的监督是最高层次、最具权威的监督。其功能在于保证由它产生的国家行政、审判、检察机关忠实于宪法、法律，忠实于人民的意志和利益，严格依法办事，并防止和纠正它们滥用权力的行为，保障公民的权利不受侵犯。加强和完善这项工作，督促公正司法，保障合法权利、遏制司法腐败，是发展、健全基层人大制度，实施依法治国方略和建立社会主义法治国家的时代责任和历史使命，也是顺应人民群众日益增强的法治意识的需要。

（二）人大监督司法工作的探索实践

2006年8月27日第十届全国人民代表大会常务委员会第二十三次会议通过《各级人民代表大会常务委员会监督法》（以下简称《监督法》），以法律的形式就人大监督职能作出专门规定，使包括监督司法在内的各项人大监督职能走上法治化、制度化轨道。之后，《全国人大机关贯彻实施监督法若干意见》随即出台。《监督法》对人大的监督职能进行了专门细化与强调，程序化的细化规定有助于在工作中真正落实监督职能。

实践中，全国各级人大积极贯彻落实《监督法》的规定，依法履行监督司法职责，积极推进监督工作。各地人大把人民代表大会期间听取和审议法院、检察院工作报告作为常态化监督工作。在此基础上，各地人大紧扣监督重点，不断探索创新监督方式方法，如有的地方开展三级人大同步联动监督，凝聚监督合力；有的地方创设专题询问题库，以随机选题方式进行专题询问；有的地方探索开卷、闭卷相结合的专题询问方式；有的地方围绕当地中心大局，专门作出司法服务保障经济发展的相关决定；有的地方对知识产权司法保护等开展专题调研；有的地方对反电信网络诈骗等群众关注的热点问题开展专项监督；有的地方对基本解决"执行难"问题开展跟踪监督；还有的地方开展法院家事审判工作监督，出台《关于加强人身安全保护令制度贯彻实施的决议》等。这些有益的探索和实践在《监督法》框架下丰富了监督司法工作体系，推动了人大监督司法工作的新发展。全国各地人大监督司法工作呈现新作为、新气象。

（三）人大监督司法工作面临的问题

《监督法》的颁布实施推动了人大监督制度体系的完善，加大了人大对"一府两院"工作的监督力度。随着社会主义民主建设和法治国家建设以及司法体制改革的深入推进，人民群众民主法治意识逐步提升，各级人大监督司法工作也面临一些现实的矛盾和问题。

1. 监督对象的真实情况难以及时、全面掌握

人大开展司法监督，首先要找准司法工作存在的问题和不足，对症下药提出意见建议，并督促相关部门进行整改，这是人大监督的基本方法。如何及时全面掌握司法机关工作情况关系到人大监督的精准度和实效性。从现实情况来看，司法部门工作信息庞杂，信息公开内容比较分散，对信息管理比较严格，互联网和社会信息传播速度快又鱼龙混杂、真假难辨，导致人大掌握司法工作信息不对称、不全面、不准确，使得人大监督经常面临监督选题不够精准、监督效果不够理想的难题。不少地方人大与司法机关之间缺乏有效沟通，监督方式缺乏主动性和连续性，不能及时了解与掌握司法机关工作中的难点、堵点问题。这些都在很大程度上影响了人大监督司法的质量和效果。

2. 法律赋予的监督方式未能充分、有效运用

《监督法》规定了人大监督的七种方式，但实践中各地人大运用较多的是听取审议专项工作报告、开展执法检查、专题询问等弹性较大的方式，其

他方式尤其是刚性强的方式，运用则相对较少，实践中存在以下问题。一是监督对象说的并不是人大想听的，存在偏离初衷、达不到预期目的的问题。在专题调研、听取工作汇报时，监督对象的报告常常讲成绩的多，讲问题的少，导致人大不能有效发现问题。二是人大自身的调研、执法检查报告、审议意见、提出的问题和建议常常过于宏大、抽象，针对性和操作性不够强。三是监督有时脱离人民群众的诉求和实际需要。人大监督开展执法检查等往往过于宽泛，没有同具体问题、具体案件结合起来，未能有效解决执法过程中的难点、堵点和人民群众的关注点，导致人民群众的获得感不强。四是任免、撤职案的审议决定等相对刚性较强的方式，运用少或运用效果不佳。实践中由于人大不容易掌握法官、检察官的履职情况，仅能行使程序性权利。这些问题的存在，导致人大监督司法工作常常遭受"流于形式、浮于表面"的质疑。因此，如何围绕监督目的，结合司法工作实际，刚柔并举、有针对性、有效充分地利用好《监督法》赋予的各种监督手段和方式，把握好监督的角度、尺度、准度和力度，是目前各级人大亟须研究探索的实践问题。

3. 监督司法的手段需要创新、与时俱进

信息时代的到来，互联网技术、区块链技术、人工智能等现代科技的发展，推动了数字法院、数字检察、数字政府建设不断迭代升级，对人大监督司法工作的数字化转型提出了新要求，带来了新挑战。目前，通过人工收集数据、发现问题，通过面对面听取汇报、点对点视察现场，通过接收来信来访、下基层收集民意听取民声等是人大掌握信息、开展监督司法工作最常运用的手段。虽然部分人大顺应时势，也开发了一些平台和应用，但仅仅停留在电子化的初步阶段，停留在统计和信息公开等初步功能的运用上，仍然存在信息更新不及时、数据收集不准确、平台运行不稳定等问题，谈不上信息化和智能化，更谈不上通过与"一府两院"数字平台共享共融，进而实现数字化背景下的人大即时监督和智慧监督。因此，如何与时俱进、顺势而上，充分运用数字化手段加强和改进人大监督司法工作，突出监督工作的实战实效，加快建设数字人大，完成时代赋予人大工作的新职责使命，是人大工作转型的迫切命题。

二 杭州市人大数字赋能监督司法工作的创新实践

杭州市人大常委会深入学习贯彻习近平总书记关于全面深化改革特别是数字化改革的重要指示精神，认真贯彻落实省市委和省人大常委会关于数字化改革的决策部署，纵深推进人大数字化改革。针对人大监督司法工作中存在的精准性、实效性不足，人大代表知晓度不高、人民群众满意度不高等问题，准确把握变革重塑、数字赋能、整体智治、量化闭环的内涵和要求，围绕司法公开和司法绩效两个重点，借助数字赋能，着力打造了人大监督、公检法司一体协同、社会参与的人大监督司法数字化系统，有力助推了人大监督司法工作的高质量发展，也为数字赋能人大监督司法工作提供了可复制可借鉴的杭州样板。

（一）杭州市人大监督司法数字化系统总体框架

杭州市人大监督司法数字化系统以数据为支撑，以智能化研判为手段，总体框架由三大体系七大模块组成（见图1）。

首先，数据工场体系由数据集市和数据分析两大模块构成：数据集市模块收集公检法司业务数据、人大数据和第三方数据，数据分析模块提供了关联分析、热力分析、趋势分析等模型和工具。

其次，研判画像体系由智能研判和智能画像两大模块组成：智能研判模块基于多种数据分析方法，就监督对象得出正常、提醒和预警等三种分析结论；智能画像模块推导出公检法司总体评价结论和需要重点关注的工作议题。

最后，监督协同体系由人大监督、第三方监督、公检法司协同三大模块组成：人大监督模块根据监督主体不同，分为大会监督、常委会监督、专门委员会监督和人大代表监督；第三方监督模块根据监督主体不同，分为社会监督、法律监督等；公检法司协同模块分为重点关注回应、监督意见办理及落实结果反馈。

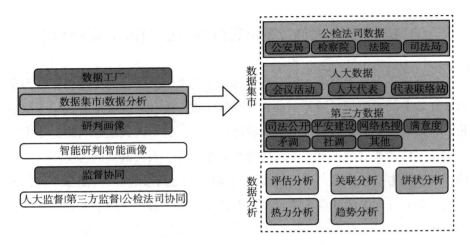

图1　杭州市人大监督司法数字化系统驾驶舱架构

（二）杭州市人大监督司法数字化系统的应用成效

监督司法数字化系统充分利用现代信息技术和大数据计算处理能力强、速度快、范围广、互动性强等特点和优势，用数据说话、用数据分析、用数据决策，努力提高人大监督的知情度、精准度和实效性。

1. 运用数字化技术展示司法工作现状，让监督者掌握情况更方便、更全面

杭州市人大探索引入数字系统，系统展示司法工作现状，监督工作有了更强大、更直观的支撑。司法机关是国家机关中较早运用信息技术辅助工作的，大数据、区块链、人工智能等均已在审判、检察工作中得到较为成熟的应用，为人大通过大数据了解司法部门工作现状进而履行监督职能提供了极大便利。杭州市人大通过数据对接、交换、搜索等办法，收集了近5年杭州市区两级司法机关工作相关数据。这些数据以文字、图表、数字报告的形式展示，主要包括司法系统工作动态、司法工作评估考核、检察建议、人大代表议案、人大评议、涉法涉诉信访、司法透明度评估报告、互联网司法热议八大类数据（见图2）。这些数据来源于官方和权威机构，能比较准确地反映司法工作现状。

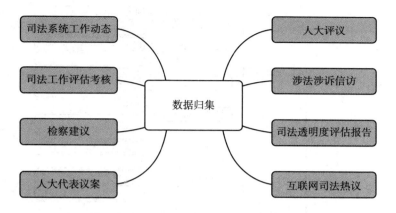

图 2　杭州市人大监督司法数字化系统数据归集种类

司法部门有些数据比较敏感，个别需要保密。为此，根据人大常委会机关、人大代表和司法部门不同的工作需求和保密工作的要求，对司法数据的展示采用了分级分类管理办法。目前，杭州市人大能看到全市司法机关的数据，区级人大只能看本地司法机关的数据。人大常委会机关可以通过内部保密网络获取全量信息，司法部门通过工作网络获取人大提供的相关信息，人大代表通过"浙政钉"获得经过脱密筛选的全市公检法司的工作动态、工作排名、工作数据分析、短板问题等情况。

2. 数字分析模型查找司法工作短板，让人大监督选题更民主、更精准

人大监督司法，首先要找准司法工作存在的问题和不足。杭州市人大把大数据技术与工作业务逻辑结合起来设计数据分析模型，为人大分析查找司法工作中存在的问题和短板提供了新的途径。

一是通过指标分析对司法部门专项工作进行评估。杭州市人大从司法大数据中筛选出与司法工作绩效直接相关的 52 个指标（见图 3），并对这些指标进行全生命周期管理，从纵向趋势、横向比较、总量占比、定向达标四个维度开展大数据分析。人大代表可以像看医院体检化验单一样，清楚查看公检法司机关的指标情况，找出不正常和存在偏差的工作指标（见图 4）。

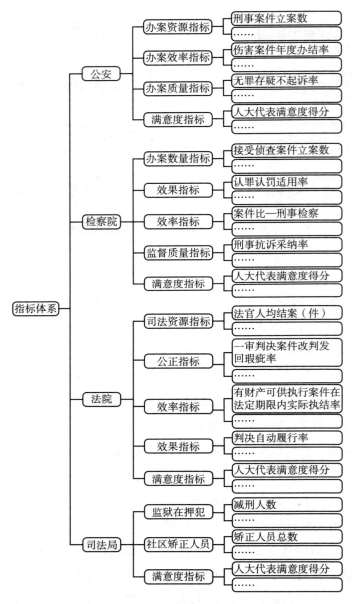

图3 杭州市人大监督司法数字化系统指标体系

二是通过数据碰撞查找司法工作中存在的重点监督问题。杭州市人大将司法工作中存在的问题按照不同类型、不同程度分为难点问题、热点问题和

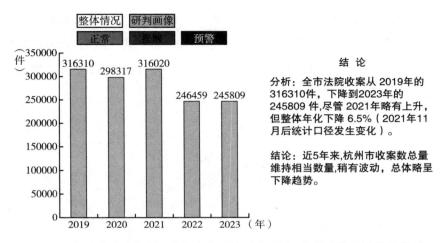

图4 杭州市人大监督司法数字化系统对法院近5年收案情况及数据研判

弱点问题三类，贴上标签进行数据碰撞，三者交叉重复的问题就是监督的重点问题（见图5）。

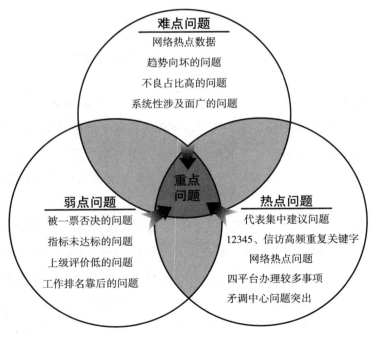

图5 杭州市人大监督司法数字化系统关联分析模型

三是通过建立多维评估模型为公检法司机关进行整体画像。杭州市人大从司法大数据中挑选能够反映司法绩效的数据指标，进行归类并予以赋分，构建数字化分析模型，对公检法司机关各项工作和整体工作进行准确画像，如对检察机关进行五维画像（见图6）。

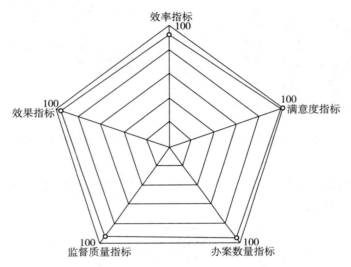

图6 杭州市人大监督司法数字化系统五维图

3. 建立数字化工作机制实现双向联动，让人大监督更权威、更有效

数字化工作机制的建立让人大监督不仅是技术上的更新迭代，而且是监督体制机制、方式方法的一场变革。杭州人大数字赋能监督司法的探索借助信息化手段，强化现有的监督方式，并进一步厘清人大监督与司法办案的关系。

一是建立司法工作三色预警响应机制。根据司法机关52个指标的实际情况，杭州市人大通过定量比较分析的方法，按照指标的数值、排位和占比程度，设置评估标准，将每个部门涉及的指标标为绿黄红三色，绿色为正常指标，黄色为异常指标，红色为问题指标。市人大还与司法机关建立工作响应机制。对于黄色指标涉及的问题，要求相关部门一个月内向本辖区人大反馈说明；对于红色指标涉及的问题，要求相关部门一周内反馈说明（见图7）。

三色预警响应机制

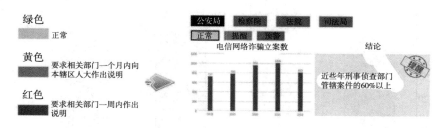

图7　杭州市人大监督司法数字化系统三色预警响应机制示意

二是助力人大监督层级和监督方式选择。针对人大监督方式运用不充分的问题，司法大数据分析运用为人大选择监督层级和方式提供了依据。指标为黄色的相关问题可以作为人大开展视察调研的备选内容，指标为红色的相关问题可以作为听取审议备选内容，市区两级普遍存在的同类问题可以选择上下联动开展监督，交叉重复的重点问题则应作为人大询问的备选内容，其中问题较为突出的还可以考虑采用质询、特定问题调查等方式开展监督。对近3年司法数据的比较分析发现，杭州电信诈骗发案量和受损金额一直居全省首位；未成年人犯罪特别是性侵案件呈上升趋势。市人大近两年分别组织开展了打击电信诈骗犯罪工作（见图8）和未成年人保护工作的专项督查（见图9），社会反响很好，下一步还将对这两项工作进行持续跟踪监督。

三是建立人大与司法部门联动机制。结合人大和司法部门数字化发展程度，以及监督需要，杭州市人大常委会出台了《关于建立完善与市公检法司信息数据报送和工作协同机制的意见（试行）》，规范了市人大常委会与司法机关建立和完善监督议题协调、重要文件信息报送、监督司法数据交换、监督司法系统工作协同、人大审议意见办理反馈和人大代表意见网上交办等机制，有力保障了人大数字化监督司法有效运行。

（三）杭州市人大数字化监督司法工作的创新亮点

1. 数据协同共享实现监督司法理念创新

人大监督司法数字化系统充分有效利用数据协同共享机制，通过数据归

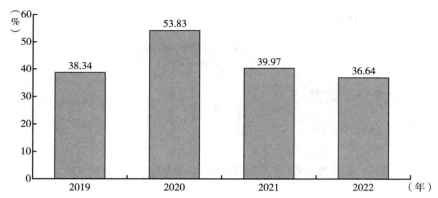

图8 2019~2022年电信网络诈骗案件在刑侦部门管辖的刑事案件占比情况

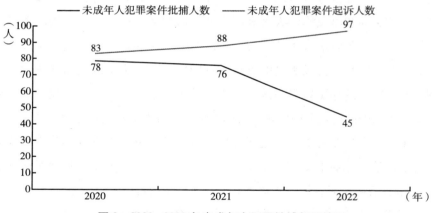

图9 2020~2022年未成年人犯罪批捕起诉情况

集、大数据智能分析和研判,及时发现司法工作需要关注的重点,实现对监督对象和监督议题的精准识别、精准分析和潜在风险预判。通过数据联通实现全方位全流程全时段静默化监督,重塑问题发现与处置的工作流程,将对司法机关正常工作造成干扰的风险降到最低。人大依法监督,对司法机关既是制约,又是支持和促进,权限分明、方式得当的有效司法监督会让监督者和被监督者都有更为深刻的认识。

2. 一体化建设实现监督司法机制创新

人大监督司法数字化系统按照市区两级人大监督系统一体化设计的思

路，统一场景开发、统一数据指标、统一系统应用，形成上下一体、多跨联动、协作密切、运转高效的一体化监督机制（见图10）。

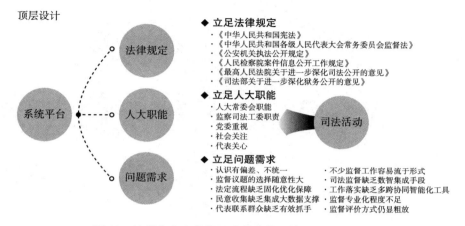

图10 杭州市人大监督司法数字化系统顶层设计详解

3. 构建评估模型实现监督司法手段创新

人大监督司法数字化系统挑选能够反映司法机关办案质量和效率的主要评价指标（见图11），结合司法工作特点构建数字化分析模型，进行定量分析、定性评价，改变了以往依靠不对称信息和凭借代表主观推测确定监督事项的做法，实现人大监督手段创新，促进人大监督能力全面跃升。

4. 协同参与实现监督司法方式方法创新

人大监督司法数字化系统引入中国社会科学院国家法治指数研究中心推出的"司法透明度指数报告"等多项第三方评估数据，有效借助科研机构和数据服务机构等外脑智力成果，多维度评价公检法司机关重点工作，有效克服了仅针对个案关注和决策的狭隘性，实现监督司法方式交互性、多维性、集成性创新，更符合人大监督集体性、宏观性的本质要求。

5. 数据全生命周期实现监督司法效果创新

人大监督司法数字化系统通过对司法数据的深度融合运用，对既有监督机制、监督程序和监督方式进行系统性重塑，实现人大监督由静态监督到动

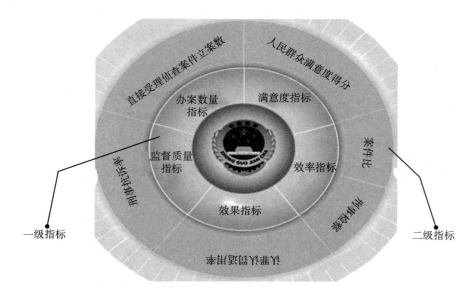

图 11   杭州市人大监督司法数字化系统检察院三色预警

态监督，由局部监督到全局监督，由间隔性监督到全时段动态评估的范式转型，释放更大治理效能。

三   人大监督司法数字化变革对人大制度实践与理论意义的多维重塑

（一）人大数字化监督司法是对人大工作逻辑的重新梳理

人大借助信息化手段强化对司法工作的监督职能，是新时代深化人大工作的必然路径。

人大监督司法工作在数字化过程中首先完成了逻辑自洽。技术逻辑要求简洁与要素化的信息准入机制，这就需要将制度文件与工作惯例进行拆解与提炼。在这一过程中，法律规定、其他规范性文件和一些惯常做法得以重新审视，对法律规定和文件的解读务求精确和切中要害，对惯常做法则以合宪性、合法性为标准进行筛选。进而完成对以往人大监督原则性规定的细化，对具有科学性、可操作性监督流程的固化，和对基于个人主观认知和对个案过分关注而可能对监督工作形成的越界违法风险的排除。人大对司法机关实施数字化监督理顺了长期以来模糊不清的人大监督工作逻辑，稍加改造即可运用到对行政部门的监督中。

人大监督职能不到位易使人大工作陷入失衡，易导致立法决定执行不力、人事任免权形式主义等弊病。人大数字化司法监督模式的确立让人大监督工作迈上新台阶、发挥实效，同时也可以保障人大立法、决定的贯彻落实和人事任免有"据"（数据）可依，助力推动人大工作整体走向实体化运行。人大在国家机关中的宪法地位由此得以彰显，以人民为中心的人大制度设计理念初衷由此更加充分地在国家政治生活中被践行。习近平总书记强调："人民代表大会制度是实现我国全过程人民民主的重要制度载体。要在党的领导下，不断扩大人民有序政治参与，加强人权法治保障，保证人民依法享有广泛权利和自由。要保证人民依法行使选举权利，民主选举产生人大代表，保证人民的知情权、参与权、表达权、监督权落实到人大工作各方面各环节全过程，确保党和国家在决策、执行、监督落实各个环节都能听到来自人民的声音。"① 人大各项职能得以协调发展必将在今后中国式民主建设道路上发挥更大动能，更进一步推动中国特色社会主义政治文明建设。

（二）人大数字化监督司法为践行全过程人民民主提供新的路径选择

进入信息化时代后，虚拟世界与现实世界早已没有泾渭分明的界限，数字化对现实的影响是全方位的。数字生产要素在经济领域表现出远高于传统生产要素的活力与发展前景，正在发生的这场数字化变革不仅是全面的，也必将深远影响人类生活，作为上层建筑的政治制度概莫能外。《数字中国建设整体规划》要求，以数字化驱动社会生产生活和政府治理方式变革，推进数字技术与诸多领域的深度融合。信息化社会信息传播的去中心化与受众

---

① 习近平：《坚持和完善人民代表大会制度、保障人民当家作主》，《求是》2024 年第 4 期。

的低门槛与无差别化趋势，为民主政治语境下更为广泛的公众参与和权力监督提供了新的契机，既符合民主的本质要求，又为民主政治开辟了比以往更为充分的实现路径。数智赋能人大监督司法拓宽了践行全过程人民民主的途径，为推动民主政治实践与理论向更高水平的跨越式进阶提供了新的动能。

（三）人大数字化监督助推全面依法治国目标的实现

中国特色社会主义政治发展道路要求坚持党的领导、人民当家作主和依法治国的有机统一。在信息化、数字化辅助下强化人大对司法的监督，以及对人大监督政府依法行政的辐射带动作用，将直接作用于全面依法治国实践。中国的宪法和法律是党的主张和人民意志相统一的制度成果，依法治国的过程，同时也是在党的领导下维护人民当家作主地位、实现人民当家作主权利的过程；全面依法治国为人民的政治、经济、文化等各方面权益的实现提供法治保障，其保障效果需要接受人民检阅与评判。数字化人大监督司法系统能够及时、准确发现司法工作中的问题短板，有效提升司法工作质效，从根本上为司法改革调整决策部署走出"深水区"指明前进方向。人大代表人民监督司法与行政功能的强化是人民群众对依法治国这一基本治国方略落实情况的最佳了解与评价途径，人民的合法权益是否得到切实保障由人民自己说了算，立法、司法、执法、监督形成的闭环全过程体现人民当家作主，也是全过程人民民主的充分体现。

（四）人大数字化监督促进国家治理体系和治理能力现代化

党的十九届五中全会提出 2035 年社会主义现代化的远景目标之一是"基本实现国家治理体系和治理能力现代化，人民平等参与、平等发展权利得到充分保障，基本建成法治国家、法治政府、法治社会"。可见法治国家、法治政府、法治社会一体建设是实现国家治理体系和治理能力现代化的路径，而人民平等参与、平等发展权利得到充分保障则是国家治理体系和治理能力现代化的具体体现。数字化手段强化人大监督恰恰在贯彻法治、保障人民民主方面具备巨大潜力。习近平总书记指出："人民代表大会制度是中国特色社会主义制度的重要组成部分，也是支撑中国国家治理体系和治理能力的根本政治制度。"① "当今世界，信息技术创新日新月异，数字化、网络化、智能化深入发展，在推动经济社会发展、促进国家治理体系和治理能力现代化、满足人民日益增长的美好生活需要方面发挥着越来越重要的作用。"②

人民代表大会的代表与治理是两个不同层次的功能，其全部具体功能的终极目标皆指向代表人民对国家实施治理。人大数字化监督司法系统能够通过大数据计算精准锁定经济社会生活的风险点并及时提醒相关部门进行说明或进一步协同处置，真正实现了权力机关的功能，在监督职能之外，实现了代表人民对国家实施治理的终极目的，是符合宪法逻辑的合目的性监督。

四 展望：依靠信息化推进人大数字化改革

杭州人大监督司法系统是人大数字化改革中脱颖而出的卓有成效的佼佼者，近几年在人大工作的其他方面也多有令人振奋的数字化改革成果涌现，数字化手段的深度参与使得人大工作的前景可观，令中国特色的人民代表大会制度展现出蓬勃向上的生机与活力。未来的人大数字化改革工作仍大有可为。

首先，在数字化监督司法工作经过实践检验相对稳定成熟之后，应尽快将这一成果运用于监督政府，根据法治政府建设要求和行政工作特点设计科学的数字化评价体系。

其次，开放是信息社会的基本属性，信息技术在拓展广义政务公开范围方面的成效已为司法公开所验证，一切国家机关的工作都应置于人民监督之下，代表人民的人大也不例外。人大监督的公开既是法律的要求，也是人民群众的合理诉求。唯有公开，才能保证各级人大和人大代表真正代表人民行

---

① 习近平：《在庆祝全国人民代表大会成立六十周年大会上的讲话》，《求是》2019 年第 18 期。
② 习近平：《以信息化培育新动能、用新动能推动新发展、以新发展创造新辉煌》，《人民日报》2018 年 4 月 23 日，第 1 版。

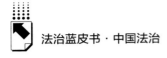
使权力。

　　最后，应积极推动顽瘴痼疾切实得以解决。例如，《监督法》实行后仍有人大代表越界干扰个案处置的情形，此类情形有无可能通过技术手段流程再造予以杜绝？人大集体行使职权的组织架构能否通过技术手段予以确保？此外，还有监督责任制缺位和对司法机关作出的规范性文件难以适用、对司法解释进行备案审查的规定带有理论性的问题，能否在数字化改革过程中经由探索实践得到弥补？诚如前文所言，人大数字化改革引领了观念的转变，同时也将会为政治学、法学理论的现代化提供生动的研究样本。

B.18
新时代"枫桥经验"视野下
法治政府建设探索与发展

浙江省绍兴市司法局课题组*

摘　要： 法治政府建设是"四个全面"战略布局的重要组成部分，是全面依法治国的主体工程。浙江省绍兴市坚持和发展新时代"枫桥经验"，以实施共同富裕制度体系建设行动、营商环境和政务服务便民利企行动、"大综合一体化"行政执法改革行动、行政争议预防化解靶向治理行动、法治意识和法治素养提升行动"五大行动"为牵引推进法治政府建设。未来，应坚持党的全面领导、以人民为中心，推进改革创新，强化行政权力制约监督。

关键词： 法治政府　"枫桥经验"　行政执法改革　营商环境

一　背景

2003 年 11 月，时任浙江省委书记习近平在绍兴诸暨出席纪念毛泽东同志批示"枫桥经验"40 周年大会上发表重要讲话，把"坚持依法治省、以德治省"总结为浙江省学习推广"枫桥经验"的特点之一，并强调"创新'枫桥经验'，必须营造法治环境，在依法治省中取得明显成效"。2006 年 4 月，浙江省委十一届十次全会作出建设法治浙江的重大决策，率先开启了法

---

* 项目组负责人：丁新潮，浙江省绍兴市司法局党委书记、局长；宋亮，浙江省绍兴市司法局党委委员、副局长。项目组成员：钱申玉，中共绍兴市委全面依法治市委员会办公室秘书处处长；田玲燕，浙江省绍兴市司法局法治调研督察处副处长。执笔人：钱申玉、田玲燕。

治中国建设的省域实践。党的十八大以来，以习近平同志为核心的党中央高度重视法治建设。习近平总书记强调："推进全面依法治国，法治政府建设是重点任务和主体工程，对法治国家、法治社会建设具有示范带动作用，要率先突破。"① 法治政府建设在"三个一体"建设中居于贯通上下、带动整体的枢纽位置。

二十年来，作为"枫桥经验"的发源地，历届绍兴市委牢记习近平强调的"把学习推广'枫桥经验'与贯彻依法治国基本方略，推进依法治省各项工作有机结合起来"的重要指示精神，紧密结合法治建设各个阶段的形势任务，坚持法治政府建设与经济社会发展同频共振，在贯彻落实"八八战略"中积极探索基层治理法治化的实现路径，不断丰富法治实践，积极推出创新性强、针对性高、影响力大的举措。诸暨市被命名为第二批全国法治政府建设示范县，推动法治政府建设取得了显著成效。

二　绍兴法治政府建设的路径与成效

绍兴以实施共同富裕制度体系建设行动、营商环境和政务服务便民利企行动、"大综合一体化"行政执法改革行动、行政争议预防化解靶向治理行动、法治意识和法治素养提升行动等"五大行动"为牵引，努力推动法治政府建设在立法、执法、司法、守法、普法领域和关键环节实现"五个更加"，人民群众法治获得感、幸福感、安全感不断提升，法治政府建设关键指标全省领先，形成了一批可复制可推广的经验和做法。

（一）实施共同富裕制度体系建设行动，行政立法更加高质高效

推动行政立法高质量发展。绍兴根据地方发展需要，紧密结合浙江共同富裕示范区建设改革实践推进情况，制定地方性法规和政府规章。紧扣传承好、发展好"枫桥经验"这一主题，出台《绍兴市"枫桥经验"传承发展

---

① 习近平 2020 年 11 月 16 日在中央全面依法治国工作会议上的讲话。

条例》，作为全国首部"枫桥经验"传承发展的地方性法规，总结固化绍兴在社会治理实践中广泛认同、较为成熟、操作性强的成功经验和做法，特别是把驻村指导员、民情日记、社区党建"契约化"共建等创新实践成果写入法规；开创浙江省为单一植物实行地方立法保护的先河，制定《绍兴会稽山古香榧群保护规定》，盘活绍兴古香榧树资源，推动绍兴香榧产业发展，2022 年实现香榧行业总产值 16.8 亿元左右，"城市绿名片"更闪亮，农户"摇钱树"更"多金"。自 2015 年行使地方立法权到 2023 年 12 月，绍兴已先后制定了《绍兴市大运河世界文化遗产保护条例》等 18 部地方性法规、《柴油动力移动源排气污染防治办法》等 3 部政府规章，解决了许多发展中的实际问题。

推进地方性法规规章全生命周期管理。绍兴健全和完善立法体制机制，从法规立项到评估修改全过程，探索形成了征求意见"八个必须"（社会公众必须征求、人大代表必须征求、市级领导必须征求、绍兴政协必须征求、法律专家必须征求、市级部门必须征求、县级人大必须征求、基层立法联系点必须征求）、审议"四个集中"（集中时间、集中精力、集中力量、集中办公）等立法经验。绍兴还健全法规规章动态维护机制，实行配套规范性文件与法规规章草案同步研究、同步起草，并在规定时限内开始实施；对地方性法规开展实施一年听取报告、两年执法检查、三年立法后评估，加大对地方性法规执法检查力度，确保地方性法规落地见效；每年至少对 1 件现行有效的政府规章或行政规范性文件开展后评估，及时清理不适应全面深化改革和经济社会发展要求的制度措施。

完善行政合法性审查工作体系。绍兴制定出台《关于加强行政规范性文件制定和监督管理工作的通知》等文件，严格按照"评估论证、公开征求意见、合法性审核、集体审议决定、向社会公开发布、备案"的程序制定规范性文件，实现规范性文件制定程序和监督管理制度化、规范化、常态化。针对行政规范性文件、重大行政决策、重大行政执法决定、行政协议四个类别的审查工作个性和共性，绍兴编制"行政合法性审查要素表"，充分发挥要素表的提示性、指引性和强制性作用。同时，根据中央统一部署，对涉及《民法典》、新修订的《行政处罚法》和共同富裕示范区建设等行政规范性文件进行专项清理工作，及时予以修改或者废止。全域推进乡镇（街道）合法性审查质效提升改革试点，全市6个县（市、区）合法性审查中心实现全覆盖并实体化运行，并新增行政、事业编制充实审查力量，为基层合法性审查减负增能，有力提升基层依法治理水平。自2023年初启动试点工作至年底，全市103个乡镇（街道）共开展合法性审查9882件，较2022年增长63.5%。

（二）实施营商环境和政务服务便民利企行动，营商环境更加优化提升

全力推进重点产业合规体系建设。绍兴印发《重点产业合规专项行动方案》，构建形成企业自律、政府监管、社会监督相结合的产业合规体系。制定任务清单，编制涉外合规、劳动者权益保护、行政奖补、安全生产、生态环境保护等9个通用性专项合规指引，推动集成电路、纺织印染、伞业、袜业、机械、轴承等6个重点产业合规中心（站）建设。绍兴还与高校合作共建企业合规研究机构，全面推动企业合规学术研究和合规人才培养。聚合资深律师、税务师、高校教授、行业业务骨干等专家组建合规人才智库，指导帮助企业开展合规建设，促进企业合规经营。同时，绍兴组织律师研发企业用工一站式法律服务、企业知识产权保护、应收账款管理等十余个法律服务产品，为企业提供"定制服务"。持续扩大涉案企业合规案件办理，截至2023年底，已对16家涉案企业开展合规建设，有11家企业实现司法康复。

全力推进护企优商法律服务。绍兴成立"公益律师服务团"，优化"企业家法治会客厅"，为企业打造"会诊式"专家服务，创新推出联企、护企、助企、惠企服务举措42项；深化"枫桥式"护企优商模式，成立市县两级"1+6"护企优商服务中心，为企业提供包括商务、人才、征信、法务、物流、安企、安防在内的7个"一类事"共39项综合服务，并在企业集中区、商会所在地布建警企联络站（室点）325个，全面覆盖在绍企业；

全国首创"在外越商联络室",在沈阳、桂林、西安等 17 个省市建立 23 个在外越商警务联络室,辐射 1350 家在外越商企业;深化"商会+N"枫桥式法护民企新模式,以商会为平台,联合公检法司等部门,形成"法护民企"大格局,推动更多法治"因素"向商会端、企业端延伸发力。2023 年全年为企业开展法治体检 63307 家,出具法治体检报告 30939 份。

全力推进"增值式"政务服务改革。为加快政务服务从便捷服务向增值服务全面升级,绍兴在全省率先制订出台《全面推行"越满意""增值式"政务服务改革实施方案》,构建"11558"政务服务体系,相关举措获省委主要领导批示肯定,并成功获批"政务服务线上线下融合和向基层延伸"国家级试点,绍兴柯桥区成为全省政务服务增值式改革首批试点。2023 年 6 月以来,市、县、乡三级政务服务中心全面推行"延时错时服务",公安、人社、医保等 11 个部门 125 项高频事项,在工作日中午和周六日提供增值服务。打造"越快兑"政务服务平台,实现全市"1+9+x"政策资金"直达快享"全覆盖,通过大数据归集,实现政策精准推送,真正变"企业找政策"为"政策找企业"。在全省率先打通财政支付系统,申请人最快在公示期结束后 1 天内收到兑付资金。

(三)实施"大综合一体化"行政执法改革行动,行政执法更加公正文明

构建权责统一的行政执法职责体系。绍兴编制执法总目录+综合执法+专业执法+乡镇执法"四张清单",综合执法事项占比 29.6%,覆盖 62.5% 的执法领域;编制处罚事项、监管事项、职责边界"三张清单",厘清源头监管、后续监管、末端执法各环节职责,明确监管与执法双方责任,并与划转的业务主管部门签订事项交接备忘录。绍兴还以"三高"事项和易发现、易处置、易承接为基准,合理制定符合本地区实际的赋权清单,实施差异化赋权,全市赋权镇街赋权事项 97~1057 项不等,实现精准下放。建立权责清单评估指标体系,对地区和单位权责清单实施量化引导,规范权力运行,获评浙江省 2022 年度县乡法治政府建设"最佳实践"项目。此外,为理顺

监管和执法的关系，制定《绍兴市行政执法检查与处罚衔接专项监督实施方案》，建立检查与处罚闭环衔接机制，规范本地区行政处罚立案标准、行业主管部门检查与综合执法部门处罚移送标准，筑牢监管执法链条。

构建"金字塔形"行政执法队伍体系。按照"应统尽统"原则，市县两级共精简执法队伍 33 支，精简执法编制 305 名，构建"1+8"执法队伍体系。优化执法层级，除生态环境、交通运输领域外，市场监管、文广旅游、农业农村、应急管理、卫生健康、自然资源等领域实行以区为主的执法体制。因地制宜分类推进乡镇（街道）"一支队伍管执法"，赋权乡镇（街道）81 个，占全市镇街总数的 78.64%。此外，在全省率先出台部门执法人员编制"县属乡用"实施意见和配套管理办法，除中央明确实行派驻体制的机构外，其他部门派驻乡镇（街道）的执法力量均整合纳入乡镇（街道）实行统一管理，执法力量下沉县乡比例为 91.76%，下沉乡镇（街道）比例为 73.86%。绍兴探索建立区镇村三级行政执法工作体系，推动综合执法和网格治理深度融合，有效破解基层治理难点堵点。

构建科学规范的执法方式方法体系。绍兴推广"首违不罚"执法模式，开展轻微违法行为告知承诺制，创新运用说服教育、劝导示范、警示告诫、指导约谈等非强制性执法手段，全市 30 个主要执法领域 425 个处罚事项全部实现轻微违法免罚事项清单具体化、标准化。绍兴还全面推行"综合查一次"，截至 2023 年 12 月底，累计建立跨部门、跨领域"综合查一次"监管检查事项任务清单 48 项，减少重复检查 3.6 万余次，实现"进一次门、查多项事、一次到位"，大大减少重复执法和执法扰企扰民。此外，绍兴严格落实行政执法"三项制度"，推广行政行为码，健全行政裁量权基准制度。截至 2023 年 12 月底，全市综合执法系统办理普通程序案件 2.97 万件，简易程序案件 39.10 万件，分别同比增长 24.86%、25.69%。聚焦食品、药品等社会关注、群众关切重点领域，拓展执法监管"一件事"应用 75 件，并以此为切口，健全事前事中事后有效衔接、信息互联互通共享、协同配合工作机制。

构建有力有效的行政执法监督体系。绍兴制定出台全国首部协调监督专项地方政府规章《绍兴市行政执法协调监督工作办法》，建立健全行政执法职责争议处理机制，建设市县乡三级全覆盖行政执法协调监督工作体系。在这个机制下，绍兴每年都会组织行政执法评议活动，开展执法制度、监管履职、执法数量、队伍建设、执法绩效等全方位评议；持续开展行政执法情况日常监督检查、案卷评查、专项监督、个案监督等多种监督，及时对行政执法中存在的普遍性、倾向性问题提出预警和整改建议。拓宽社会各界力量参与行政执法监督渠道，创新推广"部门参与、代表建言、专家献策、群众发声"四位一体的"枫桥式"社会监督模式，公开选聘特邀行政执法监督员，推动全市各级执法机关严格规范公正文明执法。

（四）实施行政争议预防化解靶向治理行动，行政争议化解更加便捷有效

开展行政诉讼高发领域专项治理。针对土地房屋领域行政诉讼案件多、败诉多的问题，绍兴建立完善源头治理、协同联动、调撤化解、晾晒督办、责任落实等机制，对城乡建设、自然资源、农业农村、违法建筑拆除等四大领域进行集中治理。开展诉讼败诉、复议纠错案件复盘溯源工作，赴相关区、县（市）开展实地调查研究，形成《关于土地房屋领域行政争议的调研报告》。为提高执法人员的业务能力，绍兴经常性开展土地房屋领域专题业务培训，不断提高基层执法人员依法行政和依法履职能力。完善行政诉讼诉前调解机制，规范工作流程，将调解程序提前至立案阶段，最大限度减少行政诉讼。出台《关于加强行政行为自我纠正的实施意见》，进一步推进行政行为自我纠正工作常态化、规范化、高效化。2022 年，行政诉讼收案同比下降 10.76%；败诉率 2.76%，同比下降 7.25 个百分点，排名从多年全省落后提升至全省第一；调撤率 43.76%，同比提高 8.45 个百分点。2023 年，行政诉讼败诉率 2.49%，继续保持全省最低。

切实加强和改进行政应诉工作。为有效解决"告官不见官""见官不出声"问题，绍兴制定《行政机关负责人出庭应诉管理办法》等文件，明确出庭应诉的对象、类型、程序、职责等，细化应诉通知、负责人出庭、情况说明等具体流程，实行行政机关负责人出庭应诉"双请假"制度，持续加强行政应诉工作体系建设；每年组织行政应诉工作培训，邀请专家教授、高院法官、复议业务专家等进行授课，开展行政机关旁听庭审活动，进一步提升行政机关负责人出庭应诉能力；注重强化领导干部示范引领作用，市政府领导以身作则、带头示范。2022年市长在一起行政诉讼案件中出庭应诉，被浙江省委党校纳入全省依法行政典型案例。绍兴积极推动负责人参与行政争议实质性化解，负责人庭审前全面了解案情，确定化解方案；庭审中积极举证答辩，根据庭审情况及时向法庭提出自行纠正、停止执行或实质化解争议的方案建议；庭审后自觉履行生效判决。2022~2023年，全市行政机关负责人出庭应诉率保持100%。

强化行政复议"主渠道"建设。绍兴建立健全与法院、信访协同配合机制，推行"一窗受理·全域通办"模式，以司法所、矛调中心、重点园区为支点设立行政复议基层工作站，大力宣传行政复议制度优势，方便群众就近申请行政复议，推动形成"有争议先复议"共识。2023年全市新收行政复议申请3728件，复议诉讼比值达3.19。绍兴还推广落实行政复议专员分级管理制度，探索推动行政复议队伍职业化，列入全省第二批行政复议专员工作的试点地区，已成立行政复议专员评审委员会，并任命行政复议专员。全市行政复议办案人员50名，在职在编人员中持有法律职业资格证的占72%。此外，绍兴实施行政复议意见书、建议书"回头看"，健全专家咨询、集体讨论、风险协审和责任追究等案件办理内控体系，完善"繁简分流""复议听证"等审理模式，强化行政复议"定分止争"效能。2023年全市行政复议直接纠错率3.8%，95.6%的案件在行政复议程序中实现"定分止争"。

（五）实施法治意识和法治素养提升行动，法治观念更加深入人心

全面发挥"关键少数"尊法学法守法用法的示范带头作用。绍兴严格落实"凡提必考"，推进领导干部任前法律知识考试，将任前"考法"制度化常态化，成为领导干部履职的"必修课"。绍兴每年举办政府领导班子法治专题

讲座，加强习近平法治思想学习贯彻，邀请专家学者辅导授课，领导干部交流学习心得，组织开展重点执法领域领导干部执法能力提升专题培训，切实提高领导干部运用法治思维和法治方式解决问题的能力。绍兴把专题述法作为领导干部年度考核述职的重要内容，实现乡镇（街道）以上党政主要负责人专题述法全覆盖，并积极将主体范围向村（社区）组织负责人延伸。据统计，2022~2023 年，全市组织专题述职述法 478 场，共有 13451 名各级领导干部进行了述法。绍兴注重强化考核结果运用，将述职述法情况纳入班子领导和领导干部综合绩效考核评价，作为干部选拔任用的重要参考。通过任前考、常态学、年度述的方式，牢牢抓住领导干部这个"关键少数"。

全面落实普法责任制。绍兴建立普法与依法治理年度工作要点和责任清单发布机制，实行"共性工作+个性清单"双向推进模式，明确全市 67 个部门的 6 个共性项目和 202 项个性项目。实践中，绍兴对这些项目实行"一月一自查""一月一晾晒"，开展区、县（市）和重点普法单位责任清单完成情况晾晒比拼工作，有效推动普法工作提档升级。为了使普法落到实处，绍兴建立"普法要点月提示"机制，结合每月重要节日、活动等，明确普法重点内容，推动各级机关开展普法活动，营造浓厚的法治宣传氛围；按照"谁主管谁负责、谁执法谁普法、谁服务谁普法"的普法责任制要求，采取法律知识讲座、以案释法等形式，开展征地拆迁、劳资纠纷、土地承包转让、家庭婚姻、妇女儿童维权、农民工维权等特色鲜明、形式多样的群众性法治文化活动；打造"互联网+"普法宣传新矩阵，在绍兴官方 App "越牛新闻"上开设"法润观点""师爷说法""民法典律师说"等多个专栏，解读与老百姓生活密切相关的法律知识，真正将法治精神和知识"润"进老百姓的日常生活，受到群众普遍好评。

全面实施公民法治素养提升专项行动。公民法治素养的提升是法治社会建设的基础，绍兴研究制定有针对性、可操作、有实效的公民法治素养基准通识地方版，包括"法治信仰"（尊法）、"法律认知"（学法）、"法治行为"（守法、用法）、"法治文化"四个方面的内容，突出绍兴具有影响力的法治故事、经验与思想。绍兴在全省首个出台《公民法治素养观测办法》，建设全领域观测点位，共设立县级公民法治素养观测点 518 个、市级以上 30 个。此外，绍兴还强化数字赋能，在全省首创公民法治素养"码"上行。以"律动·浙里"数字化法治应用平台为依托，建立"需求收集、多元供给、效果评价、质效提升"工作闭环，自动刻画法治素养新模型。这些举措也使绍兴市民的法治素养得到较大提升。例如，上虞区"虞法同行"社会化普法基地荣获 2022 年度浙江省公民法治素养观测点"十大最佳实践案例"，柯桥区税收普法教育基地荣获提名奖，公民法治素养测评结果居全省第二，培育"法治带头人"11145 人，"法律明白人"34267 人，"尊法学法守法用法示范户"26220 户，在全社会形成办事依法、遇事找法、解决问题用法、化解矛盾靠法的浓厚氛围。

三 未来展望

党的十九大报告明确提出到 2035 年实现"法治国家、法治政府、法治社会基本建成"的目标。党的二十大报告指出，必须更好发挥法治固根本、稳预期、利长远的保障作用，在法治轨道上全面建设社会主义现代化国家。在向第二个百年奋斗目标进军的新征程中，绍兴将继续坚持中国特色社会主义法治道路，以习近平法治思想为指导，进一步强化转化运用，创新法治政府建设理念手段，全面推进政府各方面工作法治化。

（一）坚持党对法治政府建设的全面领导

方向涉及根本、关系全局、决定长远，正确的方向是法治政府建设的统帅。但一些地方法治政府建设存在司法行政机关"小马拉大车"的问题，对法治政府建设工作口号喊得震天响，落实起来轻飘飘。对此，绍兴将从以下几个方面努力。一是健全习近平法治思想学习转化机制。持续开展习近平法治思想进机关、进党校、进学校、进国企、进社会治理中心、进法律服务机构、进部队、进企事业单位和村社等"八进"活动，与学习贯彻党的二十大精神紧密结合起来，不断提升系统运用习近平法治思想武装头脑、提升站位、指导实践、推动工作的能力和水平。二是健全市县党委领导推进法治政府建设工作机制。市县党委切实履行推进法治建设领导职责，安排听取有关工作汇报，及时研究解决影响法治政府建设的重大问题。党委法治建设议事协调机构要把法治政府建设纳入法治建设全局，加强统筹协调、一体推进。三是优化法治建设考评体系。完善法治建设考、评、述、责等闭环机制，结合年度法治建设工作重点和历年考评情况，及时调整考评办法，进一步规范考核内容、优化考核方式、提升考核权重、强化结果运用。

（二）坚持以人民为中心的发展思想

"人民满意"是衡量法治政府建设的价值准绳。但个别地方推进法治政府建设主要靠堆资源、堆材料，没有很好地解决群众急难愁盼的问题，人民群众的获得感、幸福感不强。绍兴充分认识到这个问题的重要性，将从以下几个方面发力。一是深入推进"放管服"改革。分类持续推进"证照分离"改革、商事主体登记确认制改革，实施准入准营"一件事"全流程办理，全面推行涉企经营许可事项告知承诺制。加快实现政务服务事项"一网通办"，高质量建成"掌上办事之市"。二是持续优化营商环境。健全公平竞争审查工作机制，开展破除地方保护和市场分割专项行动，加快建设高效规范、公平竞争、充分开放的统一大市场。加强预防性重点产业合规体系建设，强化高频涉法风险预防的行政指导和法律服务。推进"企业家法治会客厅"建设，打通政企互动渠道。三是提升法治惠民质效。加快建设覆盖城乡的现代公共法律服务体系，推动公共法律服务资源向农村社区延伸、向基层一线下沉、向弱势群体覆盖，着力打通法律服务的"最后一公里"。

（三）坚持发挥改革创新的强大动力

法治政府建设要想取得全面突破，必须转换思路、深挖潜力，在已有经验、做法和制度基础上坚持改革创新，在法治框架下积极探索推进依法行政的新理念、新路子、新办法，但当前法治政府建设中把改革创新举措转化为治理效能还有待加强。对此，绍兴未来将采取以下措施。一是深化"大综合一体化"行政执法改革。全面推行涉企"综合查一次"清单制度，优化信用监管机制。健全多跨协作机制，深入推行非现场监管。开展行政执法事项清理、乡镇（街道）综合行政执法实施情况评估。实施提升行政执法质量三年行动，部署开展执法扰企专项执法监督。二是深化数字法治改革。运用数字技术、思维、认知，对法治政府建设的体制机制、组织架构、方式流程、手段工具进行全方位、系统性重塑，加强法治领域数据获取、数据共享、系统集成，推动多跨场景应用贯通落地，以数字赋能治理方式优化、治理体制完善、治理能力提升。三是深化行政复议体制改革。以《行政复议法》修订为契机，持续扩大宣传范围，提升复议知晓率。加大复议受理前调解力度，发挥诉前调解机制作用，源头化解行政争议。健全完善复议与诉讼联席会议制度、行政复议咨询委员会例会机制，探索建立行政机关"一把手"参与复议调解会、听证会机制。

（四）加强对行政权力的制约和监督

党的二十大报告指出："完善权力监督制约机制，以党内监督为主导，促进各类监督贯通协调，让权力在阳光下运行。"但个别地方还没有真正做到将行政权力有效关进制度的笼子，与从形式"合法"向实质"正确"迈进的要求相比还存在一定差距。对此，绍兴将从以下几个方面加强监督。一是抓实政务公开。坚持以公开为常态、不公开为例外，大力推进决策、执行、管理、服务和结果公开，做到法定主动公开内容全部公开到位。加强公开制度化、标准化、信息化建设，提高政务公开能力和水平。二是抓实行政执法监督。全面推进市县乡三级行政执法协调监督工作体系建设。建立健全下沉人员管理保障、业务指导培训、问题发现和事件（故）复盘倒查"三大机制"。严格落实行政执法责任制和责任追究制度，通报一批责任追究典型案例。三是抓实法治督察。建立健全"法治督察+纪检监察监督""法治督察+审计监督"贯通协同机制，形成监督合力，充分发挥法治督察对法治建设责任落实的督促推动作用。建立常态化晾晒机制，树立起厉行法治的鲜明导向，确保各项任务落到实处、见到实效。

B.19
衢州礼法融治的地方实践

中国社会科学院国家法治指数研究中心项目组*

摘　要：　法治中国建设包含制度建设、法律实践和法律文化建设三个重要维度，传承中华优秀传统法律文化并赋予传统法律文化以法治精神和新的时代内涵是法治建设的重要使命。衢州"礼法融治"的实践探索层次分明、循序渐进，充分利用传统文化资源优势助推法治建设，构建起社会治理新格局，也为传统文化在发展中创新开辟了新的路径。衢州实践表明，传承中华优秀传统法律文化与法治中国建设需相互助进，要深刻理解"两个结合"的重大意义，坚持中国特色社会主义法治道路，续写兼具历史底蕴与时代精神的中华法治文明精彩华章。

关键词：　"礼法融治"　优秀传统法律文化　法治中国　马克思主义中国化

　　党的二十大报告指出："弘扬社会主义法治精神，传承中华优秀传统法律文化，引导全体人民做社会主义法治的忠实崇尚者、自觉遵守者、坚定捍卫者。"① 习近平总书记在文化传承发展座谈会上强调："在新的起点上继续推动文化繁荣、建设文化强国、建设中华民族现代文明，是我们在新时代新

---

　　*　项目组负责人：田禾，中国社会科学院法学研究所研究员、国家法治指数研究中心主任；吕艳滨，中国社会科学院法学研究所研究员、法治国情调研室主任。项目组成员：王小梅、王祎茗、刘雁鹏、栗燕杰等（按姓氏笔画排序）。执笔人：王祎茗，中国社会科学院法学研究所副研究员；田禾。

　　①　中国共产党新闻网，http://cpc. people. com. cn/n1/2022/1026/c64094-32551700. html，最后访问日期：2023 年 8 月 17 日。

的文化使命。要坚定文化自信、担当使命、奋发有为，共同努力创造属于我们这个时代的新文化，建设中华民族现代文明。"① 法治中国建设不仅包含制度建设和法律实践，更加需要注重作为法治精神内涵的法律文化建设。优秀法律文化如何传承，当代法治精神如何塑造，皆需正确理解党的二十大报告精神和习近平总书记讲话重要精神。

华夏千年，文脉延绵，明礼崇义，生生不息，其中要义在于代际赓续，也在于革故鼎新。中华文明优秀传统形塑了国人独特的精神气质，礼仪之邦之美誉广播四方；同时，博大包容的中华文化更擅于兼收并蓄，与时俱进。马克思主义基本原理与中国实际相结合的一个典型，即中华优秀传统文化作为源头活水滋养灌溉了中国化时代化的马克思主义时代精华的新文化。

法律文化的发展规律不外于此。以礼法融合为精髓的中华法系在世界法治文明史上熠熠生辉，虽经历近代变法修律后制度文本隐去实体，但隆礼重法的传统法律文化却未彻底断裂，而是以更接近习惯法的方式真切影响着人们的生活。近代变法经历的数次波折和失败根源在于妄图全盘西化，强行割裂法律文化根脉。中国共产党领导下的新中国法治建设则本着实事求是的马克思历史唯物主义史观，取其精华去其糟粕，辩证地将中华优秀传统法律文化融入社会主义法治建设实践，形成具有中国特色的社会主义法律体系，新时代深化全面依法治国的道路自信、理论自信和制度自信很大程度上得益于传统法律文化瑰宝的创造性转化与创新性发展。

一 "礼法融治"的衢州实践探索：古为今用的地方法治建设新路径

地方法治实践对传统法律文化本土资源的有效利用已开展多年，积累了诸多有益经验。在深受儒家文化影响的地区这类做法更为突出，已日渐具备

---

① 习近平系列重要讲话数据库，http://jhsjk.people.cn/article/40005345，最后访问日期：2023年8月17日。

体系化的特征，并向理论化的更高层次延伸。素有"南孔圣地"之称的浙江省衢州市就是"礼法融治"的典型代表。近年来，衢州深入挖掘南孔文化精神内涵，充分发挥地方立法权的重要作用，建章立制、修约立法、以法护礼，实现"礼法并举"，开创用"引礼入法，礼法结合"模式推动社会治理的新格局，并迭代升级至"礼法融治"的理论与实践高度。衢州"礼法融治"实践多层次、循序渐进地实现社会秩序的和谐。

（一）礼法润心，有礼守法成为习惯与日常行为准则

"文以载道，文以化人。当代中国是历史中国的延续和发展，当代中国思想文化也是中国传统思想文化的传承和升华，要认识今天的中国、今天的中国人，就要深入了解中国的文化血脉，准确把握滋养中国人的文化土壤。"① 衢州是一座有 6000 多年文明史、1800 多年建城史的历史文化名城，始建于东汉初平三年（公元 192 年），文脉绵延流长。南宋孔氏大宗南迁，南宗后人于衢州开堂授课，千余年来，崇学尚礼、知行合一的浩荡儒风造就了明礼知义的衢州精神和古朴温厚的三衢民风。衢州坐拥独具特色的历史文化资源，但此前文化之于治理的重要功能未能被充分认识，传统对人们行为潜移默化的影响未能彰显，形成了衢州丰富文化资源"养在深闺无人识"甚至"不自知"的局面。习近平总书记曾深刻指出："衢州历史悠久，是南孔圣地，孔子文化值得很好挖掘、大力弘扬，这一'子'要重重地落下去。"②

多年来，衢州以"让南孔文化重重落地"重要嘱托为指引，潜心摸索复兴传统文化的时代路径。从城市特色出发，"有礼"文化率先在衢州旅游品牌打造过程中绽放久远深邃的光芒；继而，"衢州有礼"作为醒目的城市品牌令儒家文化在衢州各项建设中的重要作用日益凸显，古老的文化也借此焕发新的时代生机与活力。2018 年 3 月 27 日，衢州市第七届人民代表大会第三次会议上，"南孔圣地，衢州有礼"作为衢州市城市品牌标语出现在政府工作报告

---

① 习近平：《在创造性转化创新性发展中延续民族文化血脉》，《习近平著作选读》第一卷，人民出版社，2023，第 281 页。
② 《干在实处 勇立潮头——习近平浙江足迹》，浙江人民出版社，2022，第 235 页。

中；同年 7 月 25 日，衢州市召开建市以来第一次城市品牌发布会。

精心绘制的城市品牌凝聚了衢州最为突出的区域文化特色和独特的精神气质。"精准提炼并科学使用城市品牌，就找到了城市的'根'和'魂'，选准了加快城市发展的切入点和着力点。'南孔圣地'浓缩的是衢州市的区位和历史文化特色，这就是衢州的'根'之所在。'衢州有礼'彰显的是城市之'魂'，是城市精神，展现的是独特的城市风貌。"① 文明的沁润虽常常表现为润物无声，但久而久之也需要适当提醒方能免于熟视无睹的麻木。衢州充分发掘传统文化资源，唤醒群众对当地文明优势的明确认知与自豪感，从而在自觉守法的基础上还能以更高的道德标准约束自身行为。通过宣传城市品牌让每个衢州人认识家乡独有的文化优势，从而生发文化自信；作揖礼的文化标志遍布街巷，宛若身边镜鉴，提醒衢州人时刻自省是否践行知礼守礼；群众还能在儒家有礼文化的感召下自我激励、自我提升，为传承与发展优良传统主动作为。孔子言："导之以德，齐之以礼，有耻且格。"② 无形之感召相对有形之制度影响效果更为持久深远。"礼者，禁于将然之前；而法者，禁于已然之后。是故法之用易见，而礼之所为生难知也。……然如曰礼云礼云者，贵绝恶于未萌，而起信于微眇，使民日徙善远罪而不自知也。"③ 衢州做法恰恰将"难知"化为"易见"，将"不自知"化为"应知""明知"。

儒家之礼，精要在于"有序"。"使礼仪有序，民之治理。"④ "衢州有礼"的倡导在推动群众自我约束的同时达到了社会和谐有序的治理效果。"礼治"对秩序的维护与推行法治的目的不谋而合，在默契与互动中对社会综合施治。

"衢州有礼"品牌影响社会生活的方方面面，明礼守法的文化场景随处可见；近 39 万人的普法志愿队全面开展有礼志愿服务及普法宣传活动，同时设立多处"公民守法观测点"，全域皆为"礼法融合"宣传基地，形成处

---

① 常亮、刘正良主编《在衢州看见有礼中国》，人民日报出版社，2021，第 12 页。
② 《论语·为政》。
③ 《大戴记·礼察》。
④ 《礼记正义·礼运第九》。

处见礼、人人有礼的浓厚氛围。衢州的文明宣讲和普法工作不仅点多面广，而且能够深入贯彻"精准普法"要求，以有礼、法治为内容的相声、小品、脱口秀、剧本杀、旅行打卡等文化产品摆脱了生硬灌输，满足了不同年龄段群众的文化需求，使文明与法的教化作用在潜移默化中完成，更加入脑入心、外化于行。

（二）社会"软法"内涵丰富，柔性治理兼具"力度"与"温度"

"礼之用，和为贵。"①　"礼治"的传统治国理念包罗万象，是"德、理、教、罚"综合施治的规则共同体，表现为"刑""罚"的"法"在传统治理中虽居要位，却并非唯一，和谐的社会秩序有赖于多维度的规则之治，充分调动各个层面的治理资源也是古人治国理政智慧的体现，可为当今借鉴。且国人素有家国一体观念，"以天下为一家，以中国为一人"②　是形成共识的社会文化价值，家庭、宗族观念对人的行为起约束作用。中国社会结构虽已在近代经历过熟人社会的瓦解过程，但相较于人际疏离的西方国家人与人之间的社会联系依然较为紧密，特别是在乡村，邻里关系依然是重要的社会关系纽带，因此独特复杂的社会结构需要多元多层次的治理方式，以维持多元秩序的和谐。这就要求在硬性要求的法律体系基础上构建起其他规则构成的缓冲空间，正所谓"礼从俗"，这些缓冲规则即社会"软法"。社会"软法"兼顾传统与地方习俗，为一般性的法律适应差异性的人群构建起桥梁，有效缓解"法律自法律，社会自社会"的矛盾。衢州认识到社会"软法"的重要作用，弘扬新时代"枫桥经验"，落实全过程人民民主，充分发掘村规民约在社会治理中的功能潜力，以"自治"促依法共治。

衢州强化基层民主选举、民主协商、民主决策、民主管理和民主监督，将"和谐""礼让""睦邻""无讼"的传统文化精髓融入法治保障全过程人民民主的工作体系，引导规范群众实现自我管理和自觉守法的良好社会风

---

① 《论语·学而》。
② 《礼记·礼运》。

气。其一，加强法治保障，确保民主选举。通过"乡村振兴讲堂"宣讲和"村情通"等平台与群众进行真实有效沟通，确保选举各个环节民主参与、反映民意。其二，创新议事机制，促进民主协商。衢州市政协开发"请你来协商"工作平台，推动民主协商向基层延伸。各村成立"邻礼议事会"，打造协商议事示范点，制定"四公四社"民主协商目录，创建"五步协商法"，在农村社区依托"村情通"开发"请你来协商"模块，开通留言管理、建言献策、直播协商等功能，方便群众迅捷开展协商并减轻基层负担。其三，规范村规民约，推行民主决策。衢州对村规民约提出三个层次的要求，即通俗易懂、合乎法治和确保落地，使之真正发挥基层治理"小宪法"的作用。其四，迭代三大工程，推动民主管理。以"规范建档"整理村情村况为抓手，掌握"村情民意"；以"民情沟通"强化为民服务为抓手，推进"阳光政务"；以"破解难题"化解矛盾纠纷为抓手，密切干群关系。其五，拓宽监督渠道，规范民主监督。把监督融入基层治理，探索构建"抓人促事、一体联动、口形闭环"的"合"字形基层监督体系，切实提升基层监督效能。

　　其中村规民约在基层社会治理中的重要作用需特别予以重视。《法治社会建设实施纲要（2020~2025年）》强调："充分发挥社会规范在协调社会关系、约束社会行为、维护社会秩序等方面的积极作用。加强居民公约、村规民约、行业规章、社会组织章程等社会规范建设，推动社会成员自我约束、自我管理、自我规范。"① 乡里自治作为一种儒家传统最早可追溯至周代，可考最早的自治制度文本为宋代《吕氏乡约》，以发现者理学家朱熹为代表的后世大儒对其推崇有加，到明代乡约治理模式为官方认可和推广，王阳明在1518年颁布的《南赣乡约》历史影响深远。作为一种习俗之上、国家典章制度之下的规则系统，乡约具有兼备地方特色与国家法制基本要求的特点，适用方面更加灵活、直接，成本低、效果佳，体现了社会治理方式的

---

① 中国政府网：https://www.gov.cn/zhengce/2020-12/07/content_5567791.htm，最后访问日期：2023年8月25日。

层次性和差异性。作为一种法律之外对社会关系调适起重要作用的社会规范，为当今所重视实属情理之中。

衢州大力推广衢州有礼市民公约、"八个一"有礼系列行动，实施"千村修约"工程，村规民约、居民公约全面融入"有礼"基因，真正推动有礼行动化风成俗。

城市公约可以视作一种更大范围意义上的"民约"，衢州制定实施《衢州有礼市民公约》20条，创新性地提出打造"八个一"城市①系列有礼行动，让广大市民养成文明习惯，大力培育新时代有礼衢州人；在此基础上建立覆盖全社会的文明征信系统，通过信用机制激励"有礼"行为，惩戒"违礼"的不文明行为。推出"有礼指数"测评，打造"请人民阅卷"融媒问政平台，开设《今日直击》《聚焦时刻》《有礼红黑榜》等舆论监督栏目，对各种"失礼"行为进行曝光通报。

在乡村鼓励引导群众通过承继优良民风民俗又融入现代法治精神的"乡村中的宪法"——村规民约实现基层自治，习惯与法制良性互动，"诗画乡村"不仅美在风光更美在行动与人心，为乡村振兴提供了和谐但有力的软实力支撑。衢州乡村村规民约兼顾地方习惯传统和民主法治新要求，形成了新时期村规民约制定实施独具特色的工作方法。在制定环节做到"一村一策"，杜绝"千篇一律"，采取"四上四下"的"八步修订法"和村民众议修约模式，让村民全员参与"村法"形成；"村法"形成后通过合法性审查"规"约，保障自治规则与法制统一。在实施环节全员参与，扩大民主选举、"村法"协商、干部乡贤化解矛盾、约束信访行为，让村民成为民主治理的践行者。在监督环节全员参与"村法"监督，让村民成为民主监督的主导者。衢州市柯城区花园街道上洋村十改"村法"，凝聚民心实现共富就是村规民约助推农村高质量发展的典型案例。上洋村通过审时度势不断民主决策修订村规，合乎情理且合法地解决了包产到户、集体经济转型、社

---

① 即一座"车让人"的城市、一座"烟头不落地"的城市、一座"自觉排队"的城市、一座"使用公筷公勺"的城市、一座"不随地吐痰"的城市、一座"行作揖礼"的城市、一座"没有牛皮癣"的城市、一座"拆墙透绿"的城市。

员身份认定、红利分配、社员福利待遇、医药费报销、农房外立面改造等现实问题，集众智合力突破了村级发展瓶颈。

（三）引礼入法，突出地方法制"有礼"导向

传统法律文化带给今人的启示远不止教化人心和治理手段层面，古人关于德、情、理、礼与刑、罚、法关系的思考已然达到法哲学的高度，足以指引当今立法实践。"承天之道以治人之情"① 是对法的要求，在法律与人情大义相左之时，儒家经典中君子以身试法、舍生而取义的事例比比皆是，从反面说明能否体现天道（客观规律）与人情是评判法律制度的标尺，立法应充分考虑情理，做到礼法交融。这也是所立之法能够被切实遵守，避免在日后成为具文的先决条件。

衢州因地制宜，通过文明立法，正式把市民公约和"八个一"城市特色工作融入法规，转化为法言法语。先后颁布《衢州市文明行为促进条例》《衢州市城乡网格化服务管理条例》《衢州市物业管理条例》《衢州市市区电动自行车管理规定》等地方性法规，有效解决一些群众反映强烈、屡禁不止的"老大难"问题。自 2015 年 7 月以来，共制定地方性法规 19 部，其中 10 部与优化德治环境有关，为提升城市文明、赋能城市发展，提供了有力的法律支撑。衢州地方立法实践为有效结合传统文化资源解决现实热点问题提供了有益参照。地方立法本身具有"小切口""小快灵"的特点，衢州立法引入礼治文化的实践让我们看到地方立法还应体现地方特色与独特优势，以群众熟悉且接受度高的方式发现问题、解决问题，赢得群众对立法的共鸣与支持，并自觉守法。

正是由于法律制度创制过程充分尊重人民民主，体现群众心声，得到群众真心拥护，衢州的法治建设之路也走得格外顺畅。衢州民主法治示范村（社区）创建成效显著，已成功创建全国民主法治村（社区）14 个，省级 300 个，市级 1240 个。

---

① 《礼记·礼运》。

法律的生命在于实施，实施的关键在于执法。衢州"引礼入法"的理念还体现在执法工作中。在法治政府建设中实施《行政执法工作规范》衢州地方标准，推动有礼行动化风成俗。围绕法治化营商环境建设，出台《关于进一步加强涉企有礼执法工作的意见》，明确4个方面17项涉企有礼执法工作举措，推动全市各级行政执法机关落实文明语、规范行、差别管、审慎罚、柔性裁、精准督等"六礼"执法行为规范，积极打造"有礼"执法品牌，推动解决执法中多头重复检查、执法方式粗放、类案不同罚、重复处罚等执法不规范问题。

衢州"引礼入法""礼法融治"的探索步骤清晰，符合由无形之"礼"演化为有形之"法"的认知规律，渐进式的道德约束、舆论约束到征信激励与惩戒措施再到法律的强制措施与公众接受能力相匹配。多年来发展实践已经习惯于先建设物质文明、再建设精神文明的路径，衢州"礼法融治"的探索让我们看到另外一条可行之路，即中国各地皆坐拥五千年文明的深厚积淀且大多拥有地方特色、民族特色文化资源，这些无形资产在推动法治建设、社会发展方面潜力巨大、大有可为！

二　传统法律文化古为今用过程中需注意的问题

对本土文化资源的重视与创造性转化在各地蓬勃开展，实践中也逐渐浮现出一些不容忽视的问题。

（一）切实重视文化的教化功能，避免流于形式

从历史发展脉络讲，1840年以后，包含法律文化在内的中国传统文化经历了重大转型，在西方文化的影响和冲击之下，中国文化传统和法律制度都在很大程度上发生了"断裂"。新中国成立以前，中国文化与法制的近代化经历了数次破与立的波折均未能成功，有一重要原因即未能处理好传统和西方所谓"现代文明"的关系。中国共产党以马克思主义辩证唯物史观为指导，对传统文化保有清醒认知，特别是党的十八大以来，对优秀传统法律

文化的理论表述渐成体系，越发清晰地指导法治建设实践。

"徒法不足以自行"①，"礼乐不兴，则刑罚不中"②，推行法制离不开文化助力，而文化是具有传承性的。正是由于历史上传统文化经历过曲折，在漫长的历史时期它不再"强势"，时至今日仍有地方对珍贵的文化遗存熟视无睹，轻视怠慢，将法律实施、法治发展置于孤立无援的境地。此外，虽然在党的政策号召下越来越多的地方开始重视优秀传统法律文化的积极作用，却有少数地方在适配现实工作时生搬硬套，导致出现传统与现代"两张皮"的状况，既没有很好地继承发扬优秀传统法律文化，也没有对法治产生任何推动作用。传统文化不是固化的出土文物仅供展览，而是要经世致用产生实际影响。

由此观之，衢州"礼法融治"实践的样板意义并不在于有何前所未见的创新，而在于对真诚敬仰传统文化之心的"唤醒"和将其恰当有效融入日常工作的探索。

（二）认识到文化的时代局限性，避免因循守旧

习近平总书记曾深刻指出："传统文化在其形成和发展过程中，不可避免会受到当时人们的认识水平、时代条件、社会制度的局限性的制约和影响，因而也不可避免会存在陈旧过时或已成为糟粕的东西。这就要求人们在学习、研究、应用传统文化时坚持古为今用、推陈出新，结合新的实践和时代要求进行正确取舍，而不能一股脑儿都拿到今天来照套照用。"③ 一些不符合当代法治精神的陈规陋习需要革除，切不可打着继承传统的名义因循守旧。对此，古人也有论述："圣人有作，古礼未必尽用，须别有个措置，视许多琐细制度皆若具文，且是要理会大本大原。"④

今时之"礼"非"礼有等差"强调等级秩序之礼。礼有"礼义""礼

---

① 《孟子·离娄上》。
② 《论语·子路》。
③ 习近平：《在创造性转化创新性发展中延续民族文化血脉》，《习近平著作选读》第一卷，人民出版社，2023，第281页。
④ 《朱子语类·卷八四》。

制"之分。"礼义"是礼的内涵、即礼的精神,即所谓"大本大原",其中与当今民主与法治精神同声和鸣至少是不背道而驰的部分方可发扬光大;"礼制"所载繁文缛节早已成为故纸,为历史所淘汰。传统文化有其赖以产生存在的历史背景与客观土壤,能留存至今的大部分是积极正面具有生命力的部分,但由于文化发展的"惰性",不免泥沙俱下掺杂了一些"糟粕"。例如,在国家户籍制度、生育制度变化对集体成员待遇(特别是土地征用租用补偿)产生重大影响时,同样是东部某省的另一乡村,固守"嫁出去的女儿泼出去的水"的传统观念,在村规民约中作出明显不利于女性集体成员的规定;但衢州市上洋村的村规民约适时改进,充分保障了"女儿户"和再婚妇女的权益,维护了男女平等和集体成员公平对待的法治要求。再如,在北方某村,虽也标榜以儒家文化治村,却保留着封建时代歧视女性的旧习,对嫁入本村的女性在婚礼上进行"三从四德"教育,却不对男性进行任何敬老爱家的宣讲,这种做法不符合社会主义核心价值观,同时也有违法之嫌。

衢州在村规民约制定和风俗习惯规范引导方面颇有心得。发挥"一村(社区)一法律顾问"的优势,开展村规民约法治体检活动,针对排查出来的村规民约中的违法条款,一对一指导修改。以推进乡镇(街道)合法性审查全覆盖为契机,完善村规民约合法性审查机制,加强对司法所人员和法律顾问的培训指导,推动其参与村规民约修订的审核把关工作。同时,明确乡镇对村规民约的审查备案程序,由司法所对村规民约进行备案审查,重点审查村规民约修订程序和内容是否合法、是否符合实际、是否具有可操作性。

(三)应以法治思维为底线思维,避免过度干预

要防止道德的泛化和公权力对"私生活"的过度干预。文化以其润物无声之力助推法治建设的作用显而易见,但不可过度夸大,需警惕道德将法律底线上移,违背法理以强制方式限制公民的行为。现代性的法治思维本质上是底线思维,文化、道德、舆论可以对任何行为作出超越法律的评价,但

不可越俎代庖以法的手段对合法但不那么合情合理的行为进行干涉。特别是在致力于用足地方立法权，以地方立法呈现文化效应时，应警惕对已有上位法的轻易突破可能带来的正当性风险和法律适用困难。

衢州建立起多层次的社会治理规则体系，以文化感召、公约民约、地方法制逐级递进、刚柔兼备，在"引礼入法"过程中注重立法的科学性、专业性，妥善处理了德治与法治的关系，综合施治、科学严谨的工作思路值得肯定。

三　传承中华优秀传统法律文化
与法治中国建设需相互助进

地方实践充分证明，传承优秀传统法律文化对更好地落实依法治国方略有重要作用，但实践中出现的问题又表明，中华传统法律文化亟须融入当代社会主义法治精神以涤故更新，方可获得更为蓬勃的生命力。二者关系并非单向而是相互的，传承中华优秀传统法律文化与法治中国建设需相互助进。"儒家思想和中国历史上存在的其他学说都坚持经世致用原则，注重发挥文以化人的教化功能，把对个人、社会的教化同对国家的治理结合起来，达到相辅相成、相互促进的目的。"①

要在实践中重视发掘优秀传统法律文化资源，切实以文化之力推进法治中国建设。"源浚者流长，根深者叶茂。"② 习近平总书记提出，"坚持把马克思主义基本原理同中国具体实际相结合、同中华优秀传统文化相结合"极具深意，追求公平正义、民本和谐的中华法治文明之光依然能够照亮社会主义法治建设前路。而且，这是属于中国人民的、凝聚中国人民智慧的、具有中国特色的法治发展之路。"中国人民的理想和奋斗，中国人民的价值观和精神世界，是始终深深植根于中国优秀传统文化沃土之中的，同时又是随

---

① 习近平：《在创造性转化创新性发展中延续民族文化血脉》，《习近平著作选读》第一卷，人民出版社，2023，第277页。
② 唐·张说《起义堂颂》。

着历史和时代前进而不断与日俱新、与时俱进的。"① 文化与法治的结合还事关马克思主义中国化的时代命题。"中国共产党人深刻认识到，只有把马克思主义基本原理同中国具体实际相结合、同中华优秀传统文化相结合，坚持运用辩证唯物主义和历史唯物主义，才能正确回答时代和实践提出的重大问题，才能始终保持马克思主义的蓬勃生机和旺盛活力。"② 要以社会主义法治精神更新传统法律文化，使其获得新的发展。

对于传统法律文化中历经千百年考验仍未落伍时代部分要传承好、守护好；对于那些已明显落后于时代、有违当代法治精神部分则必须及时清理，以社会主义法治建设成果引领新的法律文化风尚，讲好当今中国法治故事，为世界法治发展提供中国智慧与中国方案。中国共产党自成立之日起，就既是中华优秀传统文化的忠实传承者和弘扬者，又是中国先进文化的积极倡导者和发展者。"我们必须坚定历史自信、文化自信，坚持古为今用、推陈出新，把马克思主义思想精髓同中华优秀传统文化精华贯通起来、同人民群众日用而不觉的共同价值观念融通起来，不断赋予科学理论鲜明的中国特色，不断夯实马克思主义中国化时代化的历史基础和群众基础，让马克思主义在中国牢牢扎根。"③ 有关部门特别是司法行政部门，要在日常工作中加强对社会主义法治理念的宣传引导，长期以来培养的"法律明白人"应在自治规则制定过程中发挥更大作用，对社区自治章程和村规民约等必要时开展法治审核。以科学的态度对待传统法律文化，以扬弃之方法在继承中发展中国特色法律文化，守正创新是当今法治建设和文化建设的正确方向。"中华文明具有突出的创新性。中华文明是革故鼎新、辉光日新的文明，静水深流与

---

① 习近平：《在创造性转化创新性发展中延续民族文化血脉》，《习近平著作选读》第一卷，人民出版社，2023，第 282 页。

② 习近平系列重要讲话数据库：http://jhsjk.people.cn/article/32551700，最后访问日期：2023 年 8 月 25 日。

③ 习近平系列重要讲话数据库：http://jhsjk.people.cn/article/32551700，最后访问日期：2023 年 8 月 25 日。

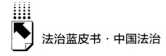

波澜壮阔交织。连续不是停滞、更不是僵化，而是以创新为支撑的历史进步过程。"①

　　要在实践中进一步探索处理法治与德治关系的正确路径，避免重其一端。作为社会治理手段并存的"德""礼""法"相互关系自古至今都是理论探讨的重要议题。古人的经典论述可供借鉴，当今中国法学理论对此问题的论述亦可谓广泛深入。理论需加强对实践的指导，避免在实际工作中不经意模糊了法与道德舆论、文化习俗、惯常做法的边界。特别是在多民族共同居住、民族特色较为突出的地方，在充分借助民族文化、习惯妥善处理纠纷的同时，要严守法律底线，坚持依法调解、依法治理，避免次生矛盾纠纷的出现。

　　① 习近平系列重要讲话数据库：http://jhsjk.people.cn/article/40067929，最后访问日期：2023 年 8 月 25 日。

Abstract

The year of 2023 is the 45th anniversary of reform and opening up, and also the beginning year of implementing the spirit of the 20th National Congress of the Communist Party of China. The rule of law in all aspects continues to advance, and the remarkable achievements have been made in the rule of law for the People, the Market, Public Safety, Ecological Governance, Supervision, Digital Governance and Foreign Affairs: legislation for the people, protecting livelihoods and safeguarding people's rights and interests; optimizing the business environment and promote high-quality economic development; implementing the overall national security concept and building a new security pattern; improving the system of ecological civilization, and comprehensively promoting the construction of beautiful China; improving the efficiency of supervision, establishing and improving the Modernized Supervisory System for Party and State Rule of Law; implementing the National Cyber Development Strategy and building Digital China; and coordinating the domestic rule of law and the rule of law involving foreign affairs, and promoting a higher level of opening up through Institutionalized Approach.

The Blue Book of 2024 reviews China's achievements in legislation, human rights protection, crime governance, the rule of law for finance, online dispute resolution, and the recognition and enforcement of overseas civil and commercial arbitration in China. In 2023, China's legislative process consistently upheld full-process people's democracy and reflected the overall national security perspective; the human rights legislative system has been further enriched, with comprehensive advancements in human rights law enforcement and protection, significantly strengthening judicial safeguards for human rights; the number of serious violent crimes has noticeably decreased, with a clear trend towards a lighter criminal structure, contributing to a sustained high level of public security perception among citizens; legislative progress on financial stability has been steady, effectively addressing risks in real estate finance, small and medium-sized financial institutions, local government debt, and foreign exchange, while further enhancing the judicial framework for financial stability; significant progress has been made in online dispute mediation, with accelerated market-oriented approaches and advancements in online arbitration platform construction, showcasing the normalization and increased sophistication of intelligent arbitration processes; and judgments and arbitration awards from overseas civil and commercial courts are recognized, accepted, and enforced within China's territory, demonstrating the inclusive and cautious approach of China courts. What's more, *the Blue Book* offers specific recommendations for improving government investment fund supervision, standardizing the review of normative documents, legal safeguards for childbirth support, enhancing personal information protection in the express delivery industry, and adjusting China's energy legal policies, which involve enhancing the top-level design of government investment fund management, regulating fund establishment, and improving internal governance structures within the fund; further emphasize the pivotal role of the normative document review system in judicial oversight and rectification, and design institutional frameworks around the legal requirements of normative documents; efficiently establish a comprehensive legal framework related to childbirth, promoting the legalization of childbirth support services, ensuring the effective protection of citizens' reproductive rights, and fostering long-term, high-quality, and balanced population development; recognize the legitimacy of capital operations in the express cabinet industry, granting a certain level of infrastructure status to express cabinet services and promoting competition, while providing adequate protection for personal information, thus fostering the development of the internet and express delivery industries; and promptly enact overarching energy comprehensive laws, continuously refine the regulatory framework of the energy industry, and strengthen coordination between energy systems and carbon reduction mechanisms. .

The Blue Book on the Rule of Law continues to launch a series of assessment report on the rule of law index: Project Team of Center for National Index of Rule of Law, Chinese Academy of Social Sciences, relying on a portal website, continues to assess the transparency of 305 governments, the transparency of 215 courts, the transparency of 185 procuratorates and the construction of the rule of law of 72 public security organs in China. The assessment results show that China has continuously deepened the transparency of government affairs and promoted judicial transparency, thus fostering norms through transparency and making significant progress in the construction of the government ruled by law.

In the research section of the national conditions of the rule of law, *the Blue Book* launches three research reports on "Hangzhou People's Congress digital judicial supervision", "the construction of the government ruled by law in Shaoxing from the perspective of 'Fengqiao Experience' in the new era" and "Quzhou experience of integrating etiquette and the rule of law". Hangzhou People's Congress utilized digital reform achievements and initiated the digital judicial supervision system, which has achieved remarkable results in implementing the requirements of people's democracy in the whole process, strengthening the supervision function of the People's Congress, promoting judicial reform, and helping the realization of social "smart governance". Shaoxing adheres to and develops "Fengqiao experience" in the new era, and promotes the construction of the law-based government with "five major actions" as the traction, namely, the common prosperity system construction action, the business environment and government service convenience and benefit enterprise action, the "comprehensive integration" administrative law enforcement reform action, the targeted governance action of the administrative dispute prevention and resolution, and the rule of law awareness and the rule of law literacy promotion action. Meanwhile, the practical exploration of integrating etiquette and the rule of law in Quzhou is well-organized, systematic, and proceeds in a step-by-step manner. It makes full use of the advantages of traditional cultural resources to promote the construction of the rule of law and build a new pattern of social governance. It also opens up a new path for the innovation of traditional culture in development.

Keywords: Comprehensive Rule of Law; Government Ruled by Law; Human Rights Protection; Foreign Related Rule of Law; Digital China

Contents

I General Report

Contents ⌐⟩

Abstract: The year of 2023 is the 45th anniversary of reform and opening up, and also the beginning year of implementing the spirit of the 20th National Congress of the Communist Party of China. The rule of law in all aspects continues to advance, and the remarkable achievements have been made in the rule of law for the people, the Market, Public Safety, Ecological Governance, Supervision, Digital Governance, and Foreign Affairs: legislation for the people, protecting livelihood and safeguarding people's the rights and interests; optimizing the business environment to promote high-quality economic development; implementing the overall national security concept and building a new security pattern; improving the system of ecological civilization, and comprehensively promoting the construction of beautiful China; improving the efficiency of supervision, establishing and improving the Modernized Supervisory System for Party and State Rule of Law; implementing the National Cyber Development Strategy and building Digital China; and coordinating the domestic rule of law and the rule of law involving foreign affairs, and promoting a higher level of opening up through Institutionalized Approach. Looking forward to 2024, China will strive to promote the modernization of the rule of law under the guidance of Xi Jinping's thought of the rule of law: continuing to strengthen the institutional supply and promoting high-quality legislation in key areas and emerging areas, focusing on the implementation of the law, improving the level of government services and administrative law enforcement; focusing on improving the effectiveness of supervision, and effectively improving the all-round supervision of the rule of law; effectively promoting the governance of cyberspace and achieving digital rule of law.

Keywords: the Rule of Law for the People; Business Environment; Self-Confidence in Rule of Law; the Rule of Law for Digital; Foreign Related Rule of Law

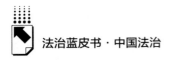

II　Special Reports

B.2　China's legislation in 2023　　　　　　　　*Liu Yanpeng* / 049

Abstract：In 2023, the National People's Congress and the State Council continued to improve the legislative system and mechanism in strict accordance with the Legislation Law, serve economic and social development through legislation, provide institutional guarantee for reform and innovation, consolidate the rule of law foundation for Chinese-style modernization, and provide legislative support for the great rejuvenation of the Nation. China's legislation implemented the people's democracy throughout the whole process, reflected the overall concept of national security, coordinated domestic rule of law and foreign-related rule of law, ensured major reforms legally based, improved the institutions and mechanisms for the work of the People's Congress, and promoted the filing and review of normative documents. In the future, the National People's Congress and the State Council should respond to complex domestic and international situations through legislation, promote the implementation of laws and regulations into effect through strengthening the elaboration of laws and administrative regulations, ensure the harmony and unity of the legal system by clearing up decisions on legal issues, lay a solid foundation for codification work.

Keywords：NPC Legislation；Whole-Process People's Democracy；Foreign-Related Rule of Law

B.3　Development of the Rule of Law for Human

　　　Rights in China in 2023　　　　　　　　*Dai Ruijun* / 064

Abstract：In 2023, China continued to comprehensively promote the protection of human rights under the rule of law. The human rights legislation system has been further enriched, and the revised *Administrative Reconsideration Law* has greatly expanded the specific circumstances in which citizens and legal persons can file administrative reconsideration applications, broadening the way for citizens to seek rights relief. *Barrier-free Environment Creation Law* fully meets the requirements of international human rights treaties and guarantees the integrated development of the disabled and the elderly. The judicial protection of human rights has been significantly enhanced, and the Supreme People's Court and the Supreme People's Procuratorate have issued a number of judicial interpretations to protect citizens' right to a fair trial. Procuratorial public interest litigation continues to play the function of judicial protection of human rights, and provides demonstration guidance in the protection of the right to work, the right to personal information, the rights of women, the rights of children, the rights of the disabled, and the right to the ecological environment. The protection of law enforcement of human rights has been comprehensively promoted, and the protection measures of individual rights and collective rights have been continuously supplemented and strengthened. China's constructive participation in global human rights governance has made new progress, and the overall promotion of domestic and international rule of law protection of human rights has reached a new level.

Keywords: Judicial Protection of Human Rights; Administrative Reconsideration Law; Barrier-free Environment Creation Law; Right to Work; Environmental Rights

B.4 Analysis of China's Crime Situation and Governance in 2023

Zhang Zhigang, Li Fanfei / 079

Abstract: In recent years, the number of serious violent crimes in China has decreased significantly, and the number of cases sentenced to fixed-term imprisonment of less than three years has increased significantly. The criminal structure has shown a clear trend of misdemeanorization, and the crime situation and social governance of crimes have entered a new stage. Crimes such as intentional homicide, gun-related and explosion-related crimes continue to be at a low level. Crimes such as endangering national security, gangland-related and evil-related crimes and drug crimes have been effectively controlled. The sense of physical security among citizens remains high. There are still frequent telecom fraud crimes, cyber violence, intellectual property rights, crimes in "food, drug and environment" and other areas. In the future, it will continue to strengthen the crackdown on financial crimes, especially money laundering crimes and bribery crimes, and equally protect the legitimate rights and interests of various market entities according to law, so as to better optimize the business environment in terms of the criminal rule of law.

Keywords: Crime Situation; Financial Crime; Telecom Fraud Crime; Cyber Violence; Optimizing the Business Environment

B.5   Effectiveness and Limitations of the Incidental Review System

of Administrative Normative Documents in China

Dai Di / 098

Abstract: The incidental review system of administrative normative documents , an important institutional innovation in China's administrative litigation, has played an important role in regulating administration according to the law since its operation for 8 years. The number of cases is increasing, and the review standards of the courts are becoming more and more abundant. Some cases reflect the attention to the legislative purpose, principles, spirit of the superior law and the general principles of administrative law, which makes the incidental review continue to develop in the direction of substantive review. However, at the same time, the operation of the system has shown issues such as a low proportion of substantive judgments, unclear thresholds for review, limited depth of review in most cases, and narrow binding force of judicial decisions. In order to better play the function of the incidental review system, it is necessary to further emphasize the important position of the system in judicial supervision and error correction, carry out system design around the legitimacy requirements of normative documents, build a review standard that emphasizes both legitimacy and rationality, and clearly formulate the organ's obligation to appear in court. At the same time, it is necessary to make overall arrangements from the aspects of normative document formulation procedures to jointly ensure the legitimacy of normative documents.

Keywords: Normative Document; Incidental Review; Review Standard; Administrative Litigation; Legality

B.6 Report on the Development of the Rule of Law for Financial Stability in China in 2023 *Xiao Jing* / 114

Abstract: In 2023, the construction of the rule of law for financial stability in China was faced with new severe domestic and international situations. In terms of legislation, the legislative work of the financial stability law has been steadily advancing. Many laws and regulations related to financial stability have been included in the legislative plan of the Central Government, and significant progress has been made in many laws and regulations related to financial stability. All local governments continue to actively explore local legislation related to financial stability. In terms of law enforcement, the financial stability law enforcement agencies and working mechanisms have been further improved. New progress has been made in resolving financial risks of real estate in accordance with the law, and the work of resolving the risks of small and medium-sized financial institutions in accordance with the law has been carried out in depth. The work of preventing and resolving local debts in accordance with the law has been steadily advancing, and remarkable achievements have been made in the prevention and resolution of foreign exchange risks in accordance with the law. Additionally, there has been strict crackdown on illegal financial activities , without any relaxation. In the judicial aspect, the judicial institutions of financial stability have been further improved, the judicial cases related to financial stability have been effectively handled, and the theoretical research and work exchange of financial stability justice have been further promoted. Looking forward to the future, in 2024, there will be further efforts to consolidate and implement the reform of the financial system, continuously improve the construction of the rule of law for financial stability, actively promote financial stability legislation in the legislative process, and accelerate the revision and improvement of relevant laws and regulations on financial stability; comprehensively strengthen financial supervision in law enforcement, and continuously and effectively prevent and resolve risks in key areas; further strengthen financial justice in the judicial process and comprehensively enhance the judicial capacity of financial stability.

Keywords: The Rule of Law for Financial Stability in China; Financial Stability Legislation; Financial Stability Law Enforcement; Financial Stability Justice

B.7　Improving the Legal Protection of Support on Childbirth

Zhi Zhenfeng, Fan Xiaxin / 131

Abstract: Childbirth signifies the essence of life and family, as well as the cornerstone of society and the nation. In recent years, the problem of low birth rates has become one of the biggest challenges facing Chinese society. The revision of *Law on Population and Family Planning* in 2021 has strengthened the legal basis for solving China's population imbalance and promoting high-quality population development. However, the construction effect of China's support on childbirth is not significant. In order to ensure the better implementation of support on childbirth measures and promote the construction of a childbirth-friendly society, it shall improve the legal system related to childbirth as soon as possible, promote the legalization of childbirth undertakings, and effectively protect citizens' reproductive rights.

Keywords: Support on Childbirth; Childbirth Law and Policy System; Childbirth-Friendly Society

B.8 Legal Issues and Suggestions on the High-Quality

Development of China's Government

Investment Funds *Government Investment Funds Project Team of*

Beijing Municipal Finance Bureau / 158

Abstract: Government investment funds play an important role in China's economic development, serving as a crucial support for expanding beneficial investment, accelerating the optimization and upgrading of the industrial structure, supporting forward-looking layouts of enterprises, promoting technological innovation and progress, and are of great significance in vigorously promoting China's modernization. Since the mid-1980s, China's government investment funds have experienced a period of inception, steady development and rapid growth. Currently, there are still issues with China's government investment funds, such as the low legal status of the fund management system, inadequate relevant regulations, inconsistent management responsibilities, overlapping policy objectives, significant gaps between fund goals and effects, and imperfect internal governance structures. Therefore, this article proposes to strengthen top-level design, formulate unified legislation, enhance legislative oversight, strictly regulate funds establishment, strengthen goal and effect orientation, and improve internal governance structure. The aim is to provide recommendations for the high-quality development of China's government investment funds and to fulfil their leading and supportive roles.

Keywords: Government Investment Funds; Guidance Funds; High-Quality Development

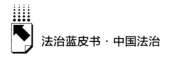

B.9 Progress, Reflection and Prospect of China's Energy
Law and Policy under the Goal of "Double Carbon"

Yue Xiaohua / 176

Abstract: Energy low-carbon transformation is a key policy area to achieve China's double carbon goals. China's energy laws and policies are closely related to national economic and social development strategies and the ecological environment protection situation. Since the double carbon target (carbon peaking and carbon neutrality goals) was put forward, China has further accelerated the formulation and revision of energy legislation, and the formulation and revision process of energy special law has also been further accelerated. From overall planning to specific energy industry policies, China has addressed matters related to the development of low-carbon energy, which is reflected in the transformation of the focus of energy regulation from "energy" control to "carbon" control; focusing on energy conservation; focusing on the development of renewable energy; being committed to clean energy or traditional energy cleaning; and increasingly focusing on energy storage, with a particular emphasis on the development of electricity. However, China's legal energy policy system still needs to be improved, and the connection and coordination between the energy system and the carbon emission reduction system need to be strengthened. In the future, the low-carbon development of China's legal energy policy system needs to introduce comprehensive legislation in a timely manner; improve the current special energy law and strengthen the cohesion and coordination between the laws; continuously improve the regulatory system and mechanism of the energy industry; and strengthen the connection and coordination between the energy system and the carbon emission reduction system.

Keywords: "Double Carbon" Target; Double Control of Energy and Consumption; Carbon Emission; Green Power Certificate; Carbon Trade

B.10　Dilemma of Personal Information Protection Practice

from the Development of Delivery Locker　　*Wu Jun* / 189

Abstract: The delivery locker business is a new format developed by the express delivery industry in order to improve the express delivery efficiency under the condition of the rapid development of China's e-commerce. It objectively reduces the sensitive information that consumers need to provide to online sellers and couriers in order to reach transactions, with distinct market characteristics. The personal information protection legislation started not late in China, but under the emphasis on security in the cyber governance structure and the dual-pillar structure in the current personal information supervision system, personal information protection relies heavily on administrative measures; the centralized structure of personal information protection under the decentralized architecture of the Internet makes network service providers and couriers bear important responsibilities. In this case, if we can further clarify the rights and interests of consumers in the legal system, recognize the legitimacy of the capital operation behavior of the delivery locker industry, give the delivery locker business a certain degree of infrastructure status and promote competition, it will promote the development of the cyber industry and express delivery industry, and provide sufficient protection for personal information based on this, and effectively make up for the shortcomings of the current personal information protection framework.

Keywords: Delivery Locker; Personal Information Protection; Market Mechanism; the Dual-Pillar Regulatory Framework for Personal Information Protection; Protection of Consumers' Rights

B.11　Development Report on Online Dispute Resolution in China

Guo Wenli, Huang Yiwen and Wang Aiwen / 206

Abstract: In recent years, the online dispute resolution has developed rapidly in China, and the standardization process has developed steadily. Online litigation in the three major fields has shown a trend towards "integration, coordination and intelligence". Online mediation has made remarkable achievements, and the promotion of typed marketization has accelerated, the construction of online arbitration platform has accelerated, and normalization and intelligence has emerged. At the same time, it is also accompanied by a series of difficulties, including single intelligent application scenario, less integrated application of multiple dispute resolution, insufficient subdivision of rule guidance, increasing demand for professional dispute resolution power, lagging mechanism construction in emerging fields, weak balance between data application and security, and insufficient standardization. Therefore, it is necessary to strengthen the ability to formulate standards and rules, deepen the application of intelligent technology scenarios, strengthen the docking of virtual space scenarios, accelerate the construction of "one-stop" platforms, promote the construction of professional force systems, improve the application of data technology compliance, and further promote the professional and international development of online dispute resolution.

Keywords: Online Dispute Resolution; Online Litigation; Online Mediation; Online Arbitration; Digital Technology

B.12 Recognition/Approval and Enforcement of Judgments and Arbitral Awards of Overseas Civil and Commercial Courts in China (2023)   *Sun Jiajia, Gu Jiarui / 223*

Abstract: Based on all the public cases of recognition/approval and enforcement of judgments and arbitral awards of overseas civil and commercial courts in China in 2023, this paper analyzes their recognition/approval and enforcement within China. According to statistics, in addition to civil rulings involving only preservation measures, the judgments and arbitral awards of overseas civil and commercial courts in 2023 have been recognized/approved and enforced within China, which highlights the inclusive and prudent attitude of Chinese courts and reflects China's unremitting efforts to create a friendly environment of the rule of law. The newly revised *Civil Procedure Law* has made major adjustments to the recognition and enforcement of foreign court judgments and arbitral awards, pointing out the direction for many practical issues, and helping to further promote China's market-oriented, legalized and internationalized business environment; in the field of judicial concerning the recognition/approval and enforcement of foreign court judgments and arbitral awards, there have been breakthroughs and in-depth progress, which inlcludes the first recognition of foreign bankruptcy awards with "legal reciprocity", the future development of judicial assistance in Hong Kong bankruptcy proceedings, the determination of the principle that the domestic set-off of claims awarded abroad belongs to the referee principle of enforcement in the Mainland, and the clarification of the relationship between ad hoc arbitration and expedited arbitration procedures. However, there are still some obstacles in the priority of jurisdiction review in the parallel proceedings of overseas arbitration and domestic litigation, and the enforceability of overseas arbitral awards with legal effect but unknown parties' responsibilities in China, etc. It is expected that in the future, breakthroughs and optimizations will be made at the legislative or judicial practice level.

Keywords: Judgments of Foreign Courts; Overseas Arbitration Awards; Recognition and Enforcement; Bilateral Judicial Assistance; New York Convention

III   Rule of Law Indices

B.13   China Government Transparency Index Report (2023)

—From the Perspective of Information Openness on Government Website

Project Team of Center for National Index of Rule of Law,

Chinese Academy of Social Sciences / 245

Abstract: In 2023, Center for National Index of Rule of Law and the Rule of Law Index Innovation Project Team of the Law Institute of Chinese Academy of Social Sciences conducted a third-party assessment of the openness of government affairs of 48 departments of State Council, 31 provincial governments, 106 prefecture-level cities, and 120 county (city, district) governments, focusing on democratic and scientific decision-making, optimizing the business environment, standardizing government management, strengthening people's livelihood security, and platform mechanism construction. The assessment shows that in 2023, governments at all levels continued to promote the openness of democratic and scientific decision-making information, attach importance to the use of government affairs openness to promote the optimization of the business environment, standardize government management, strengthen people's livelihood security, and generally make the construction of government affairs openness good. In the future, it is still necessary to further enhance the public awareness of governments at all levels, refine and implement the requirements of government affairs openness, and continuously meet the growing public needs of the people.

Keywords: Government Affairs Openness; Government Information Openness; Government Transparency; the Rule of Law Index; Government Website

B.14 China Judicial Transparency Index Report (2023)

—From the Perspective of Information Openness on Court's Website

Project Team of Center for National Index of Rule of Law,

Chinese Academy of Social Sciences / 277

Abstract: In 2023, the assessment of China's judicial transparency index evaluated the national courts' efforts in protecting the litigation rights of the parties, helping to optimize the business environment, participating in social governance, supervising and regulating the operating of judicial power. The assessment shows that courts at all levels have explored judicial openness in various fields, but there are still problems such as undisclosed information and low quality of openness. Additionally, there is a significant gap between different courts. In the future, it will be necessary to continue promoting judicial openness within the track of the rule of law, refining the requirements of openness, and leveraging information technology to improve the level of judicial openness.

Keywords: Judicial Openness; Judicial Transparency; Judicial Reform; the Rule of Law Index; Assessment of the Rule of Law

B. 15   China's Procuratorial Transparency Index Report (2023)

—*From the Perspective of Procuratorates' Website and*

New Media Openness

Project Team of Center for National Index of Rule of Law,

Chinese Academy of Social Sciences / 306

Abstract: In 2023, Project Team of Center for National Index of Rule of Law, Chinese Academy of Social Sciences conducted transparency index evaluations of some procuratorates based on dimensions such as ensuring people's livelihoods, optimizing the business environment, promoting social governance, and promoting normative performance. The evaluation results show that procuratorates have continued to promote transparency in procuratorial affairs by regularly publishing typical cases, white papers, and business data, as well as frequently holding hearings to enhance interaction with the public. However, the evaluation also found that the online publication of procuratorial documents is continually being adjusted, there is uneven development among procuratorates, some areas have poor transparency, and shortcomings in transparency are evident in grassroots procuratorates. In the future, procuratorates should firmly adhere to the principles of openness and transparency, continuously promote the high-quality development of procuratorial work, enhance the efficiency of procuratorial services, and improve the credibility of procuratorial agencies.

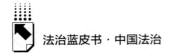
Keywords: Prosecution Openness; Legal Supervision; Index Assessment; Procuratorial Reform

B.16 The Rule of Law Index Report of China

Public Security（2023）

—*Based on the Information Data Published on the Official*

Website of Public Security

Project Team of Center for National Index of Rule of Law,

Chinese Academy of Social Sciences / 329

Abstract: The year of 2023 is the second year that China's police transparency index is iteratively upgraded to the rule of law index of China's public security. Project Team of Center for National Index of Rule of Law, Chinese Academy of Social Sciences optimizes some indicators, adjusts the assessment criteria to a total of 72 public security organs at the department and bureau levels, covering 31 provinces (autonomous regions and municipalities directly under the Central Government) and special economic zones and some coastal open cities. The assessment results show that in 2023, the public security organs in the new era continued to make efforts in sunshine transparency, democratic decision-making, convenient service and strict law enforcement. The information transparency of the work report and work summary of the government ruled by law has been steadily improved, and the function of serving the people has been further integrated and innovated. The digital construction has enabled the law enforcement process to achieve multi-dimensional presentation and concrete expression, but there are also problems such as low public participation in major decisions, insufficient response to public opinions and major sensitive events, and weak awareness of law enforcement data opening. In the future, the public security organs should aim to effectively serve the people, uphold the principles of transparency, democracy and convenience, and build a high-level public security ruled by law.

Keywords: Public Security Rule of Law; Public Security Law Enforcement; Police Transparency; Data Transparency

Ⅳ   Survey of National Situation of the Rule of Law

B.17   The Hangzhou Practice of People's Congress Judicial
Supervision under the Backdrop of Digital Reform.
Project Team of Center for National Index of Rule of Law,
Chinese Academy of Social Sciences / 353

Abstract: Supervision over the judiciary by the National People's Congress (NPC) is a power conferred by the Constitution and the law, and through supervision it helps to promote judicial justice and transparency, ensure that the judicial organs exercise their powers in accordance with the law, and safeguard the legitimate rights and interests of citizens. However, in practice, the people's congress supervision of judicial work is still facing problems such as insufficient unity of thought and understanding, insufficient communication of information, and insufficient innovation of supervision means. With the help of digital empowerment, the Hangzhou Municipal People's Congress has introduced digital applications to improve the accuracy and effectiveness of supervision and broaden the way to practice people's democracy in the whole process. The practice is a reshaping and innovation of the NPC's work methods, providing a useful exploration of the digital transformation of the NPC's work in the future, which is conducive to boosting the realization of the goal of ruling the country in accordance with the law in an all-round manner, and promoting the modernisation of the country's governance system and governance capacity.
Keywords: People's Congress System; Digital Empowerment; Digitalized People's Congress; Whole-Process People's Democracy

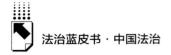

B . 18　Exploration and Development of the Construction of the
　　　　Government Ruled by Law from the Perspective
　　　　of "Fengqiao Experience" in the New Era

Shaoxing Municipal Bureau of Justice, Zhejiang Province / 373

Abstract: The construction of the law-based is an important part of the four
comprehensive strategic layout and serves as the primary initiative for advancing the
rule of law across all domains. Shaoxing City of Zhejiang Province adheres to and
develops "Fengqiao experience" in the new era, and promotes the construction of
the law-based government with "five major actions" as the traction, namely, the
common prosperity system construction action, the business environment and
government service convenience and benefit enterprise action, the "comprehensive
integration" administrative law enforcement reform action, the targeted governance
action of the administrative dispute prevention and resolution, and the rule of law
awareness and the rule of law literacy promotion action. In the future, it will
continue to adhere to the Party's overall leadership, take the people as the center,
promote reform and innovation, and strengthen the supervision and restriction of
administrative power.

Keywords: the Government Ruled by Law; Fengqiao Experience;
Administrative Law Enforcement Reform; Business Environment

B . 19　Local Practice of Integrating Etiquette and the Rule
　　　　of Law in Quzhou

Project Team of Center for National Index of Rule of Law,

Chinese Academy of Social Sciences / 385

Abstract: The construction of the rule of law in China covers three
important dimensions: system construction, legal practice and legal culture
construction. It is an important mission of constructing the rule of law to inherit

the excellent traditional Chinese legal culture and imbue it with the spirit and connotations of the rule of law in the new era. The practical exploration of integrating etiquette and the rule of law in Quzhou is well-organized, systematic, and proceeds in a step-by-step manner. It makes full use of the advantages of traditional cultural resources to promote the construction of the rule of law and build a new pattern of social governance. It also opens up a new path for the innovation of traditional culture in development. Quzhou's practice shows that the inheritance of Chinese excellent traditional legal culture and the construction of the rule of law in China need to assist each other, deeply understand the significance of "two combinations", adhere to the socialist rule of law with Chinese characteristics, and continue to write a splendid chapter of the civilization of the rule of law in China with both historical heritage and the spirit of times.

Keywords: Integration of Etiquette and the Rule of Law; Excellent Traditional Legal Culture; the Rule of Law in China; Sinicization of Marxism

社会科学文献出版社

皮 书

智库成果出版与传播平台

✤ 皮书定义 ✤

皮书是对中国与世界发展状况和热点问题进行年度监测，以专业的角度、专家的视野和实证研究方法，针对某一领域或区域现状与发展态势展开分析和预测，具备前沿性、原创性、实证性、连续性、时效性等特点的公开出版物，由一系列权威研究报告组成。

✤ 皮书作者 ✤

皮书系列报告作者以国内外一流研究机构、知名高校等重点智库的研究人员为主，多为相关领域一流专家学者，他们的观点代表了当下学界对中国与世界的现实和未来最高水平的解读与分析。

✤ 皮书荣誉 ✤

皮书作为中国社会科学院基础理论研究与应用对策研究融合发展的代表性成果，不仅是哲学社会科学工作者服务中国特色社会主义现代化建设的重要成果，更是助力中国特色新型智库建设、构建中国特色哲学社会科学"三大体系"的重要平台。皮书系列先后被列入"十二五""十三五""十四五"时期国家重点出版物出版专项规划项目；自2013年起，重点皮书被列入中国社会科学院国家哲学社会科学创新工程项目。

皮书网

（网址：www.pishu.cn）

发布皮书研创资讯，传播皮书精彩内容
引领皮书出版潮流，打造皮书服务平台

栏目设置

◆ **关于皮书**

何谓皮书、皮书分类、皮书大事记、
皮书荣誉、皮书出版第一人、皮书编辑部

◆ **最新资讯**

通知公告、新闻动态、媒体聚焦、
网站专题、视频直播、下载专区

◆ **皮书研创**

皮书规范、皮书出版、
皮书研究、研创团队

◆ **皮书评奖评价**

指标体系、皮书评价、皮书评奖

所获荣誉

◆ 2008 年、2011 年、2014 年，皮书网均
在全国新闻出版业网站荣誉评选中获得
"最具商业价值网站"称号；

◆ 2012 年，获得"出版业网站百强"称号。

网库合一

2014年，皮书网与皮书数据库端口合
一，实现资源共享，搭建智库成果融合创
新平台。

皮书网

"皮书说"
微信公众号

权威报告·连续出版·独家资源

皮书数据库
ANNUAL REPORT(YEARBOOK) DATABASE

分析解读当下中国发展变迁的高端智库平台

所获荣誉

- 2022年，入选技术赋能"新闻+"推荐案例
- 2020年，入选全国新闻出版深度融合发展创新案例
- 2019年，入选国家新闻出版署数字出版精品遴选推荐计划
- 2016年，入选"十三五"国家重点电子出版物出版规划骨干工程
- 2013年，荣获"中国出版政府奖·网络出版物奖"提名奖

皮书数据库

"社科数托邦"
微信公众号

成为用户

登录网址www.pishu.com.cn访问皮书数据库网站或下载皮书数据库APP，通过手机号码验证或邮箱验证即可成为皮书数据库用户。

用户福利

- 已注册用户购书后可免费获赠100元皮书数据库充值卡。刮开充值卡涂层获取充值密码，登录并进入"会员中心"—"在线充值"—"充值卡充值"，充值成功即可购买和查看数据库内容。
- 用户福利最终解释权归社会科学文献出版社所有。

社会科学文献出版社 皮书系列
SOCIAL SCIENCES ACADEMIC PRESS (CHINA)

卡号：477298971768
密码：

数据库服务热线：010-59367265
数据库服务QQ：2475522410
数据库服务邮箱：database@ssap.cn
图书销售热线：010-59367070/7028
图书服务QQ：1265056568
图书服务邮箱：duzhe@ssap.cn

S 基本子库
SUB DATABASE

中国社会发展数据库（下设 12 个专题子库）

紧扣人口、政治、外交、法律、教育、医疗卫生、资源环境等 12 个社会发展领域的前沿和热点，全面整合专业著作、智库报告、学术资讯、调研数据等类型资源，帮助用户追踪中国社会发展动态、研究社会发展战略与政策、了解社会热点问题、分析社会发展趋势。

中国经济发展数据库（下设 12 专题子库）

内容涵盖宏观经济、产业经济、工业经济、农业经济、财政金融、房地产经济、城市经济、商业贸易等 12 个重点经济领域，为把握经济运行态势、洞察经济发展规律、研判经济发展趋势、进行经济调控决策提供参考和依据。

中国行业发展数据库（下设 17 个专题子库）

以中国国民经济行业分类为依据，覆盖金融业、旅游业、交通运输业、能源矿产业、制造业等 100 多个行业，跟踪分析国民经济相关行业市场运行状况和政策导向，汇集行业发展前沿资讯，为投资、从业及各种经济决策提供理论支撑和实践指导。

中国区域发展数据库（下设 4 个专题子库）

对中国特定区域内的经济、社会、文化等领域现状与发展情况进行深度分析和预测，涉及省级行政区、城市群、城市、农村等不同维度，研究层级至县及县以下行政区，为学者研究地方经济社会宏观态势、经验模式、发展案例提供支撑，为地方政府决策提供参考。

中国文化传媒数据库（下设 18 个专题子库）

内容覆盖文化产业、新闻传播、电影娱乐、文学艺术、群众文化、图书情报等 18 个重点研究领域，聚焦文化传媒领域发展前沿、热点话题、行业实践，服务用户的教学科研、文化投资、企业规划等需要。

世界经济与国际关系数据库（下设 6 个专题子库）

整合世界经济、国际政治、世界文化与科技、全球性问题、国际组织与国际法、区域研究 6 大领域研究成果，对世界经济形势、国际形势进行连续性深度分析，对年度热点问题进行专题解读，为研判全球发展趋势提供事实和数据支持。

法律声明

"皮书系列"（含蓝皮书、绿皮书、黄皮书）之品牌由社会科学文献出版社最早使用并持续至今，现已被中国图书行业所熟知。"皮书系列"的相关商标已在国家商标管理部门商标局注册，包括但不限于LOGO（▨）、皮书、Pishu、经济蓝皮书、社会蓝皮书等。"皮书系列"图书的注册商标专用权及封面设计、版式设计的著作权均为社会科学文献出版社所有。未经社会科学文献出版社书面授权许可，任何使用与"皮书系列"图书注册商标、封面设计、版式设计相同或者近似的文字、图形或其组合的行为均系侵权行为。

经作者授权，本书的专有出版权及信息网络传播权等为社会科学文献出版社享有。未经社会科学文献出版社书面授权许可，任何就本书内容的复制、发行或以数字形式进行网络传播的行为均系侵权行为。

社会科学文献出版社将通过法律途径追究上述侵权行为的法律责任，维护自身合法权益。

欢迎社会各界人士对侵犯社会科学文献出版社上述权利的侵权行为进行举报。电话：010-59367121，电子邮箱：fawubu@ssap.cn。

社会科学文献出版社